# Réalités

## RELIGION, ARMÉE

PAR

## Le Marquis CHAPPUIS de MAUBOU

Suite aux « Espérances »

PARIS

LAMULLE ET POISSON, ÉDITEURS

14, RUE DE BEAUNE, 14

1891

# DU MÊME AUTEUR

Espérances, 1 vol. in-8° . . . . . . . 3 fr. 50
Richesse de la France, 1 vol. in-8°. . . 2 fr. 50

*Toute personne désireuse de propager les avantages de plusieurs inventions populaires et d'autres, peuvent s'adresser chez leur propriétaire tous les matins, sauf le dimanche.*

## 48, RUE FABERT
## PARIS

ON NE RÉPOND PAS AUX CORRESPONDANCES

*(Droits d'auteur réservés.)*

Paris. — Typ Ch. Unsinger, 83, rue du Bac.

# RÉALITÉS

# Réalités

## RELIGION, ARMÉE

PAR

## Le Marquis CHAPPUIS de MAUBOU

Suite aux « Espérances »

PARIS

LAMULLE ET POISSON, ÉDITEURS

14, RUE DE BEAUNE, 14

1891

# PROLOGUE

La menace des événements en perspective et l'urgence d'un changement de direction dans l'orientation nationale nous ont forcé à intervertir l'ordre du travail projeté dans notre volume d'Espérances.

L'irréligion et le militarisme, point de départ des maux de la France et de l'Europe, nous obligent à l'étendre au delà de nos prévisions et à parler de suite des moyens d'avoir la force de regarder en face ces maux, pour les braver ou les conjurer.

Quelques aperçus lumineux sur notre religion et notre armée, nous les feront entrevoir, et si, en politique la difficulté pour l'honnête homme n'est pas de faire, mais de connaître son Devoir, il n'en est pas de même aux points de vue religieux et patriotique.

L'âme, le cœur ou la raison dictent sa loi; et qui veut bonheur et gloire véritables, la suit.

Si grâce à Dieu et aux Enseignements des Maîtres, dont quelques belles pensées, à défaut des
textes se sont gravés dans nos souvenirs, nous ne
sommes pas trop au-dessous de la tâche entreprise, nous essayerons, avec les mêmes secours,
d'attaquer successivement tous les abus qui gênent
la vie et la régénération de la France.

Son titre de Fille aînée de l'Église l'oblige à
donner l'exemple au Monde.

# RÉALITÉS

---

## PREMIÈRE PARTIE

### RELIGION

---

### CHAPITRE PREMIER

Tradition. — Les Juifs avant la venue de Jésus-Christ. — Circoncision. — Les Limbes. — Jésus-Christ et saint Jean-Baptiste. — La Croix. — Hérédité. — Prédictions. — Moïse. — Justice divine. — Croisade du xixe siècle.

Nous avons, au livre précédent, parlé de nos espérances de charité, de paix et de bonheur. Abordons les réalités capables de les justifier.

M. Renan prétend que l'étude de la religion d'un peuple est plus instructive que son histoire. C'est donc l'instruction pratique par excellence de la vie dont le ciel est le but.

Comme la prière est le seul trait d'union entre la terre et les cieux pour conduire l'homme à Dieu, c'est par l'enseignement de la religion et de la

1

prière que nous débuterons pour rendre hommage
à Celui qui est l'appui, la consolation des opprimés,
et dont le culte est un continuel élan d'amour.

Si cette religion était humaine, ne serait-elle pas
la plus noble institution des hommes? Elle est
divine, c'est tout dire! L'homme, pénétré de cette
vérité, ne devrait jamais agir sans prier Dieu et,
malgré les tentations et les mauvais exemples, lui
dire du fond du cœur: *Etiam si omnes, ego non.* —
Quand tous vous délaisseraient, moi jamais.

Lorsque Rome, dit Bossuet croyons-nous, eut
soumis les nations du monde connu à ses lois de
fer, il n'y eut plus qu'une patrie peuplée de maîtres impitoyables et d'esclaves persécutés.

Dieu se fit homme alors pour racheter l'humanité du péché originel et proclamer tous les hommes
égaux devant lui.

Avant la venue de Jésus-Christ sur la terre, les
Juifs étaient le peuple de Dieu, et lui-même avait
dicté ses lois à Moïse sur le mont Sinaï (en Arabie),
au milieu du tonnerre et des éclairs, afin de donner
plus d'autorité à sa volonté et la leur imposer
avec un sentiment de crainte plus respectueuse.

Depuis l'ère chrétienne, la France parait être, à
nos yeux du moins, le pays de ses prédilections;
elle est la fille ainée de son Église et la noblesse de
quelques-uns de ses actes lui a mérité de les entendre désigner par ces mots admiratifs : *Gesta
Dei per Francos,* nous l'avons dit précédemment.

S'il l'a châtiée si souvent et si sévèrement, c'est pour la ramener aux pratiques de son culte et entièrement à lui.

Il a des vues sur elle. La récente croisade anti-esclavagiste, si chaudement prêchée par l'illustre cardinal Lavigerie en est une preuve; mais il veut, avant de la relever, son retour à la foi et à la piété d'autrefois.

Il exige aussi le respect de ses lois absolument comme il avait fait aux Hébreux une obligation de la circoncision.

C'était la pratique devancière du baptême des Chrétiens qui les préparait aux mérites de la mort future du Dieu crucifié.

La justice divine, insondable dans ses vues, exigeait des Juifs l'obéissance absolue au Décalogue, à ses prescriptions complémentaires, et le repentir sincère de leur faute. Dieu voulait des Gentils la bonne foi dans leur croyance et le respect des inspirations de leur conscience.

A ces seules conditions, Juifs et Gentils évitaient la damnation éternelle; mais aucun homme n'était entré au Ciel avant l'arrivée du Messie.

Il fallait l'accomplissement de la promesse de Dieu à Adam pour racheter le monde, c'est-à-dire la population agglomérée sur la terre pendant près de cinq mille ans.

En attendant la rédemption promise, les âmes des justes vivaient dans les Limbes après leur mort et après l'expiation du purgatoire sans éprouver aucune autre souffrance que l'éloignement momentané de Dieu, mais cet éloignement était tel pour l'âme dégagée de son enveloppe matérielle que le *Symbole des Apôtres* désigne par le mot « Enfer » ce lieu d'attente, sans doute, pour indiquer combien était grand leur désir de la vue de Dieu, malgré la béatitude relative dont jouissaient les justes et leur certitude du bonheur sans mélange.

Notre Seigneur Jésus-Christ est descendu dans cet enfer après sa mort, pour en retirer leurs âmes, et sa vue a été pour elles le signal d'allégresse suprême ; il leur a ouvert les portes du ciel et de la félicité éternelle, tandis qu'il n'est pas descendu dans les autres enfers pour arracher les damnés, aux supplices sans fin dont le plus grand est d'être sans espoir de voir jamais Dieu.

Si nous citons ces premiers éléments de notre religion et si nous rappelons d'autres faits tout aussi connus, c'est parce qu'ils sont la clef des vérités chrétiennes et font partie de la merveilleuse chaîne d'or de sa tradition et de son enseignement. Ajoutons à ces dogmes que dans le Christianisme il n'y a pas d'amour véritable sans esprit de sacrifice ; sans désir de souffrance pour en épargner à ceux que l'on aime, et Dieu a aimé les hommes (a dit saint Jean) jusqu'à vouloir mourir pour eux. Mais il affectionne plus particulièrement les malheureux et les êtres les plus dignes de pitié; en un mot, sa religion est l'amour idéal.

Comme l'agneau au milieu des loups, Jésus-Christ, venu au milieu de la société antique où la force régnait en souveraine maîtresse; où la barbarie et l'esclavage s'étendaient sur les trois quarts du monde, a voulu conquérir la terre par le cœur sans déployer de force, sans avoir recours à des intelligences extraordinaires pour l'aider dans sa conquête pacifique; et il diffère de Mahomet qui appelle à sa croyance le fer ou la torche à la main et attire son peuple à ses pratiques par des promesses sensuelles. Le précurseur et les apôtres de Jésus-Christ n'avaient ni armes ni biens, mais animés du feu sacré, marchèrent résolument partout à la parole du Maître. Dieu, il est vrai, leur avait donné la puissance d'enchaîner les foules à leurs lèvres.

Saint Jean-Baptiste, fils d'un prêtre juif et de sainte Élisabeth, né quelque temps avant Jésus-Christ, pour être le premier à prêcher l'enseignement de sa doctrine de fraternité, et pour annoncer sa venue, fut le prédicateur ardent par excellence.

Pressentant les séductions du monde, il s'en était éloigné pour aller au désert, où il mène la vie la plus dure : à demi nu, une peau de chameau pour tout vêtement, il vit de racines et n'a aucune demeure.

Lorsqu'il apparaît au milieu des hommes, ses paroles les impressionnent par leur austérité; il annonce Jésus-Christ et tonne contre l'hypocrisie, l'orgueil, la corruption des mœurs avec une énergie audacieuse; il traite les concussionnaires, les méchants, de races de vipères et flagelle même les Romains en leur reprochant leur dureté, leur impudeur et leur amour du pillage.

Il parle avec amour de Celui dont il dit n'être pas digne de délier les cordons de ses chaussures et prêche le baptême de pénitence pour la rémission des péchés.

Saint Jean-Baptiste a été purifié du péché originel, disent les docteurs de l'Église, par la présence du Sauveur que Marie portait dans son sein le jour où elle vint voir sa cousine Élisabeth. Dès que la Sainte-Vierge l'eût saluée, Jean tressaillit dans les entrailles de sa mère.

Tout, du reste, avait été prodigieux dans sa conception. Ses parents, très âgés, n'espéraient plus d'enfant lorsqu'un ange apparut à Zacharie, son père, pendant qu'il était dans le Temple.

« Élisabeth a conçu un fils, et tu le nommeras Jean, » lui dit l'envoyé de Dieu. Comme Zacharie restait incrédule à cette annonce: « Tu seras muet, et tu ne recouvreras la parole qu'après la naissance de ce fils, » lui ajouta l'ange, et sa prédiction s'accomplit.

Compagnon d'enfance de Jésus-Christ, Jean-

Baptiste le baptise à l'âge d'homme et vocifère, dit Tertulien, contre ceux qui refusent ce moyen si facile de rédemption.

S'il est impitoyable pour les endurcis dans le péché et l'erreur, il est de miel pour les pauvres et prêche la charité en leur faveur:

« Que celui qui a deux tuniques, en donne une à celui qui n'en a pas. »

« Que celui qui a de la nourriture la partage avec l'indigent. » Tel est son enseignement, dont l'essence est de source divine. Il le répétait pour l'avoir entendu, dès sa plus tendre enfance.

Jean-Baptiste n'était pas la lumière, mais le premier chargé de faire pressentir l'éclat et les bienfaits de cette religion lumineuse dont les inspirations mettent dans la bouche d'un des plus grands génies humains ces accents de parfait chrétien :

Vous qui pleurez, venez à Dieu, car il pleure
Vous qui souffrez, venez à lui, car il guérit
Vous qui tremblez, venez à lui, car il sourit
Vous qui passez, venez à lui, car il demeure :

Ce quatrain sublime de Victor Hugo n'est-il pas l'équivalent de cette pensée admirable de sainte de Chantal se jetant éperdue aux pieds de son crucifix, au moment de succomber aux tentations du monde, et s'écriant, dans un de ses élans d'amour pour le Rédempteur dans lesquels elle savait si bien mettre toute son âme : « Mon Dieu ! mon Dieu, je me tiens serrée à l'arbre de votre croix, de peur que tant de voix séduisantes endorment mon cœur et l'éloignent de vous. »

Le monde entier devrait savoir la force que donne cette croix, et, à genoux, la demander à Dieu, au moins à l'heure des épreuves. Nous l'avons plus particulièrement compris au moment des dangers, et un jour, en entendant la voix enchanteresse de Faure redisant les beaux vers du *Crucifix* de notre *Poète*, nous nous sommes reportés aux heures de péril où cette croix était notre seul espoir.

Malheureusement les vérités qu'ils expriment si bien sont trop souvent méconnues et controversées. Nous n'en restons pas moins convaincu de l'authenticité incontestable de la religion du Christ que l'on entend cependant, dans le peuple surtout, traiter d'invention des prêtres, et qu'on déclare n'être bonne que pour les femmes et les enfants.

Pour prouver le contraire, nous voulons des hommes capables de l'enseigner en cherchant à inspirer, aux uns la charité, aux autres la résignation, à tous, le sentiment du devoir. A nos yeux, c'est la condition essentielle du bonheur de la terre et du ciel.

Mais, comme l'erreur est le fait de l'humanité, nous comprenons la diversité des religions, malgré

la lumière intense qui éclaire toutes les consciences, parce que Dieu permet à l'homme de s'é-
garer, en punition de son orgueil ou de l'orgueil
de quelques-uns, en rendant solidaire toute une
race du péché d'autrui ; sachant bien rétablir la
justice due à chacun après sa mort.

Un grand poëte de l'antiquité n'a-t-il pas dit :
« *Deus æmulator reddens iniquitatem patrum*
« *super filios,* » un Dieu compensateur reverse l'i-
niquité des pères sur les fils.

Les chrétiens en ont la démonstration par le
péché originel.

Le paganisme avait donc la même opinion que
nous au sujet de cette hérédité causée par le péché.

Cette loi de l'hérédité, fondée naturellement sur
la solidarité des familles et des races ne permet-
trait, à présent, à aucun père, pas même au plus
dégagé de tous les préjugés sociaux, de donner en
mariage sa fille à l'homme le plus vertueux du
monde issu du sang d'un assassin, d'un Tropp-
mann, par exemple.

Ce point établi, comme Dieu ne châtie pas les
nations dans l'autre monde, il les punit presque
toujours ici-bas, en proportion de leurs crimes, de
leurs fautes mêmes, surtout des bienfaits dont il les
a comblées, et réserve le ciel ou l'enfer aux individualités vertueuses ou coupables.

C'est la raison de la vive émotion manifestée
dans le monde catholique à l'annonce des prédic-

tions faites, il n'y a pas encore un demi-siècle, avant l'inauguration de certains sanctuaires vénérés. Malheureusement ni les humbles, ni les puissants n'y ont apporté longtemps toute l'attention dont elles étaient dignes; cependant ces prédictions étaient relatives aux maux de l'agriculture française, à nos crises révolutionnaires, enfin à la guerre des années terribles et à tout ce qui atteignait le plus notre honneur et nos intérêts.

La France en a vu l'accomplissement et en subit encore les cruels effets. A l'époque de leur révélation, ces paroles semblaient une menace prochaine de la colère divine contre la France, dont les populations catholiques se laissaient guider par l'antireligion de quelques sectaires vomis par l'enfer, et méprisaient ses commandements.

Pie IX, en entendant une des révélations des inspirés, n'avait pu s'empêcher de gémir et de s'écrier : « Pauvre France ! » tellement devait être terrible le châtiment de notre pays; et il l'a été en effet.

On ajoute qu'à la suite de cette prédiction comme il était, mais dans un avenir plus éloigné que le nôtre, question de plus grands maux pour l'Italie, malgré ses succès en espérance, il aurait versé d'abondantes larmes en disant : « Malheureuse Italie !... »

Authentiques ou imaginaires, ces prédictions

n'ont rien de contraire aux traditions religieuses de tous les âges du monde.

Dieu se plaît quelquefois à révéler ses desseins longtemps d'avance, afin de rappeler les nations et les hommes au respect de ses lois, et presque toujours il choisit des humbles par ses porte-paroles. En plusieurs circonstances il fit cependant exception, entr'autres le jour où il imposa ses commandements au grand législateur des Hébreux. Une remarque à son sujet : Moïse, sentant sa fin prochaine, parla en ces termes à son peuple : « Si vous obéissez aux commandements que je vous fais aujourd'hui d'aimer le Seigneur, votre Dieu, et de le servir de tout votre cœur, il donnera à vos terres les premières et les dernières pluies, et vous recueillerez dans vos champs le froment, l'huile et le vin. »

Les Hébreux, en effet, allaient pénétrer dans la Terre promise, mais sans leur législateur à qui Dieu en avait interdit l'entrée, pour le punir d'avoir douté un instant de ses paroles, dans une circonstance solennelle.

Dieu, nous le voyons, récompense parfois dès ce monde ses serviteurs fidèles et châtie les autres. Chose plus digne de remarque, la santé du corps, l'intelligence, la vie même sont souvent autant de récompenses temporelles d'une conduite agréable à Dieu.

A ce sujet, de Maistre observe, que durant sa

vie, Jésus-Christ, avant de guérir les malades, pardonnait leur péché, en rendant publiquement témoignage à la foi vive qui inspirait ces privilégiés.

N'est-ce point l'indication de sa volonté d'accorder fréquemment ses faveurs à ceux qui le prient? Mais il ne faut pas en conclure que Dieu exaucera toujours, ici-bas, les prières ferventes et les actes pieux.

. Non, sa Toute-Puissance lui permet d'en réserver de plus glorieuses et d'incomparablement plus grandes, à ceux qu'il veut éprouver en ce bas monde par le malheur, afin de les récompenser davantage au ciel.

Souvent aussi il se plait à retenir sa colère, parce qu'il est éternel, et a l'éternité devant lui pour glorifier ou punir la conduite de chacun.

Dans la pensée divine, le ciel ou l'enfer sont la perspective de tous les hommes après leur mort, où les nations ne seront plus qu'une famille. C'est la raison certaine pour laquelle Dieu les épargne moins souvent en ce monde que les individus, en vertu de la loi de solidarité, et ce fait, facile à constater, nous explique une autre remarque qui s'est souvent présentée à notre esprit.

Pourquoi certaines personnalités de génie ou de mérite, malheureusement antireligieuses, trop souvent par orgueil, jouissent-elles, en apparence du moins, pendant toute leur vie, d'un bonheur insolent en face du malheur qui accable des gens religieux et laborieux, auquel rien ne réussit?

Pourquoi Dieu permet-il le succès d'un coquin et éprouve-t-il l'honnête homme par l'adversité ?

Il récompense, peut-être, en ce bas monde quelques mérites ignorés chez ceux qui le renient ou le blasphèment, tandis qu'il est certain, que s'il en châtie durement d'autres, c'est avec la certitude de larges compensations futures.

Les pays protestants nous ont paru souvent aussi plus prospères matériellement que les pays catholiques ; n'est-ce pas l'indication de la bonne foi générale de leur croyance, de certaines vertus nationales qui appellent les faveurs divines et, s'il permet leur prospérité temporelle c'est pour les récompenser de leurs efforts matériels. Fait plus important à signaler : Nous avons la certitude absolue que Dieu les bénit, dès ce monde, de leur respectueuse obéissance pour sa loi formelle de la sanctification du dimanche que la France, pour son malheur, ne respecte ni par la prière, ni par le repos.

Qui sait si les pays catholiques n'avaient pas, pour arrêter la colère divine, leur admirable clergé, leurs religieux, leurs religieuses, leurs fidèles croyants et pratiquants, leurs âmes charitables surtout ; qui sait, en France principalement, si son bras ne se serait pas déjà lourdement appesanti et ne nous aurait pas fait disparaître, à jamais, du nombre des nations.

Cette miséricorde, nous la devons plus particulièrement aux cohortes saintes, dévouées aux pauvres et aux justes. Il y a des précédents authentiques et historiques à l'appui de cette thèse consolante.

La *Genèse* raconte, en longs détails, l'épisode précurseur de la destruction de Sodome, une des villes maudites pour l'iniquité de ses habitants.

En effet, Dieu avait annoncé à Abraham sa résolution d'en anéantir cinq; comme le pieux patriarche s'intéressait plus spécialement au plus coupable de ces centres de vice que son neveu Loth habitait, il intercède en sa faveur en ces termes :

« Celui qui juge toute la terre ne fera-t-il point justice? Le Seigneur fera-t-il périr l'innocent avec le coupable? » Et l'Éternel dit : « Si je trouve, en Sodome, cinquante justes, je pardonnerai à toute la contrée par amour pour eux. »

Ce nombre ne s'y trouva pas. Le Seigneur, dans sa miséricorde, l'abaissa, à la prière d'Abraham, à quarante-cinq, puis successivement à quarante, à trente, à vingt.

Désolé, Abraham dit enfin : « Je prie le Seigneur de ne pas s'irriter, je ne parlerai plus qu'une fois, peut-être s'en trouvera-t-il dix? »

« Je ne la détruirai pas pour l'amour des dix. »

Ces dernières paroles divines, rapportées dans le livre saint, ne tendent-elles pas à prouver que Dieu, irrité de l'irréligion de notre pays, ne l'épargne que par amour pour les fidèles serviteurs si chers à son cœur, et ne l'a châtié si durement que pour le ramener à lui en l'épurant par la souffrance ?

Imitons les justes, autant que possible, pour changer l'accalmie de la colère divine en bénédictions spirituelles et temporelles dont nous avons un si pressant besoin devant toutes les menaces des temps présents et futurs.

Dieu convie les croyants au salut du peuple de France, et ils l'obtiendront par leur générosité, leurs bons exemples et par leur dévouement au malheur.

Le secret du succès de cette tentative est dans l'ardeur de l'homme qui aime véritablement les humbles, les pauvres, et leur ouvre son cœur, sans ambitions. Nous envions l'honneur d'être cet homme.

Le peuple n'est jamais blasé, il est plein d'aspirations généreuses et ne demande qu'à écouter la véritable bonne parole ; eh bien ! répétons-lui que la religion n'est qu'amour et qu'elle seule peut inspirer la résignation et la charité sans lesquelles ce monde s'entretuerait à la première occasion favorable aux puissants et que, seule, elle peut lui donner le peu de bonheur à espérer ici-bas.

Le cri de la croisade de la fin du xixe siècle sera, comme celui des siècles de foi : Dieu le veut ! Mais ce qu'il veut avant tout, c'est la charité sous toutes ses formes. Qu'elle se traduise par la tolé-

rance religieuse ou de toute autre façon. Du reste,
un prince de l'Église romaine, un nonce apostolique, Mᵍʳ Galimberty, n'a-t-il pas dit récemment
à un rabbin juif, à Finef-Kirchem, en Hongrie :
par conséquent à un ministre du culte dont les
anciens adeptes ont crucifié le Dieu des chrétiens :
« Notre religion, issue de la vôtre, ne saurait lui
être hostile. La *Bible*, les phophètes et les psaumes
sont communs aux deux croyances, et le catholique les préfère positives à l'athéisme qui détruit
l'ordre social ; c'est la raison de notre désir d'une
entente pacifique avec toutes les Confessions. »

# RELIGION

## CHAPITRE II

Croyances anciennes et actuelles. — Culte de la Raison. — Mauvais présage. — Monade. — Anecdote. — Dieu créateur de toutes choses. — Origines du Catholicisme. — Célibat sacerdotal. — Ses avantages. — Mariage des prêtres catholiques. — Le clergé mexicain autrefois. — Son abaissement. — Mœurs mexicaines. — Ignorance actuelle de cette contrée.

Le monde ancien croyait en Dieu. Aujourd'hui, ceux qui se proclament athées ne croient pas eux-mêmes à leur sincérité. M. Thiers disait d'eux :

« Ce sont non seulement des hérétiques, mais des imbéciles et des menteurs. »

Personnellement, nous nous refusons à admettre qu'en ce monde il puisse exister des hommes de bonne foi, sans parti pris et d'une intelligence ordinaire, n'y croyant pas.

Du reste, à l'inauguration du « Culte de la Raison », par conséquent à l'époque la plus antireligieuse de notre histoire, les gazettes de la Révolution racontèrent que le jour de la fête de l'Être

Suprême, on avait figuré un groupe de monstres hideux représentant l'Athéisme, la Discorde, l'Égoïsme, l'Ambition et une foule d'autres vices, auquel Robespierre mit le feu, et qu'une belle statue de la Sagesse devait remplacer, comme semblant naître de ses cendres.

La déesse Raison devait la couronner, et tout le monde l'admirer.

Malheureusement, l'ordonnateur de la fête n'avait pas songé à couvrir suffisamment la Sagesse, en sorte qu'à son apparition, elle se montra absolument souillée, dégradée et noircie par la fumée.

Ce fut un très mauvais présage qui se confirma plus tard, malheureusement pour la France.

Quel que soit le nom donné au Créateur de toutes choses, il existe un Dieu, que tout ici-bas révèle trop bien, pour perdre notre temps à persuader ceux qu'aveuglent l'imbécillité, l'intérêt, l'orgueil ou le parti pris de leurs premières résolutions, et l'entraînement des plus mauvaises passions.

A de plus savants et à de plus autorisés que nous, la noble mission de rendre la vue à ces malheureux, s'il en existe de sincères.

Évidemment, tout est mystère dans la genèse de l'univers, et nous force à croire humblement à l'intervention divine, sans la comprendre.

En remontant à l'origine de ce qui est visible ou palpable à nos sens, la raison humaine est obligée d'admettre, en aveugle, l'existence sans commencement ni fin d'un Dieu créateur, dont la toute-puissante volonté a tiré toutes substances du néant, même l'air qui enveloppe notre globe et i'élément des espaces où se meuvent tous les astres dont notre intelligence et nos sens, dans leur imperfection, ne peuvent que supposer l'existence et l'immensité insondable aux vivants.

Dieu frappe d'aveuglement les orgueilleux qui cherchent, en dehors de lui, l'origine de tout, pour arriver à nier plus ou moins son intervention.

Il laisse patauger dans l'erreur tous ceux qui en dépassant l'idée première, émise par Darwin : Que le milieu dans lequel les circonstances ont placé les êtres est, avec le temps, capable de les modifier et d'en varier les espèces.

Ce savant anglais, jusque-là, avait raison, et ses théories auraient pu être justes, à condition de ne pas nier l'intervention divine dans quelques créations initiales, comme il l'a fait malheureusement, après avoir posé des prémisses absolument admissibles, telles que celle-ci :

« La nature peut arriver à former même de nouveaux organes, par des modifications lentes et successives. »

Quelques-uns de ses disciples l'ont forcé à prêter l'autorité de son nom à des erreurs incompréhensibles, après ces premières idées justes sur la création. Bien d'autres erreurs avaient devancé celles de ses dernières conceptions, et le monde en verra de plus étranges encore, dès qu'il voudra renoncer aux vérités des livres saints.

Les inventeurs de la récente explication, par les monades, des mystères qui échappent à la science sur les origines des mondes, sont dans le faux également.

Leur théorie prouve une chose : leur désir de nier Dieu le plus souvent possible, et, cependant, ils l'admettent sous une autre forme.

Une question à leur poser :

Peut-on nier l'éternité d'un être créateur, quel qu'il soit?

En appelant monade le principe d'où tout découle, ne désignent-ils pas l'attribut de Dieu, dont ils taisent le nom véritable et l'Éternité et l'Infini? Dieu ou Monade; la désignation seule diffère. De la Monade ils font l'Être éternel, immatériel, qui a créé tout le reste.

Eh bien! un homme intelligent, sans parti pris, peut-il admettre qu'une créature se soit créée seule, au début de tout; que l'Infini ait des limites?

Dans ce cas, où seraient ces limites, et dans quoi seraient-elles contenues? Une machine peut-elle se construire et manœuvrer sans une volonté dirigeante?

Les uns ou les autres, en posant en principe l'éternité de la matière, ou la communauté d'origine d'un grand nombre d'êtres vivants, animés ou inanimés, leur transformation successive en variétés multiples, par une sélection naturelle et par leur manière de vivre, sont dans une coupable erreur, trop longue à réfuter et trop peu accréditée, malgré la haute notoriété de ceux qui la professent, pour que nous le tentions.

Sous peu, nous les reporterons à un savant ouvrage en préparation, dont l'auteur ne veut pas être cité, mais dont le travail de bénédictin est appelé à jeter une vive clarté sur l'inanité des prétentions des partisans des monades nouvelles.

Quelques-uns de ces chercheurs en démence n'ont-ils pas imaginé de dire qu'à l'époque où la mer recouvrait la terre entière, et où il n'y avait pas d'autres êtres animés que les poissons, ils étaient devenus les ancêtres d'autres espèces amphibies et terrestres, par une foule indescriptible de transformations, et que l'homme lui-même, de l'état de poisson, était devenu ce qu'il est à présent, par des modifications complètes et successives dans tout son être.

Les nageoires du poisson s'étaient changées en pattes et en bras, sa queue en jambes, à la suite des conditions d'existence dans lesquelles les poissons et les êtres s'étaient trouvés. Tout le reste était à l'avenant.

Certains autres savants, tout aussi aveugles, donnent à l'homme une autre origine aussi peu relevée, et le font également passer, successivement, par une série de transformations, parmi lesquelles sont ses étapes sous la forme de diverses bêtes, en dernier lieu dans le corps d'un singe, avant de devenir l'homme sauvage, puis l'homme civilisé.

Insanité plus grande encore, un savant, au cerveau bien malade, n'avait-il pas exprimé, naguère, la certitude de pouvoir arriver à créer artificiellement des enfants, sans doute par un système semblable à celui des couveuses mécaniques pour amener les poussins à sortir de l'œuf et à vivre, sous la bonne influence d'un certain degré de chaleur. Si le poussin n'était pas en germe dans l'œuf au point voulu par le Créateur, l'homme ne le créerait pas.

Les espérances de ce pauvre fou ne dépassaient pas ce monde, où il ne pouvait attendre de réels plaisirs que ceux que pouvait, parfois, lui procurer une gaveuse artificielle plus ou moins authentique, ou plus ou moins cosmopolite.

Les monadistes, en parlant des atomes primitifs et de leurs monades comme principe de la création, sont aussi dans l'erreur. En poussant leur raisonnement plus loin en arrière, c'est-à-dire au delà de leur principe de genèse fantaisiste, les uns et les autres seraient bien obligés d'admettre la vérité sans la comprendre, s'ils sont de bonne foi.

Risquons-nous à leur rappeler l'histoire bien connue d'une toute jeune mère, dont le petit en-

fant était sur ses genoux, et laissons-leur le soin
de la commenter :

— Mon chéri, lui demande-t-elle un jour, en lui
montrant un œuf; qui a fait cet œuf?

— Chère petite mère, c'est une poule.

— Eh bien! mon enfant, qui a fait la poule?

— Maman, c'est un œuf.

Après un instant d'alternative de demandes
et de réponses semblables, sa mère lui dit en l'embrassant :

— En remontant encore plus loin, nous arrive-
rions à toujours dire de même. Pour connaître le
vrai créateur de l'un et de l'autre, il faut dire, mon
enfant, que c'est Dieu.

Quelle que soit notre intelligence, nous devons
accepter comme seule vraie l'explication de la
jeune mère à son enfant, et croire simplement ce
que nous apprend la *Bible*, que Casimir Delavigne définit si justement :

> *Bible*, manne céleste, adorable parole,
> Livre qu'on peut nommer le livre qui console.

Du reste, Dieu n'a-t-il pas dit aux hommes, en
diverses circonstances et de plusieurs manières :

« Si vous n'êtes pas aussi purs et aussi simples
que les petits enfants, vous n'entrerez pas dans le
royaume des cieux. »

Ajoutons à ce sujet, pour combattre le mal en

germe dans le désir de ceux qui veulent l'école
sans Dieu, que Jésus-Christ anathématise et menace de toute sa colère ceux qui troublent l'idée
de foi innée dans toute âme d'enfant, l'éloignent
de son culte et de toutes pratiques pieuses.

En dernier lieu, une chose incompréhensible
n'est pas une chose impossible, et selon le dogme
de l'Église, basé sur le texte de Moïse, nous devons
tous croire que Dieu a créé le monde en six jours,
en tirant du néant tout ce qui lui a plu.

Que ces jours soient de vingt-quatre heures ou
de plusieurs siècles, d'après les données de la
science moderne, peu importe; aucune interprétation sacrée ne fixe leur durée.

Malgré quelques erreurs impardonnables, nous
désirons vivement respecter toutes les croyances
sincères, et nous en supposons beaucoup de très
bonne foi, surtout chez ceux dont les traditions
de pays, de famille et de race, leur ont inspiré un
culte ou des opinions religieuses contraires aux
voix intimes de l'âme et de la conscience.

Il est évident que, dans la plupart des cas, le
respect commandé par Dieu, par la nature, par
l'instinct même aux enfants pour leurs parents,
les poussent forcément à croire presque aveuglé-
ment tous leurs enseignements, surtout s'ils sont
également ceux de tous leurs amis et de leurs
connaissances intimes.

Néanmoins, à l'âge d'homme, ils doivent réflé-

chir; c'est notre raison de leur dire qu'à notre
avis, la grande supériorité du catholicisme sur les
autres religions des peuples civilisés ou dans la
voie du progrès (des autres nous n'en parlons
pas), est son origine divine, sa tradition, son
unité, les progrès intelligents et raisonnés de sa
doctrine, surtout son enseignement des plus admirables vertus; de la charité, de la force, du dévouement et de la résignation qu'elle inspire.

Nous reconnaissons également à cette Église
le mérite de sa médiation fréquente pour protéger
les faibles contre les abus des pouvoirs et de la
force, puis d'avoir imposé le célibat sacerdotal a
tous ses ministres et à tous ses religieux.

Nous venons de donner toute notre approbation
au célibat des prêtres. Comme c'est un des points
de discipline ecclésiastique les plus contestés, celui
sur lequel quelques utopistes, peut-être bien intentionnés, voudraient voir intervenir l'autorité du
souverain Pontife, pour le faire cesser dans certains cas; arrêtons-nous un instant sur son opportunité.

Il y a plusieurs siècles, l'Église catholique a dû
se résigner, pour éviter de grands maux, à tolérer
le mariage des prêtres Grecs Unis et celui des
Maronites du Liban, en leur défendant tout rapport avec leur femme, la veille de célébrer la sainte
Messe, et en ne permettant jamais à leurs évêques
d'être mariés.

A ces exceptions près, l'Église impose le célibat à tous ses prêtres, à ses religieux et à ses religieuses, qui renoncent volontairement aux plaisirs des sens, aux joies du cœur et de la famille, pour se vouer, de corps et d'âme, au service de Dieu et de leurs semblables.

Ce sacrifice admirable des sentiments intimes, au lieu de provoquer l'admiration universelle, leur est parfois reproché, sous prétexte qu'il est le résultat de l'égoïsme, une cause de vices cachés et d'affaiblissement pour l'État.

Répondre à cette incrimination que chacun est libre de satisfaire aux inspirations de sa conscience, ne prouverait rien, tandis que, considéré de haut, le célibat est le nerf de la vie de dévouement, la source des autres vertus, le mérite agréable à Dieu par excellence, dont l'utilité se révèle plus particulièrement dans le désintéressement si admirable des religieux ou des religieuses voués à leur pieux ministère, à l'enseignement et au soulagement des souffrances humaines.

Les Juifs, tout en considérant le mariage comme un acte particulièrement honorable et une suprême garantie de moralité; en le rendant obligatoire à dix-huit ans et en le permettant à treize, autorisaient le célibat de tout homme désireux de se consacrer à l'étude des lois, sans qu'il fût déconsidéré pour cela.

La chasteté est l'auréole par excellence du prêtre

catholique, la cause de sa plus grande influence, de sa science, de sa force physique et surtout morale.

Sans famille personnelle, il n'a aucune préoccupation particulière pour une femme ou pour des enfants. Il aime son prochain pour l'amour de Dieu, par devoir professionnel, afin d'être plus digne de son Créateur, qui lui prescrit ces deux sentiments.

Le prêtre, les religieux et les religieuses s'exonèrent, par la chasteté, de toutes préoccupations mesquines. Aussi en ont-ils la récompense ici-bas, par leur puissance et leur énergie pour le bien des corps et celui des âmes confiés à leur sollicitude.

En se dégageant de tout lien charnel, ils remportent sur eux-mêmes la victoire la plus agréable à Dieu, et peuvent plus facilement consoler tous les blessés de la vie, en conservant dans leur cœur le respect de l'humanité, si admirablement idéalisé par Dieu. — (P. FÉLIX.)

Ne croire à rien était autrefois de bon ton, et poser pour l'esprit fort une preuve de virilité. On se vantait d'être sceptique. Grâce à Dieu, l'intelligence nationale, dans son ensemble, n'était pas encore assez pourrie pour en arriver là, et un brave général, d'une vaillance à toute épreuve, mais qui avait affecté, toute sa vie, un profond athéisme, malgré son intelligence, malheureusement doublée de trop de vanité, tombe un jour gravement malade et se voit à sa dernière heure. Son premier soin est de demander une religieuse pour veiller à son chevet.

« Il n'y a que ces m..... pour cela, dit-il, et il lance un de ces blasphèmes qui ne souilleront bientôt plus ses lèvres.

« Je les ai vues à l'œuvre en Crimée, au Mexique, en Afrique, en Italie, partout où l'on se faisait trouer la peau, elles avaient le diable au corps pour guérir nos blessés, et elles seules savaient aussi les consoler. »

La sainte fille de la Charité, informée des antécédents de son malade, l'aborde en tenant son chapelet à la main, avec la croix bien apparente.

Le vieux soldat, autrefois d'une sévérité impitoyable pour la discipline, respecte si bien la règle de l'ange de dévouement appelé à son chevet et ses croyances, qu'il les partage bientôt toutes et devient, une fois rétabli, un modèle de piété.

Saint Paul n'avait-il pas été un persécuteur de l'Église naissante? Du reste, personnellement, nous professons une admiration profonde pour toutes les belles natures revenues franchement de leurs erreurs et travaillant à les réparer.

Pour en revenir à nos admirables prêtres, malgré quelques rares défaillances inhérentes à la faiblesse humaine, et dont on les incrimine bien plus souvent qu'ils ne les commettent, ils jouissent de l'estime générale et en sont absolument dignes.

Un homme d'esprit (et ils sont en nombre au *Figaro*), M. Marx, n'a-t-il pas dit récemment :

« Je suis ravi de voir les braves curés de campagne m'emprunter de mes goûts et de mes mœurs de chasseur, et je déplore de ne pouvoir m'assimiler un peu de leur foi, de leur désintéressement et de leur sagesse. » A cet hommage, ajoutons que beaucoup de religieux et de religieuses se font pauvres et deviennent même les très humbles serviteurs ou servantes des pauvres (selon le conseil de saint François de Sales), par amour pour Dieu et pour leurs semblables.

Cette pauvreté, enseignée par Dieu, est le complément de leur auréole, aussi le grand coryphée de notre première Révolution, Mirabeau, en parlant de la spoliation des biens du clergé, disait-il d'eux, dans son beau langage : « Nous avons leur argent, ils gardent leur honneur. »

Pour compléter son éloge, en allant plus au fond des choses, il aurait dû ajouter : « Ils ont et ils auront toujours la foi et l'espoir de l'éternelle récompense, incomparablement la plus grande et la meilleure de toutes. »

A l'origine du christianisme, les apôtres furent des évêques qui consacrèrent d'autres évêques, selon les besoins de l'Église, mais qui, tous, devaient vivre dans le célibat. Les évêques se choisirent, parmi les fidèles, des diacres, chargés de la distribution des aumônes, du soin des malades

et d'autres fonctions secondaires, pendant qu'ils
célébraient les saints mystères, évangélisaient et
confessaient. Ils ne créèrent des prêtres que plus
tard, sans leur imposer de suite l'obligation du
célibat, qui était une loi ecclésiastique pour eux.

Pour le simple prêtre, le célibat n'est donc point
un dogme, mais une mesure de discipline ecclésiastique de suprême convenance.

Le Concile de Trente, en sanctionnant les canons
de tous les précédents conciles œcuméniques et en
imposant le célibat aux prêtres, voulait qu'ils
fussent absolument indépendants.

Du reste, de l'aveu des Pères du Concile, le célibat sacerdotal était presque un privilége destiné
à leur permettre de s'occuper uniquement des
choses religieuses, en les délivrant des embarras
du mariage.

En dehors du précepte de l'opportunité du célibat, pour compléter, aux yeux des catholiques, la
certitude absolue du secret de la confession, saint
Thomas d'Aquin invoque la haute compétence
d'Aristote pour le légitimer, par la raison de certaines études.

En Europe, et surtout en France, le clergé est
digne de toute notre admiration. Sa conduite
si noble, sa chasteté, sa droiture, sa charité, devraient lui attirer le respect universel, tandis que
sans le lui refuser absolument, devant l'évidence
et la multiplicité de ses services, on le lui mar-

chande en le vexant ou en le persécutant souvent,
et parfois même en lui retenant le minime traitement qui assure son pain de chaque jour, sous des
prétextes indignes de gouvernants impartiaux,
et comme si ce traitement n'était pas une bien
faible partie de l'intérêt des grands biens confisqués au clergé en 1793. En toute logique et en
conscience, si l'État ne veut plus avoir de traitement à payer aux prêtres, il n'a qu'une chose à
faire : leur rendre leurs biens confisqués, ce qu'il
ne peut et ne voudrait du reste pas faire.

Quoiqu'il en soit, seules les âmes élevées, capables de comprendre la haute mission du clergé,
ses mérites et ses œuvres, savent la grandeur de
ses horizons et l'admirent.

Aurait-il le même prestige, s'il était lié par le
mariage? Nous en doutons absolument.

Le prêtre, préoccupé de son intérieur, moralement et matériellement, n'aurait plus sa liberté
d'esprit, en un mot ne s'appartiendrait plus tout
entier; tandis que son caractère sacré le fait sacrificateur, juge, éducateur, aumônier et conseiller
par excellence. Comment pourrait-il remplir ces
multiples devoirs, si son esprit et sa pensée
n'étaient pas libres de tout autre attachement.

Pour le soutenir dans cet état de célibat, il a la
foi, l'humilité, l'amour du prochain et surtout la
grâce particulière que Dieu accorde à ses ministres
pour conduire et diriger les hommes.

Le célibat suppose l'austérité, la chasteté et la
sainteté, mais il ne les donne pas aux prêtres sans
la grâce divine, surtout aux hommes d'un tempérament de feu.

La prière et le travail sont les seuls et les meilleurs moyens de les obtenir.

Malheureusement, dans les pays chauds, le
travail est peu dans les mœurs, pas même dans
celles du clergé.

Évidemment, la chaleur y prédispose tout le
monde à la paresse, mais n'excuse pas les déplo-
rables conséquences dont la campagne du Mexique
nous a montré de bien tristes exemples. En effet,
de 1862 à 1867, la dissolution des mœurs y était si
complète, que nos admirables sœurs de Saint-
Vincent de Paul, venues de France avec le corps
expéditionnaire du Mexique, se trouvèrent un
jour dans une situation affreuse, à Mexico même.

Le général Bazaine leur avait prescrit de s'ins-
taller dans une maison de religieuses Clarisses
attenant à l'ancien couvent de San-Géronimo,
organisé en hôpital militaire, pour y recevoir nos
soldats malades ou blessés.

Elles s'y rendirent par obéissance, afin de ne
pas manquer à leur devoir, mais, à peine installées
depuis peu, elles demandèrent avec insistance à
quitter cette maison, sans aucun retard, ne voulant
pas y passer de nouveau la nuit.

La supérieure dit même au général : « Nous

aimerions mieux loger à la caserne ou camper à côté de nos soldats, que de rester plus long-temps dans ce lieu. »

Si c'était faire l'éloge du respect et de la recon-naissance que nos soldats leur avaient voués, ce n'était pas faire celui du clergé mexicain.

Du reste, à cette époque, les anciennes posses-sions espagnoles ne brillaient pas davantage par la moralité sacerdotale.

Cet abaissement du caractère du prêtre ne se comprendrait pas, si nous ne faisions connaître qu'un grand nombre d'entre eux vivaient en concu-binage, à la connaissance de tout le monde, et qu'on'se montrait sans indignation, dans le peuple, la concubine « del Padre », et chose étrange, bon nombre de personnes de ce pays de foi vive cependant, trouvaient le fait à peu près naturel et en étaient à peine scandalisées.

Le Mexique, malgré ses perspectives d'avenir, était, au moment de l'expédition française, dans un extrême désordre moral, par suite de l'igno-rance du peuple, habitué à la paresse et adonné au jeu, et pour d'autres causes historiques trop longues à raconter.

Le clergé de ce pays avait une grande mission à remplir : celle d'évangéliser, au moins par l'exemple, et d'instruire les populations; malheu-reusement, sa conduite privée si déplorable, et son instruction trop faible, paralysaient tout retour au bien.

Malgré le mal signalé, et probablement à peu près guéri à présent ou en voie de disparaître, nous pensons que le mariage des prêtres de ces contrées n'eût été et ne serait ni un bienfait, ni un remède radical.

Il détournerait fatalement le plus grand nombre de toutes pratiques austères; tandis que la concupiscence, même satisfaite légitimement, en rendrait certainement la majorité incapable d'enseigner la chasteté par la parole, dans leur impuissance à la prêcher par l'exemple.

C'était, du reste, l'opinion de Pie IX, de glorieuse mémoire, et il la manifesta une fois d'une façon touchante, en présence de plusieurs hauts personnages catholiques; ce fut le jour où un pieux évêque mexicain et un religieux, de retour d'une mission au Mexique, vinrent lui rendre compte de ces scandales, en lui demandant s'il ne serait pas opportun de revenir, pour les prêtres de ce pays de feu, à la tolérance de la primitive Église.

Le Pape, au lieu de répondre de suite, verse des larmes abondantes et s'agenouille auprès de son crucifix, afin d'appeler les lumières divines sur sa décision : « *Non possumus* », dit-il en se relevant, « Dieu me punirait, si je disais autrement », et les explications qui suivirent montrèrent aux éminents spectateurs de cet événement l'extrême sagesse de la décision pontificale.

Malheureusement, cette déplorable conduite du clergé datait de loin et avait été la cause première de l'abaissement de la moralité publique, absolument faussée, dans la basse classe surtout, et elle l'était au point que, très longtemps avant l'expédition française, la plupart des femmes de mauvaise vie allaient habituellement se confesser chaque samedi soir, et refusaient tout contact avec les hommes, en leur disant :

« *Soye una santa para l'absolutione* »

(Je suis une sainte par l'absolution). Je ne puis vous recevoir, mais demain, après la messe, je vous attendrai.

En effet, à partir de ce moment, elles recommençaient leur triste métier.

Dans un monde plus élevé, dans la haute société même, bon nombre de femmes réputées peu fidèles aux saintes lois du mariage, conservaient, dans leur coupable conduite, une certaine pudeur religieuse mêlée de superstition, et avaient, à la tête de leur lit, la statue de la sainte Vierge qu'elles voilaient chaque fois qu'elles recevaient leurs amants, afin de ne pas la rendre témoin de leur faute; d'autres se signaient en se recueillant, avant de faire le mal.

Cette superstition était la pratique constante de presque toutes les courtisanes des différentes

classes, qui conservaient néanmoins le parfum de
leur première éducation religieuse, malheureusement trop souvent oubliée dans les pratiques im-
morales du peuple mexicain, de celui d'une partie
des anciennes colonies espagnoles, et de trop nom-·
breuses contrées d'Europe dont nous ne parlerons
pas, dans la pensée d'apprendre leur retour à des
idées moins malsaines.

Évidemment, un clergé plus moral lui-même eut
peut-être pu réagir contre cette déplorable conduite; mais nous ne saurions admettre que la permission de se marier, accordée aux prêtres de ces
contrées, eut fait le moindre bien à l'ensemble de
ses habitants.

Malgré notre espoir d'un retour à des pratiques
moins coupables, nous apprenons de témoins
dignes de foi que l'ignorance est encore telle, dans
certaines contrées éloignées des centres peuplés,
qu'elle y laisse subsister la coutume des pénitences
publiques, faites pour une expiation générale ou
privée, et dont les rigueurs nous reportent aux
époques du fanatisme le plus sauvage.

Leurs adeptes, heureusement, ne sont pas des
lettrés, mais souvent des gens ignorants de sac et
de corde, de la condition la plus humble, chez lesquels la foi primitive reprend le dessus de temps à
autre, et les pousse à se faire flageller pour expier
leurs péchés ou ceux de leurs complices plus ou
moins avoués.

Cette coutume se pratique surtout chez les gardiens des immenses troupeaux de bestiaux des prairies chaudes, où les éclats de la foudre et les éclairs, enflammant à l'improviste l'horizon, jettent souvent une profonde terreur dans leurs esprits obtus.

Un correspondant du journal le *Temps* rapporte même que le Mexicain repentant et en train de se flageller, ne s'inquiète plus d'autre chose, si graves que puissent être ses responsabilités. Les cris mêmes que lui arrache la douleur effrayent les bêtes confiées à sa garde, sans qu'il s'en préoccupe. L'auteur de ce récit ajoute qu'il a vu un troupeau de 3,000 bœufs se disperser de tous côtés, parce qu'aux premiers grondements du tonnerre, tous les cowboys, sans exception, s'étaient jetés à genoux pour se fouetter jusqu'au sang, en invoquant la miséricorde divine.

Il rappelle également le souvenir de la flagellation publique du pire garnement d'un pays, un nommé Lopez le Mauvais sujet. Toutefois ce récit, à nos yeux un peu fantaisiste, nous fait reculer devant le désir de le raconter.

Du reste, de tous temps on a vu des exemples de faiblesses alliés à une foi aussi profonde qu'ignorante, et même des superstitions se glissant dans les cerveaux les mieux doués.

Avant de monter sur le trône pontifical et pendant son règne, le plus exécrable des mauvais papes, Alexandre Borgia, avait l'habitude, disent certains chroniqueurs, de porter non seulement des reliques à son cou, mais une hostie consacrée, destinée à le préserver de tout malheur temporel, même pendant qu'il se livrait au vice et à la plus triste débauche.

On raconte aussi que le jour de sa mort, après avoir pris, involontairement, le poison qu'il destinait à un de ses ennemis, s'apercevant qu'il avait oublié la sainte hostie : « Je suis perdu! s'écria-t-il deux fois, Dieu n'est plus avec moi », et il mourut, en effet, peu d'heures après.

Des membres d'ordres religieux, envoyés au Mexique en mission, ou poussés par leur zèle, ont essayé, en vain, de lutter contre les deux plaies dont il souffrait à l'époque de notre expédition : l'ignorance et l'immoralité.

Ils les ont trouvées trop invétérées et ont dû renoncer à les combattre, malgré tout leur talent et leur ardeur pour le bien.

Nous espérons que Léon XIII saura bien, grâce au secours du ciel, triompher du mal, sans la tolérance coupable que réclament quelques prétendus amis du clergé.

# RELIGION

## CHAPITRE III

Ministres de Dieu. — Leurs pouvoirs ici-bas. — Comparaison
entre l'aveugle et l'athée. — Devoirs de nos gouvernants.

L'excuse des hommes sincères dans cette conviction est de vouloir le bien, en se tenant le raisonnement suivant :

Dieu, dont les desseins sont impénétrables, a
lui-même, se disent-ils, donné l'exemple des modifications dans la façon de l'adorer, en changeant,
depuis l'ère chrétienne, quelques-unes des lois
dictées à Moïse et à ses successeurs pour être la
première règle des Juifs qui n'ont pas voulu croire
à son nouvel enseignement, celui du Nouveau-Testament, parce que la rédemption du monde n'était
pas uniquement en leur faveur; cependant leurs
lettrés savent tous que, plusieurs milliers d'années
avant cette époque, Dieu avait permis à ses prophètes de prédire les prodiges de son incarnation,
de sa vie et de sa mort pour l'humanité entière.
Quand en conviendront-ils?

Pendant sa vie terrestre, n'a-t-il pas émerveillé le monde par ses miracles, n'a-t-il pas voulu faire progresser son culte et beaucoup d'autres lois religieuses, en ordonnant à ses ministres de l'appeler à chaque instant sur cette terre, de lier et de délier l'homme du péché et de tout employer pour le salut des âmes; ce que les prêtres Hébreux ne pouvaient faire.

Il a promis au chef de son Église, de l'inspirer jusqu'à la fin des siècles et il l'a autorisé à prescrire tout ce qui lui paraîtrait utile au bien des âmes et même à celui des corps.

Or, dans l'intérêt d'une partie du troupeau égaré, cependant confié à sa suprême sollicitude, son représentant sur la terre ne pourrait-il pas, en pesant toutes choses, voir si la somme du bien l'emporterait sur celle du mal, en revenant, pour ces contrées chaudes, à la faculté primitive du mariage des prêtres, afin d'éviter au clergé de certains pays, des chutes et surtout la honte de scandaliser les fidèles.

A ce raisonnement, une seule réflexion, qu'ils le soumettent, avant de le tenir, à des prêtres instruits ou à d'autres savants capables de les éclairer. Nous en sommes incapables.

Pour nous, toutes les décisions pontificales sont dignes de croyance, lors même qu'elles ne sont pas un article de foi.

Comme extension aux bons désirs mal conçus

par quelques personnes trop zélées, qu'il nous soit permis de leur dire que parmi les hommes de science et de grand sens, quelques catholiques très soumis aux dogmes et aux divers enseignements de l'Église, tout en restant groupés fermement autour de leur chef vénéré, se creusent l'esprit pour arriver à des moyens de conciliation avec les États et les sociétés modernes les plus éloignés de leur croyance.

Peine perdue, presque jamais la bonne foi n'est réciproque.

Les adversaires secrets ou déclarés du catholicisme demandent des concessions sans vouloir en faire. Du reste, le souverain Pontife donne au monde entier, dans sa profonde sollicitude pour le bien universel, l'exemple de la conciliation, en entretenant de bons rapports avec tous les souverains et toutes les républiques, malgré leurs empiètements sur le terrain de la religion et malgré leurs persécutions.

S'il agit ainsi, c'est évidemment pour éviter de plus grands maux à leurs sujets catholiques.

Le Pape veut rester le modérateur des peuples et des rois, et même de tout l'univers. Il est l'adversaire de tous les abus de pouvoir et le consolateur par excellence.

Il déclare qu'un peuple sans religion est à son déclin, et que nul homme de bonne foi et de science n'ignore que l'âme, après la mort matérielle de l'homme, s'élance immortelle de son corps destiné à la pourriture, *quia pulvis es et in pulverem reverteris,* pour aller vivre dans l'infini pendant l'éternité, dans la joie ou la douleur, selon les bonnes ou les mauvaises œuvres de sa vie, et que le corps ne ressuscitera qu'au Jugement dernier.

Par esprit de conciliation, le Saint-Père se serait prêté volontiers à éclairer de ses lumières les plus grands philosophes, même le chef d'une école hostile au catholicisme, si ceux-ci le lui avaient demandé dans toute la sincérité de leurs âmes et tel n'a pas été le cas, par exemple, de Hégel, croyons-nous, qui, après avoir passé sa vie à douter, à étudier et à chercher la réfutation de certaines vérités chrétiennes, s'écriait, avant de mourir, dans un élan de bonne foi : « De la lumière, encore de la lumière! » Hélas! ce malheureux est mort dans le doute sur toutes les doctrines, même sur ses théories les plus personnelles.

Léon XIII demande aux protestants, aux schismatiques, aux juifs, aux musulmans, aux partisans de toutes les religions et de tous les cultes, de respecter les croyances catholiques comme il entend respecter lui-même les convictions de bonne foi, tout en proclamant bien haut la vérité des dogmes de son Église, et en réclamant la paix et la charité universelles.

Les athées et les libres penseurs n'agissent pas ainsi, c'est la raison pour laquelle le souverain

Pontife ne pourra jamais ni s'entendre avec eux, ni avec les autres hommes sans croyances.

Quelques-uns d'entre eux, dont nous ne pouvons admettre la bonne foi absolue, à moins d'avoir été nourris, dès l'enfance, par leurs parents, dans ces idées si opposées à celle du catholicisme, s'aveuglent eux-mêmes, en cherchant à s'instruire et à trop approfondir les mystères dogmatiques que Dieu ne veut pas révéler à l'intelligence si bornée de l'homme, quel que soit son génie.

Une seule remarque à leur faire :

Du fait qu'un aveugle de naissance ne peut pas comprendre la reproduction de ses traits dans un miroir, s'ensuit-il que cette reproduction ne soit pas une vérité évidente pour tous les hommes, excepté pour lui? Son cerveau ne saisira ce fait que le jour où il verra la lumière terrestre. Dans l'ordre d'idées plus élevées et selon les présomptions de la sagesse humaine, guidée par de pieuses croyances, il n'y aura plus de mystère pour personne le jour où l'âme immortelle se dégagera de la matière après la mort.

En attendant, tous les hommes sont, en ce monde, des aveugles devant Dieu qui leur laisse entrevoir de temps à autre quelque chose pour leur montrer l'ombre de sa toute-puissance; par exemple le jour où la perfection des plus admirables instruments d'optique leur a laissé sonder un peu plus avant dans la profondeur infinie des cieux.

Dieu, en permettant cette découverte de la science moderne, ne laisse-t-il pas comprendre aux savants que les étoiles innombrables dont l'œil peut à peine soupçonner la présence à l'aide de nos meilleurs instruments d'optique, ne sont pas même, dans leur totalité, ce qu'est un grain de sable à la réunion de tous les atomes de matière ou de poussière du globe.

La foi seule, qui ne fait défaut à personne, nous dit de croire sans comprendre les grandes vérités de notre sainte religion.

Ayons donc tous une croyance basée sur la foi et sur la lumière de notre conscience.

Aujourd'hui, comme aux plus mauvais jours de nos annales, le malheureux, et particulièrement l'homme forcé de demander au travail son pain quotidien pour lui et pour les siens, n'a aucun espoir en un avenir meilleur.

Enfant, il est entré dans la vie pour souffrir, homme, il subit toutes les épreuves.

Si nos gouvernants étaient plus sages, ils devraient lui laisser entrevoir le bonheur éternel en compensation de tous ses maux s'il sait se résigner à son triste sort, tout en cherchant à l'améliorer par son travail et son intelligence.

Nos législateurs devraient être heureux d'entendre le prêtre dire et redire aux malheureux cette consolente pensée, digne d'être écrite partout en lettres d'or.

Ici-bas, courte est la souffrance, en comparaison de la joie éternelle, sans mélange, réservée au juste et au résigné après sa mort.

Du reste, un instant de recueillement en nous-même et d'humilité absolue, aura vite raison des ténèbres de l'ignorance, de tous les troubles de notre conscience et nous fera voir la vraie lumière qui éclaire, suivant la parole de l'Évangile tout homme venant en ce monde...

Puis, l'histoire et le raisonnement ne nous ont-ils pas montré, de tout temps, le Décalogue comme la base de notre conduite individuelle?

Dieu seul a inspiré toutes les lois sages. C'est dire que ses commandements actuels doivent rester la règle invariable des hommes et des nations.

Sans ces croyances naturelles avant tout enseignement religieux, l'homme n'aurait aucun intérêt à être honnête et à respecter les lois humaines.

Tandis que l'Évangile veut qu'il aime Dieu par dessus toutes choses, son prochain comme lui-même, et se conforme au précepte divin : de rendre à Dieu ce qui est à Dieu, et à César ce qui est à César.

A l'appui de cette dernière obligation, le protestant M. Guizot dit avec impartialité, dans ses

*Méditations*, l'œuvre capitale de ses derniers jours :

« Le Catholicisme est l'école par excellence du respect envers l'autorité dans le monde. » Saint Augustin n'a-t-il pas dit que l'obéissance est la plus grande des vertus, la mère et la gardienne des autres. Saint Grégoire ajoute : « Elle ouvre l'âme aux autres vertus et le Saint-Esprit la préfère même au sacrifice. »

En effet, le Catholicisme enseigne aux hommes, dès leur enfance, le respect des lois et du gouvernement, et sa doctrine de dévouement et d'abnégation s'accorde avec le patriotisme en imposant le sacrifice de l'intérêt privé devant l'intérêt général. L'illustre protestant lui adresse un autre hommage dans une lettre fameuse à Donozo Cortez : « L'Église catholique ne change pas, mais elle marche... »

Faire comprendre toutes ces incontestables vérités et surtout faire pratiquer les préceptes qui en découlent est notre seul espoir, tout en proclamant la liberté de conscience pleine et entière pour chaque homme d'une bonne foi absolue.

En considération de cela, nos législateurs devraient chercher, de toutes façons, à mettre au moins la religion du plus grand nombre en honneur, avec la pensée que la foi qui en est l'essence, reste le plus grand levier du monde et que rien de stable ne s'accomplit ici-bas sans elle.

Leur second devoir devrait être de replacer le
crucifix dans nos écoles, et dans quelques sanctuaires de la justice, d'où il a été banni par des
mains impies.

# RELIGION

---

## CHAPITRE IV

Nos écoles actuelles. — Leurs tristes conséquences. — Appréciation de Napoléon I<sup>er</sup> sur les athées. — Service militaire
des séminaristes. — Désir de voir les prêtres missionnaires
suivre un cours de médecine. — Influence de la Croix. —
Anecdote. — Témoignage du maréchal Canrobert et de Jules
Simon.


Malgré toutes les données et les présomptions
de la vraie science, dans la pensée des optimistes
en économie politique, aveugles comme tous les
gens de parti pris, l'ouverture de nos si ruineuses
écoles pour tous les âges, dans nos villes et dans
nos campagnes, devait faire le vide dans les prisons, les mauvais lieux et même dans les cabarets,
sans parler de leur vaine espérance de voir, ce
jour-là, l'adoucissement de nos mœurs privées et
publiques, la paix dans nos âmes et dans nos
cœurs.

Décevante illusion, dit un grand écrivain dont
le nom nous échappe malheureusement, et ne

nous laisse que la substance de ses remarques si
justes mais si décourageantes : Jamais plus de
demandes d'ouverture de cabarets.

Malgré la détresse générale, jamais plus de
mauvais lieux, jamais nécessité plus urgente de
multiplier les prisons et les agents de police,
jamais plus de séparation entre mari et femme.

La statistique proclame, avec l'éloquence muette
de ses chiffres, environ deux mille récidivistes de
plus chaque année; au moins quinze cents mineurs
de plus, justiciables des tribunaux, et le journal
le *Temps* signale, en particulier, « le grand nombre
d'assassinats commis par de tous jeunes gens et
en désigne plus spécialement quatre dont l'aîné de
ces gredins est celui qui a comparu devant la cour
d'assises de la Somme, le nommé Laflèche, garçon
de ferme, qui a assassiné, à coups de serpe, son
maître et la sœur de son maître, pour voler le
magot qu'ils cachaient dans leur armoire à linge
et qui se montait à la somme de six francs. Celui-
ci a vingt-trois ans. Le nommé Lavoix-Jardry,
qui vient de passer aux assises de la Dordogne,
est de deux ans plus jeune. Celui-là a attiré, par
stratagème, dans l'obscurité, un septuagénaire
qu'il a tué raide d'un coup de fusil; avant d'accomplir son vol, il a eu affaire à une domestique, sur
qui il a déchargé deux coups de feu et qu'il a frap-
pée ensuite à la tête de sept ou huit coups de
crosse, pas davantage, parce que la vigueur qu'il

y mettait a cassé en deux le bois du fusil. Piollot,
condamné par le jury de la Meuse, pour s'être
acharné avec férocité sur la femme Anchy, une
domestique aussi, qu'il a volée après l'avoir laissée pour morte, n'a que dix-neuf ans. Dix-neuf ans,
c'est aussi l'âge de Kaps; mais les débuts de celui-
là, dans la carrière chanceuse de l'assassinat,
ne sont pas d'hier. Il a tué sa maîtresse parce
qu'il lui avait confié un secret et, pour n'être
pas vendu, Gribouille de la scélératesse, il s'est
vendu lui-même pour expliquer le mobile qui
l'avait poussé. Voilà tout près de cinq ans qu'il
avait étranglé, pour le voler, un vieillard dont
l'assassin n'avait pas été depuis découvert par
l'instruction. Ce Kaps, dont les violences ont plusieurs fois occupé le public et qui était précédé à
l'audience d'une réputation d'enragé, avait été,
depuis son premier crime non découvert, détenu
un an à la Petite-Roquette. L'événement a bien
prouvé qu'il ne s'y était pas amendé; c'est le contraire qui eût surpris quiconque s'est un peu intéressé aux questions pénitentiaires. »

« La perversité de Kaps peut être mise, dans une
certaine mesure, sur le compte de la contagion qui
s'exerce sur le pavé des grandes villes entre les
enfants trop facilement lâchés au dehors et qui
entrent, pour ainsi dire, à l'école mutuelle du vice;
mais ses émules qu'on a condamnés à Amiens, à
Périgueux et à Saint-Mihiel sont des isolés dont

la préméditation a été individuelle, des rustiques, presque des primitifs. »

Les statistiques signalent aussi un nombre incomparablement plus élevé de prostituées et surtout de souteneurs qu'autrefois; enfin, une recrudescence de meurtres, de viols, de désordres dans les esprits et d'agitations dangereuses, de grèves inutiles en présence des difficultés si grandes de l'industrie et de l'agriculture; puis, monstruosité plus inconcevable encore, jamais, au dire des personnes appelées par devoir professionnel à connaître toutes les ignominies humaines, tant de rapports contre nature entre femmes dans les grandes villes, de promiscuité criminelle entre parents du degré le plus rapproché, et d'actes de bestialité enfin, surtout dans les campagnes.

Jamais moins de concession politique, en revanche jamais proclamation et étalage plus effronté de mauvaises œuvres littéraires, d'images plus indécentes, de promesses mensongères, de charlatanisme plus grotesque, de discours politiques plus sonores et plus creux.

C'est à désespérer de la raison humaine. Quelle est la digue contre tous ces maux? La religion. Nous n'en connaissons pas d'autres.

Du reste, livré à lui-même, l'homme va toujours, dans son orgueil, jusqu'à la sottise, à l'encontre de ses vœux mêmes bien intentionnés.

Seul!...

> Celui qui met un frein à la fureur des flots
> Sait aussi des méchants arrèter les complots.

et nous redonnera la faible dose de bonheur à espérer ici-bas, si.nous le prions.

Napoléon I^er n'admettait pas, dit le prince de Metternick dans ses *Mémoires*, « qu'il y eut jamais existé un athée de bonne foi; de plus, il regardait le christianisme comme la base de toute civilisation véritable, le catholicisme comme le culte le plus favorable au maintien de l'ordre et de la tranquillité du monde moral, le protestantisme comme une source de troubles et de déchirements.

« Indifférent, quant à sa personne, aux pratiques religieuses, il les respectait trop pour jamais se permettre des plaisanteries sur ceux qui les suivaient.

« Et il disait : le pouvoir vient de Dieu, et c'est par là seulement qu'il peut se trouver placé hors de l'atteinte des hommes ». N'est-ce pas une preuve de l'efficacité de la religion même en politique?

A un autre point de vue, nous avons été mal inspiré par l'intolérance religieuse. Au lieu de railler les hommes de foi, laissons chaque famille honorer la croix en la remettant à la place d'honneur de son foyer.

C'est l'emblème protecteur et consolateur par excellence. Nous en avons fait le signe des braves. Il est le plus capable de nous rappeler aux nobles sentiments du devoir, du dévouement et de l'honneur.

Malgré l'abaissement du niveau moral de la France, nos trop nombreux députés et législateurs ont encore ébranlé la digue sociale, déjà si faible contre le vice, en votant une loi coupable, destinée dans leur esprit, à diminuer les vocations des jeunes gens appelés au sacerdoce sous prétexte d'égalité et comme excuse, avaient dit les plus roués dans leur hypocrisie, pour éprouver ces vocations.

En réalité, leur idée d'égalité est la continuation de la pratique infernale imaginée par Satan lui-même et les démons, dès le jour de leur expulsion du ciel, celle de fouler aux pieds les lis, selon le triste adage antichrétien : *Lilias pedibus destrue,* dont l'application, dans ce cas, est plus qu'un crime, mais une faute politique et militaire. Contrairement à cette mesure, M. Jules Simon ne disait-il pas, naguère, avec ses sentiments d'équité et de patriotisme habituels :

« Si les ministres de la France veulent apaiser les dissentiments religieux, qu'ils rendent de suite les séminaristes à leurs occupations; » et il complétait cette pensée à peu près en ces termes : « S'ils sont de ceux qui traduisent la liberté de cons-

cience par l'oppression du clergé, ils peuvent les
envoyer à la Nouvelle-Calédonie sans que leur
nom soit entaché d'infamie comme ceux des repris
de justice. » Ajoutons qu'ils sauront se résigner à
ce comble d'humiliation.

A notre avis sans faire aucune exception en
leur faveur et sans injustice en vue des services
immenses à attendre de leur dévouement, il eut
été facile d'exonérer les séminaristes du séjour à
la caserne dont les contacts sont si dangereux
pour les consciences pures, et de faire concorder la
très haute mission du prêtre avec la nécessité
incontestable de la défense du pays. Pour y arriver
sans partialité, nous souhaitons ardemment, qu'à
l'heure des combats, chaque jeune prêtre dont la
présence ne serait pas indispensable dans sa paroisse soit appelé à suivre son corps d'armée,
pour remplir les fonctions dont il aurait fait l'apprentissage au grand séminaire. Il rendrait à ses
compagnons d'armes, sur le champ de bataille, un
service plus important encore que celui de faire le
coup de feu avec eux, il les réconcilierait avec le
ciel, et, par ce moyen, les rendrait insensibles à la
peur et tout entier au devoir sacré de la défense
de la Patrie.

Pour obéir à la loi commune de l'impôt du sang
et pour éclairer l'homme sur ses aspirations futures,
il faut donner satisfaction à ces deux nécessités, à
première vue inconciliables, en imposant aux aspi-

rants au sacerdoce, en retour de l'exemption de la
vie de caserne l'obligation, pendant toute la durée
de leur séjour au grand séminaire, d'un apprentissage sérieux des fonctions d'infirmier, d'ambulan-
cier, de garde-malades, d'hospitalier ou de bran-
dier. Nous allons même plus loin en vue du bien :
Il faudrait faire compléter cet enseignement par
quelques notions sur les sciences pharmaceutiques
et médicales, pour leur permettre, en temps de
paix, de donner les premiers soins aux malades
pauvres, des compagnes principalement, où les in-
digents n'ont presque jamais les secours d'un médecin, pas plus le jour que la nuit. Si nous demandons pour eux ce surcroît de fatigues et de dévouement aux misères humaines, certain de l'obtenir,
c'est à la condition expresse de leur en voir faire
l'apprentissage dans les grands séminaires, sous la
direction de n'importe quel maître, imposé ou non
par le gouvernement.

Du reste, comme le prêtre a été fait par Dieu le
médecin des âmes, ne pourrait-il pas arriver aussi
à soulager les corps! Son intelligence et son zèle
pour le bien lui en faciliteraient la tâche.

Cette pensée nous est inspirée plus particulièrement par un récent désir, déjà mentionné, du roi
des Belges au sujet de l'organisation de la prochaine croisade contre l'esclavage et de l'empire
du Congo, dont nous parlerons longuement dans
notre prochain chapitre des colonies.

Il vaudrait mieux avoir des médecins, avait dit
avec raison le roi des Belges, pour le coloniser.

En effet, les nègres de ce pays, comme de beaucoup d'autres, en dehors des maladies communes
à tout le genre humain, ont trop souvent le mal
dont François Ier est mort, dit-on.

Comme ses conséquences n'en sont pas fréquemment mortelles pour le malade ou pour ses descendants, grâce aux transpirations abondantes pro-
voquées par la chaleur, la réflexion du roi nous
parait absolument juste. Du reste, leur corps destiné à abriter une âme éclairée de la vraie lumière
doit lui préparer une demeure plus digne d'elle.

Dans une contrée du Mexique où ce même fléau
régnait malheureusement autrefois en perma-
nence, ses habitants étaient considérés en vrais
parias, parqués et tués par leurs voisins s'ils dépassaient les limites des lieux où ils étaient relé-
gués comme des pestiférés, afin de leur ôter toute
possibilité de communiquer leurs germes morbides
à d'autres êtres.

Comme notre désir n'est pas de voir traiter ainsi
la race noire, mais, au contraire de la civiliser, il
faut la guérir physiquement avant de la fortifier
moralement.

Or, nous croyons que les prêtres, que leur dévouement pousse à tout faire pour le bien, étudie-
raient volontiers la médecine pour soigner, avec
succès, même ces tristes maladies.

N'est-ce pas, du reste, un religieux de l'ordre
des Feuillants, le frère Cosme, qui un des premiers
trouva, au siècle dernier, une poudre excellente, à
base d'arsenic et de mercure, croyons-nous, pour
combattre ce mal. Cette poudre, connue sous le
nom même du religieux, s'emploie, quelquefois
encore, avec succès.

Malheureusement, la majorité de nos gouvernants, dans leur haine aveugle du clergé, prétendent empêcher son recrutement en nuisant aux
vocations religieuses ou ecclésiastiques par l'obligation du service militaire et par d'autres tracas-
series inutiles.

Quelques-uns d'entr'eux, plus coupables encore,
veulent, selon l'expression commune, manger du
prêtre. Peine perdue, l'enfer ne prévaudra jamais
contre les colonnes de l'Église, et ceux qui man-
gent du prêtre en meurent (et d'après notre illustre
homme d'État, M. Thiers), « ils *en crèvent.* »

Sans doute, l'égalité veut que chacun paie sa
dette à la patrie, cependant il faut à un peuple des
croyances surnaturelles, une classe savante et pri-
vilégiée, pour les lui enseigner, absolument comme
il a besoin d'instruction pour l'entretien de sa vie
intellectuelle, — afin de continuer à tenir son rang
dans le monde savant, dans les arts, dans l'industrie et dans toutes les sciences exactes ou plus
relevées.

Du reste, en dehors des appétits et des besoins

ordinaires, l'homme a des aspirations plus hautes que la terre.

Légalement destinés au service des ambulances ou des hôpitaux militaires, en temps de guerre, les séminaristes auraient une autre mission à accomplir, mission, à nos yeux, plus glorieuse encore, surtout plus utile à la patrie. Évidemment, elle ne serait inscrite ni dans la loi, ni dans la pensée de nos législateurs prépondérants, mais elle serait gravée dans le cœur de tous les prêtres et de tous les aspirants au sacerdoce. A notre avis, le jour du combat, le ministre, représentant de J.-C., devrait accompagner sa troupe au feu avec la noble mission de sauver des âmes, tout en cherchant à relever les corps blessés et à les soigner.

Conclusion : laissons les séminaristes à leur préparation si difficile de la vie ecclésiastique, obligeons-les même à l'avoir plus laborieuse encore, afin de la rendre beaucoup plus fructueuse.

« Une âme, a dit saint Bernard, est un trésor que la sagesse éternelle a jugée plus précieuse que son propre sang. » Dieu a offert sa vie pour racheter le genre humain et il renouvelle à chaque instant le *miracle* de *miséricorde* en sa faveur. N'est-ce pas indiquer que nous devons répondre à son amour, en mettant tout en œuvre pour sauver le plus d'âmes possible ; c'est le premier but de notre croisade religieuse.

Nul homme de grand sens ne contestera l'immense influence morale d'une absolution donnée au premier coup de canon, en secret ou publiquement, collectivement ou individuellement à nos meilleurs soldats, aux fils de nos braves paysans et de nos ouvriers chrétiens.

Oublieux, peut-être, des pratiques religieuses pendant la paix, ils auront le souvenir, à l'heure du péril, des premières leçons de leur mère et de leur bon curé. Pour notre part, nous ne croyons pas à l'irréligion en face de la mort, sur un champ de bataille. Parmi les prétendus athées ne croyant ni à Dieu ni à diable, nous n'en avons jamais trouvé de complètement impies, lorsqu'ils rentraient en eux-mêmes dans les circonstances critiques.

Au contraire, quelques athées, dans la vie ordinaire, nous ont honoré, à l'heure du danger, de quelques confidences dont le sens était qu'ils seraient heureux d'avoir une absolution. Nous leur disions de faire un signe de croix, de se repentir et de tout espérer de la miséricorde divine. Jamais aucun d'eux, une fois revenu sain et sauf d'un danger sérieux, ne nous disait avoir plaisanté en se confiant ainsi à nous. C'est notre raison de dire qu'une troupe de jeunes soldats, accompagnée d'un aumônier, deviendrait invincible dès que le pardon de leurs fautes serait descendu du ciel pour leur en ouvrir les portes en cas de mort, par les mots sublimes de simplicité de l'absolution suivis du

signe de la croix et du repentir si facile à avoir au
moindre danger.

Un exemple fera mieux comprendre ces dernières paroles :

En 1870, à Neuville-aux-Bois, dans l'Orléanais,
— une fraction de troupe française des trois armes
est surprise dans la matinée par une attaque impétueuse des Prussiens dont une fusillade bien nour-
rie révèle le nombre, — à coup sûr bien supérieu.
à celui des Français.

Nos ennemis avaient en outre des troupes régu-
lières, aguerries et de plus, encouragées par tous
leurs succès précédents, tandis que nous n'avions
que des soldats depuis peu enrégimentés, absolument découragés par la série de nos revers successifs.

A la première alerte, le gros de nos troupes se
retire sans faire aucune résistance, peut-être pré-
maturément, en tout cas en bon ordre, laissant
malheureusement en arrière de trop nombreux
traînards, débandés ou éclopés ; tous profondément
démoralisés.

Chargé de les rallier, nous les trouvons entassés
pêle-mêle dans les cours des trois ou quatre
dernières maisons de la ville, du côté opposé à
l'attaque de l'ennemi.

Leur fusil et leurs munitions gisent épars dans
tous les coins. Aucun d'eux ne songe à s'en servir
pour sa défense. Ils vont tomber incessamment aux

mains des Prussiens et plusieurs d'entr'eux disent
hautement :

Mieux vaut être prisonniers que tant souffrir.

Écœuré de ce spectacle, descendre de cheval,
nous en approcher, aller de l'un à l'autre pour les
grouper et nous en faire mieux entendre, les rappeler au sentiment de l'honneur sont nos premières
tentatives; elles sont vaines. L'outrage même ne
les offense pas; ils sont inertes, à peine ont-ils
souci de leur conservation.

Nous leur avons dit la honte et les tortures
physiques et morales de la captivité, sans en rien
obtenir. Lorsqu'une inspiration providentielle nous
pousse à leur rappeler, en quelques mots sentis,
que le ciel est la récompense du devoir accompli
et nous finissons par un signe de croix.

Tous alors se signent, les uns ostensiblement,
les autres plus mystérieusement et, par un prodige rénouvelé de la bataille de Constantin, ces
hommes pusillanimes, découragés, sont changés
en lions et se précipitent sur leur fusil.

Nous les portons en avant contre l'ennemi, dont
les progrès se sont accentués, au point de ne plus
pouvoir éviter de l'apercevoir. Nos débandés font
bonne contenance en tirant sans précipitation et
en visant; nous le leur avions tant recommandé! Il
fallait bien suppléer à l'infériorité numérique par
l'assurance de nos soldats et de leurs coups de
fusils !

4

Devant la responsabilité d'exposer tant d'hommes à une mort certaine et peut-être inutile, nous demandons un hussard de bonne volonté pour aller au galop reconnaître les forces et la position des Prussiens dont la majeure partie est dissimulée par un repli de terrain et par des maisons.

Le brigadier Prévost, de notre 6ᵉ régiment de hussards, dont le nom doit passer à la postérité, se présente :

— Allez, mon ami, lui disons-nous, à la garde de Dieu, au devant d'une mort glorieuse jusqu'au delà des lignes prussiennes pour tout bien voir. Si vous revenez, ce sera un miracle, vous nous éclairerez et vous nous aurez sauvés. Il fait un signe de croix et s'élance, à bride abattue, sous une averse de balles dont deux se logent dans les tresses de son dolman sans le blesser. Il s'était heureusement bien recommandé à Dieu (il nous l'a dit depuis). C'est grâce à cela, sans doute, qu'il a pu passer, tout voir, et, à son retour, nous bien renseigner. Comme nous étions à peine cent au début, il nous fallait payer d'audace et faire croire que nous avions le nombre pour nous. Pour y parvenir, nous lançons en tirailleurs la majeure partie de nos débandés intrépides sur le point vulnérable de l'ennemi dont nous avions deviné la situation aux justes indications du brave Prévost.

Il devait y avoir, en avant de nous, un bataillon entier, peut-être davantage, et il précédait (nos prisonniers nous l'ont appris depuis), une forte reconnaissance offensive destinée à balayer tout le côté gauche de la route d'Orléans pour préparer une attaque prochaine contre cette ville.

Nos soldats se grandissent devant le danger, tirent à merveille et, par leur contenance, font hésiter l'ennemi qui ralentit son attaque, tout en continuant à nous cribler de balles, heureusement sans résultat mortel.

Sur ces entrefaites, d'autres traînards se sont ralliés à nous et forment une petite réserve appelée à secourir nos 1er et 2e tirailleurs, dont l'assurance augmente devant les hésitations de l'ennemi.

Heureusement pour nous, le brave lieutenant-colonel Capdepont, attiré de notre côté par le bruit de la fusillade, nous envoie une petite pièce d'artillerie de montagne que nous faisons gronder sur le point faible des Prussiens.

Ces premiers coups font une utile diversion. Ils se retirent en nous laissant onze prisonniers, mais en emportant armes et bagages. Ce jour-là mourut le comte Platen, un jeune et brave volontaire, parent ou allié de nombreuses et illustres familles allemandes. L'après-midi, un parlementaire vint s'informer de sa situation, nous a-t-on dit depuis, pour apprendre sa mort, peut-être aussi pour connaître l'importance de nos forces dans cette direction.

Ce succès, dû à un souvenir pieux, ne fut malheureusement pas de longue durée.

Le soir même, nous battions tous précipitamment en retraite devant les Prussiens désireux de réparer leur échec du matin.

Les ténèbres, heureusement épaisses de la soirée et d'une nuit sans étoiles, nous dérobèrent aux projectiles de l'ennemi.

Si nous parlons de cet événement, c'est uniquement pour démontrer la bonne influence de la religion sur le moral d'une troupe — qu'il n'eut pas été possible d'appeler d'élite — telle qu'elle se trouvait composée surtout au début de l'action.

Un signe de croix avait transformé ces natures démoralisées en hommes de fer et les avait grandies du triple de leur taille, en un mot leur avait donné tout le courage qu'un soldat doit avoir.

C'était écrit, nous diront les fatalistes. Cependant, si toutes nos armées avaient toujours eu la foi comme ces recrues, la France n'aurait pas été si vite abattue et si impuissante. N'en avons-nous pas eu la démonstration évidente, écrite en lettres de sang sur la poitrine de nos soldats par les Arabes, dans nos luttes pour conquérir l'Algérie? Nous devons cet hommage à nos anciens adversaires, que notre haute estime pour eux appelle à devenir de bons Français. La guerre d'Espagne ne nous a-t-elle pas fourni les mêmes exemples?

Une autorité militaire incontestée, celle du vétéran de nos armées, du vaillant maréchal Canrobert, nous donnera un témoignage infiniment plus touchant de l'importance du sentiment religieux sur le moral de nos soldats au moment des grandes épreuves.

— De mon temps, disait-il dernièrement au Sénat, je me trouvais à la Dobrudja; c'était un véritable charnier, tout le monde y mourait. Pour maintenir le soldat à son poste, ce n'est pas à ses intérêts matériels qu'il fallait faire appel, c'est en surexcitant ses intérêts moraux qu'on développait en lui l'esprit de sacrifice.

On lui disait : « Tu souffres pour la France, et si tu péris, ta mémoire sera honorée pendant que tu recevras là-haut la récompense des braves gens qui ont fait leur devoir et se sont immolés à leur pays. »

Du reste, Jules Simon dit fort bien dans son langage toujours si élevé :

« Si nous voulons que la France, pour s'assurer le respect de ses voisins, soit une puissance militaire redoutable, il faut, tout en faisant respecter ses droits, ne pas blesser les consciences de la majorité de nos concitoyens.

« Quoiqu'il en soit, il est de bonne politique de favoriser tout ce qui contribue à élever l'âme du soldat, car il est difficile de demander le courage du devoir et du sacrifice où il n'y a de croyances ni dans l'avenir ni dans l'éternité. »

f.

Enfin, une des saintes dont le cœur brûla de l'amour pour Dieu le plus ardent n'a-t-elle pas dit, un jour, d'une façon charmante, si nos souvenirs sont fidèles :

« Thérèse seule ne vaut rien, Thérèse, avec une petite pièce de monnaie vaut peu de chose;

« Thérèse avec Dieu est toute-puissante. »

# RELIGION

## CHAPITRE V

Devoirs imposés aux prêtres. — Soldats de Mahomet. — Citation du comte Melchior de Woguë. — Martyre. — Sort réservé aux âmes de nos soldats morts sur le champ de bataille ou aux victimes du devoir et du dévouement. — Le comte Rossi. — Miséricorde divine. — Légende. — Folie de la croix. — Preuve manifeste de l'excellence du Catholicisme. — Descente du Saint-Esprit sur les Apôtres. — Mort de saint Pierre.

Pénétré de l'importance de la mission divine imposée aux prêtres surtout, et du devoir de chacun de sauver des âmes, nous jugeons indispensable de pousser nos législateurs dans l'intérêt national, à revenir au plus vite sur l'iniquité des lois destinées, dans la pensée de leur inspirateur, à déchristianiser notre pauvre pays, déjà si faible contre les épreuves. Ils le comprendront d'eux-mêmes, nous l'espérons, après les raisons qui vont suivre :

Avant tout, rassurer la conscience de nos soldats, de nos travailleurs, de nos hommes de dévouement, de tous ceux enfin que le devoir appelle à braver un péril; les tranquilliser sur leur destinée future est, à nos yeux, le meilleur moyen d'en obtenir les élans de charité, la force, l'obéissance au devoir et aux lois, la résignation et le courage dont l'homme est capable sur le champ de bataille comme ailleurs. C'est le secret, du reste, de l'admirable résignation et des qualités militaires du musulman que la récompense non pas réelle, mais promise, attend immédiatement au Paradis de Mahomet, s'il trouve la mort dans les combats.

Moins saisissantes et moins charnelles, les joies célestes réservées aux catholiques et à toutes les âmes sincères dans leurs croyances sont incomparablement plus tentantes.

A des plumes plus autorisées, plus savantes que la nôtre, le soin de nous éclairer à leur sujet.

Quoiqu'il en soit, autrefois la religion présidait à tous les grands événements de la vie et le prêtre était l'ami, le confident, le conseiller de chaque famille de sa paroisse. Il n'y avait ni fête ni festin où il n'eût la place d'honneur au foyer domestique. Notre égoïsme, nos allures, nos appétits de jouissance, sans parler de l'irréligion, l'ont forcé à cesser ses relations amicales et l'empêchent trop souvent de venir, même pour bénir plus spécialement les naissances, les mariages, les décès. Ne savons-nous pas qu'à l'heure dernière, par exemple, l'extrême-onction soulage les corps en même temps qu'elle purifie les âmes et les fortifie.

Autrefois on appelait le prêtre au moindre mal-

heur pour en recevoir des consolations; aujour-
d'hui on le force, très souvent, à prendre des pré-
cautions pour apporter, au nom du Dieu de Miséricorde, le pardon qui ouvre au mourant les portes
du Ciel.

Tous jadis, grands et petits l'attiraient à eux et
l'Empereur Constantin le Grand tenait le prêtre
en si haute estime et en si grande vénération, depuis sa victoire sur Mayence, qu'il ne sortait jamais de son palais et même de son appartement
privé, sans être accompagné d'un ou de deux
prêtres.

« Ce sont mes meilleurs gardes du corps. Dieu
me les a donnés, disait-il, avec une conviction
profonde, je ne veux pas m'en séparer. »

Dans un de nos diocèses, où la foi semble plus
austère et mieux conservée qu'ailleurs, chaque
proche parent d'un mort a, à ses côtés, un prêtre
de la paroisse pour la conduite du deuil. Nous
leur voulons une mission infiniment plus importante.

Le comte Melchior de Voguë écrivait dernièrement, dans ce style imagé dont il a le merveilleux
secret :

« Les âmes n'appartiennent à personne; elles
tournoient, cherchent un guide, comme les hiron-
delles rasent les marais sous l'orage, éperdues dans
le froid, les ténèbres et le bruit. Essayez de leur
dire qu'il est une retraite où l'on ramasse et ré-

chauffe les oiseaux blessés, vous les verrez s'as-
sembler, toutes ces âmes, monter, partir à grand
vol, par delà les déserts arides, vers l'écrivain qui
les aura appelées d'un cri de son cœur. »

A défaut de cet écrivain, que nous voudrions
être, n'ont-elles pas leur bon curé, dont la mission
est de les faire grandir pour les élever jusqu'à
Dieu en leur donnant le sentiment du devoir, la
paix du cœur et les espérances de la vie future.

Malheureusement le prêtre, même le plus estimé de ses paroissiens, peut à peine leur parler de
Dieu. On le laisse dans son église quant on ne
vient pas l'y tracasser. Il est même impossible aux
chrétiens étrangers aux mœurs champêtres de se
douter de l'ignorance religieuse de certaine famille.
C'est au point qu'un bon et vénérable curé, appelé
au chevet d'une de ses plus vieilles paroissiennes
agonisante, après l'avoir réconciliée avec Dieu,
trouve un père, une mère et six beaux enfants en
pleurs, il leur donne des médailles et console les
parents comme il convient à tout prêtre, en leur
parlant du Ciel. Il est étonné de ne se voir compris d'aucun d'eux. Il demande alors à l'aînée des
enfants, une jolie fillette de dix ans :

« Dis-moi, ma petite Berthe, quel jour Jésus-
Christ est il mort? »

Devant le silence de l'enfant, il fait la même
question aux plus jeunes, qui ne lui répondent pas
davantage. Le père, un brave homme cependant,

à tous les autres points de vue humains, répond
naïvement :

« Mon Dieu, monsieur le curé, ça ne m'étonne
point que les enfants n'en sachent rien, nous-même,
nous n'ont point appris sa maladie. »

Pour en revenir plus spécialement à nos soldats et à ceux dont la mission est de se sacrifier
pour la Patrie et pour leurs semblables, d'accord
avec tous les grands entraîneurs d'hommes, nous
croyons fermement que, quels que soient leur bravoure, leur dévouement et leur sentiment de l'honneur, il serait possible de les augmenter par la paix
de la conscience ; par la satisfaction du devoir accompli et par la poursuite de l'espoir idéal.

De courtes réflexions à ce sujet seront la démonstration de cette thèse : Le martyre (d'après
tous les théologiens) est un acte de force, de vertu
dont la béatitude éternelle est la récompense immédiate, mais, pour en avoir la couronne, il faut
souffrir la mort pour une bonne cause, ou pour
l'accomplissement d'un noble devoir en vue de
Dieu. Notre-Seigneur n'a pas dit seulement :

« Heureux ceux qui souffrent persécution pour la
justice, parce qu'ils verront Dieu. » Il a promis le
ciel aux hommes de bonne volonté accomplissant
leur devoir par amour pour lui.

Pour un catéchumène, le baptême du sang remplace celui de l'eau, s'il a eu l'intention de le recevoir. L'obéissance à la loi accompagnée du repentir,

dans l'impossibilité d'obtenir l'absolution, ne peuvent-ils pas la remplacer, en cas de mort, sur le champ de bataille ou dans l'accomplissement d'un devoir divinisé par une élévation de l'âme vers Dieu?

Si nous osions, comme nous le désirons, nous répondrions : Oui. Après le premier martyre pour la foi, il y en a un autre, celui qui embrasse ce qu'il y a de plus élevé dans l'obéissance pour une cause sainte et juste, puisque l'homme devient obéissant jusqu'à la mort, comme saint Paul le dit du Christ.

Du reste, on souffre pour la justice, quand on souffre pour accomplir une bonne œuvre en vue de Dieu.

Or, Dieu veut l'obéissance aux lois justes de l'État et au pouvoir légitime. Comme l'intérêt de l'État, protecteur de l'ensemble des familles, tient le premier rang entre tous les biens humains, que, seul, celui de Dieu surpasse, il est évident que la défense et le service de la Patrie, obligatoires et commandés par Dieu lui-même, deviennent divins, même s'ils sont forcés. Ajoutons qu'en principe un acte héroïque peut être obligatoire, sans rien perdre de sa grandeur et de ses mérites aux yeux de Dieu, si le mourant a soin d'élever son âme repentante vers le Créateur, avant son dernier soupir.

Saint Jean-Baptiste n'est-il pas considéré comme

un martyr pour avoir souffert la mort, non pour la foi, mais pour avoir soutenu les droits de la fidélité conjugale, en reprochant au roi Hérode le scandale de sa liaison publique avec Hérodiade, la femme de son propre frère.

Malgré son indignation de ce blâme, comme saint Jean était sympathique à tous par la pureté de ses intentions, par ses vertus, son extrême austérité et ses prédications en faveur du pauvre, Hérode ne voulait pas sa mort, lorsqu'un jour la belle Salomé, fille d'Hérodiade le tint sous le charme de ses poses voluptueuses en dansant devant lui et en obtint la promesse qu'il lui accorderait ce qu'elle voudrait.

Aussitôt, à l'instigation de sa mère, elle lui demanda la tête du saint précurseur qu'Hérode lui fit apporter sur un plat.

N'est-ce pas au moins un commencement de preuve en faveur de notre thèse sur les martyrs du devoir? complétons-la par une autre autorité catholique tout aussi incontestée, celle du plus savant docteur de l'Église, de saint Thomas d'Aquin, que ses prodiges d'érudition ont fait surnommer l'ange de l'École catholique, probablement aussi à cause des consolations de sa lumineuse doctrine, qui met un baume au cœur de tous les hommes de foi appelés à sacrifier leur vie pour la Patrie ou leur prochain. Et voici sinon le texte, du moins le sens de ce que nous avons cru lire et comprendre en divers passages de la *Somme* :

« Tout homme offrant à Dieu sa vie, ses épreuves avant sa mort sur le champ de bataille ou par dévouement, ou dans l'accomplissement d'un impérieux et légitime devoir de charité ou autre, doit être considéré comme un martyr et envisagé comme étant en paix de conscience, s'il a le temps de se repentir de ses péchés mortels, et la volonté de s'en confesser à la première occasion favorable. »

Allons plus loin dans nos appréciations sur cette consolante doctrine; étendons ses effets à d'autres situations et permettons-nous d'être plus qu'interrogatifs à plusieurs points de vue, dans certaines circonstances.

Par exemple, un sauveteur aperçoit une barque en détresse et son équipage en danger de mort, s'il ne vole promptement à son secours, « Seul, se dit-il, je puis sauver ces malheureux d'un naufrage inévitable, si Dieu me prête assistance, mais je dois risquer ma vie et, malheureusement, je ne suis pas en état de grâce. Il est loin de tout secours religieux. Du reste, le temps presse et sa mission est d'assurer la sécurité de toutes les embarcations en vue de son port. En se vouant à la mort pour sauver ses semblables, ne participe-t-il pas à l'héroïsme du soldat martyr du devoir sur le champ de bataille?

Un brave sergent de ville en surveillance de

nuit, entendant des appels désespérés, se portant au
secours de malheureux attaqués par des assassins
ou par d'ignobles rôdeurs de barrière, ou s'é-
lançant à la défense d'une pauvre créature menacée de mort par une bande de vils souteneurs,
et qui n'écoute que la voix du devoir et de la charité, n'est-il pas, dans ce cas, martyr du dévouement professionnel, s'il meurt en agissant pour un
motif surnaturel, c'est-à-dire en vue de Dieu et
non uniquement en perspective d'un motif humain,
comme le serait un légitime désir d'avancement,
d'une gratification, ou de se faire bien noter,
etc., etc.

Le pompier de service répondant, au péril de sa
vie, aux appels désespérés de femmes, d'enfants,
de vieillards, d'hommes mêmes enveloppés par les
flammes et mourant victime de son dévouement,
n'est-il pas un sublime martyr du devoir? Le na-
geur s'élançant dans les flots pour sauver un noyé
à son dernier effort; le prêtre, la religieuse, le médecin, l'infirmier, l'infirmière volant, en temps d'é-
pidémie, au chevet d'hommes atteints de maladies
contagieuses pour les soigner ou les sauver; s'exposant, par leur héroïsme, à mourir avant de s'être
réconciliés avec Dieu, ne sont-ils pas tous de glorieux martyrs du devoir et de leur noble mission
de sauveurs de leurs semblables?

Oui, apôtres de la charité, du dévouement et du
devoir, si c'est par amour pour Dieu, vous aurez

une place au ciel, à côté des martyrs, croyons-nous. Vous vous êtes sacrifiés pour une cause sainte et, lors même que ce sacrifice eût été obligatoire, vous seriez de saintes victimes du devoir, surtout si vous aviez pu faire naître en vous la pensée de sauver des âmes.

Voilà la théorie que nous inspire la lecture du grand consolateur saint Thomas d'Aquin, saint Augustin la corrobore par ces paroles : « La peine ne fait pas le martyr, mais la cause.

Du reste, Dieu n'a-t-il pas promis de récompenser au ciel le verre d'eau donné au pauvre en son nom ?

Que signifie, dans le langage de l'Évangile, si grand par sa simplicité, le mot verre d'eau ?

Le plus petit des sacrifices en vue de Dieu.

Or, quel est le plus grand ?

Offrir sa vie.

Hommes de foi, jugez de la récompense réservée au martyre quel qu'il soit, s'il est en vue de Dieu. Glorieuse victime du devoir fut aussi, en 1848, l'illustre républicain naturalisé français, le comte Rossi, et voici dans quelle circonstance ce noble protégé du duc de Broglie et de M. Guizot s'exposa à une mort certaine pour accomplir un devoir sacré, dont un coup d'œil rétrospectif nous expliquera l'importance.

Pie IX avait, au début du soulèvement des provinces italiennes contre leurs nombreux souverains, favorisé les revendications populaires, mais, comprenant tardivement les tendances du mouvement révolutionnaire, l'impartialité qui devait être la règle du Saint-Siège dans tous les dissentiments entre les peuples et leurs chefs, il s'était dit que, ministre de Celui qui commande la paix, la charité et l'obéissance au pouvoir légitime, il devait embrasser toutes les races et toutes les nations avec un égal et paternel amour, et répudier tout engagement et toute solidarité avec un parti.

Il avait cependant écrit à l'empereur d'Autriche, pour l'engager à renoncer à la domination de sa maison sur l'Italie et conseillé aux Italiens la patience et la résignation.

« Votre domination ne sera ni durable, ni glorieuse, avait-il écrit en langage à demi prophétique à Sa Majesté Apostolique.

Malgré cet appel à la modération, une guerre acharnée s'en était suivie entre les Italiens et les Autrichiens et elle s'était à peu près terminée par la sanglante défaite des Italiens à Custozza, après leur première victoire de Goito.

- Les révolutionnaires Italiens ne désarmèrent pas pour cela et dirigèrent leurs efforts sur Florence et surtout contre Rome, où Pie IX, de concession en concession, avait fini par perdre tout autorité. Pour en sauver les débris, il eut recours aux lumières d'un ambassadeur français, nous avons

nommé le comte Rossi, qui accepta le poste périlleux de sauver le Saint-Siège.

Républicain sincère, il appelait avec raison la
Papauté « la dernière grandeur vivante de l'Italie ».
Son premier soin fut de convoquer le Parlement
avec l'espoir de le pousser dans la voie d'une conciliation prudente et progessive. — *(Histoire contemporaine populaire.)*

Les révolutionnaires surexcités avaient juré
d'empêcher à tout prix les succès de sa tactique
en le menaçant de mort.

« La cause du Pape est le cause de Dieu, le ciel
m'aidera » avait-il dit publiquement à ceux qui l'a-
vertissaient de se défier des assassins attachés à
ses pas. Il était allé à la convocation du Parlement romain pour y plaider la sainte cause de la
concorde et de l'obéissance au souverain Pontife,
lorsque le bersaglieri Jergo le frappa lâchement
et mortellement de son poignard, sur les marches
du Palais.

Notre foi dans la justice divine nous pousse à
dire que Rossi eut au Ciel une place bien voisine
de celle des martyrs.

En attendant, plaise à Dieu qu'un prêtre dévoué, aumônier ou autre, se trouve à proximité
du lieu d'un combat ou d'un sinistre pour donner,
au premier danger et au premier contact avec
l'ennemi, une absolution générale, valable *in ex-
tremis* pour tous les mourants et les combattants

désireux de rentrer en grâce avec Dieu et se repentant sincèrement des erreurs de leur vie.

Comme conséquence de ce désir, nous voudrions
pouvoir assurer que ces mots, dignes du ciel et
partis de la bouche de n'importe quel prêtre :
*Ego vos absolvo a peccatis vestris* suffisent à
assurer le bonheur éternel à tout soldat d'une
armée, quelque nombreuse soit-elle, que le repentir
joint au désir de se confesser de ses fautes à la
première occasion, aura saisi comme une grâce
providentielle.

Dans notre profonde ignorance à ce sujet, nous
voudrions que le monde catholique en reçoive
l'assurance *urbi et orbi* de la plus haute émana-
tion divine sur cette terre. Et ce vœu embrasse,
non seulement le monde militaire, mais tout
homme en péril dans l'accomplissement de son
devoir quotidien.

C'est notre raison suprême d'insister pour que
chacun adresse, chaque matin, une prière à Dieu,
quelque courte soit-elle, en lui offrant son travail
et toutes les actions de sa journée. Tôt ou tard,
il les bénira, sûrement.

Si Dieu ne ratifie pas complètement cette doctrine, il fera au moins miséricorde au pécheur à
l'heure de sa mort, et lui facilitera un acte de con-
trition parfaite ou n'importe quel autre secours.
Le Bon Pasteur n'a-t-il pas quitté tout son trou-

peau pour aller chercher, au loin, la Brebis égarée
et la ramener sur ses épaules?

« Si quelque chose pouvait surpasser la Puissance de Dieu, ce serait sa miséricorde, disent les Saints.

En effet, elle se montre de toutes les façons, et une fois, entre autres, saint Vincent Ferié, croyons-nous, aperçoit un pauvre ouvrier tomber d'un toit. Il commence la courte formule de l'absolution que la mort du malheureux devait devancer. Il l'aperçoit alors, un instant, suspendu miraculeusement dans l'espace. A peine a-t-il achevé la formule, que la victime tombe inanimée sur le sol, pendant que son âme pardonnée s'envolait vers les cieux. (Le Saint en a eu la révélation immédiate, si nos souvenirs sont fidèles.)

Histoire ou légende, n'est-ce pas la pensée expressive et consolante de l'infinie miséricorde promise aux hommes de bonne volonté.

Une remarque fortifiera cette conviction.

Les livres saints ne parlent jamais d'enseignements écrits par le Divin Rédempteur; cependant, saint Jean rapporte, dans un de ses Évangiles, qu'une fois Notre-Seigneur, à la vue des Juifs lui amenant une femme surprise en flagrant délit d'adultère et pressé de questions pour savoir s'ils devaient la lapider, suivant le texte des lois de Moïse, pénètre le secret de leurs sentiments et ne leur répond pas. Ils les sait pleins d'indulgence pour leurs torts et impitoyables pour ceux des autres. Il garde longtemps le silence et se baisse en continuant à écrire sur le sable, jusqu'au moment où, indigné de leur insistance, il se relève, dit le texte sacré, et leur dit : « Que celui de vous qui est sans péché lui jette la première pierre. »

Les commentateurs prétendent que Jésus-Christ avait tracé d'avance sur le sol, de sa main divine, sa phrase miséricordieuse — et leur interprétation a fait école aux Siècles de Foi. Aussi le Padouan, P. Véronèze, Rubens, le Titien, Cranach, le Brouzino, Metsu, Rembrandt. Le Poussin et tant d'autres ont tous merveilleusement traité, plus ou moins souvent, ce sujet si consolant. — (LAROUSSE.)

Le Tintoret, dans son beau tableau du Musée de Dresde, nous montre le Christ assis et, à ses pieds, ces mots tracés sur le sol : *Qui sine peccato.* — « Que celui qui est sans péché lui jette la première pierre. » Dans cette superbe peinture, inspirée par la religion, les Juifs au cœur dur paraissent déconcertés de cette indulgence qui touche les malheureux et les infirmes que Dieu guérit et console parce qu'ils ont la foi.

Avec la foi ne transporte-t-on pas des montagnes? C'est notre raison d'avancer, une fois de plus que, complétée par la prière fervente, la foi se traduit presque toujours par des résultats heureux, même en ce monde. Dieu a souvent aussi

5.

donné la victoire aux nations ou aux armées qui l'ont prié avec ferveur.

En 1476, les Bourguignons en firent la cruelle expérience à Granson et à Morat.

Charles le Téméraire, leur duc, avait voulu tyranniser les Suisses, et son représentant avait répondu à la réclamation des chefs du canton le plus important : « J'écorcherai l'ours de Berne pour m'en faire une fourrure. »

Les Bourguignons, dit Henri Martin, apprirent à leurs dépens que l'ours savait défendre sa peau ; de là même, peut-être, le proverbe : « Il ne faut pas vendre la peau de l'ours avant de l'avoir tué. »

Au début de l'action, au moment où les armées, rapprochées l'une de l'autre, allaient en venir aux mains, les Suisses s'agenouillèrent dévotement, selon l'usage de leurs pères, se découvrirent et firent leur prière en remettant leur cause entre les mains de Dieu.

« Ils demandent merci, s'écrièrent les Bourguignons. »

Ils furent bientôt détrompés. Les Suisses se relevèrent et marchèrent au cri de « Granson », que toutes les bouches et tous les échos répétèrent.

Le duc avait, comme tous les orgueilleux, couru à sa perte en prenant de mauvaises dispositions.

Vers trois heures et demie, il voulut les changer : déjà il se repliait en bon ordre, lorsqu'il entendit tout à coup, dans l'éloignement, le bruit

effrayant des trompes en corne d'Auroch retentis-
sant à côté des bannières aux écussons du taureau
d'Uri et de la vache d'Underwald.

Ces trompes avaient été données aux montagnards suisses par Pépin le Bref et par Charlemagne, en souvenir de leurs services, et ils ne s'en
servaient que dans les grandes circonstances de la
vie nationale. Comme *.ous pressentaient l'éven-
tualité du prochain combat, chaque habitant, après
avoir prié à son départ, le matin, accourait à l'appel
de ces trompes et murmurait une seconde prière
en se groupant à la hâte autour de l'étendard du
canton.

Leur arrivée fut le signal de la déroute des
Bourguignons, et elle fut si complète qu'ils jon-
chèrent le sol de leurs cadavres en laissant leur
camp et toutes ses richesses aux mains des vainqueurs.

Ces richesses étaient si grandes, que les Suisses
se les partageaient en les mesurant, sans compter,
à pleins chapeaux. — (LAROUSSE, MICHAUD.)

Parmi leurs plus beaux trophées figurait un
gros diamant qui fut, dit-on, le Régent ; un second,
presque aussi précieux, orne la tiare pontificale et
fut acheté par le pape Jules II ; le troisième appartient encore à la Maison d'Autriche, et le quatrième fut le Sancy, du Trésor royal de France.

Ce jour-là, les prières des pauvres montagnards
eurent d'éblouissants résultats dont ils profitèrent

peu, du reste, à certain point de vue matériel, car
ils vendirent à vil prix tous ces trésors. En revanche, la ville de Berne conserve encore, avec le
plus grand soin, les nombreux ornements de la
chapelle de campagne du duc et les immenses et
merveilleuses tentures gothiques formant l'intérieur de sa tente. Ce sont, probablement, les plus
précieuses du monde; en tout cas, un glorieux
trophée de la foi et du courage des vainqueurs.
Nous en parlons pour les avoir vues et admirées.
Du reste, nous avons en France le pendant de ces
merveilleuses tentures de Charles le Téméraire.
Elles se trouvent au Musée de Nancy, et si la
France les a conservées ainsi que toutes les richesses que ce monument renfermait, c'est grâce
au patriotisme et au dévouement dont cette vaillante cité a fait preuve lors de l'incendie de ce
Musée par les Bavarois en 1871.

Qu'ajouter à ces pages, si ce n'est que nous voudrions que nos législateurs ne froissent jamais les
croyances intimes de l'âme.

En dehors des autres mérites déjà signalés, la
Religion adoucit les mœurs : ne le savent-ils pas?

Leur hostilité diabolique contre le catholicisme
en fait des révolutionnaires dangereux et illo-
giques. En proclamant leur doctrine philantro-
pique, ils renient et blasphèment le nom de Celui
qui a mis le premier la vraie philanthropie en honneur.

Jésus-Christ (il y a plus de dix-huit cents ans) a, en effet, le premier révolutionné de fond en comble le vieux monde civilisé où la force primait tout, infiniment plus qu'actuellement, en proclamant la liberté, l'égalité et la fraternité véritables avec une telle sincérité et une telle autorité, que les Apôtres de sa Doctrine l'ont crue et enseignée avec une foi miraculeuse qui les soutenait, même en face de tous les supplices ; et c'était au point que les païens instruits qualifiaient leur fidélité à la Doctrine du Crucifié de « Folie de la Croix ». Cette folie sublime a fait dire à une des plus solides colonnes de l'Église, à saint Augustin, un peu avant sa conversion, croyons-nous.

*Credo quia absurdum.* J'y crois parce que c'est absurde.

Cette foi ne leur donnait-elle pas la force de supporter les tortures et la mort, plutôt que de renoncer à leurs croyances, afin d'arriver plus vite, par le martyre, au séjour du bonheur qui leur était promis.

Elle en poussait d'autres à l'afficher publiquement, à une époque où les souverains Pontifes défendaient cette manifestation présomptueuse, de crainte d'une défaillance.

Cependant, cette affirmation devenait obligatoire devant les tribunaux.

--Tandis que la loi canonique du secret forçait

même souvent la femme d'ignorer la religion de son mari, et le mari celle de sa femme.

C'était tellement obligatoire, à cette époque, que les hommes et les femmes devaient porter un voile pour cacher leur visage dans les catacombes où se célébraient les saints Mystères et les exercices de piété.

La « Folie de la Croix », qui date de près de dix-neuf siècles, a appris aux maîtres et aux esclaves à se donner le nouveau, mais bien doux nom de frères; elle a transformé les religions, les États, les lois et toutes les institutions de l'univers.

En faisant le signe de la Croix, le missionnaire apprend l'obéissance au nègre esclave ou serviteur, et à appeler son maître : père. Il dit au maître d'appeler son esclave : mon enfant, et le pousse à le traiter en ami et en frère, en lui enseignant la fraternité véritable au nom du Père, du Fils et du Saint-Esprit.

La croix est l'emblème de la résignation aux souffrances; sur la poitrine du brave, c'est le signe du mérite et de l'honneur, sur celle du prêtre et des religieuses, c'est l'image de l'amour du Dieu crucifié et du dévouement envers le prochain.

C'est le plus bel ornement de la femme, c'est l'espoir du vainqueur, la consolation du vaincu et de tous les désespérés.

C'est le présage de la joie ou de la consolation par excellence, ne surmonte-t-elle pas les clochers

de toutes nos églises et de nos plus beaux monuments religieux?

C'est la force du religieux, du prêtre et de toutes
les âmes dévouées à leurs semblables ou aux plus
nobles causes.

Enfin, elle est le premier joyau dans les mains
de l'enfance, le dernier sur le lit du mourant qui
croit en Dieu.

La Croix orne le berceau du nouveau-né et surmonte la dernière demeure de l'homme ici-bas.
C'est le signe du chrétien, l'emblème et l'espoir du
bonheur futur.

Voilà le résumé de ses mérites que nous empruntons à un auteur, malheureusement ignoré.

Malgré ces vérités, les mauvais instincts de
l'humanité reprennent trop souvent le dessus et
font oublier les meilleurs principes. Souvent la
croix a été, elle-même, l'excuse de torts graves,
nous n'avons pas à le taire, mais le catholicisme
n'en reste pas moins l'enseignement divin, dont
l'excellence se révèle à son origine et devrait le
faire apprécier des classes les plus modestes,
surtout parce que Jésus-Christ, en venant sur la
terre, au lieu de jeter les yeux sur les savants et
les puissants du jour, choisit pour apôtres de sa
doctrine de charité, si contraire à celle de l'époque,
douze hommes du peuple, parmi les plus humbles,
les plus pauvres et les plus ignorants.

Il leur donne la foi pour bouleverser le monde;

l'instruction pour l'éclairer; la charité pour les pousser à se sacrifier, en allant partout prêcher l'amour du Créateur et du prochain; enfin, l'espérance, qui console et laisse entrevoir à tous le ciel, dès ce monde, si dur aux malheureux.

Le nom même du prince des apôtres est un deuxième enseignement : il indique la pierre de fondation du Catholicisme.

Jésus-Christ laisse, après sa mort, à saint Pierre, l'autorité suprême sur son Église, et lui donne, jusqu'à la fin du monde, à lui et à ses successeurs, l'infaillibilité dogmatique, au point que les quelques mauvais Papes, dont le règne a été une honte et un deuil pour l'Église, n'ont jamais enseigné l'erreur, tout en donnant le plus détestable exemple.

Les Évangiles, les Actes des Apôtres et la tradition historique nous apprennent qu'après sa mort, Jésus-Christ, en envoyant à ses douze apôtres le Saint-Esprit sous forme de langues de feu, leur donne le don des langues, c'est-à-dire la facilité de se faire comprendre de tous les peuples chez lesquels ils auront à porter la parole du Divin Maître.

N'est-ce point un miracle éclatant, authentique et historique, capable de prouver l'origine divine du Christianisme?

Pour mieux démontrer sa bonté inépuisable devant toutes les faiblesses humaines, Dieu choisit, de son vivant, pour le premier représentant sur cette terre de sa religion de paix, saint Pierre, dont le premier acte avait été de couper l'oreille de Malchus, le serviteur du grand-prêtre juif.

Jésus-Christ le blâme, mais il lui pardonne et guérit sa victime.

Après sa mort, il choisit encore ce même apôtre coupable, mais plein de repentir de l'avoir renié devant une pauvre servante, au moment de son arrestation; et si Notre-Seigneur agit ainsi, c'est afin de montrer à l'homme l'étendue de sa miséricorde, le mérite du repentir et ses trésors d'indulgence pour toutes les défaillances, tandis qu'il frappe sans pitié toutes les révoltes contre lui, tous ceux qui s'enorgueillissent de leur hostilité contre sa religion.

Il prédestine ensuite un païen, persécuteur de son Église, Saul, dont il fait saint Paul, le plus ardent défenseur de sa doctrine de paix, le conseiller et l'ami du prince des apôtres et auquel il permet, un jour, d'apaiser une tempête au moment où le vaisseau qui l'amenait à Rome allait sombrer.

Il veut enfin que la vie du premier Pontife soit abrégée par un supplice pareil au sien, celui de la croix, pour nous indiquer que la souffrance et la résignation aux malheurs est la loi de ce monde, le meilleur et le suprême moyen d'arriver au bonheur du ciel.

Dernier enseignement : « Saint Pierre, disent

quelques docteurs de l'Église, crucifié la tête en bas, nous présage que, sur la tête du premier Pontife, repose toute la doctrine infaillible du Dieu crucifié par amour de l'humanité. »

Telles sont les raisons dominantes de notre préférence pour le catholicisme. Pour en trouver de plus pénétrantes, nous devons les chercher dans les délicieux écrits des grands docteurs de l'Église, et, plus particulièrement, dans les œuvres immortelles des docteurs de l'Église, Français de naissance, de saint Bernard (l'apôtre à la parole douce comme le miel) dans les écrits de saint Hilaire de Poitiers et de saint François de Salles, pour avoir des preuves et des raisons d'aimer notre religion.

Le dernier surtout, avec des expressions et des pensées inimitables, les prend dans le cœur.

Pour compléter ces démonstrations, demandons-nous : qu'est-ce que la vérité? Pour nous, chrétiens, c'est l'Écriture sainte et l'enseignement de l'Église.

Cette question a été, au début de l'ère chrétienne, posée par Pilate à Notre-Seigneur. On ajoute que, semblable à tous les indifférents, Pilate se lève sans attendre la réponse, et sort du prétoire pour aller parler aux Juifs.

Jésus-Christ venait, du reste, de l'éclairer à ce sujet, à sa précédente interrogation. ainsi formulée :

« Es-tu le roi des Juifs? » à laquelle Notre-Seigneur avait répondu :

« Tu l'as dit ; je suis né et je suis venu au monde pour rendre témoignage à la vérité.

« Tout homme de vérité entend ma voix. »

La première demande, restée sans solution à la suite du départ de Pilate, démontre, d'une manière évidente, que la vérité, dans l'acception réelle du mot, était alors inconnue, et qu'il était réservé au Messie, annoncé depuis plusieurs siècles par les prophètes, de la faire connaître.

La réponse à la seconde question a paru dubitative à quelques personnes ; elle est réellement une affirmation. Le langage de Notre-Seigneur et celui de ses contemporains sont encore, de nos jours, la manière de parler des peuples d'Orient.

Du reste, Jésus-Christ avait démontré, par ses miracles authentiques et historiques, par les actes de sa vie terrestre, qu'il était bien le Messie promis, en enseignant lui-même le catholicisme qui succédait au Judaïsme, dont l'origine était aussi divine ; et il fut le point de départ de la substitution du Nouveau-Testament à l'Ancien, pour accomplir les prophéties.

Dieu, en jugeant à propos de modifier sa loi, a prouvé que le Christianisme est aujourd'hui la seule religion enseignée par Lui et la seule vraie, mais il l'a voulue progressive comme tout autre chose.

Selon toutes les traditions, les Écritures et l'histoire, sa religion a eu sa progression en trois périodes bien distinctes, et n'est-ce pas pour nous
indiquer la voie du progrès dans le bien, comme
le meilleur exemple à suivre?

Moralisatrice et simple, au début du monde,
cette religion divine fut la base des lois de la famille et de la société naturelle au temps des pa-
triarches.

A sa deuxième période, Dieu la compliqua des
lois civiles et politiques par les révélations faites à
Moïse pour en faire l'origine de la vie nationale.

Enfin, dix-sept siècles après la mort du grand
législateur des Juifs, sous le règne d'Auguste,
notre vraie religion vint bouleverser toutes les
idées du vieux monde barbare et païen à l'avènement de Jésus-Christ, et ce fut par la profondeur
de ses mystères, de ses dogmes et la pureté de
tous ses enseignements.

Les Juifs, héritiers des premières et des se-
condes traditions sacrées, refusèrent de croire à la
religion de la Rédemption et de la Médiation divine en faveur de tous les hommes, dans leur orgueil et dans leur espoir égoïste de l'obtenir pour
eux seuls. — (Abbé ·FRÉMOND.)

Ouvrons, à leur sujet, une parenthèse :

Le Juif vit encore avec les promesses des biens
spirituels et surtout temporels des premiers enseignements de ses prophètes; mais s'il travaille

pour amasser, comme la loi mosaïque semble l'y
encourager, c'est trop souvent au détriment des
malheureux des autres religions.

Nous sommes même forcé d'ajouter, au témoignage de l'histoire, qu'à l'heure de la décadence des
nations, les Juifs arrivent en abondance pour
vivre de leurs dépouilles; et leur pullulation a été
fréquemment le signal précurseur des désastres
publics. C'est l'explication de la haine vouée de
tous temps aux Israélites par certains peuples dans
l'infortune dont ils ont soutiré les biens par l'usure
ou de toute autre façon immorale.

Parfois, ils ont expié leurs déprédations par de
sanglantes et odieuses représailles, qui atteignaient
presque toujours l'innocent avec le coupable. Malheureusement, ils n'ont rien changé à leurs coutumes traditionnelles. C'est notre raison de leur
dire que, s'ils continuent à vivre encore longtemps
en vampires, au sein des nations, ils en subiront,
tôt ou tard, d'aussi effrayantes, car la fureur
populaire, longtemps contenue, sera peut-être
plus inexorable que la rigueur des souverains aux
âges de répression, comme en France sous Phi-
lippe le Bel, par exemple.

Ne pressentons-nous pas ce qui se passerait en
Pologne, en Russie, en Allemagne, en Autriche,
en Espagne, en Afrique et dans beaucoup d'autres
contrées, si les chefs d'État ne calmaient par l'irri-
tation, à peu près générale contre eux.

Que serait-il arrivé en Algérie, en 1871, si notre armée n'avait pu contenir l'insurrection provoquée par la naturalisation des juifs?

De nos jours, ils sont encore la plaie de notre Afrique du Nord, où considérés comme maudits, ils sont trop fréquemment les prêteurs avec usure au moment des grandes catastrophes qu'ils précipitent sans jamais les arrêter.

Ne les avons-nous pas vus également, trop souvent, dans certaines expéditions où ils brillaient, non pas comme combattants pendant l'action, mais comme oiseaux de proie acharnés sur les dépouilles, après la bataille.

En France, ne se sont-ils pas syndiqués trop souvent pour peser sur les choses qu'ils accaparaient et revendaient sans les avoir entre les mains.

Rois de la Bourse, les juifs savent fausser les cours véritables des valeurs à leur convenance : Mêlés à toutes les transactions internationales, ils sont arrivés, trop souvent, à ruiner des familles entières qui ne leur pardonneront jamais leur désastre.

Du reste, le juif, qui est rarement producteur, soit comme ouvrier, soit comme cultivateur, est trop habituellement un exploiteur arrivant au moment de gêne des familles pour leur prêter au taux légal en apparence, de 5 à 6 pour cent en France, en Afrique à 10 ou à 12 pour cent, au minimum, sans compter les frais et les avances inavouables qu'ils sont assez habiles pour se faire attribuer, sans courir aucun risque de répression autres que ceux de la vindicte publique ou privée.

Dès que le malheureux qui ne tire de son bien que le 2 1/2, le 3 ou le 5 0/0 est tombé entre leurs mains, il est fatalement voué à la ruine et dévoré par l'usure.

Le code des nations devrait pouvoir atteindre ce genre de vol, et ce serait évidemment dans l'intérêt même des juifs pour leur éviter, tôt ou tard, d'être victimes de la colère universelle, longtemps contenue par la puissance de leur or. Ils encourront cette colère plus terrible et plus grande que le clergé et la noblesse en 1793, s'ils ne changent pas leur tactique dans les grandes transactions internationales, principalement. Ils cherchent en vain à détourner les effets de cette colère sur le prêtre, en s'alliant à la franc-maçonnerie. La conscience publique saura bien discerner la charité de l'accaparement égoïste.

En résumé, les juifs ont peut-être contribué à quelques grandes œuvres, par leur clairvoyance traditionnelle, leur finesse et leur habileté en affaires, mais ces entreprises n'auraient-elles pas réussies aussi bien sans leur concours, toujours trop coûteux? Évidemment, s'ils n'ont pas souvent conçu les idées fructueuses, ils savent les rendre pratiques ; mais encore mieux prélever en leur faveur la part du lion, de sorte qu'il est permis de se demander si le juif enrichit ou appauvrit le pays qui le reçoit?...

Nous redoutons fort que la réponse ne leur soit pas favorable.

Certainement, de trop nombreux chrétiens les ont imité et font plus mal encore, mais le tort des uns n'excuse pas celui des autres. Du reste, comme les juifs savent admirablement solidariser leurs intérêts pour les grandes curées, il est à peu près compréhensible que la haine provoquée par certaines individualités coupables, s'étende à la race entière. Malgré cela, nous devons dire que nombre de juifs sont absolument respectables par leur attachement à leur religion, à leur famille et sont, très vraisemblablement, de bonne foi dans leurs croyances et en affaires. Ils ont, en outre, le suprème mérite de s'entr'aider, comme les chrétiens de la primitive église, mais ils montrent, en général, trop d'âpreté pour le gain et parfois quelques-uns d'entre eux ont été ingrats envers leur patrie d'adoption.

Peut-on les en incriminer? Pas complètement pour le passé, parce que, condamnés par la malédiction divine attachée au crime de leurs ancêtres, ils ont dû vivre errants, individuellement sur cette terre, sans attache collective à aucune patrie. Évidemment, s'ils s'étaient efforcés de reconnaître l'hospitalité reçue, ils n'auraient pas eu aussi souvent à se venger des vexations de quelques persécuteurs ou des exécutions méritées par leurs pratiques habituelles.

Quoiqu'il en soit, les juifs, considérés en France, surtout, sur le pied d'égalité avec tous les autres Français, ne devraient plus viser qu'au bien-être général, tout en poursuivant légitimement l'amélioration de leur fortune personnelle, mais sans chercher toujours à vivre des sueurs d'autrui.

Sont-ils à la veille de satisfaire à ce vœu général? malheureusement, nous ne le croyons pas.

Cependant, personnellement, nous avons eu plusieurs Israélites, militaires ou autres, pour amis, et nous les avons toujours tenus en grande estime et en sincère amitié, parce qu'ils cherchaient à être utiles à la collectivité dont ils faisaient partie et lui rendaient des services désintéressés.

Le seul moyen, à notre avis, d'utiliser, au point de vue national, les précieuses qualités des juifs, serait de les pousser à se préoccuper davantage des intérêts publics dans le sens du bien général et du patriotisme le plus élevé.

Il faudrait, en outre, les engager à fusionner par des alliances avec les races chrétiennes, comme l'ont fait certains juifs, entr'autres quelques membres de la famille Rothschild, mais à condition d'embrasser la religion de la charité la plus parfaite. Par ce moyen, les qualités spéciales de leur race s'infuseraient avec leur sang dans la grande famille chrétienne dont la principale vertu est de briller sur

6

tout par l'amour de Dieu et du prochain que nous leur communiquerions comme le bien supérieur légué par le Christ. Ne serait-ce pas un avantage très appréciable pour les deux plus belles races de la terre ?

Le Rédempteur est venu sur cette terre pour sauver les âmes, en demandant aux hommes de se considérer comme frères. A son exemple, traitons les juifs de ce doux nom, à condition de les voir confondre, le plus souvent possible, leurs intérêts avec les nôtres.

Dieu, venons-nous de le dire, d'après les docteurs, a condamné la nation juive à être sans patrie sur cette terre, pour la punir du Déicide commis par ses ancêtres et la malédiction dont elle est solidaire pèsera toujours sur leur race. C'est même une des preuves historiques de la vérité du christianisme.

Aussi, n'irons-nous pas à l'encontre de la volonté toute-puissante, revendiquer, en leur faveur, leur résurrection nationale en Judée. Elle est impossible, tandis que la miséricorde infinie ne demande qu'à pardonner aux individualités dont le cœur s'ouvrira au repentir et à la charité dans l'acception évangélique.

Si cette pénalité héréditaire n'existait pas, ce serait bien facile aux Israélites riches, comme le sont beaucoup d'entre eux, d'acheter, individuellement, la pauvre Judée et de l'habiter en commun, en en formant l'État juif. Du reste, un éminent personnage qui a plusieurs fois visité ce pays, nous affirme que depuis dix ans leur nombre a doublé. Étrange aberration de la part des inspirateurs de cet envahissement ; pas plus que Julien l'Apostat, ils ne donneront un démenti à la Parole Prophétique.

Pour en revenir à l'excellence du catholicisme, ajoutons qu'un peu plus d'un quart de siècle avant la décadence du peuple juif, la venue du Messie coïncida avec l'apogée de la puissance romaine, à qui Dieu avait permis la soumission de tous les peuples, afin d'en faire l'unité de force et d'intelligence de la terre. A cette époque, le bien était ce qui est utile à l'homme puissant, le mal ce qui lui est nuisible.

Dès sa première apparition, le Christ enseigne et fait ensuite enseigner à tous les hommes, par ses apôtres, sa doctrine et sa religion de paix qui troublait toutes les notions du paganisme, surtout celles des Maîtres du monde, dont les jouissances terrestres, la guerre et la domination universelle étaient l'unique ambition.

Les trois grandes périodes dont nous parlions avant notre aperçu sur les juifs, sont complétées par le langage mystérieux de l'Apocalypse annonçant de longs temps d'erreur et d'abomination avant le règne de la doctrine pure de Jésus-Christ qui précédera, disent ses commentateurs, la fin du monde et le jugement dernier.

Par ces précédents, nous voyons le progrès dans toutes les différentes phases de la religion révélée et que Dieu résout la grande question du bien et du mal en réservant le libre arbitre de chaque homme, afin de le juger selon ses œuvres en lui donnant le ciel, le purgatoire ou l'enfer.

A la suprême espérance, le pas sur la crainte!

Dieu a créé l'homme pour le ciel et lui commande de s'en rapprocher constamment par ses élans d'amour pour lui sous forme de prière, en lui offrant tous les actes de sa vie heureuse ou malheureuse, en respectant ses commandements et ceux de son Église.

Son ciel est le bonheur éternel dans la contemplation divine, mais l'esprit de l'homme ne peut en comprendre ni les joies sans mélanges, ni l'éternité.

> « Qui sondera des cieux l'insondable distance?
> « Quant après l'*infini*, l'*infini* recommence. »

mais de même que

> « L'aigle vole au soleil, le vautour à la tombe
> « L'hirondelle au printemps, la prière au ciel. »

a dit Victor Hugo.

« La prière, ajouterons-nous, d'après le Père

« Lacordaire, fait descendre le ciel jusqu'à nous,
« tandis que la bouche qui s'ouvre pour blasphé-
« mer, est un soupirail de l'enfer, a dit Lamennais, »
pendant qu'il était le ministre de la religion, qu'il
a reniée plus tard.

Malgré cela, Dieu pardonne au repentir sincère,
et Pascal avance « que les impies blasphèment la
« religion chrétienne, parce qu'ils ne la connaissent
« pas ».

Espérons que ces considérations, toutes frap-
pées à l'empreinte du génie, apprendront à aimer
et à désirer le ciel.

A propos du Père Lacordaire, qu'il nous soit permis d'ajouter que sa parole, peut-être la plus élo-
quente qui ait retenti depuis l'ère moderne, du
haut d'une chaire sacrée, attirait tant de monde
qu'on disait de lui : Il fait monter sur les confes-
sionnaux, tandis qu'un autre prédicateur, le Père
de Ravignan, dont la parole plus modeste, mais encore plus empreinte de la douceur chrétienne, les
remplissait.

C'est-à-dire que la voix du cœur, quelle que
simple soit-elle, fait plus de conquêtes que la parole retentissante d'un homme de génie.

Après l'indication du sort heureux de l'homme
vertueux après sa mort, montrons-lui les châtiments mêlés d'espoir réservés à ses fautes.

Le catholicisme nous apprend que la mort n'est
pas l'anéantissement complet de l'être ; qu'elle est,

6.

pour le juste, le commencement de sa vie, éternellement heureuse au ciel après un séjour plus ou moins long au purgatoire, s'il n'a pas mérité de suite le bonheur sans mélange que Dieu accordera plus facilement aux martyrs et aux pauvres volontaires ou involontaires qu'aux riches égoïstes.

Le catholicisme enseigne aussi par ses dogmes, par la voix de la conscience et par celle de ses prêtres, que l'éternité sera malheureuse en enfer pour les coupables, s'ils ont péché mortellement sans avoir eu le temps de se repentir et de faire pénitence, mais il leur fait comprendre son indulgence, plus grande certainement, pour les misérables que pour les heureux de ce monde. C'est l'immense compensation des épreuves de la vie.

« A l'entrée de l'Enfer, où l'on n'aime plus, dit sainte Thérèse, où le damné sera, pour toujours, dans d'indicibles tortures », le coupable y trouvera écrit ces mots empreints d'une inénarrable douleur de la *Divine Comédie* du Dante.

*Lasciate ogni sperantza*, laisse toute espérance. Effectivement, après la mort, le corps retombe en poussière, tandis que l'âme, immortelle, conserve, en les voyant s'épurer, toutes ses facultés pour jouir et souffrir, après avoir abandonné sa dépouille mortelle à la corruption terrestre.

Dieu ne doit et ne peut se comprendre autrement que Juste.

Or, il ne le serait pas, si les pauvres, les malheureux, les hommes résignés et dociles à ses lois n'étaient pas récompensés de leurs vertus, et les coupables punis de leurs péchés et de leur impénitence.

C'est l'enseignement divin, celui de l'Église, et la meilleure preuve du ciel et de l'enfer.

Mais, comme au livre de l'*Apocalypse* on lit que rien de souillé ne pénètrera dans le ciel, c'est évidemment dire que les êtres parfaits seuls y entreront. Malheureusement, il n'en existe pas d'autres en ce monde que les plus glorieux martyrs et les plus grands saints, puisque le juste lui-même pèche sept fois par jour.

Dieu, dans son amour profond pour les hommes et dans sa miséricorde, a créé le purgatoire afin de leur permettre de se purifier des souillures de la vie et il fait entrer en ligne de compte la charité et les misères de l'existence terrestre pour l'expiation future.

Ce purgatoire est la suprême espérance réservée aux défaillances humaines — la croyance consolante par excellence pour le cœur et la raison — car l'éternité des peines de l'enfer est le dogme le plus effrayant qu'il soit possible d'envisager, de comprendre, et que seul un Dieu de bonté puisse imposer aux hommes dans son ardent amour pour eux, afin de les forcer, par l'extrême abomination et la crainte de l'autre alternative, à l'aimer et à mériter l'éternité de ses faveurs dans le ciel. — (Père MONSABRÉ, à Notre-Dame.)

Le purgatoire est un dogme si facile à comprendre, avec l'idée de la justice divine, avec la coutume des châtiments de la justice humaine, que Jésus-Christ en a à peine parlé pendant sa vie terrestre et que l'Écriture sainte ne le mentionne que rarement et sans jamais le nommer.

L'Église en a fait un dogme, en se basant sur les idées en question et en s'appuyant sur quelques textes sacrés.

C'est une sainte et salutaire pensée, voyons-nous dans le livre des Macchabées, de prier pour les morts afin de les délivrer de leurs péchés. Cette attestation de la foi et de la pratique antérieures à Jésus-Christ, est une première preuve du purgatoire ; en effet, ni les damnés, ni les élus n'ont besoin de prières.

Saint Luc met dans la bouche de Jésus-Christ la menace d'une prison où sera jeté le débiteur qui n'aura pas eu le soin de s'accommoder avec son créancier, pendant qu'il le pouvait, et d'où il ne sortira pas avant d'avoir payé jusqu'à la dernière obole. N'est-ce pas complètement l'institution divine du purgatoire ?

Et saint Jérôme commente ce passage de l'Évangile en ces termes :

« Nul homme n'ira au ciel, sans avoir expié, par

« les flammes du purgatoire, les fautes les plus
« légères. »

Saint Mathieu écrit dans ses Evangiles : « Si
« quelqu'un blasphème contre le Saint-Esprit, ce
« péché ne lui sera remis ni dans ce monde, ni dans
« l'autre. » Il sous-entend, évidemment, s'il ne s'en
repent pas et n'en fait pas pénitence avant de
mourir.

L'Église et ses docteurs, en parlant de ce péché
pour lequel Dieu est toujours inexorable, entendent
la révolte contre le Créateur, de l'homme intelligent, savant, orgueilleux et impénitent.

C'est le crime de l'impie, qui renouvelle le péché
de Lucifer et des anges révoltés contre Dieu, qui
sont devenus les démons acharnés à notre perte.

Dans son commentaire de l'Évangile de saint
Mathieu, saint Augustin atteste qu'il faut admettre,
d'après ces mots, qu'il y a des péchés dont le pardon est accordé après la mort, à la suite d'un séjour plus ou moins long dans un lieu appelé purgatoire.

Du reste, saint Pierre, dont les prédications
merveilleuses convertirent un jour, à Jérusalem,
cinq mille auditeurs et peu après trois mille dans
une autre ville, tellement sa parole, grande et
simple, avait d'influence sur les âmes, dit dans ses
actes :

« Dieu a ressuscité son fils en l'exemptant de
toutes peines après sa mort. »

Cette phrase n'éveille-t-elle pas à l'esprit l'idée du purgatoire?

Comme complément de cette doctrine, saint Clément, son jeune disciple de prédilection et un de ses successeurs au trône pontifical, — contemporain des dernières années de saint Paul, — membre de la famille des Césars romains, — savant et écrivain distingué, dit dans ses *Constitutions apostoliques :*

« Prions pour nos frères endormis dans la paix du Seigneur, afin que Celui qui a reçu et jugé l'âme, lui fasse grâce, lui remette ses péchés et la reçoive dans le sein de Dieu. »

N'est-ce pas demander des prières pour les âmes du purgatoire, les autres n'en ayant nul besoin?

Saint Paul appuie cette doctrine à peu près en ces termes, en s'adressant aux Corinthiens :
« Celui qui croit en Jésus-Christ, l'unique fonde-
« ment de notre salut, mais dont les œuvres sont
« imparfaites, par tiédeur ou négligence, ou pour
« n'avoir pas été animé d'intentions assez pures,
« sera sauvé, mais après avoir passé par le feu du
« purgatoire, où nos œuvres seront purifiées
« comme l'or et l'argent soumis aux flammes dans
« un creuset. »

Dans sa troisième épître à Timothée, il prie pour un homme juste et charitable qui venait de mourir.

« Que le Seigneur, dit-il, lui fasse miséricorde et

lui permette de trouver grâce auprès de lui en ce jour. »

Effectivement Dieu fait volontiers miséricorde aux âmes du purgatoire, mais il exige de leurs amis de la terre des prières ferventes en leur faveur — ou bien des actes de vertu — surtout de charité. A ces conditions seules, il veut bien leur adoucir les rigueurs du châtiment mérité.

Chaque acte charitable, chaque sacrifice fait à leur intention les soulage, chaque mot d'une prière bien faite pour eux, dit un saint docteur, est un baume efficace mis sur les brûlures qui torturent les pauvres âmes, que seul l'espoir de la vue de Dieu soutient, car elles subissent les atteintes des mêmes flammes que les damnés.

Dieu, du reste, a révélé en diverses circonstances, l'utilité des prières pour les trépassés, surtout l'efficacité du saint sacrifice de la Messe.

Le bienheureux Jean d'Auvergne en eut la preuve, une fois surtout, pendant une messe dite pour les morts.

Ce jour-là, il acquit la certitude de l'efficacité plus particulière des prières faites par les fidèles pendant le sacrifice divin, pour le salut des âmes du purgatoire et surtout par le prêtre sacrificateur.

A l'élévation, il vit des milliers et des milliers d'êtres sortir du purgatoire sous la forme apparente que l'Église donne aux âmes.

Ces âmes, a-t-il dit depuis, étaient aussi nombreuses que les étincelles d'une immense fournaise et, à partir de l'élévation jusqu'après la communion, il les vit s'envoler au ciel, et ce jour-là, il resta si longtemps en contemplation, émerveillé de cette révélation, qu'il pria plus longuement et avec une plus grande ferveur qu'à l'ordinaire.

Revenu à lui, il calcula à la fin de la messe, en présence de son supérieur et de plusieurs autres religieux, quel pouvait être le nombre des âmes entrées ce jour-là dans la béatitude éternelle, et il arriva au chiffre approximatif de vingt mille. — C'était évidemment l'inimaginable et merveilleux résultat des Saints mystères célébrés en un seul jour dans le monde entier. — S'il en est souvent ainsi dans l'année, combien nombreux sont les actes de clémence du Tout-Puissant!

Sa miséricorde ne se borne pas à cela : Les âmes du purgatoire ne souffrent pas, prétend saint Jérôme, pendant la messe offerte pour leur délivrance — il en a acquis la conviction une fois, en particulier, lorsqu'un saint prêtre, pénétré de l'incomparable influence du sacrifice divin, prend un jour à la consécration la Sainte Hostie entre ses mains : Seigneur, vous retenez au purgatoire l'âme de mon ami X, moi je tiens le corps de Jésus-Christ; délivrez mon ami en échange du sacrifice de votre fils et de tous les mérites de sa Passion et de sa mort, que je vous offre en expiation de ses péchés. Aussitôt il voit l'âme de cet ami, rayonnante de bonheur, monter au ciel, rachetée par le sang du Rédempteur.

L'efficacité de la messe est, disent les docteurs de l'Église, tellement grande par elle-même, que ses mérites ne dépendent ni de la sainteté du prêtre sacrificateur, ni de celui qui la fait dire. « Toute sa valeur est attachée au prix du sang du Sauveur », dit Bourdaloue.

La démonstration des châtiments divins ainsi établie, nous devons ajouter que les Juifs, les Égyptiens, les Mèdes, les Perses, les Grecs et les Romains admettaient tous également l'existence d'un lieu de souffrances et d'attente douloureuse où l'âme expiait ses fautes, mais ils n'avaient pas l'enseignement si consolant des mérites de la pauvreté, puisqu'ils n'aimaient, en général, ni les pauvres, ni les misérables et considéraient l'esclave comme une chose.

Leurs grands écrivains et leurs poètes chantaient cependant l'amertume des vallées de larmes où des ombres errantes et plaintives gémissaient, à demi coupables, et se purifiaient de leurs fautes en attendant leur entrée aux Champs-Élysées.

L'immortel Socrate et le divin Platon, quatre siècles et demi avant Jésus-Christ, résumaient l'un et l'autre, à peu près en ces termes, la théorie de la philosophie antique sur leur purgatoire :

« Ceux qui ne sont ni entièrement criminels ni

7

absolument innocents, souffrent des peines propor-
tionnées à leur faute jusqu'à ce que, purifiés complètement, ils soient jugés dignes des récompenses
des bonnes actions de leur vie. » — (LAROUSSE.)

L'idée du purgatoire ne fait donc pas partie de
l'enseignement direct du divin Rédempteur; elle
était en germe dans toutes les croyances antiques
et dans tous les esprits, comme elle s'est trouvée
et se retrouve encore dans presque toutes les religions de la Chine et de l'Inde, par exemple.

Seuls, le culte et la pensée de prier pour les
morts de la façon dont nous prions Dieu pour eux,
est de source et d'essence *chrétienne*.

Grâce à Dieu, la France est un des pays du
monde où le souvenir des morts est le mieux et le
plus sainement conservé. Le jour de la Toussaint,
on y voit chaque famille apporter sa prière et ses
fleurs sur la tombe des chers absents.

C'est l'indice de notre foi instinctive dans le sentiment inné chez nous qu'ils ont besoin de nos
prières pour cesser de souffrir, et que nous croyons
à l'expiation, dans un autre monde, des péchés ou
des fautes de celui-ci.

Du reste, c'est de notre admirable ordre religieux de Cluny, source de tant de réformes utiles
pour l'Église qu'est venue, plus spécialement, la
pensée de prier pour les trépassés. En effet, saint
Odillon, supérieur de l'ordre, ou simplement d'une
des maisons de cet ordre, avait eu l'idée de généra-

liser les prières pour eux et fut le premier inspirateur de la grande et salutaire conception de la fête
des morts, le 2 novembre de chaque année, le lendemain de la fête de tous les saints.

A dater de l'inauguration de cette pieuse commémoration, il eut, de son vivant, et une foule
d'autres saints personnages eurent après lui la
révélation des innombrables délivrances obtenues
par les prières de la communion des saints et surtout par la messe.

Plusieurs d'entre eux acquirent aussi la preuve
miraculeuse du bien que font les sacrifices, et en
premier lieu la charité dont les mérites sont appli-
qués aux trépassés retenus au purgatoire.

Prions donc et faisons de larges aumônes pour
soulager nos chers défunts.

Malheureusement, après la destruction, par nos
révolutionnaires de 1793, du monastère de Cluny,
le plus vaste d'Europe, et de sa splendide basilique
autrefois la plus grande et la plus belle, peut-être,
du monde après Saint-Pierre de Rome, on a uti-
lisé ses ruines — pour l'établissement d'un dépôt
d'étalons — pour un très médiocre collège; enfin,
plus récemment, on a construit sur une partie de
son emplacement une institution préparatoire au
professorat de l'enseignement universitaire,

Plaise à Dieu que ces lieux, témoins d'actes si
grands et si glorieux de la vie chrétienne, ne voient
pas l'éclosion d'idées nuisibles au catholicisme.

Après cet aperçu sur le ciel et le purgatoire, pensons à l'enfer, dont aucune plume ne peut décrire les tortures, et pénétrons-nous de ces effrayantes paroles de Dieu aux pécheurs : *Ite, maledicti, in ignem æternum.* La crainte qu'elles inspirent doit être le commencement de la sagesse, puisque la raison humaine admet que la menace de la peine a pour but l'amélioration du coupable. Rappelons-nous le châtiment terrible qui attend le pécheur s'il refuse de mériter les joies éternelles promises à ses vertus ou à son repentir.

Dans ce but, résumons quelques points de la grande doctrine proclamée du haut de la chaire de Notre-Dame, par le révérend Père Monsabré.

L'amour de Dieu pour les hommes a fait le ciel et l'enfer — pour leur imposer son culte par la perspective du bonheur infini après la mort — et par la crainte du châtiment éternel. En considération de ces deux dénouements, il est juste de punir d'un supplice infini le pécheur qui, malgré le secours de la grâce, sacrifie à ses passions un bonheur infini.

La meilleure preuve de l'enfer est basée sur l'idée de la justice de Dieu, qui ne doit pas laisser sans châtiment les crimes de la terre, surtout le crime du riche ou du puissant sans entrailles pour le pauvre et le faible.

L'enfer est pavé de bonnes intentions, de legs pieux, d'obligations de dire des messes et d'une

foule de bonnes œuvres posthumes sans efficacité
pour le ciel, si elles ne sont pas le complément
d'une vie chrétienne et de charité surtout, tout au
moins de la confession ou du repentir de ne pas
l'avoir pratiquée pendant la vie.

Saint Thomas le dit par ces paroles : « L'homme
doit être tout entier, en corps et en âme, pour mériter le ciel. »

Ne comptons donc, pour apaiser la colère divine,
que sur les actes de notre vie, et non sur nos tes-
taments.

Les indifférents ou les endurcis dans le péché se
refusent à réfléchir ou à croire à l'éternité de l'enfer, de peur d'être gênés dans leurs passions par le
sentiment de la crainte qui nuirait et troublerait
leur repos.

Voici leur raisonnement : « Dieu est trop bon
pour ne pas me pardonner mes péchés. Coupable
erreur. Ils voudraient que le Créateur oubliât sa
majesté en renonçant à infliger des châtiments éter-
nels. Sa sagesse, sa puissance et l'harmonie de
ses lois ne peuvent pas s'expliquer autrement
qu'avec une punition pour le coupable et une récompense pour le juste.

L'enfer est, il est vrai, un dogme effrayant par
la privation de la vue de Dieu et par toutes les
souffrances dont l'imagination ne peut pénétrer les
horreurs. Cependant, tout en vivant avec ce sentiment d'immense crainte qui a troublé la splendide

intelligence de Pascal à la fin de ses jours, mais qui, en revanche, a ramené tant d'autres créatures à leur Créateur, nous devons comprendre que la justice divine saura faire miséricorde aux âmes charitables, aux humbles et aux malheureux surtout, en leur accordant un instant de repentir, s'ils ont eu la résignation, le sentiment du devoir et de l'amour de Dieu, avant tout.

Évidemment, ni les élus ni les damnés ne sont revenus sur la terre pour révéler les splendeurs des cieux, les châtiments du purgatoire ou de l'enfer. Cependant, les gens éclairés admettent, comme l'écrivain charmeur, Jules Simon, le principe de la révélation.

« Une religion positive, a-t-il dit, est un ensemble de dogmes et de préceptes révélés. »

« C'est notre avis, et pour mieux définir cette belle pensée, nous devons ajouter qu'en effet la religion est le suprême besoin de l'âme et de l'intelligence, notre seul lien avec Dieu, l'appui des victimes contre leurs oppresseurs ; c'est la raison de notre désir de la vouloir, pour le peuple surtout, comme la consolation par excellence. »

« Si elle est une chaine pour le prémunir contre ses passions, a dit un grand penseur, son premier anneau est sur la terre, le dernier au ciel. »

Du reste, tous les malheureux, tous les êtres faibles, les femmes surtout, s'appuient volontiers sur la religion pour y trouver force, consolation et respect de soi-même. A ce sujet, qu'il nous soit permis de rappeler la conversation si célèbre d'un roi trop galant à une jeune fille dont il était épris :

— « Quel est, mademoiselle, le chemin de votre cœur? A quoi la belle jeune fille, aussi ambitieuse que peu vertueuse, croyons-nous, répondit : « Sire, celui de l'Église. »

Ceci ne nous amène-t-il pas à conclure, avec Proudhon, que « la religion est le respect de l'humanité idéalisé par Dieu, et l'allégorie de la justice? »

Ces citations et ces faits ne sont-ils pas la réfutation des erreurs de ceux qui se refusent à croire à la grande réalité de la vie? — à cette religion de la charité et de l'amour.

# RELIGION

## CHAPITRE VI

Virginité. — Ses mérites. — Prédiction de la venue du Messie
naissant d'une Vierge. — Les Vierges de tous temps et chez
tous les peuples. — Leurs attributions.

Nous avons dit les mérites, le prestige et la
force procurés par le célibat ecclésiastique; quelques réflexions encore dans le même ordre d'idées
sur la virginité nous permettront de lui attribuer
le juste hommage dont elle est digne.

Évidemment, le point de départ de la croyance,
à peu près générale, dans les mérites de la virginité, et le respect dont on l'entoure viennent de
l'origine commune de tous les hommes, et surtout
des œuvres admirables des vierges qui se consacrent à Dieu pour le soulagement de l'humanité.

A la création du monde, Adam et Ève, placés
au Paradis terrestre dans un perpétuel bien-être,
libres d'agir selon leur volonté, de manger de tous
les fruits qui abondaient dans ce lieu de délices,
avaient reçu de Dieu l'ordre formel de ne pas tou-

cher aux fruits de l'arbre de la science du bien et du mal.

Ève, tentée par le démon sous la forme du serpent, y goûta et en fit goûter à Adam.

Dieu, irrité, les chassa en les soumettant, eux et leur postérité, aux tentations de tous les péchés, au travail, à la douleur, à la mort, en leur annonçant un Rédempteur qui naîtrait d'une femme. Les prophètes, quelque temps après, spécifièrent que ce sauveur serait conçu sans que sa mère cessât d'être vierge. Le Seigneur avait ajouté, en s'adressant au serpent : « Cette femme t'écrasera la tête du talon, et toi, tu lui tendras des embûches. »

Cette prédiction antique, faite près de cinquante siècles avant la venue du Messie, est la première glorification de la virginité.

Les textes sacrés, qui ont été la nourriture primitive des intelligences humaines, la rapportent; le *Symbole des Apôtres* la confirme, et Virgile lui-même fait allusion à cette virginité sacrée dans un de ses chants.

Plusieurs religions contemporaines ou devancières du Catholicisme admettent l'incarnation d'un Dieu dans le sein d'une vierge sans le contact de l'homme, par un souvenir plus ou moins dénaturé de la prédiction antique.

En Chine, au Japon et dans l'Inde, on croit également que la plus bienfaisante des divinités est venue, sous une forme humaine, instruire et consoler les hommes en naissant d'une vierge sans autre intermédiaire que la volonté de Dieu.

La Grèce, au début du Christianisme, vit briller le culte de la sainte Vierge à la place du culte de la Fortune. En Italie, les patriciennes, et plus particulièrement les matrones romaines, portaient au cou son image gravée sur un médaillon. — (LAROUSSE.)

En remontant plus haut, le comte de Maistre, parlant des vierges consacrées à Dieu, à toutes les époques du genre humain, cite les Vestales, honorées et respectées partout, et il ajoute: « Avec le culte de Vesta brilla l'Empire romain, avec lui il tomba. »

Dans les Gaules, les Druidesses étaient saintes par une perpétuelle virginité.

A Athènes, comme à Rome, le feu sacré du temple de Minerve était gardé par des vierges.

On a trouvé également des vestales chez d'autres nations, notamment aux Indes et au Pérou, et, chose remarquable, la violation du vœu de chasteté y est puni du même supplice qu'à Rome.

En Chine, il y a des religieuses vierges dont les maisons sont ornées d'inscriptions données par l'empereur lui-même, qui n'accorde cette distinction qu'aux filles restées vierges pendant quarante ans.

C'est, évidemment, une réminiscence plus ou moins modifiée de l'Écriture.

A l'origine du Christianisme, les apôtres avaient pris des diaconesses pour les aider dans leurs œuvres de charité les plus délicates, et ils choisissaient des jeunes filles très pieuses ou des veuves n'ayant été mariées qu'une fois. Elles soignaient les pauvres, les malades, les prisonniers, et remplaçaient les diacres dans les fonctions dont la pudeur des femmes aurait pu s'offenser, surtout en Orient. Ces saintes femmes, sans aucune ambition humaine, eurent une très grande part dans la propagation des idées chrétiennes et furent les devancières de nos admirables religieuses :

« Les plus farouches se sentent désarmés devant
« l'humble et modeste femme qui se dévoue près
« de la couche de l'agonisant, cherchant à lui
« rendre plus doux ce terrible passage qu'on
« appelle la mort. Par la religion, les diaconesses
« sanctifiaient, en quelque sorte, et rendaient
« encore plus respectable cette mission de charité
« que la nature semble avoir donnée au cœur de
« nos mères et de nos sœurs. » — (LAROUSSE.)

Non seulement depuis l'apparition du Christianisme, mais encore de tous temps, aux yeux du monde ancien, dans les âges barbares même, la virginité a eu une auréole.

On dit, mais rien ne le prouve, que certaine coutume romaine interdisait de faire mourir une fille sans lui ôter, auparavant, sa virginité, et on cite la fille de Séjan, âgée de huit ou neuf ans, à laquelle le bourreau fit subir le suprême outrage avant de l'étrangler. — (Larousse.)

Tacite s'exprime ainsi à ce sujet :

« Quoique la colère du peuple commençât à s'amortir, et que les supplices de Séjan et des autres conspirateurs eussent calmé les esprits, on porta à la prison les deux enfants du féroce et ambitieux ministre de Tibère.

« Le fils, âgé de dix à onze ans, prévoyait sa destinée; sa sœur, moins âgée, demandait qu'elle était sa faute? qu'elle ne la commettrait plus, et qu'on pouvait la châtier comme on corrige les enfants.

« Les auteurs contemporains de cet événement rapportent que, comme l'usage semble défendre la mort d'une vierge, le bourreau l'outragea auprès du lacet fatal.

« Puis il étrangla les deux enfants, et leurs corps furent jetés aux gémonies.

« Tibère seul, et son Sénat servile, osèrent ainsi outrager la nature et les coutumes à défaut de la loi. Les Scipions, les Gracques, Cicéron, n'eussent pas permis une pareille monstruosité. »

Le ministère des Vestales était de trente ans. Choisies dans les premières familles, on les consacrait au culte de Vesta vers huit ou dix ans.

Enterrées vivantes, si elles violaient leur vœu de chasteté ou laissaient éteindre le feu sacré, elles avaient de grands privilèges.

Crues sous serment en justice, leur présence ou leur intervention sauvait la vie d'un coupable ou d'un condamné. Leur père ou leur tuteur n'avaient plus de droit sur elles le jour où elles étaient admises parmi les Vestales.

Aux plus mauvais jours du moyen âge, à l'époque où il fallut décréter la trêve de Dieu pour permettre aux paysans de cultiver la terre pour ne pas mourir de faim, tout homme, même en armes, accompagné d'une vierge, enfant ou non, était inviolable à moins d'actes d'hostilité avérée de sa part.

Le Christianisme, à cette époque, avait multiplié à l'infini les ordres religieux dont la chasteté était la première condition, en même temps qu'il élevait de plus nombreuses et de plus belles églises à la glorification de la Vierge, mère de Dieu. En France, plus que partout ailleurs, son culte était universellement répandu et brillait d'un vif éclat. Il fut encore plus en honneur un peu plus tard, sous Louis XIII, au point qu'on a pu dire :

*Regnum Galliæ, regnum Mariæ.*
Royaume de France, royaume de Marie.

Malgré l'antireligion de la majorité de nos gouvernants, la France, dans son ensemble, lui est toujours fidèle, et les flèches de ses sanctuaires, plus nombreux et plus fréquentés que jamais, s'élèvent jusqu'aux cieux pour y porter les prières ferventes de tous ceux qui comptent sur la Mère des Grâces pour sauver notre Patrie.

Après la mort de J.-C., saint Paul a fait, une fois, à peu près en ces termes, l'éloge du célibat aux jeunes filles et aux veuves vouées au service des pauvres par amour pour Dieu :

« Je ne vous donne pas un ordre, mais un con-seil ; dans votre situation, il est préférable de rester dans le célibat, comme moi ; cependant, chacun reçoit de Dieu les grâces et les inspirations dont il a besoin : Je dis aux veuves et à celles qui n'ont jamais été dans les liens du mariage qu'il leur est bon de demeurer ainsi ; cependant, si elles ne peuvent garder la continence, qu'elles se marient ; cela vaut mieux que de brûler d'un feu impur. »

Nous avons dit que chaque grande époque de douleur de l'humanité a eu pour consolation des congrégations d'hommes, ajoutons de plus nombreuses encore de femmes vierges ou veuves, se consacrant à l'instruction de la jeunesse, au service des pauvres ou des malades, et c'est le plus bel éloge du sexe charmeur et de la religion qui inspire son admirable dévouement. Nous reviendrons sur cet intéressant sujet en prévision d'une nécessité provoquée par la misère des temps présents et à venir.

Quoi qu'il en soit, le costume des religieux, et surtout celui des religieuses, ont un tel prestige dû à la pensée de dévouement, d'abnégation et de sacrifice qui les honore aux yeux d'un grand nombre d'hommes à l'âme élevée, quelles que soient leurs croyances, que Gambetta, Paul Bert, et une foule de libres penseurs ne manquaient jamais de saluer les religieuses, principalement les saintes filles de la charité.

Puisse ce témoignage de haute estime se généraliser. Pour notre part, nous ne voudrions jamais l'omettre, tellement profonde est notre admiration, respectueuses nos sympathies et notre reconnaissance pour leur pieux dévouement et leur abnégation constante.

Du reste, le respect, non seulement pour les religieuses, mais même pour toutes les femmes, est une tradition française qui nous a valu souvent l'amitié des pays contre lesquels nous étions en guerre.

Au Mexique, nos officiers et nos soldats avaient la bonne habitude de descendre du trottoir au passage des religieuses et des femmes, qui s'empressaient de les remercier très gracieusement; tandis que les soldats autrichiens et belges, moins respectueux en apparence, plus peut-être en réalité, leur étaient infiniment moins sympathiques, surtout à Puebla et à Mexico, où nous avions sinon l'amitié, du moins l'estime des habitants, et c'est peut-être à cette cause que nous devons la conservation de notre prestige dans ces contrées.

# RELIGION

## CHAPITRE VII

Avantages de la Religion. — Matérialisme. — Preuves de la supériorité du Catholicisme sur les autres religions. — Hiérarchie sacerdotale. — Grégoire VII. — Notes sur différents papes. — Catholique et juif.

Un penseur écrivait naguère :

A l'heure actuelle, malgré l'abondance excessive de toutes choses, le progrès universel et les splendeurs du monde civilisé, malgré les merveilleuses découvertes de la science, les prodiges enfantés par le travail et les arts, la classe laborieuse se meurt d'envie, de besoins matériels, souvent trop réels, cependant parfois plus ou moins imaginaires ou exagérés, et semble condamnée à une dégénérescence fatale si nous ne réformons promptement nos coutumes dangereuses, les abus de nos institutions et surtout leurs plus criantes injustices.

C'est vrai, et pour guérir ce mal universel, rappelons les oisifs de ce monde, surtout les plus riches, au sentiment du devoir de la charité et du dévouement envers leur prochain. Enseignons aux travailleurs et aux pauvres l'amour du travail, la dignité humaine et la résignation à leur sort.

Montrons-leur le péril des utopies de tous les rêveurs, et surtout des exploiteurs.

Encourageons les pieuses croyances et les bonnes mœurs par de bons exemples, par la pratique générale des plus belles vertus publiques et privées.

Puis pénétrons-nous de cette grande vérité : Le bonheur parfait n'existe pas en ce monde où nous ne faisons que passer.

« Seule la religion chrétienne, qui ne semble avoir d'objet que la félicité de l'autre vie, contribue à notre bonheur dans celle-ci par l'esprit de sacrifice, la résignation et la satisfaction du devoir accompli. »

Si nous ne le savions pas, Montesquieu nous l'apprendrait; et Mirabeau, le grand orateur de la Révolution, peu suspect d'étroitesse d'idée à ce sujet, n'a pas craint de dire :

« Que Dieu a placé le Christianisme au milieu du
« monde comme un phare lumineux pour éclairer
« les hommes de sa splendeur, pour être le point
« de ralliement des nations et le centre d'unité de
« tout le genre humain. »

Et Châteaubriand ajoute :

« Le Christianisme n'est pas un cercle étroit,
« c'est, au contraire, le seul cercle capable de

« s'élargir à mesure que la civilisation s'étend; il
« ne comprime et n'étouffe aucune liberté, aucune
« science. »

Nous devons compléter ces remarques par une
redite : Le Catholicisme est une nécessité politique,
civilisatrice et avant tout morale.

Quel que soit le sentiment de nos législateurs,
qu'ils sachent que l'enfer n'en triomphera jamais,
pas plus que de la foi. En outre, malheur aux
persécuteurs ! Dieu sera impitoyable pour eux,
surtout s'ils voient le mal qu'ils cherchent à faire.
Il sait attendre parce qu'il est tout-puissant.

Du reste, la si glorieuse folie de la Croix s'est
perpétuée d'âge en âge et pousse, de nos jours,
nos missionnaires en plus grand nombre que
jamais vers les contrées sauvages, où ils sont les
premiers et les meilleurs pionniers de notre civilisation. Le malheureux Paul Bert, dont les coupables erreurs ne sont atténuées que par son
dévouement à la patrie, l'a reconnu trop tardivement; et quelque temps avant sa mort, au Tonkin,
ne disait-il pas :

« Je ne partage pas les idées des missionnaires,
mais je m'en sers à l'étranger. »

C'était le complément de la pensée de Gambetta :

« L'anticléricalisme ne s'exporte pas hors de
France. »

En effet, ces missionnaires portent si loin et si
haut son renom, que leur zèle patriotique, à défaut

d'admiration pour leurs croyances, devrait prédisposer tous ceux qui aiment la France, et ont plus
ou moins d'influence sur ses destinées, à récompenser le dévouement absolument désintéressé de
nos religieux et celui de nos admirables religieuses,
en ne laïcisant aucun des lieux témoins de leurs
humbles exploits, où ils apprennent à bien vivre à
la jeunesse, et où ils cherchent à éviter, à tous les
âges, les souffrances de la maladie et les horreurs
de la mort.

Un autre motif de les conserver, c'est qu'ils
coûtent à peu près moitié moins cher que les
laïques qui ont, mari, ou femme et enfants à
nourrir. Tandis que nos frères et nos sœurs sont
seuls et n'ont qu'un mobile surhumain, l'amour
de Dieu et du prochain.

L'élévation de leurs sentiments rend leur service supérieur à tous les autres, parce que le
dévouement et l'amour, débordant de leur cœur,
n'ont qu'une passion : l'âme et le corps souffrant
des malheureux.

Le gouvernement anglais, tout protestant qu'il
est, reconnaît et apprécie si bien leurs mérites,
qu'il les attire partout chez lui, jusqu'aux Indes
où quelques-unes de nos sœurs, expulsées de
France, ont la haute direction des hôpitaux militaires où elles soignent merveilleusement les marins, les soldats et tous ceux que la Grande-Bre-
tagne veut gagner à sa cause.

Aucun acte politique n'est plus habile : en
Europe, elle donne l'hospitalité aux Jésuites, par
exemple, et ses grands évêques catholiques sont
les modérateurs des grèves du travail, tandis que
l'Allemagne, dont les populations protestantes ou
catholiques sont religieuses dans leur ensemble,
paie actuellement son tribut aux difficultés de la
lutte pour la vie. Depuis longtemps, les pays du
culte réformé ont fait l'expérience des crises
sociales qui commencent à troubler aussi les centres industriels catholiques. Le grand Chancelier
en attribue la cause au refus des patrons et des
actionnaires de relever les salaires en proportion
des bénéfices réalisés.

Étrange erreur ! le Kulturkampf, malgré sa signi-
fication de « lutte pour la civilisation », en expulsant
les Jésuites et les Rédemptoristes, a supprimé le
seul moyen de l'obtenir et le seul frein capable de
maintenir dans l'obéissance et la résignation les
populations des bassins houillers de l'Allemagne
du Sud, qui écoutaient volontiers les exhortations
de ces prêtres, leurs amis et leurs conseillers.

Comme le grand Chancelier est d'une intelligence
supérieure, il le comprend et a déjà adouci les
rigueurs de sa persécution. Bientôt même, il l'abo-
lira complètement, malgré sa foi protestante.

A son exemple, nos gouvernants, s'ils étaient
bien inspirés, devraient revenir de suite sur les
lois anticléricales, sous peine de voir, tôt ou tard,

une révolution qui prendra les proportions d'un immense incendie de forêt activé par le souffle brûlant de la Foi. Tout homme sensé le prévoit.

Du reste, une croyance morale ne répond-elle pas à un besoin intime de l'âme humaine, et n'en calme-t-elle pas les plus mauvaises passions ?

Le Catholicisme n'est-il pas le meilleur frein dans les convoitises sociales, en prédisposant à l'obéissance aux lois et aux hommes du gouvernement ; tandis que la libre pensée, dont s'inspire malheureusement un trop grand nombre d'hommes au pouvoir, entr'ouvre la porte aux pires interprétations, entraine à toutes les révoltes contre l'autorité, à l'envie, à la haine, et excite à la recherche de toutes les satisfactions des sens, sans s'inquiéter d'enseigner à chacun son devoir.

En France, contrairement à l'étymologie de son nom, elle porte atteinte à la liberté de conscience, la plus sainte de toutes.

Elle élève la jeunesse dans le culte des faits matériels, de l'égoïsme le plus intéressé et dans l'horreur des idées élevées d'abnégation et de devoir.

Sa doctrine : Sans Dieu ni maitre, en opposition complète avec les faits de la vie pratique, est la négation du respect de la loi et n'a qu'un culte : la matière.

Le Nihilisme va plus loin encore dans l'erreur de la libre pensée, il veut tout détruire, tout annihiler; en un mot, refaire le monde et ses croyances, sous prétexte que rien n'est bien, ni en parfaite harmonie chez l'homme ici-bas.

Le Nihiliste arrive à douter de tout, parfois de son existence même, et malheureusement son erreur envahit quelques intelligences obscurcies par une trop haute opinion de leur valeur personnelle.

« La négation de l'infini, dit Victor Hugo, mène droit au Nihilisme, » et c'est une des conséquences, ajouterons-nous, de l'orgueil ou de la satiété.

Le Christianisme, au contraire, cherche à dégager l'homme des douleurs de la vie, par la pensée du bonheur suprême réservé au juste après sa mort.

Il apprend au pauvre que Dieu est son ami, et lui facilite le ciel, c'est-à-dire le bonheur suprême, en paraissant l'éprouver plus que les autres hommes.

Pour le matérialiste, la terre attend l'homme vivant, déjà courbé vers elle dans sa lutte pour la vie, afin de le posséder mort et l'anéantir, selon la pensée, si juste et si belle, d'un prédicateur dont le nom nous échappe.

En opposition avec cette erreur, la religion par excellence, celle du Dieu mort pour l'humanité, montre, en s'inspirant d'en haut, les mérites du sacrifice et de la résignation qu'enseignent les

prêtres ou les religieuses, selon la tradition des
apôtres, en apprenant au peuple à supporter les
misères de cette vie par les espérances de l'autre.

Leur exemple, d'accord avec leurs actes, enseignent l'amour du prochain et l'obéissance aux
lois.

Pourquoi nos législateurs cherchent-ils à déra-
ciner ces croyances qui facilitent cependant les
relations hiérarchiques de notre civilisation, en
prédisposant le peuple à la résignation, alors que
les athées, plus ou moins sincères, les poussent à
persécuter ceux qui ne partagent pas leurs idées.

Nos précédents raisonnements nous amènent à
conclure que le Catholicisme est le Christianisme
dans toute sa pureté primitive.

Son caractère distinctif est d'être en harmonie
avec ses dogmes, sa morale et sa hiérarchie en
restant inhérent à l'enchaînement rigoureux de sa
doctrine.

Sa théologie proclame le libre arbitre de tout
être entraîné au péché par les tentations et la perversité de ses passions, mais soumis à l'action
bienfaisante de la grâce d'en haut pour pouvoir y
résister.

Cette grâce ne fait jamais défaut aux hommes
de bonne volonté mais les laisse dans toute la
majesté de leur indépendance, libres de recevoir
le secours de cette faveur divine, comme une force
surnaturelle destinée à leur permettre d'éviter le

mal, sans les réduire en esclavage, mais les laissent libres aussi de repousser l'intervention de cette grâce.

Ils se perdent alors en succombant au mal dont les atteintes sont une perpétuelle menace.

En opposition à cette doctrine, le protestantisme pose en principe le libre examen par lequel chaque homme substitue son autorité à celle de Dieu et de l'Église, d'où il résulte que deux docteurs protestants peuvent interpréter, chacun à leur façon, les Évangiles et les dogmes.

En résumé, le catholique obéit à l'autorité de l'Église, dirigée par le Pape et inspirée par Jésus-Christ, tandis que le protestant n'écoute que les inspirations, souvent fantaisistes, de son esprit et de sa conscience.

Aussi M. Guizot dit-il dans ses *Méditations :*

« Si l'Église catholique est la plus haute école de l'autorité, le protestantisme est la plus haute école de liberté. »

Il aurait dû ajouter : et le centre de toutes contradictions philosophiques, théologiques, et le germe de toutes les révolutions; en peu de mots, on doit y voir la confusion de la tour de Babel.

Certains docteurs protestants avancent que l'homme, s'il est prédestiné au mal, est né fatalement pour l'enfer, et n'a pas même la liberté de faire le bien, tandis que, prédestiné au bien, il est né pour le ciel quelle que soit sa conduite. Aussi

8

Luther donne-t-il une interprétation fataliste à la parole, à jamais mémorable, du Sauveur sur la croix, et Calvin va plus loin, il change ces paroles d'admirable soumission : Mon Dieu, mon Dieu, pourquoi m'avez-vous abandonné! en cris de désespoir.

Jésus-Christ, dit-il, est mort en désespéré, parce qu'il ne pouvait communiquer la grâce à son Église, lui-même en étant dépourvu.

D'après ces doctrines si différentes, le catholique est *consors divinæ, naturæ* tandis que le protestant gémit sous le serf arbitre, et comme l'action est une conséquence de la pensée, Jean-Jacques Rousseau, dans son *Contrat social*, déduit ainsi les conséquences du Protestantisme.

Ni souveraineté divine ni humaine. Libre examen pour tous, puis il arrive à cette formule : Le peuple n'a pas besoin d'avoir raison — il a le nombre et la force comme *ultima ratio.*

Par conséquent, il approuve implicitement les horreurs futures de 1793, et les proscriptions de la Convention emprisonnant ou guillotinant le Roi, et les factions depuis les Girondins jusqu'aux Robespierristes.

C'est probablement en vertu de ces mêmes principes que le grand chancelier d'Allemagne a proclamé sinon en fait, du moins en paroles, que « la force primait le droit ».

Au lieu de ces interprétations facultatives et

sujettes à l'erreur, le Catholicisme n'a qu'une tête
pour penser : celle du souverain Pontife représentant sur cette terre le Dieu dont l'assistance dogmatique lui est promise pour l'empêcher d'enseigner aucune erreur.

Sous ses ordres, il a un évêque dans chaque
diocèse et à l'origine du Christianisme, l'épiscopat
était tout le corps enseignant de l'Église. Plus
tard, les évêques se choisirent des prêtres pour
les assister dans leurs fonctions et, actuellement,
chaque paroisse d'un diocèse a son curé et les
vicaires nécessaires pour l'assister.

Voilà toute l'unité hiérarchique et l'économie
sociale de l'Église :

Le souverain Pontife infaillible sur tous les points
se rattachant à la tradition de son Église ou aux
Saintes Écritures — dans l'interprétation des
dogmes — et dans la promulgation des lois sur les
mœurs. En dehors de ces points capitaux, il est
homme et comme tel sujet à l'erreur s'il ne s'entoure des lumières du Saint-Esprit par la prière
et l'étude et s'il ne prend pas les conseils des
grandes têtes de son Église.

Au-dessous du Pape, successeur de saint Pierre,
il y a l'évêque successeur des apôtres, juge et docteur de la Foi, dans les conciles et dans son Église
jusqu'à ce qu'il soit flétri par un concile ou par le
Pape.

Cet héritage des apôtres est tel que l'évêque

apostat, s'il a reçu régulièrement sa mission avant sa séparation de l'Église, peut perpétuer les évêques reniés par l'Église catholique elle-même, à condition de les sacrer selon le rite et la tradition apostoliques.

Le fait s'est produit pour les évêques russes et pour plusieurs autres, pour les vieux catholiques et croyons-nous, de nos jours, pour le culte fondé par l'ex-père Hyacinthe dont nous avons tant admiré, autrefois, les superbes sermons lorsqu'il était encore prêtre soumis à l'Église catholique et le vrai charmeur d'hommes du haut de la chaire de Notre-Dame. En vertu des pouvoirs épiscopaux réguliers, on voit, en Orient, dans l'Église grecque, des prêtres peu instruits recevant les sacrements de l'Ordre et accomplissant les Saints Mystères quoique hérétiques ou schismatiques.

Dans le catholicisme, au-dessous de l'évêque, le curé est le père des âmes dans sa paroisse et témoin de l'Église dans les mariages, base de la famille et des sociétés. Il est partout l'administrateur des sacrements.

Malgré son infaillibité, le Pape est évidemment un homme soumis au péché comme tous les fidèles, et il doit s'en confesser à un prêtre, de même que les plus humbles d'entre eux.

Mais remarque indispensable à faire :

Depuis saint Pierre, il n'y a pas eu une seule déviation dans l'enseignement des dogmes de la morale de l'Église et il n'y en aura jamais, puisque Dieu a dit à Pierre : « Je serai avec toi jusqu'à la consommation des siècles et les portes de l'Enfer (c'est-à-dire l'erreur) ne prévaudront pas contre Elle; je te donne les clés du royaume des cieux, etc. »

L'Église ne peut donc se tromper ni dans le présent ni dans l'avenir; son passé en est la preuve; quelles que soient les persécutions et les abominations qui l'éprouveront momentanément.

Cependant les trois premiers siècles de l'ère chrétienne ont vu le martyre des vingt-sept premiers papes sur trente, la confession de deux, celle de saint Denis et celle de saint Marcel (I$^{er}$), le crucifiement volontaire de J.-C., fondateur de cette Église. Il y a eu en outre un antipape et deux interrègnes.

Quelle est la religion, et quel serait le gouvernement capables de résister à de tels assauts, surtout à ses débuts et entourée d'ennemis innombrables et puissants comme l'étaient les païens?

En outre, les cinquante premiers Pontifes ont tous été canonisés pour leurs vertus chrétiennes surhumaines, pour leur foi, leur espérance et leur charité.

Allons plus loin, et montrons à nu toutes les plaies de cette Église de miséricorde, que Dieu seul peut cicatriser et faire tourner à sa plus grande gloire.

8.

Pendant cent cinquante ans environ, depuis la fin du viiie siècle, pendant toute la durée du ixe jusqu'au commencement du xe, le gouvernement pontifical était la proie d'une féodalité immorale; et quelques grandes dames, devenues courtisanes poussaient de toutes façons, leurs bâtards, leurs protégés ou leurs amants à ceindre la tiare.

Plus tard, lorsque les empereurs d'Allemagne passèrent les Alpes pour faire cesser ces infamies, ils les remplacèrent par une irrégularité canonique, en donnant au Pontife l'investiture par l'anneau et la crosse, et en vendant les fonctions épiscopales.

La série des Papes nommés sous l'influence germanique, grâce à Dieu, ne fut pas immorale à Rome, heureusement, mais elle laissa un libre cours aux évêques immoraux, nommés et investis par les empereurs d'Allemagne, par le pouvoir royal en France et en Angleterre.

Si le mal pénétra en France, c'est de notre Cluny que la réforme des scandales et des grands abus est venue sous l'inspiration d'un de ses prieurs, l'immortel Hildebrand.

Fils d'un pauvre charpentier et nommé souverain Pontife sous le nom de Grégoire VII, il rêva d'être l'arbitre du monde dans les questions de foi, de paix ou de guerre.

Homme de génie, indifférent à la crainte et à la pitié, après avoir réformé l'Église en souhaitant pour le clergé un prestige sacré, en échange de son austérité, de sa chasteté et de son dévouement à ses semblables, il attaqua tous les abus à la fois en se servant de tous les moyens en son pouvoir.

En 1076, après quelques pourparlers sans issue avec l'empereur Henri IV d'Allemagne dans la querelle des Investures, il lui défendit de vendre, selon son habitude et celle de ses prédécesseurs, les dignités ecclésiastiques. Sur son refus, il l'excommunia et délia ses sujets du serment d'obéissance.

Sous le coup de cette terrible peine, les peuples s'en détachèrent, les Saxons se révoltèrent et l'ambition des autres princes allemands commença à percer après avoir grondé sourdement.

Devant ces menaces, Henri IV dut s'humilier et franchir les Alpes, pour venir au cœur de l'hiver solliciter son pardon aux pieds du Pontife romain, et ce fut dans un lieu célèbre, la forteresse de Canossa, où la Papauté était sous la protection des soldats de la comtesse Mathilde, toujours si dévouée au Saint-Siège.

Obligé de faire amende honorable par ordre du Pape, l'Empereur resta pendant trois jours vêtu d'une robe de bure, pieds nus, jeûnant, priant et suppliant à la porte de Canossa avant d'obtenir son pardon.

Cette époque des grands crimes était aussi celle des grandes pénitences, elle ne fut pas celle d'un vrai repentir : Henri IV, exaspéré, convoqua un concile, fit nommer un antipape et envahit, à la tête d'une nombreuse armée, les États pontificaux.

Grégoire VII, en péril, appela à son secours Robert Guiscard et ses braves Normands pour le délivrer des Allemands.

Ils ravagèrent malheureusement Rome d'où le souverain Pontife se retira pour aller mourir, l'année suivante, à Salerne, emportant dans la tombe la réputation d'un des plus grands Pontifes qui aient illustré le trône de saint Pierre.

Cet illustre moine ouvrit la série des grands Papes et des plus grandes têtes de l'histoire, parmi lesquels Alexandre III, Innocent III, Innocent IV et Boniface VIII firent briller l'Église d'un vif éclat, tandis qu'auparavant la tiare avait été parfois souillée, nous devons le reconnaître humblement, au point qu'une institution purement humaine aurait infailliblement sombré sous l'opprobre sans jamais pouvoir se relever.

A nos yeux, le relèvement de la Papauté après ses chutes, est la plus haute preuve historique, canonique et de droit public, de l'institution divine du souverain Pontificat et de son infaillibilité dogmatique.

Alexandre VI Borgia, et d'autres papes, en trop grand nombre, malheureusement, ont déshonoré la chaire de saint Pierre, c'est vrai, mais chose remarquable, au milieu de leurs plus tristes et de leurs plus fâcheux débordements, n'ont jamais fait dévier de la grande ligne l'Église de Jésus-Christ.

Nous n'osons pas juger Clément XIV, le célèbre Ganganelly. A-t-il été trop sévère, coupable, aveuglé, mal renseigné ou mal inspiré en signant l'abolition des plus vaillants défenseurs de l'Église : celle des Jésuites? C'est un sujet tellement grave que, dans notre ignorance des choses théologiques, nous n'oserions pas émettre une opinion sur les actes de son pontificat, si diversement jugé par l'histoire et même par les grands ordres religieux.

Était-il plus ou moins imprégné d'un esprit d'excessive conciliation ou n'a-t-il pas été forcé de sacrifier cet ordre admirable devant les rancunes de certains chefs d'État? Nous l'ignorons.

Avant de porter aucun jugement sur lui, il est urgent de se demander si un général ne voue pas, quelquefois, à une mort certaine ses hommes d'élite pour sauver le reste de son armée; si le commandant d'un navire, surpris par une tempête furieuse, n'en détache pas forcément, parfois, une de ses barques de secours, pour l'alléger? Pourquoi le vaisseau de l'Église n'aurait-il pas eu, un jour, un pareil sacrifice à supporter?

Quelle que soit la rigueur ou la nécessité de la sentence prononcée contre les Jésuites, l'Église peut se glorifier d'avoir vu, ce jour-là, leur admi-

rable soumission et leur résignation malgré les
calomnies odieuses répandues sur eux et sur l'auteur de leur condamnation. Jamais ils n'ont pensé
un instant à le faire empoisonner. Mort naturellement, le Pape s'était confessé à l'apôtre des
pauvres : saint Alphonse de Ligori, dont l'austère
piété lui avait valu de Dieu le don des miracles et
qui, en cette circonstance, en fit un fort remarquable, rapporté dans le procès-verbal de sa cano-
nisation.

Il fut présent, le même jour et à la même heure,
en deux endroits à la fois : dans son diocèse, à
Naples, croyons-nous, et auprès du souverain
Pontife agonisant à Rome.

Du reste, les lettres du pape Clément XIV,
que nous avons lues, nous ont donné la certitude
qu'écrivain du plus grand mérite, il eut été un
fourbe impardonnable s'il avait pu concilier ces
pensées absolument apostoliques avec les faits
dont on l'accuse.

Quoi qu'il en soit, nous restons et nous reste-
rons toujours le respectueux ami des champions de
la Foi, sacrifiés ce jour-là, et plus ils seront persécutés, exilés, calomniés, plus volontiers nous
demeurerons fidèle à notre estime pour eux.

Aux jours d'épreuves, avons-nous dit, un général
doit savoir sacrifier quelques-uns de ses défenseurs.

N'en avons-nous pas un exemple saisissant sous

les yeux dans la façon dont notre illustre Pontife actuel, le vénéré Léon XIII, conserve, quand même, de bons rapports avec les gouvernements coupables, comme le nôtre, d'avoir chassé les religieux des écoles, les religieuses des hôpitaux, et certains ordres enseignants de notre territoire, tout en restant le sublime apôtre du Dieu de paix et de conciliation. Sa tolérante sagesse veut évidemment éviter un schisme, en attendant qu'il plaise à Dieu de faire cesser ce déplorable état de choses qu'il réprouve de toute son âme dans son impuissance à l'empêcher de suite.

Pour en revenir à la Papauté, après le danger des Messalines imposant des pontifes; après le péril des empereurs dissolus, plus païens que chrétiens, donnant l'investiture pontificale à leurs partisans, le plus grand malheur de la Papauté a été la bifurcation, pendant le grand schisme d'Occident.

Les Papes de Rome et ceux d'Avignon s'anathématisant pendant un demi-siècle environ, et l'Église perdant momentanément son unité pour se séparer en deux obédiences jusqu'à Martin V et au Concile de Constance, devaient anéantir le catholicisme si son institution n'avait pas été divine.

Nulle création humaine n'aurait pu résister à de pareils cataclysmes.

Du reste, en dehors de ces défaillances, l'Église

a été attaquée par les erreurs et les calomnies les plus fantaisistes, — pour n'en citer qu'un petit nombre :

On l'a incriminée faussement, par exemple, d'avoir vu le trône de saint Pierre occupé par la papesse Jeanne, qu'on plaçait entre Léon IV et Benoît III qui, pourtant, n'ont pas eu d'interrègne.

C'est une fable facile à réfuter : son point de départ est que Jean VIII avait eu la faiblesse de reconnaître Photius et s'était conduit, dans cette circonstance, comme une femme, d'où il avait été surnommé « la papesse Jeanne ». — (LAROUSSE.)

Au moins hyperbole incontestable, le récit accusant Jules II d'avoir jeté les clefs de saint Pierre dans le Tibre, pour ne se servir que de l'épée de saint Paul. C'était dans le but de l'accuser, avec raison, d'avoir été trop belliqueux. — (LAROUSSE.)

On prétendait aussi que la fierté de pose d'une de ses statues, fort ressemblantes du reste, lui donnait l'apparence d'étendre la main plutôt pour menacer que pour bénir :

— « Oui, avait-il dit à cette remarque, je punirai ou je récompenserai les actes d'amitié ou d'hostilité au Saint-Siège. » En définitive, il s'était montré fidèle observateur des autres grandes traditions de l'Église.

Évidemment, les devoirs du représentant de Dieu sur la terre exigent des allures moins guerrières, mais, en somme, s'il brusquait le succès

par ses violences, il obtenait de prodigieux résultats, attestés par les plus grandes merveilles de
Raphaël, de Michel-Ange et de tant d'autres génies de la grande époque des arts, qu'il eût le
mérite d'encourager. Peut-être le fit-il trop souvent à sa façon, comme un certain jour pour
Michel-Ange, auquel il demandait impérieusement
quand seraient terminées les fresques de la chapelle Sixtine.

« Quand je pourrai, lui répondit le grand artiste
sans s'émouvoir. — Tu veux donc que je te fasse
tomber de tes échafaudages? lui dit l'impatient
Jules II. — (LAROUSSE.)

Comme on le voit, la vigueur était le trait domi-
nant de son caractère, mais il était bon. En résumé,
il fit de grandes choses; et s'il ne fut pas doué des
vertus d'un pape, il n'eut pas, du moins, les défauts qu'on lui prête et n'a pas été la moindre
étoile du grand siècle de Léon X, son successeur.

Longtemps avant la Renaissance, l'Église, malgré son immense influence, avait eu à supporter
de rudes assauts, lorsque le Grand Schisme d'Occident vint, malheureusement, ébranler la fédéra-
tion si admirable et si merveilleusement chrétienne
de Charlemagne et de ses successeurs sur les
trônes d'Europe.

A cette époque, le Pape était le médiateur entre
les rois et les peuples, et avait un double moyen

d'action : — l'excommunication pour frapper les rois, et l'interdit pour atteindre les peuples.

La médiation des Papes a été de moins en moins fréquente et efficace depuis notre grand Empereur; — cependant elle a produit de puissants effets, par exemple sous Alexandre VIII.

Pendant le règne de ce déplorable mais grand politique, les Espagnols et les Portugais se disputaient l'Amérique du Sud.

Ils étaient à la veille de terribles combats, lorsque le Pape s'interposa pour empêcher toute effusion de sang. Traçant alors une ligne à travers d'immenses régions bien définies, il attribua aux Espagnols le versant de l'Océan Pacifique et aux Portugais le versant de l'Atlantique, sous peine d'excommunication et d'interdit pour celui des belligérants qui dépasserait sa ligne de démarcation.

Grâce à lui, pas une goutte de sang ne fut répandue et les flottes, destinées à s'entre-détruire, revinrent en Europe pour enrichir leur Mère-Patrie.

Un autre fait touche de plus près la France :

Les Ligueurs, malgré les victoires d'Arques et d'Ivry, se refusaient à déposer les armes, et la grande majorité d'entre eux, doutant de la sincérité de la conversion d'Henri IV, ne voulait pas le reconnaître pour roi.

Le souverain Pontife ouvre la bouche, menace

d'excommunication les Ligueurs et l'Université de Paris.

Aussitôt la guerre, précédemment si menaçante, est terminée et le roi entre dans Paris sans souiller son triomphe par de cruels et inutiles massacres.

Cette bienfaisante intervention pontificale est l'explication d'un des demi-mystères de notre histoire. Elle valut à notre roi Henri IV le surnom justifié de « bon roi » que l'odieux assassinat de Ravaillac lui empêcha de mériter plus complètement. La soumission des Ligueurs est certainement l'origine du désir d'Henri IV de provoquer l'idée de la médiation permanente du souverain Pontife dans tous les différends entre les peuples et les rois. Pourquoi ne pas la faire revivre? (Le puissant chancelier d'Allemagne en a déjà compris l'urgence, son différend avec l'Espagne le prouve.)

Le Congrès de Westphalie porta un dernier coup à la médiation du Saint-Siège.

Les Souverains catholiques et leurs Ministres, Mazarin en tête, se réjouirent, à peu près autant que les protestants, de la manifestation générale du désir de voir à l'avenir le Pape relégué dans la sacristie, et s'infligèrent le châtiment volontaire de renoncer aux grands services que la Papauté pouvait encore leur rendre.

Les insensés, en contestant au suprême médiateur cette noble mission, se mettaient seuls en face des peuples dont le nombre leur donnerait fatalement, tôt ou tard, la force de tout oser sans aucun contre-poids.

Cette toute - puissance brutale du nombre a été évidemment une des causes de la mort de Louis XVI, des chutes de Charles X, de Louis-Philippe et de Napoléon III; comme elle est et sera cause de révolutions ou de malheurs plus grands encore, si on ne l'atténue pas un peu dans le sens équitable dont nous avons parlé au volume des *Espérances;* car le suffrage universel, a dit une bouche qui ne sait pas mentir, est un immense mensonge que l'Église ne peut approuver, tel qu'il est actuellement du moins. Seules, les sélections indiquées pourront peut-être l'améliorer, en attendant des modifications plus radicales encore.

Ces grandes preuves de l'institution divine de notre sainte Religion admises, il nous reste à rappeler un fait particulier qui prouvera, d'une autre façon, la supériorité du Christianisme sur les autres religions, et nous reposera l'esprit du sérieux de nos thèses précédentes.

Vers 1600, deux riches voisins et amis de la rue Saint-Denis, marchands drapiers, l'un catholique et père d'un fils, l'autre israélite et père d'une belle jeune fille, vivaient côte à côte, honnêtement, et chacun dans leur croyance.

L'égalité des positions et l'intimité des pères amenèrent-elles l'amour profond et pur aux cœurs

des enfants? c'est probable; la différence de religion était seule un obstacle à leur union.

Un soir le catholique se laissa aller à dire à son
brave voisin : Mon bon ami, les sentiments réci-
proques de nos enfants et notre intimité m'amènent à vous demander si vous ne souhaiteriez pas
leur union, pour combler leurs vœux, les miens
également, et assurer leur bonheur?

Laissez-moi, en outre, solliciter le sacrifice des
croyances de votre fille, sans vouloir vous mécontenter pour que rien ne s'oppose à notre joie commune.

Et, s'il plait à Dieu, sous peu nous pourrions
faire deux heureux et, je l'espère bien, faire danser
de beaux petits enfants sur nos genoux.

Hélas! mon cher voisin, ce motif n'est pas assez
puissant pour me faire renoncer, pour ma fille et
pour moi, à la croyance de mes pères; mais laissez-
moi réfléchir à votre proposition, que je prévoyais.

Avant de me prononcer, je veux aller à Rome,
consulter les chefs de votre religion, et s'ils peuvent me convaincre que ma foi n'est pas la bonne,
je me ferai chrétien, et je pousserai ma chère enfant à m'imiter.

— Il est inutile, mon cher ami, d'entreprendre
un aussi long voyage, nous avons, à Paris, des docteurs capables de vous convaincre.

— Non, répondit le juif, je veux aller à la

source, je veux voir aussi le Pape; et il partit en effet pour Rome.

Pendant son absence, le marchand catholique tremblait; on lui avait dit que le clergé romain laissait beaucoup à désirer, et que si sa conduite n'était peut-être pas contraire aux bonnes mœurs, elle n'avait ni la tenue, ni les manières dignes des prêtres de Paris.

Connaissant l'austérité de son voisin, il concluait que jamais il n'abjurerait le judaïsme.

Au retour du juif, il alla cependant le voir de suite, sans oser l'interroger; il a été scandalisé, pensait-il, et jamais il ne voudra se faire chrétien.

Aussi, grand fut son étonnement, lorsque son voisin lui dit : « J'ai vu, à Rome, des prêtres si différents des vôtres, ici, que je me suis dit : il faut que la religion chrétienne soit bien vraie, pour ne pas déchoir avec de pareils ministres; » et, malheureusement, cette remarque était vraie à cette époque, et ne la serait plus depuis les derniers grands Pontifes qui ont honoré et honorent la chaire du prince des apôtres.

« Voilà pourquoi, mon cher voisin, je me fais chrétien par conviction, dans l'espoir d'être imité par ma fille, qui a une confiance absolue en moi.

« Je ne vois donc plus d'obstacle au bonheur et à l'union de nos chers enfants. »

Inutile d'ajouter qu'en religieux observateurs de leurs paroles, les choses s'accomplirent selon les conventions et à la satisfaction générale des pères et des enfants.

Le catholicisme a fait, ce jour-là, une conquête de plus. Son unité et surtout son ardente charité d'essence divine en feront tôt ou tard bien d'autres. Un prophète ne s'écrie-t-il pas dans un magnifique psaume, croyons-nous : Je lui donnerai les nations en partage et les limites de la terre pour possession; et saint Augustin ajoute : Le Seigneur atteste et facilitera l'accomplissement de ses prédictions. Anathème à quiconque enseigne autrement !

Aussi inclinons-nous respectueusement et vivons de l'espérance, du règne de Dieu, c'est-à-dire de la charité sur la terre.

Notre plus grand désir est d'en hâter l'avènement par les réalités de la religion.

## CHAPITRE VIII

Confession. — Giordano Bruno. — Concordat.
Julien l'Apostat.

En prévision des faiblesses de l'homme, Dieu
lui a témoigné l'étendue de sa miséricorde en lui
donnant, par la confession, le moyen facile de se
les faire pardonner.

Jésus-Christ a dit à ses apôtres : « Tout ce que
vous lierez sur la terre sera lié dans le ciel et tout
ce que vous délierez sur la terre sera délié dans le
ciel, » et un autre évangéliste met dans sa bouche
ces consolantes paroles : « Les péchés seront remis
à qui vous les remettrez et retenus à qui vous les
retiendrez. »

Dieu, par l'organe de son Église, a complété cet
acte miséricordieux et l'a facilité en imposant le
secret absolu de la confession, et par un prodige
que, seule, la toute-puissance divine peut faire :
jamais un de ses secrets n'a été dévoilé, au témoignage de l'histoire véritable, malgré les calomnies
odieuses répandues sur ses ministres, et malgré

'les tentatives des persécuteurs ou des corrupteurs de l'Église pour obtenir des indiscrétions. Ce secret, du reste, était déjà une loi naturelle, comme elle l'est pour les médecins, les avocats et les autres confidents des misères humaines, sous la forme du secret professionnel. Dieu lui a permis une sanction de mystère plus complet, afin, peut-être, d'adoucir à l'homme l'amertume de dépouiller, un instant, aux pieds d'un autre homme, tout son orgueil, par un acte d'humilité et de repentir. Il n'a jamais permis, même dans les cas de folies, de maladies ou dans les autres actes de défaillances humaines, la moindre atteinte à ce secret.

Cependant, ses ennemis ont fait l'impossible pour mettre les confesseurs en défaut de ce côté, sans jamais y parvenir.

— « Mon Père, demandait un jour notre bon roi Henri IV à son confesseur, le père Coton, si un assassin vous révélait, en confession, l'intention de me donner la mort, que feriez-vous?

— Sire, je me mettrais entre vous et l'assassin. »

A côté de l'incontestable bonté divine dans la confession, si grande dans ses effets, et dont l'homme ne profite jamais assez, nous n'admirons pas les scrupules des femmes à idées étroites, par exemple, qui sont, parfois, cause ou point de départ de fautes graves.

A toutes, nous voudrions une leçon pareille à celle qu'un vieux confesseur fit à une dévote :

Un jour, elle le rencontre par hasard, et lui ex-
pose un nouveau trouble de sa conscience :

« Monsieur le curé, en me regardant dans la
glace et en me trouvant bien, ai-je commis un
péché grave? »

Le vénérable prêtre l'examine malicieusement :

« Non, madame, une grave erreur, simplement »,
lui dit-il avec bienveillance.

Telle devrait être, sous une forme ou sous une
autre, la solution d'un grand nombre de cas des
incomprises. Ce serait la douche nécessaire, surtout à celles qui voient trop souvent, peut-être involontairement, l'homme dans le confesseur.

Quant à la confession, dans sa sublime bienveillance, elle est presque un sentiment naturel,
par ce fait que le criminel, même le plus intéressé
à se taire, sous menace de mort, éprouve souvent
le besoin instinctif de soulager son âme et d'amoindrir ses remords par l'aveu volontaire de ses crimes
parfois à un criminel comme lui. Il le fait sous
l'impulsion naturelle de sa conscience, et sans
avoir, comme dans la confession à un prêtre, ni la
garantie du secret, ni la certitude du pardon
divin. Plusieurs religions anciennes et modernes
l'ont compris en admettant la confession comme
un moyen d'amélioration. L'histoire des différents
cultes nous l'apprend.

L'aveu, dans notre confession, n'est donc ni une
innovation, ni une chose pénible ; c'est une des

démonstrations les plus touchantes de l'amour divin; car, peut-on établir la moindre analogie entre un rebut de la société et nos admirables prêtres, dont la vie se passe à enseigner la charité et la concorde, dont Dieu a fait une des conditions essentielles du bonheur de ce monde.

Ces deux vertus ont un représentant ici-bas cependant; ce représentant, Léon XIII, a reçu de ceux qui bénéficient le plus de sa présence et de ses œuvres, des Romains, une blessure au cœur par les honneurs rendus à l'hérétique Giordano Bruno, dont la statue s'élève, non loin du Vatican, comme une lâche insulte à la papauté. Les lettrés italiens savent cependant que ce malheureux, né à Nola en 1550, au pied du Vésuve, s'était posé en adversaire du souverain Pontife et que, doué d'une vive imagination et d'un tempérament de feu après avoir voulu goûter, pour s'instruire, aux joies et aux austérités du cloître où il n'avait fait que passer, s'était laissé aller aux plus folles doctrines et était tombé dans le doute par orgueil.

Giordano Bruno fut l'apologiste de la Grande Élisabeth d'Angleterre, qu'il avait admirée comme une belle et pure vestale, assise sur un trône destiné à devenir le plus grand du monde; et s'il adulait ainsi l'intelligente souveraine protestante, c'était moins pour rendre hommage à son génie que pour attaquer l'autorité pontificale.

Vers cette même époque, un prédicateur vanta

et plaignit publiquement le démon; un autre mit
au monde une absurde théorie analogue à celle des
Monades; un troisième avait émis une doctrine
impossible également à admettre, malgré la haute
opinion générale de la miséricorde divine. « Pour
commettre le péché mortel, prétendait-il, il faut,
en dehors de l'acte coupable en lui-même, se dire
intérieurement en succombant à la tentation : « Je
veux commettre le péché pour offenser Dieu. »

Devant tant d'erreurs, le Saint-Siège se décida
à sévir pour en arrêter la contagion; malgré cela,
elle s'est infiltrée, puisque la théorie des Monades a
fait école et que, récemment, un prédicateur zélé
pour la foi s'est laissé entrainer, a-t-on dit, à reproduire involontairement, du haut d'une chaire
de Paris, un point erroné d'une des doctrines des
hérésiarques d'autrefois sur le péché, croyons-
nous.

Comme le saint prêtre était heureusement de
bonne foi dans sa croyance, il s'est humblement
soumis à l'autorité ecclésiastique, s'est rétracté
immédiatement et, admirable dans sa soumission,
s'est relevé en s'abaissant.

Pour en revenir au passé, Giordano Bruno, le
plus coupable de ces promoteurs d'hérésie, paya
pour les autres.

Après avoir prêché longtemps dans toute l'Europe avec un très grand talent, il fut arrêté à
Venise et envoyé à Rome, où le tribunal de l'In-

quisition, après lui avoir démontré ses erreurs, lui demanda de les abjurer.

Épris de magie et d'astrologie, il avait trop embrassé et, malgré sa grande intelligence et sa mémoire exceptionnelle, n'avait pas conservé la notion bien exacte de toutes ses connaissances.

Il avait professé successivement plusieurs autres fausses doctrines. Sur son refus de les modifier, après deux ans et demi d'attente, il fut condamné au bûcher, selon l'esprit si malheureusement intolérant et fanatique de son époque; mais on lui laissa huit jours encore, après la sentence, pour les rétracter. Aveuglé par la passion ou réellement convaincu, il persista dans ses fâcheuses doctrines et supporta courageusement la mort en 1600.

Évidemment, la bonté, la haute science et la sagesse de notre Pontife actuel, si parfaitement définies par la prophétie qui l'appelle « *la Lumière dans le ciel,* » lui eussent fait devancer son siècle et, certainement, il n'aurait pas livré au bûcher le dominicain hérétique. Il l'aurait ramené par la douceur.

Les libres penseurs italiens n'ignorent rien de tout cela; aussi ont-ils mal choisi leur temps et l'immortel adversaire, si éprouvé déjà, qu'ils ont lâchement attaqué, en glorifiant, sous ses yeux attristés, l'erreur condamnée selon les dures coutumes religieuses des temps de foi où les juges étaient trop ardents pour la répression.

De leur part, rien d'étonnant, l'Enfer les inspire; tandis qu'il nous est impossible de comprendre qu'un roi d'Italie de la glorieuse maison de Savoie, illustrée par tant de saintes, ait permis cet outrage à un vieillard abattu par l'adversité, lorsque ce glorieux vieillard est, sur cette terre, la plus haute expression de l'infaillible volonté divine, en outre, chef de la religion de tous les Italiens et de ce roi lui-même.

Qu'une remarque nous soit permise à ce sujet. Évidemment, si le souverain Pontife quittait Rome, ce serait une perte immense pour le roi Humbert, qui serait bientôt victime de la révolution qui s'en suivrait. Les Italiens, et surtout les Romains, ne tireraient plus les immenses avantages matériels que leur donne le trône pontifical. Il n'y aurait pas de raison non plus pour qu'ils soient toujours en immense majorité dans le Sacré-Collège, de manière à s'assurer généralement la nomination d'un pape italien; ils ne profiteraient, en outre, plus autant des largesses du denier de Saint-Pierre et des dépenses que font les nombreux personnages attirés à Rome par la présence du chef vénéré de l'Église catholique.

Pour toutes ces raisons, nous ne comprendrons jamais leur hostilité contre le Pontife-Roi qui, s'incarnant dans l'homme, n'a eu peur; le jour de la glorification de Giordano Bruno, ni pour lui, ni pour ses prérogatives sacrées, mais qui gémit sous

le poids des soucis que lui donne le gouvernement
de son Église. Il a beau, en sa qualité de vicaire
de Jésus-Christ, rester inébranlable comme le roc
battu par les flots en furie, il ressent une amère
tristesse qui l'aurait, dit-il, brisé et accablé au déclin de sa vie, si les promesses divines n'avaient
relevé son courage.

Le jour de cette insulte, le Saint-Père a compris, plus que jamais, que la loi des garanties était
un mensonge qui le forcerait, tôt ou tard, à revendiquer les droits temporels de la Papauté,
comme le rempart nécessaire à l'autorité spirituelle dont il est responsable devant Dieu. Si les
peuples étaient bien inspirés, ils devraient contribuer à la lui redonner. A cette occasion, Léon XIII
a manifesté son intention formelle de quitter Rome,
si la guerre éclatait jamais entre la France et l'Italie, et il a parlé de demander asile à l'Espagne.
Aussitôt, la régente et ses ministres lui ont répondu qu'il y serait bien accueilli et traité en souverain, au palais d'Aranjuez ou ailleurs, selon son
désir. — *(Figaro.)*

L'annonce du saint vieillard avait atterré le ministre Crispi, qui avait promis, affirme-t-on, à
l'Allemagne et surtout à l'Autriche, de respecter
le souverain Pontife; aussi ne s'est-il remis qu'en
apprenant la lointaine perspective de son départ
dont, seul, il peut rapprocher le terme ou l'éloigner, attendu que, seul, il semblait, naguère, pous-

ser à la guerre, contrairement aux intérêts de sa patrie et aux conseils du Saint-Siège.

Si le bon sens français n'était pas troublé et si nous n'étions pas sous le coup de tant de menaces de guerre, c'eût été pour la France un suprême honneur et un immense avantage de recevoir le chef vénéré de l'Église ou de lui faire rendre la souveraineté temporelle qu'il tient de Pépin le Bref et de Charlemagne.

Seconde remarque incidente à ce sujet : les Romains, en général, et parmi eux un très grand nombre de prêtres, ne désirent pas revoir le pouvoir temporel de la Papauté, nous dit-on.

Quant à nous, pour être précis, nous voudrions voir Léon XIII souverain maître de ses anciens États : il les proclame nécessaires au salut de la Catholicité et, devant son affirmation, nous devons le croire, comme aux vérités qui se sont perpé' ées depuis le prince des apôtres jusqu'à nos jours, sans jamais avoir été altérées, comme nous venons de le dire, malgré les erreurs de conduite privée d'un trop grand nombre de papes, et malgré les situations absolument critiques et douloureuses où l'Église s'est trouvée fréquemment.

Récemment encore, à l'époque de notre grande Révolution, n'a-t-elle pas été encore plus éprouvée, au moment où le gouvernement de la fille aînée de l'Église catholique, alors aux mains de quelques énergumènes, voulait les séparer définitivement et

n'admettait que des évêques constitutionnels, des
prêtres assermentés, et où le culte de la Raison
avait été essayé pour remplacer celui de Dieu? A
ce moment, les Églises étaient presque toutes fer-
mées, les baptêmes étaient rares; les mariages et
les enterrements civils étaient seuls en honneur.
Les prêtres catholiques, persécutés, se cachaient
et les hommes les moins déraisonnables de l'époque
traitaient l'exercice de leur saint ministère de capucinade et même de mascarade.

L'Église s'est bien tiré de ce mauvais pas; elle
se tirera, également à son honneur, de celui-ci et
de tous les autres, avec les secours promis de
Dieu.

Une courte réminiscence des faits en question
le démontrera : Dans la lutte entre le Pape et la
France, le génie de Bonaparte, alors premier consul, lui avait fait comprendre l'urgence d'apaiser
les consciences catholiques en rétablissant le culte
national en dépit de l'opposition des sectaires révolutionnaires. Pour y arriver, Bonaparte, malgré
son absence de pratique religieuse, s'était adressé,
dès son retour d'Égypte, à la Cour de Rome, où le
vénérable Pie VII avait, de son côté, le plus grand
désir de faire rentrer la France dans le sein de
l'Église romaine. Il y parvint, mais ce fut au prix
de concessions qui firent dire de lui, en le comparant à Pie VI, qui avait été la première victime de
notre Révolution :

« *Pie VI per conservar la fede perde la sede;*
*Pie VII per conservar la sede perde la fede.* » C'est-
à-dire : Pie VI, pour conserver la foi, a perdu son
siège; Pie VII, pour conserver son siège, a perdu
la foi. — (LAROUSSE.)

L'avenir prouva bien que rien n'était plus faux.
L'ambassadeur de la République française à Rome
se plut à reconnaître la foi profonde et l'extrême
bonne volonté de ce souverain Pontife en faveur
de notre pays et lui attribua ce langage sympathique : « Soyez sûr, monsieur, que si la France,
au lieu d'être puissante, était faible, je lui ferais
les mêmes concessions qu'aujourd'hui pour la ramener aux saines croyances. »

Le Pape fit plus encore : il s'interposa entre les
victimes et les oppresseurs et obtint d'un grand
nombre d'évêques, dont certains sièges avaient été
supprimés, leur renonciation à leur dignité ecclésiastique. Parmi eux, les Rohan, les Castellane,
les Polignac, les Clermont-Tonnerre et tant d'autres (dont M. Thiers relate les noms dans sa remarquable *Histoire du Consulat et de l'Empire*)
grandirent leur race de l'auréole du dévouement
patriotique le plus pur, en renonçant à leurs sièges
si richement dotés autrefois. C'était pour n'être
pas un obstacle à la paix des consciences françaises. Rendons-leur cette justice.

Le saint Pontife délia aussi Talleyrand des
vœux qu'il avait si peu respectés et de l'excom-

munication plus spéciale qu'il avait encourue pour avoir sacré ou encouragé le sacre des évêques constitutionnels. Enfin, il rendit son mariage possible avec la trop célèbre et si belle M^{me} Grand, dont la sottise seule surpassait l'admirable beauté. Elle s'était du reste qualifiée, un jour, elle-même à sa valeur en disant : « Je suis Dinde », pour dire qu'elle était exotique.

Le Pape fit bien d'autres concessions à la France pour lui prouver son amour. Il leva l'excommunication des prêtres assermentés qui s'étaient mariés, en leur permettant de vivre avec leurs femmes, à condition de ne plus jamais célébrer les Saints Mystères (croyons-nous du moins).

En résumé, le Concordat accordé par Pie VII, élaboré par le cardinal Gonzalvy et l'abbé Bernier, satisfit à peu près Bonaparte et réconcilia la France avec l'Église. Il eut, en outre, le suprême mérite de terminer, le 15 juillet 1801, le schisme de l'Église de France. Ajoutons que le pays fut heureux aussi longtemps que son souverain respecta sa convention.

Malheureusement, dix ou onze ans plus tard, Napoléon, à l'apogée de sa puissance, voulut la faire abroger dans un sens plus favorable à ses idées despotiques. Pie VII s'y refusa et, malgré toutes les ressources du langage et de la diplomatie de Napoléon I^{er}, persista dans son refus et ne lui fit aucune concession. Aveuglé par l'orgueil et la colère, le despote ne se contint plus et, après avoir menacé durement le saint vieillard, fit forcer, un jour, l'entrée de ses appartements réservés. Au moment précis de cette exécution, Pie VII prenait un modeste repas composé de poisson; il ne l'interrompit pas et, sur l'insistance de l'officier chargé d'influencer sa décision, il lui dit, avec une sérénité parfaite :

« Croyez-vous, monsieur, qu'un souverain qui n'a besoin pour vivre que d'un petit écu par jour, soit facile à intimider? » Et il repoussa de nouveau toutes les demandes de l'empereur.

Ce refus décida de son sort; il fut enlevé du Quirinal, placé de force dans une voiture, conduit comme prisonnier dans plusieurs villes, et enfin à Fontainebleau.

Là, Napoléon, à force de promesses, de demandes, et surtout de menace d'un schisme national, obtint, par la ruse et la lassitude de sa victime, une faible partie de ce que l'emportement n'avait pu arracher à la faiblesse et au grand âge du saint Pontife.

Pie VII avait dit, du reste, l'avant-veille à l'empereur dont les instances avaient été plus pressantes que jamais : ·

« Sire, si pour notre plus grand malheur com-
« mun, Votre Majesté arrachait à ma faiblesse,
« par surprise ou autrement, mon consentement à
« toutes ses demandes, il faut qu'elle sache bien

« que ma démission est signée et donnée d'avance,
« de plus remise en lieu et en mains sûrs, et si je
« dépassais la limite de mes droits de Pontife, elle
« serait publiée le lendemain du jour où le témoi-
« gnage de ma honte serait connu, et vous n'auriez
« plus en votre pouvoir qu'un moine humble et
« repentant de sa mauvaise action, vieux et mal-
« propre, dont vous seriez embarrassé comme pri-
« sonnier. »

« Mon successeur est tout désigné d'avance et
saura, grâce à l'appui de Dieu, soutenir les droits
imprescriptibles de l'Église. »

Devant ce langage si digne et empreint de la foi
apostolique la plus vive, l'empereur, au lieu de se
modérer, se grisa de ses précédents succès et, dans
l'espoir de les compléter, devint plus pressant encore et se fit obséquieux, tout en protestant de son
dévouement au Saint-Siège.

Le Pape resta longtemps impassible et n'ouvrit
la bouche que pour dire à demi-voix : *Comediente*
(comédien).

Napoléon, constatant l'inutilité de cette ruse,
changea de tactique, s'emporta et se laissa même
aller à des menaces indignes d'un despote chrétien.

Ni la flatterie, ni les injures n'impressionnèrent
le souverain Pontife, qui se contenta de prononcer,
en élevant un peu la voix. avec un suprême dé-

dain, le mot : *Tragediente* (tragédien). Ce fut sa seule vengeance.

Malgré sa détention, Pie VII fit, par le ministère du cardinal Gonzalvi, promulguer la rétractation de toutes les concessions accordées. Il les déclara arrachées par violence et par surprise.

Devant son inflexibilité, Napoléon conserva le Pape en France comme prisonnier d'État, et ne le laissa retourner à Rome qu'en 1814.

Dieu, pendant ce temps-là, avait fait cruellement expier à notre Patrie le crime de son souverain. Les glaces de la Russie avaient servi de linceul à nos meilleurs soldats. Leurs glorieux survivants avaient lassé la victoire et étaient tombés écrasés sous le nombre de leurs ennemis, tandis que l'auteur du crime de Fontainebleau allait l'expier sur le rocher de Sainte-Hélène, après avoir abusé, pour le malheur de la France, de son étincelant génie.
— *(Histoire populaire.)*

Complétons ces démonstrations de la force et de la vitalité de l'Église de Jésus-Christ par un épisode de ses premiers siècles, pour lui rendre l'hommage que les païens eux-mêmes lui rendaient en disant des premiers chrétiens : « Voyez comme ils s'aiment, on les dirait tous frères. »

Une de ses victoires sur le paganisme fut particulièrement glorieuse par la haute valeur de son adversaire : l'empereur romain, Julien l'Apostat. Ce fait nous oblige à un retour sur le passé des anciens maîtres du monde. Tracée sur le marbre et la pierre, leur histoire prouve que dans leurs œuvres et dans leurs édifices les plus splendides, comme dans ceux d'un usage habituel, ils recherchaient avant tout une solidité capable de braver les siècles.

A Rome, l'incomparable Colysée et tant d'autres monuments grandioses, toujours debout et merveilleusement conservés, malgré les épreuves, les guerres, la dévastation des hommes et l'injure du temps, attestent l'idée maîtresse de toutes leurs grandes conceptions : la durée. Nous avons encore sous les yeux cette preuve, en France, sur la terre conquise par leurs armées.

Là, les superbes arènes d'Arles et de Nîmes, la maison carrée, l'arc de triomphe d'Orange, la porte d'or de Fréjus, le pont du Gard, celui de Jules César, sur la Saône, à Mâcon ; une quantité de vestiges de leur domination, de nombreuses voies au large tracé, au sol inébranlable, et tant d'impérissables souvenirs de leur séjour sur la terre nationale ; tout démontre la vitalité de leurs œuvres.

Au point de vue intellectuel et moral, certaines de leurs lois ordinaires empruntées aux meilleures de toutes les nations soumises à leur despotisme, sont encore la base du droit public ; plusieurs discours écrits ou parlés, quelques mots de leurs grands hommes sont également marqués du sceau de la grande science, du beau langage, et ont fait époque.

Bon nombre de leurs coutumes et de leurs institutions, malgré les modifications apportées par les besoins et les temps nouveaux, ont traversé les âges et leur survivront.

A Paris, les restes du palais de ce même Julien l'Apostat, dont une des moindres parties, d'une solidité à toute épreuve, et restée debout, attestent le côté grandiose de la conception et la pensée dominante des Romains, dans les Gaules comme à Rome.

L'empereur Julien, si diversement jugé par l'histoire, avait fait sa capitale et son séjour de prédilection de notre Paris. Il y trouvait tout réuni : un fleuve dont les rivages, boisés et bordés de prairies verdoyantes, l'empêchaient de déborder, un sol incomparable, un climat délicieux, une position centrale appropriée aux besoins de son immense commandement militaire. Il régnait sur des hommes aussi doux que vigoureux dont il savait se faire aimer et obéir. Malheureusement, s'il se plaisait à parcourir seul les forêts qui rendaient le séjour de sa chère Lutèce d'une salubrité sans rivale, c'était pour y méditer les grands projets en germe dans son esprit : la destruction du Christianisme.

Longtemps avant lui, le futur Paris était déjà la ville rêvée et préférée des chefs de légions romaines et même de tous les citoyens riches du monde entier, désireux de pouvoir aller vivre et finir leurs jours dans ce paradis terrestre.

Son climat d'autrefois et celui de tous les âges de son histoire a toujours été et restera certainement meilleur que celui de Rome et des grandes villes en vogue de l'Italie pour la villégiature élégante, parce que si Paris a, en hiver, un climat un peu plus froid, on y trouve, en revanche, une surabondance d'appétit qui compense largement l'avantage de rester constamment dans une température douce en hiver, mais torride en été. L'exercice que l'on fait à Paris, sans s'en apercevoir, en demeurant sous le charme de ses merveilles, est un grand vivifiant. Son climat n'a jamais de dangereuses variations de température comme dans les pays plus chauds.

Aujourd'hui, comme autrefois, pendant son printemps, les ardeurs du soleil y sont tempérées par l'abondance des eaux de son fleuve et de ses canaux; l'automne n'y a pas la tristesse des autres pays; l'horizon y est embelli par la diversité de nuances de ses feuillages.

Dans la belle saison, les promenades splendides de ses environs, sa merveilleuse ceinture de forêts, ses boulevards si bien plantés d'arbres font de notre capitale la ville la plus salubre du monde, la plus curieuse par tous ses enchantements et par ses splendeurs.

Comme elle en est aussi la plus éclairée, nous voudrions y voir affluer toutes les familles riches et influentes de toutes les nations qui viendraient puiser, dans la Lutèce moderne, les idées les plus saines et les plus conformes à la doctrine de charité du divin Crucifié, et non celle d'un misérable persécuteur de l'Église.

Nos lecteurs nous pardonneront la longueur de cette digression, un peu étrangère à notre sujet, et nous excuseront en faveur de notre amour pour notre chère Patrie à laquelle nous voudrions éviter toutes les erreurs qui, trop souvent, l'ont troublée, et sont appelées fatalement à l'affliger encore, si la religion de la charité par excellence y était persécutée plus longtemps.

Mais revenons au héros malheureux de la dernière grande lutte de la philosophie et de la puissance païenne contre le Christianisme.

A la mort de Constantin, ses soldats, poussés par un faux zèle pour ses fils, égorgèrent ses neveux pour éviter toute compétition à l'Empire. Julien, l'un d'eux, âgé de six ans, fut sauvé par un évêque qui le cacha dans son église, et son frère Gallus dut la vie à son air maladif présageant une mort prochaine.

Quelques années après, le survivant de Constantin, son fils Constance, leur cousin, n'espérant plus avoir d'héritier de son épouse Eusébie, fut pris d'une tendresse tardive pour eux et ordonna de les laisser vivre. Il appela même plus tard à Constantinople, Gallus, auquel il accorda le titre de César et la main de sa sœur. Il confia alors Julien aux soins d'Eusèbe, évêque de Nicomédie, malheureusement aussi à l'infâme eunuque Mardonius qui lui enseigna les dangereuses maximes de la philosophie païenne, dont l'esprit fut la cause et, peut-être, l'excuse de ses erreurs futures.

Gallus, au lieu de reconnaître les bons procédés de l'empereur, complota contre lui à l'instigation de sa femme, fut condamné à mort et exécuté, tandis que Julien, mis en suspicion, dut se rendre à Milan, et de là à Athènes, avant d'être appelé à la cour. Lorsqu'il y vint, l'impératrice, le trouvant un homme accompli, lui fit épouser sa sœur, et l'empereur le revêtit, à sa demande, de la pourpre des Césars, en lui confiant le gouvernement des Gaules, où il se fit remarquer par sa sagesse et son amour pour ses soldats.

Il y brilla et s'y attacha si bien tous ceux qui l'approchaient que Constance, jaloux de son prestige, lui prescrivit de renvoyer à Rome ses meilleures légions, afin d'affaiblir son pouvoir. Julien, devinant de suite le sens de cet ordre, fit semblant de s'y conformer, mais fut si touchant dans ses adieux à ses légionnaires qu'au lieu de lui obéir ils l'acclamèrent empereur en lui déclarant qu'ils voulaient le conserver à leur tête.

Le nouvel Auguste fit de suite connaître la résolution de ses troupes à Constance, dont la mort évita au peuple romain les horreurs d'une guerre civile. Julien, désormais seul maître de l'Empire, passa sa vie au milieu des philosophes les plus érudits. Avide de discussions et de sciences, il se ressentit alors de sa première éducation faussée par Mardonius.

Il rendit cependant quelques sages édits et rappela les exilés à l'exception de saint Athanase, dont il redoutait l'ascendant et les reproches. Malgré ce premier tort, désireux du bien, il supprima un grand nombre de charges inutiles, mais sans discernement et sans esprit de justice. Peu après, grisé par le pouvoir, il devint intolérant et persécuta les Chrétiens en semant partout le germe des discordes civiles et religieuses. Secret inspirateur des cruautés commises par ses officiers; s'il les réprimandait parfois en public, c'était pour donner le change à l'opinion. Une fois engagé dans la mauvaise voie, il poussa l'hypocrisie jusqu'à permettre la torture de son sauveur, le vénérable évêque Marc. Dieu l'attendait à ce crime; dès lors, marqué de la réprobation divine, Julien se fit appeler : « Fils du Soleil » et voulut éterniser sa mémoire en démentant les prophéties judaïques, parmi lesquelles celles d'Osée, mort 723 ans avant Jésus-Christ, annonçant que la race juive, pour avoir méconnu le Messie, serait errante sur toute la terre. (N'est-ce pas encore

aujourd'hui, après 2,613 années, un fait éclatant de
vérité, contre lequel ne prévaudront ni la volonté,
ni l'or, ni la puissance des Juifs?)

Afin d'accomplir son dessein, Julien prescrivit
d'abord la reconstitution du Temple de Jérusalem,
et, pour l'entreprendre, rassembla les Juifs dis-
persés partout, essayant ainsi de casser l'arrêt de
Dieu lui-même. — « Mais de redoutables globes de
feu s'élevèrent alors du sein de la terre avec des
attaques redoublées, brûlant les ouvriers et rendant, à diverses reprises, le lieu inaccessible. » Le
ciel détruisit ainsi son œuvre d'impiété; saint Grégoire de Nazianze et les rabbins eux-mêmes
l'attestent. — (LAROUSSE, MICHAUD.)

De plus en plus aveuglé par l'orgueil et l'irréligion, Julien voulut cueillir des lauriers militaires
et se prépara à la guerre contre les Perses. Dans
l'espoir de rapides et éclatants succès, il se mit
lui-même à la tête d'une armée de 75,000 hommes
et partit de Syrie avec l'orgueilleuse pensée de se
couvrir de gloire. Une fois sous les armes, il rede-
vint affable et actif comme autrefois et se montra
insensible à toutes les fatigues; mais bientôt,
abusé par un transfuge, il brûla sa flotte après le
passage de l'Euphrate et témoigna, dans le succès,
une confiance qu'il n'avait plus. Malgré sa bravoure, fréquemment en proie à une terreur supers-
titieuse, il s'emportait contre les éléments, contre
ses plus fidèles serviteurs, contre les dieux eux-

mêmes, et plus particulièrement contre Mars, qu'il qualifiait avec raison « de supide et de barbare. »

De tout temps adonné à la magie, Julien avait eu parfois confiance dans ses oracles, malgré son scepticisme habituel. A la fin, devenu le jouet de songes ou de présages lugubres, il s'effraya de leur sens mystérieux, mais fut encore plus émotionné d'une prédiction toute différente : Nous voulons parler de celle que lui fit un jour un moine chrétien, son ancien condisciple à Constantinople et à Nicomédie, sous la direction d'Eusèbe, son évêque.

Un soir, l'empereur le trouve, par hasard, sur son chemin, le reconnait et l'aborde en lui disant d'un air dédaigneux :

« Apprends-moi, mon ami, ce que fait maintenant le fils du charpentier? »

Le moine se recueille un instant, et plongeant son regard dans les yeux de Julien :

« Il apprête un cercueil, » lui dit-il en continuant sa route.

Jésus-Christ, le fils du charpentier saint Joseph, avait inspiré cette prophétie pour tenter un dernier appel au repentir du chrétien renégat avant de le frapper.

A dater de ce jour, Julien eut le pressentiment de sa fin prochaine.

En effet, après avoir battu les Perses dans les plaines de Marenga, il sortit un jour en toute hâte

de sa tente pour repousser une surprise d'arrière-
garde.

Dans sa précipitation, il fond sans cuirasse sur
l'ennemi et se sent, dans la mêlée, mortellement
blessé d'un javelot; il le laisse dans la plaie afin
de prolonger son existence de quelques instants.—
(LAROUSSE.)

Rapporté en toute hâte dans sa tente, à demi-
mort, il recueille ses forces et prononce, devant
tous ses officiers, un discours dont voici les dernières paroles :

« Je ne sens ni repentir, ni remords des actes
« de mon règne; je savais, je vous l'avoue, sur la
« foi des oracles, que je périrais bientôt. »

Après ces mots, sentant la vie lui échapper et
subitement affolé à la pensée de n'avoir pu rétablir, dans son Empire, le culte des faux dieux à
la place de celui du divin Crucifié, il arrache de sa
plaie le trait qui l'avait frappé et le lance avec
haine vers le ciel, mêlé au premier flot de son
sang, en s'écriant :

« Tu m'as vaincu, Galiléen! »

Telle fut la fin du dernier rejeton de Constantin
que la Croix avait fait triompher de Maxence. Ses
vastes connaissances, son génie, son courage, son
aménité en font un homme remarquable.

Malheureusement, son caractère fut un mélange
de qualités et de défauts difficiles à comprendre.

Humain et sanguinaire, inconséquent et sage,

désintéressé et prodigue, dur à lui-même, mais
trop indulgent pour les faux savants, ses favoris;
son orgueil le perdit et lui attira le juste châtiment de ses crimes.

Le savant cardinal Gerdil, dans ses considérations sur l'empereur Julien, déclare ne pas vouloir
se servir du témoignage des pères de l'Église, et
fixer son opinion sur lui d'après ses panégyristes.
Flétri du nom d'Apostat, Julien dut ses bonnes
qualités à lui-même et ses défauts aux sophistes,
qui gâtèrent son heureux naturel, l'assaillirent de
perfides éloges et le maîtrisèrent jusqu'au trépas.
— (LAROUSSE.)

S'il était resté fidèle aux vérités de l'enseignement chrétien, il eût été une des plus grandes
figures de son époque, et peut-être de l'histoire.
Nous en concluons que notre religion, riche des
souvenirs de son passé et sûre de son avenir par
les promesses divines, est le seul refuge de l'humanité. C'est l'arbre immense dont les racines
doivent enlacer la terre et les branches monter au
ciel comme une prière. Du reste, pénétré de la
pensée de saint Augustin, « que plus on connait
l'homme, plus on apprend à le mépriser, et plus
on connait Dieu, plus on l'aime, » nous sommes
entrés, parfois, dans des détails peu édifiants pour
montrer la faiblesse humaine que Dieu seul peut
changer en force et en vertu, en transformant la
bête en ange.

Puis, comme sa religion est la base de la civilisation, nous la voulons universelle en l'étendant
de suite aux pays où règnent encore l'asservisse-
ment de la femme, la barbarie et l'esclavage. Seul,
le Christianisme peut aussi détourner les effets
menaçants de l'armement général de l'Europe et
l'utiliser pour la grande œuvre civilisatrice de la
Croisade antiesclavagiste. C'est aussi nécessaire
que les réformes de 1789. Et si, à cette époque,
ceux qui possédaient le pouvoir ou l'influence les
avaient voulues résolument, la France en aurait
ressenti les bienfaits, sans les voir gâtés par la
façon sanglante dont elles ont été réalisées. En
définitive, la religion n'est-elle pas la première
réalité de la vie?

Au moyen âge, chaque criminel puissant croyait
pouvoir, à son lit de mort, racheter ses crimes en
laissant à des couvents ou à des âmes charitables
une partie de ses biens, dans le but de servir au
culte et au soulagement des pauvres.

Les religieux légataires de ces dons ont eu le
mérite de les faire fructifier en défrichant environ
un quart de la France, en instruisant et proté-
geant les enfants, les pauvres, les opprimés; en
leur donnant asile, vivres et secours, pendant
qu'ils conservaient eux-mêmes la science et les arts.

Les biens du haut clergé, dont l'origine et la destination étaient pareilles, furent détournés, trop
souvent, de leur affectation pieuse.

Courtisans nommés par l'intrigue ou la faveur, souvent aussi en paiement de services, sans avoir mér' ' les dignités sacrées, nombre d'entre eux employaient les immenses revenus de leur siège en dilapidations de luxe et de plaisirs, scandaleux parfois.

Les abbayes servaient aussi de lieu de retraite, de dot ou d'apanage à des filles sans fortune, à des cadets de famille ou à des intrigants étrangers à la vie religieuse.

Comme tous ces abus étaient un vol fait à Dieu et à ses pauvres, 1793 en fut le châtiment.

Malheureusement, trop d'innocents payèrent pour les coupables.

Si le clergé est irréprochable à présent, la classe fortunée et dirigeante ne l'est guère.

Que l'exemple de notre grande Révolution la fasse réfléchir et l'engage à apaiser la colère divine par la charité, comme nous l'avons indiqué dans notre premier volume d'*Espérances*.

1890 doit nous montrer, disent quelques astronomes, l'étoile, d'un éclat spécial, qui guida les rois mages à l'étable de Bethléem, d'où naquit la charité idéale.

Faisons luire cette charité, si nous ne voulons pas, en 1893, reculer d'un siècle.

# RELIGION

---

## CHAPITRE IX

Mariage. — Son peu de fécondité. — Divorce. — Le clergé
français et le clergé italien.

Abordons, en dernier lieu, quelques points trop
souvent controversés par l'ignorance dans certaines
sphères sociales, dont nos sommités gouvernemen-
tales ont fait passer l'un deux à l'état de loi sous
forme de revendication humanitaire.

Nous voulons parler du mariage et du divorce.

Oter le plus possible au mariage son caractère
religieux, détruire son indissolubilité, sous prétexte qu'il est une chaîne trop lourde à porter, dans
certains cas, pour les conjoints, est le but des ennemis de la religion.

Le péché, malheureusement, a fait de la souffrance la loi du monde, puisqu'à côté d'un bien
petit nombre d'hommes heureux (en apparence),
il a créé des légions de misérables que la grâce
peut seule soutenir, consoler, et auxquels Dieu

promet des compensations immenses et éternelles
s'ils sont résignés et respectent ses lois.

Après avoir dit à Adam et à Ève : « Croissez,
multipliez et remplissez la terre », Dieu, à l'heure
de la rédemption, a imposé à l'homme l'obligation
de ne pas séparer ce qu'il a uni, et il a voulu le mariage religieux par l'organe de son Église.

Du reste, les savants s'accordent à penser que
l'empire du monde sera, tôt ou tard, l'apanage des
nations où les unions sont nombreuses, fécondes,
et surtout religieuses.

Conséquent avec cet ordre d'idées, le premier
acte public de la vie terrestre de Notre-Seigneur,
à l'âge d'homme, a été d'honorer un mariage de sa
présence, celui de Cana, d'y faire son premier miracle en changeant l'eau en vin pour montrer,
sans doute, la force à tirer de l'union sanctifiée
par sa présence; et, à l'avenir, saint Paul dira :
« C'est le signe d'un grand mystère, de chacune
des unions qui se feront sous les auspices de la
Religion. »

Effectivement, le sacrement du mariage est tellement puissant, selon la volonté divine — que le
prêtre ne l'administre pas; il en est simplement
le témoin. — Il s'opère par le consentement mutuel
des époux et voici comment :

Un homme et une femme, dans les conditions
voulues par l'Église, accompagnés de leurs témoins, se présentent à un prêtre autorisé et disent,

en se désignant mutuellement, le premier : « Je prends une telle, ici présente, pour femme et légitime épouse; — la seconde : Je prends un tel, ici présent, pour mari et légitime époux : tel est « tout » le mariage chrétien.

La bénédiction nuptiale, la messe, viennent ensuite pour appeler la force, la grâce, la vertu divines sur les conjoints. Ainsi fait; Dieu attache au mariage religieux des grâces toutes spéciales.

A partir des premières formules obligatoires, ni l'Église, ni l'homme ne peuvent plus séparer ce que Dieu a uni, si les époux se sont liés chrétiennement sans aucun des cas d'empêchement admis par la théologie. Ils sont deux en une seule chair et font œuvre agréable à Dieu en transmettant la vie à d'autres êtres qui la propageront à leur tour, selon la volonté toute-puissante.

L'Église, cependant, dans sa sollicitude pour les âmes et pour les corps, a prévu l'erreur, les fautes, s'est préoccupé de la liberté individuelle, de la multiplication et de la dignité humaine, de la santé et de la sainteté, de l'unité de la foi dans le mariage, et elle a admis des cas nombreux, d'empêchement, capables de l'annuler. Elle en compte quinze, en dehors desquels le mariage est indissoluble, sans en compter six autres non dirimants. Telle est sa loi, que cinq vers latins, peu élégants, nous rappellent mnémoniquement :

*Error, conditio, votum, cognatio, crimen*
*Cultus, disparitas, vis, ordo, ligamen, honestas*
*Amens, affinis; si clandestinus, et impos,*
*Si mulier sit rapta, loco nec reddita tuto*
*Hæc, socianda vetant connubia, facta retractant.*

Malgré les mérites de régularité administrative du mariage civil, nous aurions voulu laisser à l'Église l'autorité dont elle a joui, heureusement, pendant les siècles passés, dans la question du mariage religieux. Quel avantage pouvons-nous trouver dans les premiers que nous n'ayons déjà dans le vrai mariage chrétien? L'Église aurait bien su se conformer au code et aurait, aussi bien, régularisé les questions de fortune et de droit : elle aurait évité, en outre, certains malheurs, pareils à celui dont Paris a été récemment témoin (pour ne citer qu'un cas causé par l'intervention civile) :

Une jeune fille, ardente catholique, se marie civilement d'abord, selon la loi, à un protestant, chez son consul ou à une mairie. (Nous ne voulons rien préciser, afin de ne fournir aucune indication capable de révéler le nom des intéressés.) Elle avait négligé de demander si, dans son cas, il n'existait aucun empêchement religieux. L'autorité diocésaine, à laquelle il fut soumis, en trouve un et lui déclare par écrit, après l'examen de quatre théologiens, l'impossibilité absolue de l'admettre au sacrement de l'Église.

Qu'est-il résulté de ce premier malheur? La

jeune femme s'était réfugiée et barricadée dans son intérieur; son mari (légal), exige, *manu militari*, ses droits et enlève sa femme qui restera, pour la vie, aux yeux de l'Église, l'innocente victime, mais la maîtresse de son mari; chose qu'eût évité l'intervention première ou seule de l'Église.

Puis, comme nous aimons à nous placer souvent au point de vue économique, l'État, en se contentant du mariage religieux, aurait quelques traitements de moins à payer, en exigeant des curés toutes les formalités et les garanties de la loi civile.

Nous passons sous silence les unions dans lesquelles le mari, après avoir promis le mariage religieux à sa femme, s'y refuse absolument. Il déchire une conscience, flétrit et opprime un être pour la vie. Puis, qui peut définir la situation d'une âme en pareil cas?

En principe, quelles que soient les souffrances de quelques rares unions mal assorties, elles ne peuvent se comparer aux préjudices causés par le divorce. Il est opposé à la grande loi divine et à la sagesse sociale du progrès des familles et des races. Si la loi humaine le tolère, Dieu l'interdit, dit saint Ambroise; du reste, il est défavorable à l'accroissement de la population d'un pays; il est donc une faute économique, étant une cause de dégénérescence nationale; puis il est une iniquité, parce qu'il y a toujours un ou plusieurs sacrifiés:

ou le mari, — ou la femme — généralement les
enfants qui, eux, sont toujours innocents.

Les plus grands législateurs s'accordent, en
outre, à reconnaître que le divorce, en dehors de ces
premiers inconvénients, encourage les passions,
supprime le mérite du sacrifice, avilit ou opprime
l'un des conjoints et leurs descendants — aussi,
même en nous dégageant de toute pensée religieuse,
le sort des enfants aurait dû préoccuper davantage
dans la question du divorce. Y a-t-on suffisamment réfléchi?

M. de Bonald ajoute : « le tolérer, c'est encourager la prostitution, l'adultère. » Complétons sa
pensée d'après une grande idée émise par le père
Monsabré et tirée des Pères de l'Église, croyons-
nous. L'indissolubilité du mariage est une grande
école de vertu et de prudentes réflexions; elle prédispose les conjoints à réfléchir avant de s'engager, à s'aimer et à supporter mutuellement leurs
défauts.

La classe laborieuse, dont le nombre est incomparablement supérieure à l'autre, et dont les besoins la rendent bien plus intéressante, n'a pas
heureusement, en général, le temps d'être licen-
cieuse et se supprime, par le travail, les occasions
fréquentes de divorce qu'entraîne l'oisiveté, mère
de tous les vices.

Elle a cependant un défaut capital, dont nous
devons parler : elle pèche gravement par sa préoc-

cupation de n'avoir que peu ou pas d'enfants, afin de diminuer ses charges dans la lutte pour la vie.

Cependant :

> Aux petits des oiseaux, Dieu donne la pâture,
> Et sa bonté s'étend sur toute la nature.

Nous espérons pouvoir traiter, sous peu, la question vitale des travailleurs, et nous la résoudrons, si Dieu nous le permet, d'une façon à peu près satisfaisante en faisant appel à la *raison*, à la *charité* et à l'*avenir* des individualités et des sociétés.

De tout temps, donner la vie à un ou à des êtres, a été considéré comme un honneur. Dieu nous l'a refusé; qu'en compensation il nous fasse enfanter une idée qui sauve des âmes et soulage des misères. C'est notre prière et notre ardent désir.

Empêcher de naître, c'est tuer, dit Tertulien, et tous les docteurs partagent son opinion et sont unanimes à penser que Dieu maudit les familles et les races coupables de cet homicide, peut-être aussi grave à ses yeux que l'infanticide de la pauvre fille abandonnée et, tôt ou tard, il les punira.

Si le Créateur a voulu la propagation de l'espèce humaine, tout en appelant au célibat des privilégiés, pleins de son amour et de dévouement à leurs semblables, il réprouve le célibat honteux des libertins avides de plaisir, sans les charges du mariage, celui des vieilles et des jeunes incomprises. Les uns et les autres sont trop souvent des égoïstes, trop souvent aussi des parasites, des inutiles en ce monde, dont la condition de tout être est de viser à produire un bien.

Avant l'ère chrétienne, la polygamie était à peu près universellement admise, même chez le peuple de Dieu. Elle était nécessaire, sans doute, dans la pensée divine, pour accroître plus vite la population de la terre.

Malheureusement, sous l'influence des mauvaises passions, sa conséquence fut l'état trop secondaire de la femme, dont les lois et les coutumes anciennes permettaient de se séparer au gré du caprice du mari.

A cette époque, la femme n'était qu'un instrument de plaisir tellement déconsidéré, qu'on pouvait la répudier à volonté.

Les Romains eux-mêmes, malgré la force de leurs institutions, admettaient et pratiquaient le divorce au point qu'on vit les plus grands hommes changer cinq à six fois de femme, et même davantage, et leurs femmes cinq à six fois de mari, selon le caprice de leurs sens ou de leur ambition. — On vit même un Romain illustre divorcer trente fois. D'autres firent de plus abominables choses encore, sans parler des actes de quelques fous de luxure dont l'humanité gémissait. Sous l'influence néfaste du divorce, Rome n'eut plus assez de défenseurs contre les barbares et dut armer ses esclaves.

Les peuples païens d'une plus haute antiquité avaient des coutumes plus monstrueuses encore. L'homme pouvait épouser sa mère, sa fille, sa sœur séparément ou collectivement, la femme se mariait également avec son père, son fils ou son frère.

Aberration plus grande encore. Dans le monde savant, chez les mages, où ces coutumes étaient en honneur, les enfants issus de ces unions (désirées quelquefois, de la brute livrée à sa folie), jouissaient de l'estime et de la considération générale, par le fait de cette origine si contraire à nos mœurs actuelles.

Le Christ, à son avènement sur la terre, défendit toutes ces monstruosités, abolit la polygamie, le divorce, et releva la dignité du mariage en symbolisant, dans le sacrement chrétien, son union avec son Église.

Devant la manifestation de la volonté du Créateur, la créature a-t-elle le droit de se croire mariée, si elle l'est en dehors de Dieu? Non, pour les raisons données. A-t-elle le droit de divorcer? Jamais.

Maintenant, si on nous demande les remèdes aux maux du mariage, nous répondrons que l'amour chrétien, la résignation et le sacrifice à la volonté de Dieu sont les seuls connus et possibles.

Pour toutes ces raisons, nous le voulons basé sur la religion, c'est-à-dire indissoluble.

C'est une erreur de croire que le souverain Pontife a permis le divorce de certains personnages. Hors les cas de nullité, il ne peut rompre aucun mariage et n'en a jamais rompu, témoin Henri VIII d'Angleterre, qui entraîna la séparation de son royaume de l'Église romaine, sur le refus du Pape de reconnaître le cas d'empêchement qu'il invoquait pour répudier Catherine d'Aragon, après de longues années de vie commune. Défenseur de la foi catholique auparavant, il devint, pour satisfaire sa folle passion pour Anne de Bolen, un de ses persécuteurs, tout en restant le bourreau des protestants eux-mêmes. Néron de son pays, Henri VIII fit périr sur l'échafaud Anne de Bolen, sous prétexte d'adultère, pour épouser Jeanne Seymour qui, heureusement pour elle, mourut dix-sept mois après. Sur la foi d'une belle peinture d'Holbein, il épousa ensuite Anne de Clèves, qu'il répudia parce qu'elle fut trouvée moins belle que son portrait, en disant : Vous m'aviez promis une Vénus et vous m'envoyez une jument flamande. Je n'en veux pas. — (LAROUSSE; MICHAUD.)

Catherine Howard lui succède et monte sur l'échafaud, accusée de galanterie avant son mariage. Seule de ses six femmes, Catherine Parr eut l'habileté d'éviter un malheur en paraissant se laisser convertir par le despote. (La légende, s'emparant de la vie de ce monstre, en a fait, dit-on, le conte de Barbe-Bleue.)

Évidemment, si Clément VII avait pu délier ce roi de son premier mariage, il l'eut fait, en prévision des conséquences certaines, dans sa pensée, de son refus obligatoire.

Le Pape avait refusé précédemment à Philippe-Auguste, roi de France, le droit d'épouser la très séduisante Agnès de Méranie, en se séparant d'Ingelburge et il l'a excommunié pour son crime en faisant cesser en France toute vie religieuse pour obtenir son obéissance. S'il a permis à Napoléon I$^{er}$ de quitter la sympathique impératrice Joséphine de Beauharnais pour épouser Marie-Louise de Habsbourg-Lorraine, c'est qu'il y avait un cas d'empêchement valable. Nous croyons inutile de le reproduire pour ne pas ternir le prestige de l'intéressante victime et de sa famille.

Du reste la pensée d'un enfant, résumant celle de tous les autres, appuiera notre thèse en dehors de la loi religieuse.

Peu après le divorce et l'abdication du roi Milan de Serbie, défense formelle avait été faite au petit roi de nommer sa mère, dans les cérémonies officielles. Vaine recommandation. On n'enchaîne pas les cœurs. Les premières paroles publiques du prince furent : « Je bois à la santé de ma mère bien-aimée! auxquelles les courtisans répondirent : « A la santé de la mère de notre roi! »

Nous ajouterons, en terminant, que s'il nous était permis d'émettre quelques vœux conformes à notre immense désir de régénération sociale, nous voudrions voir dans les hautes sphères de l'Église catholique, c'est-à-dire universelle, cesser le monopole italien d'être en majorité dans le Sacré-Collège.

On nous opposera, sans doute, la raison de craindre un schisme pareil à celui d'Occident au moment de la bifurcation des Papes à Avignon et à Rome, dont sainte Catherine de Sienne fit cesser les scandales par sa bienfaisante intervention. Actuellement, les Italiens donnent au monde catholique un exemple déplorable en spoliant le souverain Pontife de ses États, spoliation qu'une partie du clergé italien semble ne pas réprouver avec assez d'indignation et qu'une autre partie paraît même approuver, contrairement à l'unanimité évidente et toute opposée du clergé français.

Dans l'intérêt de l'Église, nous souhaiterions ardemment aussi des positions plus militantes à certaines sommités sacerdotales enfouies dans des postes de repos ou secondaires par protection ou par tolérance, en France, à Paris même aussi bien que dans les autres pays.

Au jour des épreuves, les généraux doivent appeler à l'honneur du sacrifice leurs hommes d'élite : Nous le disons pour l'Église, nous le redirons pour l'armée et pour toutes les grandes fonctions publiques.

L'avenir de l'Église dépend du plus ou moins d'héroïsme de tous ses défenseurs ; elle en est sûr, mais elle doit, à tout prix, hâter le règne de Dieu sur la terre afin de diminuer autant que possible, la misère et ses hideuses conséquences.

Pour tenir compte des promesses divines, nous pouvons prévoir que la charité, le désintéressement et les autres mérites de ses apôtres actuels, si opposés aux sentiments haineux, égoïstes, ou plutôt aux appétits de ses adversaires, assurent son triomphe, en vertu du principe économique qu'une chose meilleure et moins chère est préférable aux autres. Eh bien! savez-vous ce que coûtent les frères voués à l'éducation des enfants du peuple, les membres des congrégations savantes qui instruisent notre jeunesse, les ordres religieux qui pratiquent ou enseignent le dévouement et le sacrifice; les religieuses de nos hôpitaux, de nos asiles, de nos refuges et de toutes les grandes œuvres catholiques? Le prix de leur entretien: rien de plus; et il faut les avoir vus de près pour savoir combien il est modeste.

Maintenant, savez-vous ce que coûte annuellement, en dehors de son entretien, le sulpicien dont la grande mission est de former la majorité de

notre admirable clergé, si pauvre et si résigné lui-
même?

Cent francs, qui lui servent à faire ses aumônes.

Du reste, qui ne connaît la charmante histoire
du brave capucin, rencontré un jour par un jeune
homme aux abords d'une petite rivière qu'il s'agit
de traverser à gué.

« Bon père, je suis chaussé et vous avez les
« pieds nus dans vos sandales, rendez-moi le
« service de m'éviter une maladie en me faisant
« passer l'eau sur vos épaules, pour l'amour de
« Dieu, » lui demande-t-il.

Devant l'évocation divine, le disciple de saint
François d'Assise prend sur son dos le voyageur
qu'il a reconnu, tardivement, pour un mauvais
plaisant.

Il lui a déjà fait traverser la moitié de la rivière,
lorsqu'il s'arrête et demande à son obligé : « Avez-
vous de l'argent sur vous? » — « Oui, mon père,
mais pas beaucoup », lui dit-il, persuadé que son
charitable porteur va le mettre à rançon pour ses
pauvres ou son Église. « Alors, excusez-moi, ma
règle me défend d'avoir et de porter de l'argent
sur moi et il le décharge doucement dans la rivière. Sa pauvreté n'est-elle pas, en général, celle
de tous : prêtre, religieux et religieuse.

Eh bien! sublimes apôtres de la charité et du
devoir, marchez comme toujours à la conquête du

monde, des humbles surtout, la croix à la main, en vous disant, pour diminuer les misères humaines : *In hoc signo vinces.* — Puis que la *Lumière du Ciel* impose, comme son reflet, l'obligation absolue de toutes les charités individuelles et sociales, selon les préceptes de saint Pierre, de saint Jean et de tous les immortels survivants de Jésus-Christ.

Aussi, en qualité de chrétien, frémissons-nous pour les Italiens pauvres, à la pensée de la spoliation prochaine du trésor des œuvres pies, qui s'appauvrira, ne serait-ce que des traitements à payer pour ses futurs administrateurs civils, sans compter les abus qui pourront se produire.

---

### ERRATUM, Page 90

Au 3e alinéa doit s'intercaler le titre : CHAPITRE V *bis,* qui a été oublié.

Lire : *La Vérité.* — *Les Juifs.* — *Ciel.* — *Purgatoire.* — *Enfer,* avant les mots : Pour compléter, etc.

# DEUXIÈME PARTIE

## ARMÉE

---

## PROLOGUE

### SES DÉTRACTEURS — SES MÉRITES

Avant d'apprécier le passé et le présent de notre armée, avant d'entrevoir son avenir et ses différents buts, avant de nous hasarder à lui tracer quelques lignes à suivre pour se perfectionner, en lui demandant de prendre pour modèle les grands hommes de guerre de tous les pays et les plus admirables institutions de tous les temps, nous devons effleurer un sujet pénible : celui des attaques à son prestige et à son honneur.

Ses détracteurs ont-ils eu l'intention de l'améliorer en lui appliquant l'antique *Ridendo castigat mores*, c'est-à-dire : « voulu châtier ses mœurs en riant », peut-être, mais ils s'y sont mal pris. Leurs attaques ont égayé les Allemands qui ont à peu près les mêmes qualités et les mêmes défauts dans leur armée.

Nos écrivains ont-ils eu envie d'incriminer la nôtre dans son admirable ensemble, des vices ou des faiblesses d'une infime minorité? Nous nous refusons à croire à une pensée aussi maladroite que coupable.

Ils seraient plus criminels encore, s'ils avaient ambitionné, dans la circonstance donnée, un succès de scandale destiné à satisfaire les désirs de curiosités malsaines d'un public blasé.

Se sont-ils dit : Faisons argent du déshonneur de l'armée? ou mus par le patriotisme le plus pur ont-ils voulu poursuivre la réforme d'abus criants, dans leur imagination? Nous l'ignorons.

Ils seraient infâmes dans le premier cas, et nous nous refusons à croire qu'ils le soient; dans le deuxième, ils seraient pour elle de dangereux amis en imitant l'ergoteur qui ne voit que le mal dans l'ensemble du bien, ou l'ours de notre fabuliste, qui prend un pavé pour chasser une mouche du visage de son ami, sans considérer qu'il le blessera ou le tuera.

L'opinion publique semble avoir déjà découvert leur mobile, et la justice est appelée à donner son appréciation sur la dernière attaque à son prestige.

Quoi qu'il en soit, nos antimilitaires ont eu le

tort grave de paraître accuser d'immoralité toute
notre armée, au vu d'actes honteux, dont ils ont
été témoins, comme si nos plus grands corps sociaux : le clergé, la magistrature et tous les autres
étaient tarés, parce que quelques-uns de leurs
membres, à l'âme perverse, en ont souillé l'inatta-
quable honorabilité.

Si l'armée était le collecteur d'impureté en
question, la France serait empoisonnée et ce ne
serait ni le filet d'eau de leur prose, ni un torrent, ni un fleuve, mais la mer seule qui pourrait
en laver les souillures, et il faudrait alors la purifier de suite, et aussi vite qu'Hercule nettoya les
écuries d'Augias en y faisant passer le fleuve
Alphée ; tandis que pour tout bon Français, l'armée
est certainement le brasier ardent dont la flamme
patriotique purifie tout.

Agir comme ces détracteurs, c'est porter un
coup dangereux à la Patrie.

Leur inconscience seule atténue un peu leur
faute ; ils sont jeunes, et quelques-uns d'entre
eux passent pour être des fruits secs de la carrière
militaire. La France leur pardonne, comme la
mère excuse, avec moins d'amertume, l'outrage de
ses enfants en bas âge que celui de ces aînés ; cependant, elle doit leur rappeler qu'aux yeux de
l'histoire, Cham a été un fils indigne pour n'avoir
pas caché la situation honteuse de son père.
Qu'ils se rappellent que si Noé ne l'a pas maudi,

il a maudi Chanaan, le fils de ce fils, en lui disant :

« Tu seras l'esclave des esclaves de Sem et de Japhet. »

Quant à nos auteurs, enfants d'une patrie malheureuse, qui compte sur leur dévouement comme sur celui de ses officiers, sur celui de ses sous-officiers et de tous ses autres défenseurs ; s'ils jettent de la boue au visage de ceux qui sont l'appui et les éléments indispensables à la force de notre armée, pour la déconsidérer et l'amoindrir, ils sont criminels.

En admettant même l'indignité générale de tous ceux qu'ils flétrissent, ce qui est faux, ils auraient dû la taire par patriotisme, en faveur des services que la France a à attendre de tous ses défenseurs, même coupables. Vice et vaillance ont pu, parfois, s'allier dans une âme, même française ; tandis que jamais la faute des uns ne doit être attribuée à tous les autres. C'est déjà bien assez que ceux qui la voient forcément aient eu à en rougir et à les punir.

Dieu seul a droit de châtier toute une race des péchés de quelques-uns, parce qu'il a la possibilité de récompenser les innocents et les justes.

L'autorité militaire est, du reste, armée suffisamment pour réprimer les oublis de dignité chez les gradés. Croire à sa tolérance serait une injure ; à son incurie serait mentir.

Constatons (entre parenthèse), qu'elle a rarement à sévir contre eux, à ce sujet, et que les libérés ordinaires du service militaire ne se plaignent jamais d'avoir fait un congé; ils s'en glorifient au contraire.

Du reste, de l'aveu unanime, ces vexations fort rares n'atteignent que les viveurs de bas étage, ceux qui paient à regret leur dette à la patrie et se plient difficilement à la discipline, ceux (que l'on nous pardonne l'expression soldatesque, si juste dans sa trivialité) « qui sont des fricoteurs » toujours en quête de faveurs, d'exemptions de service et de distractions malsaines ; ceux enfin que le turco, en particulier, désigne par ces mots, en les montrant du doigt : *Enta carottier, besef !* — (toi, beaucoup carottier)!

Rendre notre armée impopulaire en France en la décriant, est un crime dans les circonstances actuelles. Nos ennemis s'en réjouissent, et sont heureux de constater toutes les blessures que nous nous faisons nous-mêmes. Jamais aucun d'eux n'agirait ainsi. L'armée n'est-elle pas, à l'étranger comme chez nous, l'espoir de la nation?

L'incriminer de vénalités odieuses, en disant que tout se paie au régiment, en présentant l'exception comme la règle, n'est-ce pas éloigner de l'armée nos engagés volontaires qui, de tout temps, formaient une si parfaite pépinière de nos officiers et de nos meilleurs entraîneurs d'hommes :

— Ney, le brave des braves ; Murat, le plus vaillant d'entre les vaillants ; Masséna, l'enfant chéri de la victoire et des milliers d'autres héros en sont la preuve.

En définitive, les petites vexations, si vivement reprochées, ne méritent même pas le nom de brimades, ce sont des plaisanteries insignifiantes, qui égalisent un peu le niveau social en faisant participer le pauvre au bien-être du plus riche. Les bienvenues ne sont pas autre chose et ne sont jamais demandées aux hommes sans argent.

Quant à l'immoralité dont on parle, n'en sont victimes que ceux qui la sollicitent. Dire le contraire, c'est semer le découragement dans l'armée, le mépris de la hiérarchie et de la discipline ; c'est montrer les ombres sans les lumières, les défauts sans les qualités. Dépeindre nos sous-officiers, nos caporaux ou nos brigadiers comme des sangsues cherchant de toutes façons à boire ou à manger l'argent du conscrit ; n'est-ce pas l'inquiéter d'avance et le prédisposer à être moins bon soldat ?

N'est-ce pas faire œuvre antipatriotique, que blesser l'amour-propre de tous ceux qui ont l'honneur de servir sous notre glorieux drapeau national, auquel ses derniers malheurs ajoutent une auréole ?

N'est-ce pas enfin écœurer nos recrues, que leur citer, sans cesse, la malpropreté du soldat

sous la forme ironique de cet ordre du jour bur-
lesque et odieux d'autrefois : Demain, revue en
grande tenue, les mains sales, et le reste encore
plus. Les meilleurs serviteurs ne viennent-ils pas,
en général, de cette armée si malpropre? Lui reprocher quelque négligence de toilette intime est aussi
coupable que si on les reprochait aux travailleurs, obligés à peiner chaque jour, du matin au
soir, dans la boue, la poussière, à toutes les injures du temps, sur des ouvrages souvent répu-
gnants, mais indispensables à faire pour gagner le
pain de leur famille, et, selon la loi divine, à la
sueur de leur front. L'ouvrier ou le soldat occupés
souvent à des travaux salissants, en se montrant
soignés comme un petit maître, auraient quelques
chances de se présenter sous les tristes apparences
d'un ignoble souteneur.

Comme en France, tout doit se prendre gaiement, contretemps et aubaines, terminons cette
réfutation sommaire par l'historiette du cavalier qui
entend une vieille coquette que le hasard a placée,
dans un omnibus, à côté de lui, dire d'un ton dédaigneux et à haute voix à une compagne de sa
valeur : Dieu, comme ce soldat sent le fumier !

Notre brave, loin de s'émouvoir, lui répond :
« Croyez-vous donc, madame, qu'en le remuant,
on puisse sentir le musc, et ce n'est pas avec un
solz par jour que le soldat peut en acheter. »

Dans l'armée, on a certaines libertés de langage qui choqueraient les oreilles délicates des dames ; évidemment, mais elles sont tellement familières qu'elles ne peuvent être considérées comme une injure.

Du reste, habituée à en entendre de raides, l'armée fait comme le dogue lassé par les aboiements d'un roquet ; s'il s'y arrête un instant, c'est pour lever sur lui dédaigneusement la patte.

Qu'ajouter à ces lignes, si ce n'est que notre monnaie porte la devise : « Dieu protège la France ». Complétons-la par ces mots : « Contre les ennemis du dehors et ceux du dedans, pour prouver notre virilité et notre suprême dédain des attaques et des calomnies.

Ceci dit, réclamons pour l'armée bonne nourriture, eau, air, travail et tout ce qui est nécessaire à sa vie, à son perfectionnement et à son bonheur, si intimement liés à la prospérité nationale.

Soyons fiers d'appartenir ou d'avoir appartenu à cette armée décriée par les mauvais Français ; elle est le point lumineux de notre avenir.

Les partisans de la liberté de tout laisser dire, écrire et faire s'appuient, sans doute, sur une idée juste du grand Frédéric, notre premier et plus célèbre adversaire de l'époque contemporaine.

« L'animosité concentrée, disait-il, est comme la poudre dans une bombe ; si elle fait explosion, elle cause des accidents, souvent la mort ; à l'air libre, elle n'est qu'une fusée inoffensive », et il donne l'exemple de la tolérance dans la circonstance suivante. Par un bel après-midi, au retour d'une longue inspection des casernes de Berlin, il aperçoit une foule compacte se grandissant sur les pieds pour lire une affiche placée au sommet d'une grille de son palais. Il est à cheval, et lit lui-même, tranquillement, les blâmes qu'elle contient à son adresse. Loin de s'en fâcher, il en rit, et dit à un homme de sa suite :

« Karl, déplace cette affiche, et mets-la plus bas, afin que chacun puisse la lire à son aise ». Et il rentre dans son palais, se contentant d'ajouter : « L'injure répandue ne fait pas de mal. »

Il serait bon de remarquer que ce roi militaire, si habile et l'ami des Français, malgré ses guerres avec eux, était de force à châtier durement, à coups de canon au besoin, la moindre atteinte à son armée. Il avait raison ; n'en attendait-il pas, comme nous, le salut de la Patrie ?

Si notre chère armée pouvait parler, elle devrait, à l'exemple d'un vieux guerrier dont le nom nous échappe, adresser au ciel cette prière d'une éloquence spéciale : Mon Dieu, préservez-moi des faux amis ; quant à mes ennemis, je m'en charge.

Pour que le ciel nous aide à réaliser ce désir, faisons trêve à nos dissensions intestines et cessons toutes rivalités.

Quant à nous, en présence des malheurs qui

menacent la France, nous avons pensé, malgré notre impuissance, qu'il était de notre devoir de Français et d'ancien officier, d'exposer quelques idées capables d'inspirer à nos sommités militaires et autres, les moyens de rendre notre armée invulnérable et d'en faire le point de départ de la sève nationale.

# ARMÉE

## CHAPITRE PREMIER

La Patrie. — Obligation de la femme. — Les grands génies militaires. — Le courage chez quelques peuples. — Moralité. — Qualités du général en chef et des chefs d'état-major.

Dieu, en nous donnant une patrie belle entre toutes, nous impose l'obligation de l'aimer autant que notre famille et a mis en nous le germe des vertus héroïques nécessaires pour la défendre; aussi, malgré nos vœux pacifiques, sommes-nous obligé d'aborder quelques-uns des moyens destinés à la préserver de toute agression.

Dans ce but, les facultés de l'âme du plus grand jusqu'au plus petit doivent tendre, non seulement à la maintenir dans ses limites, mais encore dans sa prospérité et dans sa gloire.

Aux mères le soin de faire naître et de développer dès le berceau, dans l'âme de leurs fils, le culte du sol natal. A Rome, à Athènes et à Sparte, elles en avaient compris l'obligation, et, pénétrées d'amour patriotique et de l'esprit de sacrifice le

12

plus élevé, elles immolaient d'avance, dans leur
cœur, époux, fils ou frère à leur chère patrie, en
se conformant héroïquement à l'enseignement que
Gresset traduit si bien dans ces deux jolis vers :

Vous n'êtes point à vous; le temps, les biens, la vie,
Rien ne vous appartient : tout est à la Patrie.

Le divin Platon montre également aux Athé-
niens combien elle est sacrée, lorsqu'il dit :

« Si la révolte est sacrilège envers un père et
une mère, elle l'est encore plus envers la Patrie. »

De tout temps, son amour a exalté les âmes et
enfanté des hommes qui ont tout sacrifié à sa
défense.

Nous avons précédemment revendiqué des droits
pour les mères de famille, montrons-leur un de
leurs devoirs les plus impérieux, celui de viriliser,
d'âme et de corps, leurs fils en les élevant pour
l'honneur de la France.

En vertu de l'antique adage : « Ce que femme
veut, Dieu le veut, » nous devons faire, tôt ou
tard, intervenir nos mères, nos sœurs et nos
femmes, non seulement dans les questions de
déclaration de guerre, mais encore dans sa préparation. L'abnégation, la patience, jointes à la prudence poussée jusqu'au merveilleux, ne sont-elles
pas le fait de la femme? Si nous demandons
aujourd'hui son intervention, c'est surtout pour

qu'elle stimule le courage de nos futurs soldats en les virilisant dès le berceau.

Nous avons déjà dit la gloire de quelques-unes de celles dont le nom brillera toujours d'un vif éclat sur la scène du monde. Malheureusement, semblables aux plus brillants météores et aux étoiles filantes qui disparaissent du ciel après quelques instants de lueur éclatante, ces héroïnes présagent rarement d'heureux événements. A peu près seule dans l'histoire, notre immortelle Jeanne d'Arc a été le point de départ du relèvement de la Patrie en deuil, mais elle a été l'expiatrice des faiblesses de la France ou plutôt de son roi.

Les élans de vertus guerrières, provoqués par l'amour du sol natal dans l'âme de la femme, comme à Sparte, à Athènes, à Rome et ailleurs, n'ont été trop souvent que le chant du cygne de leur nation.

En dehors de ces héroïnes célèbres, l'antiquité nous a légué le souvenir grandiose d'horreurs de femmes mettant tout en œuvre pour ramener aux combats leurs défenseurs, et mourant en masse devant leur honte et leur défaite. Nous le rappelons pour montrer à nos contemporaines le peu d'efforts que nous leur demandons en comparaison de ceux de quelques héroïnes des siècles passés.

Le vieux monde a eu, un siècle avant Jésus-Christ, un spectacle émouvant, lorsque les Cimbres, refoulés de leur pays d'adoption par un immense et furieux débordement de la mer Baltique, avaient franchi le Danube en emmenant avec eux leurs femmes, leurs enfants et tous leurs biens, avec le désir d'aller envahir les frontières de la République romaine.

Avant d'en avoir l'audace, ils les longèrent longtemps, et, les voyant si étendues et si bien défendues, furent effrayés et se jetèrent sur une proie plus facile à dévorer. — (LAROUSSE.)

Ils saccagèrent alors, pendant deux ans, la Gaule et l'Espagne en les livrant à toutes les horreurs du pillage et de la dévastation.

Rome, pressentant leurs attaques après l'épuisement des pays envahis, avait envoyé successivement six armées pour les combattre et pour empêcher les projets des Teutons qui menaçaient aussi l'Italie.

Ces Barbares, avant d'entamer la lutte, avaient demandé humblement aux Romains, pour eux et pour les Cimbres, des terres, avec la promesse formelle d'être toujours prêts à repousser les ennemis de Rome.

« Nous n'avons ni terres à donner, ni services à demander, avaient fièrement répliqué les Consuls. »

La réponse des Barbares avait été l'anéantissement complet des armées romaines, et Rome était au moment de périr, lorsque surgit le grand

Marius, qui commença par aguerrir les recrues, des nouvelles légions destinées à remplacer les anciennes, en les faisant travailler à de nombreuses routes de concentration pour son armée et à un immense canal de dérivation des eaux du Rhône. Il les entraîna aussi en les occupant à creuser de grands fossés et à se retrancher fortement dans les divers camps où il les abritait. — (LAROUSSE, MICHAUD.)

Partout, il les obligeait à porter de lourdes charges sur leur dos, et le plus souvent possible, sous les yeux mêmes de l'ennemi qui, par dérision, nommait les jeunes légionnaires les mulets de Marius. Glorieux pionniers, dont la valeur changea le cours des événements, grâce à la sage préparation de leur général. Le mépris des Barbares ne fut pas de longue durée ; un beau jour, Marius lança sur eux ses jeunes recrues endurcies à la fatigue et qui lui demandaient, à chaque instant, depuis longtemps avec instance, de les envoyer combattre plutôt que de leur faire continuer le métier de bête de somme. Avec eux, il écrasa les Teutons d'abord, et en fit un si grand carnage que plus de cent trente mille d'entre eux restèrent sur le champ de bataille, où leurs corps, sans sépulture, fécondèrent la plaine immense témoin de leur défaite.

On en voit encore le souvenir au village de Pouvaire, en Provence, dont le nom, croyons-nous, vient de pourriture, tandis que celui de Provence vient de Province, parce que, la première, elle fut soumise aux Romains et resta longtemps sous leur domination.

Cette victoire à peine assurée, Marius rétrograda en toute hâte vers l'Italie, à la rencontre des Cimbres

Il les rejoignit, en 101 avant Jésus-Christ, dans la haute Italie, à Verceil, où il eut le talent de bien choisir son terrain en plaçant ses soldats le dos tourné au soleil, et en laissant les Cimbres exposés à ses brûlants rayons.

Peu habitués à ses ardeurs dans leur pays de glace, les hommes du Nord, aveuglés, se battaient mal, se couvraient, pendant l'action, le visage de leurs boucliers, laissant leur corps, à demi nu, sans protection contre le glaive des Romains.

Malgré l'infériorité du nombre des légionnaires, la lutte fut homérique. Après dix heures d'un combat furieux, la victoire resta à la valeur disciplinée des soldats de Marius.

A la chute du jour, harassés et presque tous blessés, les Cimbres tournèrent le dos et commencèrent à fuir en désordre vers leur camp, où une scène horrible termina cette mémorable journée.

Leurs femmes, restées seules, selon leur habitude, à la garde du camp, les voyant se débander, descendirent des grands chariots qui en formaient l'enceinte, pour ranimer leur courage et les exciter, sinon à un retour offensif, du moins à vendre chèrement leur vie. — (LAROUSSE, MICHAUD.)

Les Romains poursuivent de près les Cimbres, dont la terreur est telle qu'ils se défendent à peine en fuyant. Indignées et furieuses, leurs femmes se précipitent à leur rencontre, et, à la vue de leur défaillance, s'arment de longs pieux, se ruent sur eux, outragent et frappent sans pitié, frères, maris, fils et parents, pour les punir de leur lâcheté et les empêcher de survivre à leur défaite. A l'approche des ténèbres, n'ayant plus aucun espoir de vaincre, on les vit même perdre tout sens moral, égorger leurs pères et leurs plus jeunes enfants, pour leur éviter l'esclavage, meurtrir vainqueurs et vaincus, et se préparer à mourir héroïquement. Mais avant de rendre le dernier soupir, elles insultent les Romains, se cramponnent à eux avec l'énergie de la haine et du désespoir, leur arrachent leurs armes, leur bouclier, leur crèvent les yeux et se laissent écharper plutôt que de se rendre; jusqu'à ce que leurs corps, épuisés ou criblés de blessures mortelles, gisent inanimés sur l'arène sanglante.

Tel a été le spectacle sublime d'horreur de cet âge barbare. A leur exemple, les femmes espagnoles, arabes et mexicaines ont su parfois braver la mort en excitant et en glorifiant les guerriers par ces mots héroïques : Honneur aux plus vaillants ou « Heureux les braves qui ne sont plus. »

Sans demander autant d'exaltation à nos Françaises, pourquoi n'auraient-elles pas des sentiments à peu près semblables? Cependant, en citant ces exemples, notre désir n'est pas de les voir pousser l'esprit de sàcrifice et la fureur guerrière à ce degré; notre religion et nos mœurs ne nous y prédisposent pas; nous voulons simplement leur rappeler que la femme est bien supérieure à l'homme par l'exaltation de ses sentiments, et, qu'éprise d'une noble cause, son influence ne peut être qu'heureuse.

Mieux que l'homme, elle sait parler au cœur de son père, de son époux, de son frère ou de ses enfants.

Dans cet ordre d'idées, elle encouragera, de bonne heure, les siens à accomplir leur devoir envers Dieu, parce que, s'il a créé le sacerdoce, sa religion a enfanté d'autres prodiges de force en inspirant le plus grand, le plus admirable de tous les dévouements : celui des saintes filles de la Charité, dont les actes de tous les jours et de tous les instants sont des chefs-d'œuvre d'héroïsme.

Quel est le mobile humain capable d'en faire naitre de semblables?

Nous voudrions le connaitre, afin d'en faire le stimulant le plus puissant des vertus guerrières.

Si nous devons demander à la mère d'élever l'âme de ses enfants par la perspective de la vie future, il faut qu'elle leur enseigne aussi l'amour du prochain et celui de la Patrie, en les rendant vigoureux et capables de lui être utile. Pour y arriver, elle les poussera à tous les exercices physiques les plus fortifiants et leur apprendra, avant tout, à obéir et à se sacrifier.

La première éducation est toujours celle qui laisse de plus profondes racines; aussi, applaudissons-nous aux nobles efforts faits par la jeunesse française pour se viriliser et se préparer aux fatigues de la guerre, par la gymnastique, la natation, l'escrime, le canotage, l'équitation, la chasse et le tir.

Nous nous sommes efforcé de chercher un moyen nouveau, utile et agréable, de résumer dans un exercice ce qui peut développer et fortifier le mieux tous les membres, alternativement ou à la fois. Nous avons trouvé que le vélocimane-pédestre avait sur les autres l'avantage, tout en étant un excellent procédé de locomotion, d'amuser en rendant service dans plusieurs fonctions de la vie ordinaire et militaire.

Nous trouvons même quelques bons côtés aux bataillons scolaires, à condition d'en réduire considérablement les dépenses et d'en supprimer certains exercices de simple parade.

A l'initiative privée, à la famille le soin de

donner cette première partie de l'éducation militaire; à l'État la deuxième.

Le rôle de l'homme sera de répondre par sa vaillance et sa virilité à ces premiers enseignements et de mettre tout en œuvre pour conserver l'indépendance de sa patrie à l'heure du danger.

Celui du chef sera de tout faire pour fortifier les corps et exalter les âmes de ses soldats, afin d'être à hauteur de sa grande mission. L'antiquité nous montre Pompée stimulant le courage des jeunes patriciens romains, qui formaient l'élite de son armée, en leur rappelant les exploits de leurs ancêtres. Elle nous présente César, son adversaire doué surtout du génie du commandement dans sa plus haute partie morale : sachant tout demander et tout obtenir de ses soldats, dont il se préoccupait constamment, en leur ménageant des victoires que son autorité et ses conseils facilitaient.

A Pharsale, par exemple, en recommandant à ses vieux légionnaires de frapper au visage les jeunes partisans de Pompée, il prévoyait bien qu'ils ne trouveraient ses adversaires sensibles qu'aux atteintes faites à leur physique.

Ces beaux fils de Rome et de tous les pays soumis à Pompée craignaient, en effet, plus une cicatrice, qui les eut enlaidis aux yeux des femmes, qu'une blessure presque mortelle.

Les grands résultats tiennent souvent à de bien petites causes. Cette recommandation fut certainement la raison principale de la victoire décisive de César qui, neveu du grand Marius, s'était, comme lui, formé à la lecture des gloires histo-riques et, comme lui, avait pris les héros de l'an-tiquité pour ses ancêtres et ses modèles.

Admirateur convaincu de leurs exploits, il pui-sait sa force dans l'étude de leur tactique et cou-rait au devant des ennemis avec l'assurance du succès qui enfante les héros.

Confiant dans son étoile et dans son initiative, il s'était fait nommer consul d'un immense pays à conquérir, — notre Gaule.

Malgré le nombre, la force et le courage de ses adversaires, il en triompha par les ressources de son génie et cette confiance en lui qui lui permet-tait toutes les audaces en lui assurant tous les bonheurs militaires.

Longtemps avant cette époque, Alexandre le Grand, en employant la fameuse phalange macé-donienne, et les deux foudres de guerre (les Sci-pion), avaient su inaugurer ou suivre la tactique du succès infaillible vis-à-vis de leurs ennemis et surtout faire vibrer la corde sensible qui rend les soldats et les armées invincibles.

Annibal, que Napoléon proclame, avec raison, le plus grand génie militaire du monde, avait, lui aussi, le talent presque divin de remuer les âmes et de leur imposer la victoire, même sur des ad-versaires plus redoutables et plus sûrs de vaincre

que ses propres soldats. Il brûle, sans regret,
ses vaisseaux après le débarquement de ses
troupes en Italie, pour leur ôter tout espoir de
battre en retraite, et, par cette sage mesure,
prouve une connaissance profonde de la seule
manière de forcer ses soldats à vaincre les Romains.

De tout temps, en effet, les Africains ont eu
pour tactique instinctive ou traditionnelle de se
précipiter comme un ouragan sur leurs adversaires
et de se débander ensuite en s'enfuyant pour se
reformer plus loin et se lancer de nouveau sur
leurs ennemis.

Après quelques rencontres, les Romains, faits à
cette coutume, ne poursuivaient plus leurs adversaires et se reposaient en attendant leur nouvelle
attaque, tandis que les Carthaginois se fatiguaient
à fuir et à se reporter en avant.

Annibal sut obliger les siens à renoncer à cette
habitude fâcheuse, leur persuada, au contraire, de
se maintenir toujours en ligne, face à l'ennemi,
sous peine d'être défaits, tués ou faits prisonniers
pour être torturés ensuite par leurs vainqueurs.

Il leur explique, à plusieurs reprises, les mérites
de la tactique contraire et joint l'exemple au principe en incendiant sa flotte pour leur imposer le
devoir de ne plus battre en retraite et de vaincre
sous peine de mort.

Depuis les temps les plus reculés, les hymnes patriotiques rendirent parfois les cohortes invincibles jusqu'au jour où la *Marseillaise* et les idées nouvelles conduisirent à la victoire nos recrues sans pain et sans chaussures. Nous devons ajouter que ces recrues étaient en majorité des fils de paysans religieux, qui avaient foi en Dieu et dans la vie future réservée aux hommes de devoir.

A cette grande époque, la vertu et l'honneur s'étaient réfugiés aux armées et y brillaient mystérieusement pendant que la charité inspirait quelques admirables sentiments, malheureusement oubliés depuis longtemps, malgré leur consécration dans le sang le plus pur.

Du reste, chaque longue période de guerre a vu des innovateurs de génie créer un moyen certain de vaincre l'ennemi.

Glorieux vaincus de 1870 et de 1871, il nous faut ce moyen sans chercher uniquement à avoir des hommes et des armées innombrables.

Il nous en faut beaucoup, il est vrai, mais nous avons besoin surtout d'hommes de foi au corps robuste, à l'âme fière et bien trempée, commandés par des généraux doués d'un génie presque divin pour les électriser.

Mahomet promettait le Paradis et ses houris les plus belles à la foule des défenseurs de l'Islam, morts en combattant. Il montrait en cela une connaissance profonde des passions humaines les plus ordinaires et les plus ardentes, en offrant à l'homme

13

des climats de feu, en compensation de son héroïsme, le bonheur que les réalités de la vie lui avait fait entrevoir et envier. En un mot, la mort sur le champ de bataille devenait, pour le commun des défenseurs du Croissant, l'accomplissement de ses rêves et de ses désirs journaliers. N'était-ce pas le meilleur stimulant à donner à des peuples grossiers et matérialistes?

Mais comme le prophète savait que les natures plus relevées n'aspireraient pas uniquement à ces satisfactions bestiales, il leur avait promis un paradis à peu près pareil à celui des Chrétiens, et le proclamait même le meilleur. Après lui, Charles XII, Gustave-Adolphe, en se montrant fous de bravoure et dédaigneux de tout danger; Villars, en forçant la victoire par son audace; Carnot, en la dictant; Napoléon I<sup>er</sup>, en fanatisant son armée par ses proclamations électrisantes, par la certitude de vaincre, que donnaient à ses soldats le prestige de son génie et sa seule présence, savaient enchaîner le succès. Le grand Frédéric, en inaugurant sa merveilleuse tactique et en ne négligeant aucun détail militaire ou de la vie nationale; le maréchal de Saxe; Souwarov, en faisant creuser sa tombe devant ses soldats indécis; tous nos héros des périodes républicaines et impériales; Wellington, en ordonnant à ses gardes de mourir sur place, et Blücher, de marcher toujours en avant, et tant d'autres ont su, au moment propice, faire jaillir l'étincelle du courage indomptable et la force de contenir, dans un corps sain et fort, une âme exaltée d'une façon surhumaine.

Il nous faut, à tout prix, de tels hommes ou des innovateurs de génie, comme le grand Frédéric de Prusse ou Napoléon, dont les noms résument la vraie science militaire.

La connaissance de toutes les gloires guerrières de la France et des autres pays peuvent nous les procurer. Mais le plus grand stimulant de la valeur est le désir du sacrifice à la patrie, en prévision des destinées futures réservées aux soldats du devoir, selon nos démonstrations précédentes.

A la mère, le soin de mettre ce germe de dévouement et d'amour national dans l'âme des êtres qu'elle enfante; à elle surtout, comme à toute femme, l'obligation de leur enseigner Dieu et les immenses ressources de sa religion.

La patrie est la famille en grand à qui l'on doit tout, après Dieu, ses facultés, ses forces et son sang.

Voilà les leçons que toute femme doit graver à jamais dans le cœur de tous ceux qu'elle aime.

Pour exhorter nos armées au courage, rappelons-leur que les Romains n'étaient jamais plus redoutables pour leurs ennemis qu'après une défaite, tellement était grande leur volonté de la réparer.

Les Français, à leur exemple, au lieu de se laisser abattre par leurs grands revers des années

sanglantes, doivent se recueillir et suivre ces illustres modèles.

Prudents dans les succès, inébranlables dans les
revers, les Romains agissaient, en toutes circonstances, avec sagesse, en respectant, presque toujours, non seulement les lois et les coutumes des
pays conquis, mais en adoptant celles qu'ils re-
connaissaient préférables aux leurs, surtout dans
leurs habitudes ou leur tactique militaires.

Constamment unis contre leurs ennemis du
dehors, ils formaient un faisceau de forces invincibles contre toute attaque. Malheureusement, si
nous agissons ainsi en temps de guerre, nous ne
faisons pas de même pendant la paix, sans nous
rappeler que toute maison divisée périra infailliblement et que la paix prépare la guerre.

La Prusse, en restant unie sous la forte dynastie
des Hohenzollern et fidèle à ses traditions guerrières, nous donne, et a donné à l'Allemagne une
idée de sa sagesse, dans l'unité constante de ses
efforts pour s'y préparer. Depuis sa défaite d'Iéna,
elle est devenue une formidable puissance militaire. Nous devons tout faire pour l'imiter.

Elle a, dans ses armes, un sceptre et une épée
pour laquelle ses souverains et ses grands digni-
taires ont toujours eu une préférence marquée.
Grâce à cette prédilection, à leurs soins de tous
les jours et de tous les instants, elle n'a pas désespéré aux heures d'anxiété des débuts de la guerre

de sept ans ; elle s'est relevée, en 1814 et en 1815, de son effondrement de 1808 et, un demi-siècle après, elle osait s'attaquer à l'empire d'Autriche, assistée de la fraction nord de la Confédération germanique et, enfin, en 1870, à la France, dont elle a triomphé si facilement, par suite de la criminelle incurie du gouvernement impérial.

L'exemple de sa préparation, aussi savante qu'économique, nous montre le but à viser et à atteindre.

Par moments, la France aussi a étonné le monde par ses éblouissants succès, lorsqu'elle était bien dirigée, bien disciplinée et avait confiance dans ses généraux.

Malheureusement, ses succès n'ont jamais été très durables, par le manque de sagesse de ses souverains ou des inspirateurs de sa conduite, ou par leur insatiable ambition. Cependant il y a de l'héroïsme et l'esprit du sacrifice dans l'âme de tout soldat français ; il s'agit simplement de les faire vibrer au moment opportun.

Sous certains chefs possesseurs du secret de le manier, le Français est de fer.

Rappelons-nous les soldats affamés de Villars, venant de recevoir une faible ration qu'ils jettent sans hésiter pour courir à l'ennemi et le battre, au moment des grands revers de Louis XIV.

A l'heure des combats, l'obligation du chef est

de chercher à communiquer à ses soldats l'ardeur dont il est animé lui-même et d'éveiller dans les âmes la pensée de la vie future avec le sentiment du devoir.

En général, les vrais entraîneurs d'hommes inspirent confiance à leurs troupes en leur parlant souvent du Créateur. En effet, une foi vive dans le succès, surtout une croyance ardente aux grandeurs futures, donnent une énergie de sentiment qui fait la force des peuples et rend les armées invincibles.

La discipline forcée par les punitions n'est bonne qu'exceptionnellement, mais celle obtenue par le sentiment du respect qui pénètre dans le cœur du soldat avec la pensée de Dieu le fortifie davantage dans les épreuves, tout en l'assouplissant.

Dans cet ordre d'idées, nos législateurs et nos généraux en chef doivent, en principe, s'appliquer à découvrir ce qui a produit les grands souffles et les plus utiles succès de la patrie à tous les points de vue, même dans le glorieux soulèvement des Vendéens et des Chouans, à la fin du siècle dernier.

Tout s'enchaîne dans les questions de vitalité et de force d'un pays. En consultant les pages les plus glorieuses de son histoire, la France agira comme le navigateur habile pendant la tempête; il porte haut le cœur et la tête, en relevant à chaque instant sa direction sur sa meilleure carte marine pour ne pas dévier de sa route.

Nous devons, comme lui, suivre la voie tracée par les hommes célèbres.

Il nous faut aussi une admiration profonde pour les grands exemples de vertu, de courage, de dévouement et de résignation de quelques-uns de nos aînés dans la noble carrière des armes; en outre, la volonté de les imiter et la foi dans la victoire.

C'est le secret de nos succès futurs.

Napoléon disait à ses maréchaux : « Changez souvent votre tactique vis-à-vis de l'ennemi, sous peine d'être battus; pour moi, je n'ai triomphé qu'en transformant la mienne au moins deux fois, mais en la modifiant constamment; tout en conservant invariablement les grands principes. — Vous les connaissez, sachez les appliquer. Et il ajoutait : Le général qui adoptera le moyen nouveau le mieux approprié au tempérament, à la situation et aux ressources de son pays, est sûr du succès, à moins de contretemps impossibles à prévoir. »

C'est notre raison d'avancer que la guerre moderne exige du général en chef et de ceux qu'il honorera de sa confiance, des connaissances à peu près universelles.

Cette science de la guerre, résumée des autres, leur demande une santé de fer, une mémoire prodigieuse, un sang-froid capable de laisser à la pensée toute sa lucidité au milieu des plus grands dangers.

Quant aux qualités plus particulières au commandant en chef de nos corps d'armée, il faut que sa valeur, sa présence et sa promptitude d'esprit grandissent au bruit du canon et lui enlèvent toute hésitation. Sa sagacité et son jugement doivent lui faire discerner le mensonge ou les exagérations des renseignements de ses reconnaissances ordinaires ou de celles de ses espions.

Sa finesse, son bon sens, le mettront en état de découvrir le vrai du faux dans les réponses faites par les prisonniers militaires, les maraudeurs ou les espions ennemis.

Sa fermeté d'âme, son tempérament l'empêcheront de se laisser abattre par les défaites.

Prompt, net et clair dans la pensée et l'expression, il doit savoir fasciner, enlever, électriser ses troupes, comme tous les entraîneurs d'hommes : Annibal, César, Napoléon ; — donner des ordres opportuns, réparer les échecs, profiter de la victoire, des situations, du moindre événement, des dispositions morales et physiques de ses officiers et de ses soldats.

Avare de leur sang, prodigue de sa sollicitude envers eux, il doit tout faire pour ménager leurs forces; en revanche, en user le jour du combat, en les vouant, même en masse, à la mort, sans craindre aucune responsabilité pour sauver un plus

grand nombre de vies, assurer la victoire ou atténuer une défaite; — tout faire aussi pour exalter
leur courage, leur patriotisme, doubler et tripler
leur force.

Calme, ferme et doux, de manière à instruire et
à ne jamais troubler ses subordonnés; il ne doit
avoir d'autre passion que l'amour de la France le
plus pur.

Incapable d'acheter la faveur d'en haut ou une
popularité malsaine d'en bas, il devra consacrer
son âme, sa vie, ses facultés au service de la
Patrie.

Reconnu sage et prévoyant, il aura à sa disposition toutes les ressources nationales, il en usera
sans prodigalité, et les utilisera en songeant au
lendemain.

En résumé, déconcerter ses adversaires par le
secret de ses opérations, tout voir et prévoir; imposer le respect, l'obéissance à son armée, lui communiquer ses qualités, son ardeur et son courage,
lui inspirer une confiance aveugle et se rappeler
qu'en campagne, ordres et contre-ordres amènent
le désordre, sont les conditions essentielles du
succès des généraux appelés à commander nos
armées.

Dans la deuxième partie de ce travail sur
l'armée, quelques souvenirs des grands hommes
de guerre montreront les devoirs de chacun et la
façon de les remplir.

13.

# ARMÉE

## CHAPITRE II

Guerres défensive et agressive. — Réformes utiles. — La
Réserve. — Loi du 15 juillet 1889. — Le soldat français et
le soldat prussien. — Profession de foi du feld-maréchal de
Moltke. — Mesures à prendre vis-à-vis de la tactique de nos
ennemis. — Princesse de Metternich. — Appréciation d'une
sommité militaire sur l'absence d'un général en chef. — Citation. — Pronostic du feld-maréchal de Moltke sur le conflit franco-allemand. — Modifications urgentes dans notre
organisation supérieure. — Le général Février. — Les généraux de Louis XIV. — Le feld-maréchal comte de Roon. —
Élections urgentes d'un ministre de la guerre, d'un général
en chef et de deux chefs d'État-Major permanents, etc. —
Réformes semblables pour la Marine. — Élections de certains
chefs pendant la Révolution. — Premier résultat heureux,
second déplorable. — Loi de trois ans. — Appréciations du
maréchal Canrobert et de M. Jules Simon. — Le vétéran militaire. — Le général de Malakoff. — Congés. — Garde-champêtre. — Esprit de corps. — Moyen de l'augmenter. — Recrutement régional.

En principe, toute guerre agressive entreprise
sans motif sérieux de droit public est un crime,
comme le serait l'inique et lâche agression de l'An-

gleterre contre le Portugal, si les consciences délicates de ses élites ne l'empêchaient pas.

Si la guerre est défensive, elle devient au contraire l'accomplissement d'un devoir sacré, justifié par l'amour de la patrie.

Malgré notre désir et notre espoir de la paix, nous nous sommes donné pour tâche d'examiner toutes les éventualites contraires, malheureusement possibles, tout au moins assez probables, à plus ou moins bref délai, dans la situation actuelle.

Comme la guerre reste de ce nombre, nous avons cru de notre devoir de proposer quelques réformes utiles, selon nous, soit que nous ayons encore une fois à affronter le fléau, soit que nous devions continuer à appliquer le cruel et ruineux adage des anciens : *Si vis pacem, para bellum,* afin de l'éloigner bien longtemps encore.

Malheureusement cette préparation à la guerre, au dire d'une foule de bons esprits, fait que tôt ou tard, de même qu'en jouant avec le feu on finit par se brûler, les États trop préparés à la guerre succombent à la tentation de la déclarer.

Plaise à Dieu que ce ne soit jamais notre cas.

Sans vouloir critiquer d'une façon générale notre organisation militaire, nous la désirons formidable, même au prix de sacrifices et d'efforts héroïques. Malgré notre détresse financière, nous sommes obligés de la conserver à la hauteur de celles des armées étrangères en affectant surtout de la pousser au point de vue défensif, afin d'affirmer, une fois de plus, nos intentions pacifiques.

Ces préliminaires établis, il faudra, pour ré-édifier la puissance de la France et assurer le succès de ses armes, un émule du chef d'état-major général allemand, dont le premier soin sera de méditer longuement sur la tactique qui devra nous donner la victoire.

Pour nous, il nous semble démontré que la défensive nous est imposée, malgré l'avis contraire de quelques sommités militaires; premièrement : afin de prouver d'une façon irrécusable que nous ne voulons que la paix et que nous ne serons jamais des agresseurs, mais qu'en nous confiant en Dieu, nous saurons tous vaincre ou mourir, à l'heure des agressions iniques.

Secondement : parce que la mobilisation allemande sera certainement au moins aussi rapide que la nôtre. On nous objectera le concours des contingents italiens qui entreront en ligne avant que nous ayons pu empêcher leur jonction.

De ce côté-ci nous faisons une réserve, et nous penserions volontiers à les attaquer même sur leur territoire. Cependant, selon toutes prévisions, l'armée italienne sera moins brillante hors de chez elle que sur son sol.

C'est le fait des très jeunes armées; du reste, on dit en général du courage individuel italien : c'est celui de la fureur d'un instant, celui qui aveugle, celui du coup de couteau. *Ab uno disce omnes???*

Pour en revenir à la résistance à apporter à la concentration allemande, nous devons rester sur la défensive en arrière des Vosges et entre les contreforts des Ardennes. (Ils doivent être les Thermopyles de la France), jusqu'à l'entrée en ligne des Russes, dont la mobilisation sera forcément beaucoup plus lente que celle de ses deux adversaires : les Autrichiens leur présentant leurs forces en totalité, et les Allemands le tiers seulement de leurs effectifs de guerre.

Inutile d'ajouter que la France devra viser, sous peine de mort, en restant sur la défensive, à se maintenir dans des positions impossibles à tourner et capables de se soutenir mutuellement, comme pourraient le faire des forces établies sur un triangle ou un quadrilatère immenses ; à condition que ces forces puissent se porter à peu près toutes en avant, les unes auprès des autres, de manière à pouvoir se risquer à des mouvements offensifs à un moment donné, ou à se porter secours au moindre appel, en accourant au bruit du canon ou à tout autre signal.

En résumé, nous devrions combiner le système offensif avec la défensive, de manière à pouvoir jeter, au moment opportun, une force imposante et invincible sur un point des lignes ennemies et les écraser successivement par notre artillerie et notre nombre, en les tournant et en les enveloppant.

Si nous avions agi ainsi en 1870, la victoire nous serait peut-être restée fidèle, malgré nos autres causes d'infériorité.

Cette combinaison pour la guerre prochaine assurera mieux également l'approvisionnement de nos troupes et de notre artillerie, en nous donnant en outre forcément une supériorité numérique importante en hommes, en canons et en munitions, le jour des batailles décisives.

Pour être plus solide, notre organisation générale devrait être basée sur le recrutement régional pour chaque corps d'armée, et avoir, pour complément, la faculté d'éloigner de la région toute catégorie d'hommes plus utiles ailleurs ou capables d'y occasionner une perturbation quelconque, c'est-à-dire de produire, à un moment donné, une cause d'affaiblissement.

De plus, ce système, dicté par l'expérience du passé et par de sages raisons d'économie pour l'armée active, devient une nécessité pour la réserve, en imitant, pour cette dernière, la méthode allemande, qui consiste à avoir toujours en magasin, dans chaque mairie, l'équipement, l'habillement et l'armement nécessaires à tous les hommes de la commune, pour activer considérablement leur mobilisation en cas de prise d'armes.

Dans l'intérêt de l'ordre et de la discipline, le maître d'école de chaque commune, ses adjoints ou ses moniteurs, habitués à l'exactitude, devront tenir toutes les écritures indispensables pour les approvisionnements mis en dépôt à la mairie et pour tous les hommes de la réserve de l'armée active et de la territoriale.

Dans les villes sans garnison, où il y a plusieurs maîtres d'école, ils pourront être désignés à tour de rôle pour la tenue de ces écritures.

Le maire, ou son adjoint, aurait pour mission de délivrer les armes et les effets à chaque convocation militaire, afin d'activer le rassemblement sous les armes en cas de mobilisation surtout.

Si c'est fait, tant mieux; sinon, faisons-le de suite!

Terminons cette première critique par une recommandation essentielle :

La discipline, l'ordre et la promptitude sont des questions de vie ou de mort pour la France. On comprendra l'urgence de leur application au début de la guerre, si, ce qu'à Dieu ne plaise, elle avait lieu, en méditant cette profession de foi du feld-maréchal de Moltke, faite en plein Reichstag :

« La paix éternelle n'est qu'un rêve, et pas
« même un beau rêve.

« La guerre est une institution de Dieu, un
« principe d'ordre dans le monde.

« En elle, les plus nobles vertus des hommes
« trouvent leur épanouissement : le courage comme

« l'abnégation, la fidélité au devoir de même que
« l'amour du sacrifice.

« Le soldat offre sa vie.

« Sans la guerre, le monde tomberait en pourri-
« ture et se perdrait dans le matérialisme...

« Dans toute guerre, le plus grand bienfait est
« d'en finir vite.

« Dans ce but, il doit être établi que tous les
« moyens sont bons, sans excepter les plus con-
« damnables.

« L'on doit diriger son attaque contre tous les
« moyens de secours que possède l'État ennemi ;
« contre ses finances, ses chemins de fer, ses
« approvisionnements, même contre son pres-
« tige. »

Ce résumé bien connu de la tactique présente et
future de nos ennemis nous pousse à ne rien négliger des moyens capables d'accroître la force de
nos armées, le jour de la déclaration de guerre, et
en cela, copions leur système.

Les Allemands, fidèles observateurs de l'ancienne tactique française des Carnot et des Napoléon Ier, se sont toujours attachés à pouvoir porter, à un moment donné, une force invincible sur
un point important, comme ils l'ont fait en 1866
et au début de 1870, en attaquant en grand nombre
quelques-unes de nos cinq armées si maladroitement éparpillées sur toute l'étendue de notre frontière de l'Est, contrairement aux avis amicalement

donnés par l'Autriche qui, en 1866, avait été la victime d'un éparpillement semblable de ses forces.

A ce sujet, hasardons une petite digression :

La princesse de Metternich, en toutes circonstances l'amie dévouée de la France et de Napoléon III en particulier, l'avait dit et répété elle-même, à notre connaissance, à plusieurs personnages influents de la cour impériale ; après avoir, dit-on, supplié l'Empereur de modifier de suite son plan de campagne, sous peine d'être fatalement écrasé comme sa patrie l'avait été.

Une plume autorisée, celle, sans doute, d'une de nos sommités militaires dont nous ignorons le nom, en parlant de l'absence d'un général en chef connu et apprécié de toute notre armée, exprimait, il y a trois ans, ses regrets au sujet du retard si longtemps apporté à la nomination de cet homme indispensable pour remuer les masses et surtout la fibre française si facile, cependant, à faire vibrer, même dans les circonstances critiques.

Pour cela, il faut que non seulement l'armée, mais la nation entière ait confiance en lui. Tout est là !

Quand nous parlons de la nation entière, nous entendons tous les citoyens dignes de ce nom ; nous en retranchons cette tourbe malsaine, souvent cosmopolite et à face patibulaire, qui n'a jamais payé l'impôt du sang, ni en France, ni ailleurs, et semble sortir de dessous terre au moment douloureux de l'explosion d'une guerre civile sous forme d'émeute ou de révolution.

Les réflexions de l'écrivain en question avant cette parenthèse, feront méditer ceux qui ont assumé la lourde charge de la défense de la Patrie, nos généraux et nos législateurs surtout :

« Depuis dix-sept ans, disait-il, que nous avons
« pu mesurer la valeur de l'homme de guerre que
« les desseins de Dieu ont suscité pour notre
« abaissement, qu'avons-nous fait pour lui trouver
« un émule?...

« Eh bien! ô mémorable aberration du vieux
« sens gaulois! avons-nous seulement un homme
« préposé à la garde de ce pays, un homme en-
« touré de tous nos respects, à qui nous n'ayons
« marchandé ni le temps de s'instruire dans sa
« haute tâche, ni le pouvoir de recruter ses auxi-
« liaires comme il l'entend? Notre erreur n'a que
« trop duré.

« Qu'on nomme un vrai chef d'état-major gé-
« néral, maître et seul responsable, sous la haute
« direction du généralissime de nos armées, de la
« préparation à la guerre; qu'on le nomme, — non
« pas le ministre, son sort est trop précaire pour
« qu'il ait l'autorité nécessaire, — qu'on le nomme
« à l'élection des chefs éminents qui composent le
« conseil supérieur de la guerre; qu'on le nomme
« pour dix ans, afin que ses vues soient larges et

« fécondes comme la durée qu'on lui ouvre, qu'il
« puisse dédaigner le marchandage d'influence
« dont on use pour garder une place convoitée;
« qu'on le décharge de toutes les questions de
« personnel, sauf de celui d'état-major, afin d'épar-
« gner son temps, afin de le soustraire aux solli-
« citations; qu'il lui soit enfin permis de porter
« son regard, loin et ferme, par dessus la misère
« de nos intrigues et l'encombrement de nos per-
« sonnalités, pour le salut des destinées fran-
« çaises. »

Ce langage patriotique doit être entendu, il corrobore, du reste, les reproches faits, avec raison,
aux derniers essais de mobilisation, la plupart
imputables à l'insuffisance du commandement
supérieur.

Il nous fait envier, en France, l'habileté, l'expérience, la compétence incomparables de l'état-
major allemand, dont l'inspirateur, le vieux feld-
maréchal de Moltke, a, dans une brillante réunion
d'officiers, pronostiqué, il y a quelque temps, à
Berlin, le résultat probable du prochain conflit
franco-allemand, en ces termes :

« La prochaine guerre sera surtout une guerre
« dans laquelle la science stratégique et du com-
« mandement aura la plus grande part. Nos cam-
« pagnes et nos victoires ont instruit nos ennemis,
« qui ont, comme nous, le nombre, l'armement et
« le courage.

« Notre force sera dans la direction, dans le
« commandement, en un mot, dans le grand état-
« major auquel j'ai consacré les derniers jours de
« ma vie. Cette force, nos ennemis peuvent nous
« l'envier, mais ils ne la possèdent pas. »

Ajoutons encore : et tenons-nous pour bien pré-
venus.

L'appréciation du vétéran de l'armée allemande
est de tout point exacte et mérite l'attention du
ministre de la guerre, surtout celle du chef du
gouvernement et de nos législateurs.

Modifions donc de suite notre organisation supérieure de la guerre, et nommons un général en
chef et un chef d'état-major permanent, comme
l'est le général comte de Valdersée dans l'armée
allemande, depuis la retraite du feld-maréchal de
Moltke, dont l'avis et les conseils sont cependant
toujours demandés et religieusement écoutés.

Gambetta, malgré des opinions différentes, voulait choisir, nous dit-on, le général de Miribel
comme le futur chef de l'armée. Il était tombé, à
notre avis, sur l'homme nécessaire ; mais le peu
de durée de son ministère empêcha, en apparence
du moins, la réalisation de son projet. On nous
assure que tous les grands commandements militaires sont pourvus. Tant mieux !

Quant aux chefs du grand état-major et aux
commandants en chef de l'armée, que ce soient les

généraux Davout, de Miribel, Saussier, ou tout autre, peu importe, pourvu qu'aucune préoccupation politique n'ait dicté leur nomination, si tels ou tels généraux sont universellement reconnus comme les plus dignes, les plus capables de commander nos armées. Quels que soient ces chefs, nous leur obéirons, jeunes et vieux, jusqu'à la mort, comme, en 1871, l'illustre marquis de Coriolis, le volontaire de près de soixante-dix ans, tué à la bataille de Buzenval avec le lieutenant-colonel de Rochebrune; comme Henri Regnault, comme Lambert, qui avait renoncé à son expédition au pôle Nord pour remplir son devoir de Français; comme plus de trois mille autres braves, morts le même jour au champ d'honneur, sous les murs de Paris. Glorieuses victimes du devoir patriotique, soyez nos modèles!

En satisfaisant à cette urgence et en nommant tous les généraux appelés aux commandements suprêmes, nous avons à regretter la mesure prise contre l'honorable général Février, dont la bravoure, l'énergie et les capacités spéciales lui permettaient de rendre, pendant quelques années encore, des services plus utiles que ceux qu'il peut rendre à la tête de la Légion d'honneur. C'est un poste de retraite et d'honneur qu'il peut encore attendre vaillamment sous les armes.

Sous Louis XIV, où malheureusement le choix des généraux était dû quelquefois à la faveur, un des plus remarquables parmi les généraux ennemis disait d'avance :

« Si j'ai en face de moi, à la tête de l'armée française, Villars, il me battra; si c'est Créqui, nous nous battrons; si c'est Villeroi, je le battrai. »

Si nous citons Louis XIV, c'est parce que son trop grand amour de la guerre, confessé, du reste, avec d'amers regrets, au dauphin, sur son lit de mort, a été en partie cause de l'animosité de l'Europe entière contre la France, et c'est une des nombreuses taches au brillant tableau de son règne.

Les généraux ennemis de Napoléon ne se trompaient guère, non plus, sur la valeur de ses maréchaux, dont le choix, cependant, ne fut jamais dicté que par leur mérite militaire ou leur influence électrisante sur les troupes. La constatation première de ce mérite particulier avait été faite par les jeunes recrues qui en avaient élu un grand nombre au début des guerres de la République. Nous reviendrons sur ce sujet; en attendant, constatons que l'Allemagne, ou plutôt la Prusse, nous a donné plus récemment la mesure des progrès que peut faire faire à une armée un ministre de la guerre permanent et habile.

Le feld-maréchal, comte de Roon, né en 1803, ministre de la guerre en Prusse depuis 1859 et ministre de la marine depuis 1861, dans sa longue et laborieuse carrière, terminée par la démission que son grand âge et le besoin de repos lui imposèrent en novembre ou décembre 1873, a été le véritable organisateur des victoires de l'armée prussienne et le premier instructeur de l'armée allemande.

Son énergie et sa facilité de travail étaient comparables à celles du prince de Wagram, sous Napoléon Ier, et du maréchal Gouvion-Saint-Cyr, notre savant organisateur et législateur militaire sous la Restauration et sous Louis-Philippe.

Il ne faut donc pas retarder d'un jour, d'un instant même, la nomination d'un ministre de la guerre, celles d'un général en chef et d'un ou de deux chefs d'état-major permanents, sans se préoccuper de leurs opinions politiques.

Pour que ces choix défient toute critique, il est indispensable de les faire dépendre uniquement des suffrages à bulletin secret de tous les généraux de brigade et de division, en activité ou même en non activité, au besoin.

Leur grade et leur expérience de la vie militaire les désignent comme les meilleurs juges des mérites des plus dignes d'entr'eux.

Leur devoir, leur intérêt, leur patriotisme, en parfaite harmonie avec les sentiments de la nation, les obligeront tous à apporter les sentiments les plus élevés de l'âme humaine, dans ce choix d'où dépend la victoire ou la défaite de nos armées; par conséquent, la vie ou la mort de la patrie.

Ils se connaissent, soit comme frères d'armes pour s'être vus à l'œuvre, soit par la bonne renommée incontestée des capacités, du coup d'œil, de l'énergie de chacun d'eux.

Du reste, le choix des élus, surtout s'il était à peu près unanime, supprimerait tous les froissements d'amour-propre que provoque quelquefois la nomination de faveur de quelques jeunes privilégiés, au détriment de collègues plus anciens et qui se croient plus méritants. L'élection forcerait, en outre, moralement, les élus à être toujours à hauteur de leur mission, à tous les points de vue, par patriotisme, par devoir, par amour-propre, surtout pour justifier la confiance dont leurs collègues les honoreront et supprimerait la classe, exceptionnelle en France, des généraux politiciens.

Dans cet ordre d'idées, le Président de la République, pour assurer l'inviolabilité du secret du vote(dont dépend, selon nous, l'avenir de la France), devra envoyer le même jour, à chaque général, une circulaire *imprimée* très explicative, sur l'importance capitale de son vote, et la façon dont il doit le faire connaitre.

Tous les généraux recevront en même temps une enveloppe non cachetée, renfermant une feuille de gros papier, vert, par exemple, comme couleur de l'espérance, sur laquelle chacun d'eux devra inscrire :

1° Le nom du ministre de son choix ;

2° Le nom du général en chef;

3° Les noms des généraux d'état-major;

4° Toute autre catégorie d'élus reconnus utiles à la défense nationale.

Tous ceux, enfin, qu'il croira les plus capables et les plus dignes de remplir ces hautes fonctions, et, en motivant son choix. Chaque électeur aura soin de rendre, autant que possible, son écriture méconnaissable, quoique très lisible; ou mieux, imitera les caractères imprimés, sur papier fort et sur une enveloppe de même couleur que la feuille de papier.

Les bureaux de poste, chargés de l'expédition de ces réponses, ne devront y apposer aucun timbre, on en devine facilement le motif. Du reste, on y lirait : *Service patriotique exceptionnel*, imprimé en gros caractères.

Dans une question de cette importance, la valeur de tous ces petits détails est trop grande pour qu'il puisse sembler superflu de les bien préciser, afin que, élus et électeurs ne puissent jamais connaitre ceux qui les ont ou ne les ont pas désignés, à moins de suffrages unanimes, et encore ne devraient-ils jamais savoir le nom des auteurs des notes ou des remarques faites.

Le résultat de ces votes seraient les nominations d'un ministre, d'un général en chef et celles des chefs d'état-major, sans l'approbation desquels le ministre de la guerre ne pourra et ne devra jamais

14

toucher à aucun des éléments constitutifs de l'armée.

Pour notre marine, appelée à soutenir notre armée de terre et à assurer la sécurité de nos côtes, nous désirons une façon d'agir toute semblable pour la nomination du ministre, celle de l'amiral ou vice-amiral en chef, aussi bien que pour celles des chefs de son état-major.

Tous ces élus de l'armée de terre et de mer resteront en fonctions au moins pendant huit ou dix ans, sauf dans des cas exceptionnels, et ne pourront être ni destitués, ni pourvus d'une mission différente, ni retraités, que sur la décision formelle du chef de l'État, approuvée par les présidents des grands corps constitués et par les autres élus du suffrage de nos sommités militaires; et, bien entendu, seulement pour des motifs graves de santé, de fréquentes négligences dans leur service, ou pour s'être fait remarquer comme s'occupant de politique.

Dans ce cas, on remplacerait les défaillants ou les malades au choix des autres élus.

De cette façon, chacun d'eux serait jugé et nommé par ses pairs, sans aucun esprit de parti ou d'animosité, ·dans le seul intérêt du service national.

En écrivant ainsi, nous n'innovons pas, nous faisons seulement revivre des précédents peu différents et presque similaires dans leurs conditions d'application, sauf l'infériorité des positions.

En effet, au moment des levées en masse, au début de la Révolution et dans l'incertitude des meilleurs moyens à prendre pour obtenir de bons officiers, les troupes furent consultées sur les mérites et l'avancement à donner à leurs chefs, surtout dans les corps de volontaires.

La première fois, le choix des élus fut très heureux et mit en évidence les Hoche, les Marceau, les Kléber, les Joubert, les Desaix et presque tous les futurs généraux de l'Empire, tels que Masséna, Gouvion-Saint-Cyr, Davoust, et la pléiade à peu près complète des hommes de guerre qui aidèrent brillamment Napoléon dans ses foudroyantes et merveilleuses campagnes. Ney seul, disait naguère le général Thoumas, croyons-nous, ne fut pas élu parce qu'il était très sévère pour ses soldats.

Malheureusement, le renouvellement de l'avancement à l'élection fut déplorable au point de vue de la discipline; quelques officiers étant devenus trop tolérants pour se rendre populaires et gagner la faveur de leurs subordonnés.

L'avancement uniquement à l'ancienneté fut unanimement repoussé également, après un essai qui fit nommer général de brigade un brave cantinier, sobre, il est vrai, mais absolument illettré et incapable.

Évidemment, la façon d'agir dont nous parlons ne devrait être tentée qu'une seule fois, et surtout ne jamais être érigée en coutume. Dans les circonstances périlleuses, il faut des mesures exceptionnelles.

Ce devoir accompli, nous demanderons s'il ne conviendrait pas de revenir sur la loi qui fixe à trois ans la durée du service actif de la première portion de l'armée?

Nos Chambres l'ont malheureusement votée sans en prévoir les terribles conséquences. Est-ce par principe politique, par faiblesse, ignorance ou légèreté inconcevables? Nous l'ignorons.

Nous nous refusons à croire à la calomnie répandue cependant sur quelques-uns des votants, qui les accuse d'avoir cédé à des préoccupations électorales, sans réfléchir à l'intérêt militaire.

Dans les circonstances actuelles, ce serait un crime de lèse-Patrie impossible à admettre chez aucun des représentants de la France.

Cependant, le vétéran de nos armées, le vieux maréchal Canrobert, avait mis sa grande âme à découvert, en conjurant ses collègues du Sénat de repousser cette loi néfaste.

« Croyez-moi, s'était-il chaleureusement écrié,
« cette loi est incapable de nous donner les fortes
« réserves dont l'intervention sur le champ de
« bataille est décisive. Elle est incapable d'empê-
« cher ces étonnements, ces effarements des
« troupes trop jeunes, et vous n'aurez que celles-
« là. Je vous l'ai dit, je suis soldat depuis soixante

« ans, maréchal de France depuis trente-deux
« ans, j'ai commandé les troupes depuis la simple
« compagnie jusqu'aux plus grandes armées; je
« suis vieux, infirme, mais j'ai le cœur toujours
« jeune, dévoué à l'armée et au pays. Ne votez
« pas cette loi. »

A notre humble avis, fortifié par l'incontestable
expérience et la réelle compétence du vieux maréchal sans peur et sans reproche, nos recrues de
la première portion du contingent devraient rester
cinq ans au régiment.

Une autre autorité, dont nul r ? contestera la
loyauté patriotique, M. Jules Sime ', e maître du
beau langage, surtout du langage pratique, a des
pensées charmantes en parlant des vieux soldats
d'autrefois, qui étaient la force de nos armées si
follement conduites à la boucherie, sous Napoléon III, en Crimée, au Mexique, en Italie, sur le
Rhin, en 1870; et pour quel résultat?

Volontiers nous cueillons quelques-unes de ses
pensées, pour en orner notre mémoire et nos
livres, comme on cueille de jolies fleurs pour en
parer un lieu, un objet aimé.

« J'admire le vétéran, dit-il, comme une chose
« sacrée, comme la force et l'honneur de l'armée.
« De mon temps, nous regrettions de n'avoir pas
« le droit de lui faire un salut.
« Un homme qui a passé sa vie à défendre les
« autres, renoncé aux joies de la famille, enchaîné

14.

« sa liberté, accepté la rude vie de la caserne, qui
« y a pris goût par patriotisme et par honneur, et
« qui reste dans la famille militaire comme un
« frère aîné, cet homme-là, je l'ai admiré pendant
« ma jeunesse, et maintenant, vieillard, je l'ad-
« mire encore davantage.

« Aussi, est-ce avec un amer chagrin que je le
« vois à la veille de disparaître.

« Je crois, ajoute-t-il aux sénateurs, que vous
« portez à notre armée le coup le plus funeste.

« L'instruction s'acquière vite, mais l'éducation
« militaire exige beaucoup de temps.

« Apprendre à obéir et à braver la mort est une
« chose qui ne s'enseigne pas en six mois, peut-
« être pas en trois ans.

« Il faut, tout au moins, que nos conscrits ren-
« contrent dans la rue des témoins qui puissent
« leur dire comment on obéit et comment on
« affronte la mort. »

Avec eux tout Français sera brave.

En retour de cet éloge flatteur et mérité, le soldat doit avoir conscience de sa valeur, de sa noble
mission, être heureux de s'instruire pour la défense du pays, et fier d'être appelé à combattre
sous le glorieux drapeau national; mais, pour
l'exalter, il faut lui donner en exemple nos vieux
soldats, nos vétérans d'autrefois, pour le rendre
brave.

Ajoutons que la peur est le plus réel des dan-

gers; elle fait les races esclaves, et, comme le dit
fort bien Montaigne, tantôt elle met des ailes aux
talons, tantôt elle cloue les pieds au sol. Elle est
contagieuse pour les masses, pour les jeunes
troupes surtout, mais elle peut s'atténuer par le
raisonnement et le sentiment du devoir.

Henri IV, le roi vaillant, était naturellement
poltron, et il disait à la belle Gabrielle d'Estrées,
ou peut-être bien à une autre confidente de ses
pensées intimes : « Ma mie, tu es heureuse de
pouvoir avouer tes frayeurs ; tu ne mens pas
dans ce cas, tandis que moi, pour ne pas mentir,
je suis forcé d'être brave le jour du combat. »
Surmontant cette faiblesse involontaire, il se montrait brillant jusqu'à la témérité ; aussi, pouvait-il
dire avec raison à ses soldats, avant la bataille
d'Ivry : « Gardez vos rangs, et si vous perdez vos
enseignes, ralliez-vous à mon panache blanc, vous
le trouverez toujours au chemin de l'honneur et
de la victoire. » La bravoure est la vertu française,
c'est celle de nos officiers, qui doivent marcher le
front haut, et se faire respecter de tous.

Le vieux et vaillant maréchal de Castellane
était un de ces hommes si fiers de leur dignité, et
même de leur uniforme, qu'il ne le quittait jamais
volontiers. On disait, en le voyant souvent en
grande tenue, dès le matin : « Il couche tout
habillé, avec ses épaulettes. » C'est qu'il avait su
les gagner en payant partout de sa personne avec

le suprême dédain de la mort du vrai grand seigneur d'autrefois.

Le maréchal duc de Malakoff était aussi un des
hommes comprenant le mieux la haute importance
de son grade; il le prouva un jour avec la brutale
franchise habituelle de son langage, en voyant le
préfet de son département chercher, dans une
cérémonie publique, à prendre le pas sur lui.

« Passez derrière moi, s'il vous plaît, monsieur,
« lui dit-il en le retenant par le bras, il n'a fallu
« qu'un trait de plume pour faire ce que vous êtes,
« tandis qu'il faut trente ans pour faire un homme
« comme moi! »

Dans une autre circonstance, le maréchal Lefèvre, duc de Dantzick, eut tout autant d'à-propos.

Se trouvant un jour en présence de deux gentilshommes vantards qui parlaient de leurs ancêtres, l'un d'eux lui demande :

— « Maréchal, quelle est l'ancienneté de votre
« famille? »

— « Monsieur, je suis mon seul ancêtre; mais
« vous n'auriez jamais, à notre époque, pu mériter
« d'être celui de votre race. »

N'est-ce pas démontrer qu'à côté de nos recrues,
il faut des officiers et des hommes d'élite pour les
viriliser?

Nous n'en manquons pas de ces hommes, mais
écoutons leurs conseils, dont nous résumons l'enseignement dans les lignes suivantes.

La période de trois ans, probablement abrégée encore par les nécessités budgétaires, est trop courte pour former de bons cadres en sous-officiers et en caporaux ou brigadiers; même pour l'éducation militaire d'un soldat d'élite d'infanterie, tel que nous en voudrions un grand nombre.

Elle est, à plus forte raison, tout à fait insuffisante pour les autres armes, principalement pour la cavalerie et l'artillerie.

La pénurie de nos finances est la cause première du peu de temps que chaque homme passe sous les drapeaux, par conséquent de son éducation incomplète. Impossible d'y remédier avec nos ressources financières actuelles.

Les autres raisons, tirées des nécessités de l'agriculture ou de l'industrie, sont, au contraire, plus faciles à concilier avec l'économie, en accordant chaque année des congés de trois ou de six mois, suivant le degré d'instruction de chacun, au tiers de l'effectif des hommes présents sous les drapeaux, au moment des plus grands travaux des champs ou de l'industrie. En retour de cette facilité donnée au travail national, il serait indispensable, à notre avis, de décréter que chaque homme, en congé, se rendit le dimanche à la mairie de sa commune ou d'une commune voisine pour y faire, pendant trois heures au moins, un exercice de tir ou de petites manœuvres de campagne, sous la direction et la surveillance d'un ancien militaire gradé. Au besoin, le maire ou son délégué ferait l'appel de tous ces hommes en congé.

Si le garde-champêtre avait été gradé, au moins soldat d'élite pendant dix à douze ans au régiment il pourrait, s'il le désirait, cumuler sa fonction avec celle d'instructeur; ce qui lui vaudrait de bien meilleurs appointements et lui donnerait plus de prestige et d'autorité sur ses administrés.

Incontestablement, la perspective de cette position civile et militaire bien rémunérée et surtout très honorée, devrait être une récompense, une amélioration de retraite et une tentation capable de maintenir longtemps sous les drapeaux, quelques soldats plus patriotes que leurs camarades et ambitieux comme César, à défaut de pouvoir commander à Rome, d'être le premier « commandant d'armes » d'un village.

A tout prix, il faut en faire un personnage, dans l'intérêt de la défense nationale.

Ce serait en outre un des petits moyens d'avoir plus d'hommes aguerris pour entraîner les autres, sans désorganiser davantage ›nos malheureuses finances, en même temps qu'un procédé économique pour obtenir des cadres capables d'organiser, d'instruire et de viriliser nos réserves, pendant la durée d'une campagne. Ce serait, en définitive, contribuer à fortifier le côté le plus nécessaire au salut de la France : l'âme et le corps de ses défenseurs.

Deux autres petites remarques à faire :

Devant le peu de temps consacré à l'instruction de nos troupes, espérons que nous n'entendrons plus jamais le vieux refrain de gaité de nos braves soldats d'autrefois, lorsque la pluie venait empêcher un exercice quelconque :

« Faites pleuvoir, Seigneur, pour le repos du soldat (dont le seul correctif était d'ajouter) et pour les biens de la terre. »

Ayons, au contraire, des hommes désireux de s'instruire et des chefs assez intelligents et patriotes pour se lamenter lorsque le moindre contre-temps interrompra les exercices d'entrainement.

M. Richard, du *Figaro*, rappelait dernièrement que le prince de Ligne pleurait chaque fois que le mauvais temps les empêchaient dans son régiment. Notre judicieux spécialiste a raison de l'approuver. Complétons notre pensée à ce sujet.

Pour stimuler, économiquement, l'ardeur des jeunes aspirants à l'épaulette, dans nos régiments territoriaux, nous voudrions encourager chacun à s'instruire chez lui, en dehors des appels au corps. Pour cela, il faudrait ne conférer de grades qu'après des examens, des concours de tir, de maniement d'armes, de gymnastique, d'histoire, de géographie, de théories et de sciences militaires, et ne jamais en accorder à la faveur. Cependant, si des raisons particulières d'influence locale, de situations exceptionnelles, s'alliaient avec des considérations patriotiques, nous comprendrions parfaitement la nécessité de donner un grade, hors du concours, à un homme brave, influent et jouissant de la considération générale : le salut de la France avant tout.

Le résultat immédiat de cette mesure serait la création, en dehors de l'État, de quelques centres d'instruction spéciale pour préparer les candidats aux concours pour arriver à l'épaulette.

Un autre point à envisager :

L'esprit de corps doit régner dans notre armée afin d'en fortifier tous les éléments; malheureusement il s'est traduit, parfois, non par l'émulation, mais par des combats absurdes, criminels même, que l'autorité aurait dû prévoir et empêcher à tout prix.

Sans rappeler ici les duels et les anciennes animosités de corps, qu'il était coupable au commandement supérieur de tolérer (nous en parlerons plus longuement dans un chapitre spécial au duel, pour le réprouver avec indignation), nous avons entendu dire qu'une rixe mortelle avait eu lieu, au camp de Châlons, en 1880, entre les cuirassiers, alliés aux chasseurs à pied, et l'infanterie ordinaire, comme s'ils ne se savaient pas tous fils d'une même mère : la France, dont le sein n'est pas assez fécond pour ne pas en ménager parcimonieusement tous les enfants. Voici le fait dans toute sa brutalité :

Un jour de réception des cuirassiers par les autres

sous-officiers du camp, sauf ceux de la ligne, on leur avait refusé la permission de minuit, en leur recommandant de rentrer exactement à dix heures.

En prévision d'un oubli de la discipline, plusieurs patrouilles d'infanterie de ligne avaient été ordonnées. (Il eut été sage et prudent de les prendre dans les corps en fête.)

A dix heures et quart, un petit groupe de sous-officiers de cuirassiers est rencontré par la première patrouille. — Le caporal donne l'ordre à ses hommes d'emmener à la place tous les retardataires. Une mêlée a lieu et un sous-officier de cuirassiers rebelle est frappé de trois coups de baïonnette, pendant qu'un fantassin a le crâne fracassé d'un coup de bouteille.

Transportés à l'hôpital, ils y meurent tous deux le lendemain, et un maréchal des logis chef se brûle la cervelle à la suite de ce conflit, qui tua la confraternité militaire entre les cuirassiers en question et le bataillon d'infanterie de ligne du camp.

L'animosité grandit encore, lorsqu'on apprit, quelques jours après, la nomination au grade de sergent du commandant de la patrouille.

Était-elle la récompense de la façon énergique dont il avait exécuté sa consigne? Nous l'ignorons. Quoi qu'il en soit, l'effet en fut déplorable. On aurait dû, à notre humble avis, le faire changer aupara-

vant de garnison, en le nommant dans une autre
fraction de son régiment.

La France et trois familles en deuil furent le résultat de l'imprévoyance, qu'un chef soucieux de
sa responsabilité aurait facilement évité. Cette
prodigalité criminelle du sang français était le
péché d'autrefois qu'il ne faut plus commettre. Les
maréchaux Ney, le brave des braves, et Augereau,
l'entraîneur d'hommes, avaient chacun, pendant
leur jeunesse, couché sur le pré plus d'un collègue,
par une rivalité stupide de régiment.

A l'avenir, pour atténuer ces animosités, il faudrait exiger plus de sollicitude de la part des commandants de troupe, apporter plus d'intelligence
dans l'éducation morale, surtout dans l'enseignement de la véritable camaraderie militaire. Il serait
indispensable aussi de ne jamais faire de passe-
droits, pas plus à un régiment qu'à ses officiers;
en un mot, que la justice soit constante et paternelle. Il faudrait, en revanche, que la répression de
toutes provocations d'un corps à l'autre fut impitoyable.

Grandir l'esprit de corps et l'émulation, dans le
sens le plus élevé, par la religion et l'histoire, serait
également un moyen de resserrer la confraternité
entre les régiments. — L'adoption du recrutement
régional la développerait aussi. On aime généralement, dans l'armée, ses *pays*, selon l'expression
du soldat, on les soutient par amour-propre de

clocher, surtout dans les corps de la reine des batailles. Il faudrait, en retour, supprimer la désignation des régiments par numéro; ils ne parlent ni à l'imagination ni à l'esprit, ni au cœur. Une dénomination, tirée du lieu de recrutement, de telle ou telle particularité d'origine ou des mérites du corps les remplacerait avantageusement.

Lorsqu'une contrée armerait plusieurs régiments, un adjectif flatteur, rappelant un de ses exploits, un souvenir glorieux — un qualificatif à sa louange ou à celle de la province d'origine les distingueraient et montreraient à tous, surtout aux hommes du corps, les grands exemples de quelques aînés dans la carrière, en les engageant à les imiter. Le 4e hussard pourrait s'appeler le Lion rouge, en souvenir de Ney, comme le 6e se nommerait le beau Lauzun; ne serait-ce que pour engager les nombreux descendants de cette race de braves, à se perpétuer, dans ce beau régiment où nous avons eu l'honneur de servir.

Les vertus militaires, les devises mêmes, fourniraient des éléments de distinction pour un corps — celle de Paris, par exemple, rappelerait son histoire; — celle du 84e de ligne. — « Un contre dix » redirait une des plus glorieuses prouesses de nos annales régimentaires. Les historiques des régiments de hussards nous raconteraient, plus spécialement, les exploits des illustres et vaillants cavaliers qui se risquèrent sur la glace pour aller s'emparer

de la flotte hollandaise — en nous rappelant qu'à
cette même époque, ces régiments, élégants entre
tous les élégants, faisaient quelquefois la guerre au
cœur de l'hiver — en pantalon de toile, avec des
bottes sans semelles et avec des tresses de paille
pour se couvrir et remplacer la pelisse. — Ils nous
rediraient la longue durée de l'amitié de la France
et de la Hongrie, leur pays d'origine, et nous en-
gageraient à tout faire pour revivre en bons termes
avec nos anciens amis. Les historiques des autres
corps nous raconteraient tous des traits aussi
beaux, le 4e du génie nous redirait le nom de Bobillot, le 26e de ligne celui de Blandan.

Le dicton : « Comtois, rends-toi. » — « Nenni,
ma foi », relaterait un épisode glorieux pour les
recrues des départements franc-comtois.

Les souvenirs de certains faits honorables seraient un enseignement de bravoure et de désintéressement : par exemple la phrase : « En avant! le
bataillon de la Moselle en sabots » ne dépeindrait-
elle pas une épopée de vaillance qui oblige les Lor-
rains à être tous de bons soldats, pour ne pas
mentir à leur passé.

Nos glorieux frères d'armes d'Alsace-Lorraine
ne devraient-ils pas donner leur nom à un de nos
régiments, afin d'avoir un souvenir de leur vaillance sur nos drapeaux, comme ils l'ont pour toujours dans nos cœurs.

Un des noms de bataille, de combat ou de siège

où se sont immortalisés nos régiments, ne devrait-
il pas revivre sur les étendards et servir de nom
de famille à plusieurs d'entre eux? Les souvenirs
et les traditions jouent un grand rôle, même dans
les esprits modernes, et nous poussent à plus d'enthousiasme que nous ne voudrions en laisser paraître. Sidi Brahim désignerait le 8ᵉ bataillon de
chasseurs et la Bérésina le 125ᵉ de ligne pour rappeler qu'il a sauvé l'armée à son meurtrier passage.

L'éloge accordé par Napoléon aux soldats
d'Austerlitz, disant de chacun d'eux : « Voilà un
brave », ne devrait-il pas leur survivre, et, de nos
jours, n'obligerait-il pas tout soldat des corps
d'élite présents à cette bataille de géants, à marcher sur la trace glorieuse de ses devanciers?

Le nom d'un grand homme de guerre, général
ou soldat, qui a illustré son corps, devrait le désigner, pour apprendre à tous la bravoure et
l'honneur.

Les phrases flatteuses et les adjectifs louan-
geurs, à l'adresse de quelques héros, pourraient en
indiquer d'autres. Une partie de la phrase : « A
moi, Auvergne, ce sont les ennemis », devrait distinguer un des corps recrutés dans cette province.
« Savoie, toujours en avant. » « Montjoie et Saint-
Denis. » « Bourgogne, à la rescousse », en rappelant un exploit aux recrues de ces contrées, seraient de glorieuses traditions de confraternité
militaire.

Les mots « sans peur et sans reproche » « l'invincible », « l'infatigable », « le Tonnerre », « le Lion » devraient être autant de qualificatifs de nos troupes d'élite. Les braves Suisses, nos soldats et nos frères d'armes d'autrefois, nos amis de toujours, n'ont-ils pas pris, pour caractériser leur canton, les mots : « taureau d'Uri », « Vache d'Underwald », ou « Ours de Berne. »

Rappelons-nous, dans un sens contraire, mais caractéristique, que l'influence des souvenirs, éveillés par le *Ranz des Vaches*, chanté ou joué sur la cornemuse, était magique, autrefois, sur nos soldats suisses. S'il mettait, au début, la joie dans leur cœur, une sombre mélancolie les envahissait bientôt après, au point qu'on fut forcé d'en interdire même le chant, dans les régiments à la solde de la France, pour éviter les désertions ou les désespoirs violents.

Cette considération nous fait désirer, également, la création d'un chant national, capable de faire naître, dans l'âme du soldat, même à son insu, les sentiments les plus élevés du devoir et du patriotisme. Dans ce cas, le souvenir si pur de Jeanne d'Arc nous paraîtrait le plus digne et le plus capable de nous électriser tous. Nous le démontrerons ultérieurement.

Comme complément de ces transformations, la croix de souffrance, de gloire et d'honneur, devrait décorer et embellir nos plus glorieux drapeaux et récompenser les prouesses de tout le corps.

Avec elle, tous les signes, tous les emblèmes, toutes les évocations entretiendraient la flamme sacrée et seraient l'histoire vivante et parlante de l'armée et celle de la patrie. Les nations pacifiques et heureuses sont sans histoire, dit-on; malgré notre désir de bonheur pour la France, nous voudrions que la sienne tourne toujours dans un cercle de vaillance plus brillant à chaque appel aux armes pour nous défendre, et jamais pour attaquer.

Comme les corps se recruteraient par régions, nos mères, nos femmes, nos sœurs, nos filles devraient broder nos drapeaux de leurs mains, afin de donner à leurs défenseurs le désir de les rapporter victorieux et de les glorifier, comme au temps de la chevalerie.

Cet ouvrage serait un honneur pour nos grandes Dames de France, toujours les premières dans la voie du devoir patriotique de la Charité; un honneur aussi pour nos braves soldats.

A l'avenir, chaque exploit serait ajouté au nom des corps et lui donnerait un grade de plus dans la hiérarchie de la vaillance, en le désignant à l'admiration de tous.

Qui ne se souvient des prouesses légendaires de certains corps, celle de « Navarre sans peur », par exemple, dont le souvenir se transmettait comme les récits des veillées héroïques de nos aïeux? Qui

ne connaît les prouesses, malheureusement quelquefois sinistres, des « Hussards de la Mort »,
dont les premiers exploits, grossis par les imagi-
nations, en avaient fait une menace redoutable
pour nos ennemis? De même que « Noblesse
oblige », son qualificatif seul, imposait à ceux qui
entraient dans ses rangs, une bravoure insensée
jointe au plus suprême dédain de la mort, qu'ils
savaient, du reste, donner beaucoup plus que recevoir. Leur fureur guerrière traditionnelle en
avait fait des fanatiques semblables aux soldats
du « Vieux de la Montagne ».

Sur cette thèse intéressante de l'esprit de corps,
qui sait même si des habitudes d'élégance et de
chevaleresque galanterie n'obligeraient pas un régiment, après avoir fait ses preuves, à continuer
à toujours bien faire? C'était l'idée qu'avait eu le
chef d'un régiment de dragons surnommé « les
Demoiselles de Goyon », du nom du colonel qui,
s'il aimait à voir officiers et soldats en tenue irréprochable, savait aussi les entretenir dans les
traditions du courage le plus digne, en invoquant
la gloire de leurs aînés.

En 1814 ou en 1815, avons-nous cru comprendre
à la lecture de quelques correspondances de
l'époque, nos ennemis les plus acharnés récla-
mèrent, avec menace, la suppression, dans quelques régiments, des rares désignations qui avaient
survécu à l'ancien régime et d'autres innombrables.

acquises par les exploits de ces régiments sous la République ou l'Empire, et demandèrent leur remplacement par de simples numéros afin, sans doute dans leur pensée, de les châtier d'avoir terrorisé leurs armées pendant plus de vingt-deux ans.

Cette raison, seule, devrait nous engager à faire revivre les anciennes traditions, modifiées comme nous venons de le proposer. Ce serait patriotique et instructif. Nos ennemis savaient bien que les légendes de vertus, de gloire et d'honneur sont de puissants moyens d'enthousiasme et font du soldat français un héros. Guillaume II a donné plus de cent noms de généraux ou de victoires à des corps de troupes et Frédéric le Grand disait, au début de la guerre de Sept Ans, d'un de ses régiments de Gardes du Corps : « Je ne me déclarerai jamais vaincu, tant que mes gardes n'auront pas donné jusqu'au dernier. »

Les Autrichiens et les Français savaient, malheureusement, que ce mot « donné » signifiait, dans la bouche du roi, le sacrifice de leur vie pour la Patrie.

L'empereur Guillaume II le rappelait, récemment, lors de la remise d'un drapeau aux descendants de ce vaillant régiment.

Et nous, Français, n'avons-nous pas dans nos annales, des pensées équivalentes, dans ces phrases si électrisantes et si grandes dans leur simplicité ? par exemple, lorsque le maréchal Saint-

Arnaud passe devant le front des régiments de zouaves, pendant la guerre de Crimée, et leur dit, en se découvrant et en saluant leur étendard : « Merci, mes zouaves », pour les remercier de leur prouesse de tous les jours de bataille.

Ne nous souvenons-nous pas de cet ordre d'attaque d'un divisionnaire, aux chasseurs à pieds : « Allez ! mes irrésistibles », et d'appel au secours : « A moi, mes zouaves, à la Tour », pour les lancer à l'assaut de la tour Malakoff, où un si grand nombre d'entre eux, devait trouver la mort.

Qui ne se rappelle l'appellation adressée aux troupes d'Afrique, pour les électriser : « En avant ! les enfants du feu. » ou « serrez-vous sur le chef. » « *Sero* sur le Kalifat. »

Eh bien ! à l'avenir, dans les situations critiques, les mots « à l'honneur ou au ciel, mes braves », devront être sur les lèvres de tout commandant d'une troupe française, comme dans son cœur.

Un éminent écrivain des *Débats* plaide, du reste, brillamment cette thèse en ces termes :

« Le troupier d'à présent se dirait avec autant de fierté que celui de jadis : « Je suis du régiment de Champagne ! »

Les recrues s'applaudiraient d'être classées dans e « régiment d'Austerlitz », le paysan lui-même se sentirait flatté en disant : « Mon fils est au regiment de Wagram » ou aux « cuirassiers de la Moskowa. »

Vienne une guerre, une guerre heureuse, nos bulletins modernes retentiraient de noms deux fois sacrés, et nous relirions avec une émotion redoublée des phrases de rapport comme celle-ci :

— L'impétueuse entrée en ligne « d'Alsace » et de « Davoust » a définitivement contraint l'ennemi à la retraite, ou bien encore : « Rien n'a pu arrêter la marche victorieuse du régiment d'« Iéna. »

Ajoutons à ces réflexions, qu'il est indispensable de revenir au recrutement régional à peu près comme en Allemagne, pour transmettre l'esprit de corps de générations en générations pour que le fils ambitionne de servir où son père et ses aïeux ont payé leur dette à la Patrie; afin que chacun sache d'avance dans quel corps est sa place d'armes ou de bataille; afin qu'aux veillées d'hiver les enfants entendent, de la bouche de leur père, les récits de la vie du régiment qui deviendra la leur, et le connaissent d'avance.

# ARMÉE

## CHAPITRE III

Chaque appel au patriotisme trouve un écho
dans le cœur et la haute intelligence de M. Jules
Simon lorsqu'il écrit :

« Un ancien ministre, le général Ferron, dans
« un moment d'enthousiasme, à propos du con-

« tingent annuel (et des séminaristes, croyons-
nous), s'est écrié : « Je prends tout. » Je l'en défie.
« Ni lui, ni ses successeurs, ni aucun ministre de
« la guerre, dans aucun pays, ne prennent tout.
« Ils prennent ce qu'ils peuvent entretenir. »

Et il ajoute : « En droit, les jeunes soldats pourront être appelés pendant trois ans ; en fait, ils ne
le seront jamais que pendant deux ans. »

Cette remarque nous encourage à dire que la loi
du 15 juillet 1889, en remplaçant, contrairement à
nos vœux, le recrutement régional par le recrutement national, nuit :

1º A l'agriculture et voici comment :

Avant cette loi, à l'époque des grands travaux
agricoles, beaucoup de jeunes soldats allaient
seconder leurs parents sans grande dépense pour
se rendre chez eux, et facilitaient une économie
budgétaire en équilibrant équitablement les charges
militaires.

2º Elle nuira à la rapidité de la mobilisation, en
obligeant les hommes appelés à rejoindre leur
corps, en cas de guerre, à rester longtemps en
route, par suite de l'encombrement inévitable des
voies ferrées, quelle que soit la longueur du trajet
à parcourir.

3º Cette loi sera par conséquent injuste ; en
outre, funeste à nos travaux agricoles, parce que
les congés étant forcément sans solde, le soldat
riche pourra seul, dans ce cas, supporter les frais

d'un voyage long et coûteux, compensés d'ailleurs par les avantages que lui et sa famille, moins besoigneuse que d'autres en retireront; et le pauvre portera toujours la besace, même en République.

En définitive, ne sera-ce pas une iniquité de faire faire au pauvre le service du riche qui gagnera de l'argent ou ira en faire gagner aux siens?

Une autre remarque se présente à notre esprit :

Nos lois maintiennent 4.000 officiers de plus que dans l'armée allemande.

Est-ce urgent, en considération de notre détresse financière?

En agissant ainsi, nous nous donnons l'apparence d'une infériorité morale, sans nous créer un surcroit de force comparé aux inconvénients causés par trop d'officiers.

Le sous-lieutenant, quels que soient ses mérites, sa valeur, entraine toujours plus d'encombrement et apprête moins le travail de chaque jour d'une armée avant la bataille que le gradé inférieur qui est constamment auprès de ses hommes.

Nos maréchaux d'empire, nos généraux de la première République, nos maréchaux de France d'autrefois, parmi les plus heureux à la guerre surtout, appréciaient davantage qu'aujourd'hui nos soldats et tous nos bas officiers, sans doute à cause de la prérogative des grades conférés à la noblesse sans lui avoir laissé le mérite de les gagner,

et qui devaient être, par conséquent, conférés souvent à des incapables ou à des grands seigneurs
constamment absents de leur régiment, pour rester à la cour ou dans leurs châteaux.

Les mémoires ou les lettres de plusieurs commandants d'armée, en Allemagne et en Espagne,
l'attestent.

Villars se plaint au Ministre de la guerre, à peu
près en ces termes :

« Monsieur le Ministre, nos cantonnements sont
« installés depuis plus de quatre mois; les hosti-
« lités vont commencer; malgré cela, plusieurs
« chefs de corps et quelques officiers n'ont pas
« encore paru; ci-joint leurs noms. Si vous approu-
« vez leur manière d'agir, je la blâme et le service
« de Sa Majesté en souffre considérablement. »

Que pouvait-on espérer de tels titulaires? leur
nombre même ne les faisait pas estimer davantage
de ceux qui avaient la responsabilité de leurs actes;
le fait suivant le prouve : Un jour, quelqu'un vint
proposer au maréchal de Saxe un joli coup de
main dont le résultat devait être merveilleux.

— Combien d'hommes me coûtera-t-il, demande
le maréchal?

— Pas beaucoup, une vingtaine au plus, mon-
seigneur, répondit le solliciteur.

— Je vous accorderai plus volontiers vingt officiers, répliqua-t-il.

C'était, il est vrai, à l'époque où la France, au

prélude de sa décadence militaire, comptait un nombre d'officiers absolument disproportionné avec celui de ses soldats, peut-être bien au moment du règne de l'ignoble Louis XV, où un officier commandait à peine, dans certains régiments, à quatre ou cinq hommes, c'est-à-dire à un plus petit nombre d'hommes que le plus humble caporal d'aujourd'hui.

Loin de nous la pensée d'établir la plus petite comparaison entre nos officiers actuels et les autres; nous diminuerions leurs mérites et c'est bien loin de notre pensée; mais nous trouvons qu'il ne faut pas augmenter leur nombre, surtout en prendre autant à Saint-Cyr et même à l'École Polytechnique. Nous voudrions, au contraire, sur leur nombre restreint, en voir tirer davantage du rang; afin d'avoir des cadres meilleurs et plus nombreux, en donnant aux bas gradés la perspective si séduisante de l'épaulette, et à nos désœuvrés la tentation de suivre la noble carrière des armes, pour arriver à l'obtenir en se rendant utiles à la France.

Plusieurs de ces oisifs, dangereux parfois, se demandent chaque matin : Que ferai-je? Serai-je tôt ou tard un héros, un déclassé ou un criminel?

Une seule réponse patriotique à leur dicter : Engagez-vous !

Qui sait si une fois dans la voie du devoir et de l'honneur, l'un d'eux n'aura pas l'inspiration et la chance, le jour d'une inique agression, d'aller chercher et de gagner le bâton de maréchal de France sur le Rhin, selon le désir à demi prophétique du général Chanzy, de si glorieuse mémoire.

Nos sous-officiers d'aujourd'hui n'ont pas moins de valeur que les illustres parvenus de la première République et de l'Empire, arrivés à ce sommet de la hiérarchie militaire et gravissant quelquefois les marches d'un trône. Inutile de les citer ; leurs noms sont dans toutes les mémoires ; il nous suffira de dire que l'un d'eux, Bernadotte, prince de Ponté-Corvo, a fait régner par lui ou par ses successeurs une paix glorieuse depuis 1815, sur la Suède et la Norvège, malgré le point de départ militaire de l'ancêtre.

A l'appui de cette thèse, nous ajouterons que si les généraux, et surtout le général en chef, sont la tête et l'âme de l'armée, de l'aveu unanime, les colonels, les capitaines, les sergents-majors ou les maréchaux des logis chefs en sont les unités indispensables. Vrais pivots de sa force, leur trinité en est le levier le plus puissant dont les bas gradés sont les points d'appui pour dresser, former, faire vivre et enlever, à un moment donné, nos innombrables recrues. Eh bien ! demandez à ces éléments essentiels de notre vie militaire, leur opinion sur les sous-lieutenants sortis de Saint-Cyr, sur ceux de Saumur, sur ceux de Saint-Maixent, et interrogez-les sur leurs préférences motivées.

S'ils ont eu le maniement des hommes à la caserne et en campagne, ils répondront invariablement que, dans le service de compagnie ou d'escadron, ils préfèrent, en général, l'officier sorti du rang, car l'école du soldat est une rude mais vivifiante leçon pour les débuts dans l'armée.

Évidemment, les Saints-Cyriens ont plus d'instruction, plus de facilité pour apprendre, ils sont plus jeunes et deviendront certainement de plus brillants officiers supérieurs ordinaires ou d'état-major; ils pourront arriver plus vite général.

Mais en leur accordant ces avantages et ces mérites, nous devons dire que peu d'entre eux seront assez favorisés pour arriver au grade de colonel et que l'exception seule recevra les étoiles. L'immense majorité parmi eux, et parmi les autres officiers de toutes provenances, restera donc à conduire modestement mais utilement les hommes.

Presque tous, ils s'useront pendant vingt ou vingt-cinq ans et plus, au rude métier d'instructeur et de dispensateur de tout ce qui est nécessaire à la vie et à l'instruction du soldat.

Eh bien! comme il n'y a que quelques élus pour un si grand nombre d'appelés, est-il vraiment nécessaire de prendre tant d'officiers à Saint-Cyr et à l'École Polytechnique, sachant que plus ils sont nombreux, plus, en principe, ils éloignent de bas gradés de l'état militaire; plus ils diminuent, par ce fait, les moyens de fortifier notre armée, déjà si affaiblie par la réduction du service à moins de trois ans. Tel qu'il est, il nous prépare bien des désillusions, si nous ne mettons pas tout en œuvre pour la consolider par des cadres inférieurs aussi forts que nombreux; si nous ne réussissons pas à aguerrir nos recrues contre les surprises et les épreuves de la vie militaire par une éducation physique et morale à hauteur des circonstances; si nous ne les protégeons pas par une artillerie beaucoup plus redoutable, plus nombreuse, plus mobile que celle de nos adversaires futurs.

Napoléon disait : Plus une troupe est jeune, plus solides doivent être ses encadrements, et plus formidable son artillerie.

Le feld-maréchal de Moltke a mis en pratique cette maxime si vraie, et il avait, à l'entrée en campagne de 1870, 1.500 canons et nous, 900 environ.

Qui sait (si nous en avions eu autant et plus qu'eux, ce qui nous était facile, puisque nous étions plus riches), de quel côté la victoire serait restée, en supposant une tactique mois folle que celle de nos débuts de la campagne.

Pour en revenir à nos cadres, une remarque à faire, à l'occasion d'une mauvaise habitude dont nous avons souvent constaté les grands inconvénients en Afrique; celle d'envoyer l'ordonnance de quelques officiers au convoi pour escorter leurs bagages ou leurs chevaux de main.

Évidemment, nous ne voulons pas parler du

temps de paix, où il est fort juste que celui qui porte l'épaulette jouisse de quelques prérogatives; mais nous n'admettons pas cet abus dans les guerres d'Europe, où la moindre faute se paie d'un désastre, et où le moindre éparpillement de nos forces est un crime, surtout s'il est dans un intérêt personnel. Or, l'ordonnance ou son camarade sont, dans cette situation, des non combattants; c'est déjà bien assez que l'un ou l'autre soit parfois une non valeur pour le service de son escadron ou de sa compagnie; comme si ce service n'était pas déjà le plus pénible de la vie militaire, où il n'y a généralement pas deux heures de bataille sur quinze cents de travaux préparatoires.

Si ces heures, les plus longues, ne sont pas les plus meurtrières, elles sont certainement les plus douloureuses. Puis, nos colonnes de bagages réglementaires, les convois de munitions et de vivres, absolument obligatoires, sont déjà bien assez encombrants pour ne pas les augmenter. Qui ne se souvient du surcroît de fatigue qu'occasionnait, en 1870, la présence de l'Empereur à l'armée, dans la marche sur Sedan?

Le défilé, la présence sur les routes et le logement de ses chevaux, de ses voitures, de ses fourgons, de ses bagages, de tout son personnel, de son entourage enfin, épuisaient, encombraient et retardaient beaucoup l'armée, sans aucun avantage. C'était une vraie calamité.

Comme les *impedimenta*, occasionnés forcément
par la présence de chaque officier, sont un inconvénient militaire forcé, nous voudrions voir pour
eux moins de bagages réglementaires, surtout à la
veille des engagements, au moins exiger qu'ils ne
soient jamais plus nombreux, et ce serait dans
l'intérêt même de l'officier.

Pour toutes ces raisons, nous croyons qu'il vaudrait mieux avoir 8 ou 10,000 sous-officiers, brigadiers ou caporaux et vétérans de plus, que les
4.000 officiers en question, sachant que les plus
humbles éléments de nos cadres sont les meilleures
chevilles ouvrières de nos régiments et coûtent
infiniment moins cher, tout en rendant de plus
grands services.

L'arithmétique le prouve sommairement.

Le sous-lieutenant revient à l'État à 2,500 francs
environ par an, tandis que la moyenne de dépenses
des divers bas gradés est de 1,250 francs, de plus
leur travail est plus efficace :

En définitive, si par hasard, au début d'une
guerre, le général en chef jugeait urgent de gros-
sir le cadre des officiers, il serait plus sage de le
faire au moment même de l'entrée en campagne :
le feu sacré enflammerait davantage les nouveaux
élus.

En résumé, dans notre pensée, une armée française serait parfaite, si elle avait de bons officiers
comme ils le sont, mais en plus petit nombre, le

triple au moins de sous-officiers capables de les remplacer et quatre caporaux ou brigadiers sous les ordres de chaque sous-officier.

Quant aux vétérans, plus nombreux ils seraient, plus solides seraient nos troupes.

Donner des officiers en trop grand nombre à notre armée, n'est-ce pas avoir une mauvaise opinion des soldats et des cadres inférieurs qui la composent?

Sur ce sujet si intéressant, M. Jules Simon dit encore :

« En Allemagne, on n'est nommé sous-officier « qu'au bout de trois ans et il y a deux classes de « sous-officiers.

« La première en comprend 23,000 qui sont tous « des rengagés et la seconde 27,000 d'un grade « correspondant chez nous à ceux de caporal ou « de brigadier, sur lesquels 22,500 ont servi au « moins trois ans.

« En France, nous sommes loin de là.

« Sur 39,000 sous-officiers, nous n'avons que « 14,400 rengagés. L'Italie même nous est supé- « rieure, puisque son corps de sous-officiers ne « compte que des rengagés.

« Ce n'est pas en abaissant la durée du service « de cinq à trois ans ou plutôt à deux ans, ce qui « obligera de nommer des sergents après un an « ou dix-huit mois de service, qu'on remédiera à « cet inconvénient capital. » Il est donc urgent de tout mettre en œuvre pour avoir les sous-officiers qui nous font défaut.

Il faudrait, dans l'intérêt moral et vital de la France, autoriser des engagements volontaires pour tous nos bas gradés et leurs rengagements pour deux, trois, cinq ans et plus, en accordant des primes payables à la libération.

Il serait facile de retrouver une partie de ces primes, en faisant payer une somme relativement élevée aux jeunes gens fortunés qui demanderaient à ne rester qu'un an en temps de paix sous les drapeaux, afin de pouvoir continuer leurs études ou être exonérés sous un autre motif honorable. Il demeure entendu qu'en campagne chacun paierait sa dette à la Patrie, même le séminariste qui offrirait ses services et son dévouement dans les ambulances ou dans tout autre fonction ne lui demandant pas à verser le sang de ses semblables.

Du reste, dans un autre ordre d'idées, si nous avions qualité pour réglementer les exemptions du service militaire, en temps de paix, nous ne voudrions pas que les séminaristes, les instituteurs, ceux qui ont un frère sous les drapeaux, les aînés d'orphelins et les fils de veuve fortunés, dont les bras ne sont, par conséquent, d'aucune utilité pour assurer l'existence de leurs parents, soient dispensés gratuitement d'aucun service militaire, du moins jusqu'au rétablissement de nos finances. Grâce aux exonérations payées, nous pourrions avoir dans les rangs une certaine quantité de bons serviteurs, capables de donner aux jeunes soldats l'exemple de la bonne tenue, de la discipline et de l'amour du service.

D'un autre côté, cette innovation donnerait une position honorable à une foule de jeunes gens désœuvrés dont le vice pourra s'emparer et qui, peut-être, peupleront nos prisons ou nos colonies pénitentiaires, où ils coûteront fort cher, sans profit pour la France.

Que de natures énergiques, sous la main de fer de la discipline militaire, au lieu de mal tourner, seraient capables de tout entreprendre et de réussir. Sous elle, le Comte de Raousset-Boulbon, dont les excentricités et les traits d'audace déraisonnables ont fait un égaré, serait devenu sur un champ de bataille un héros, au lieu de s'être usé à créer des embarras à son pays, malgré son désir tardif de le bien servir.

Il a su, heureusement, mourir en brave sur la terre étrangère, sous les balles d'un peloton d'exécution, en criant : « Droit au cœur qui a tant aimé la France. » Il avait effectivement voulu dans ses rêves, la doter d'un magnifique pays : « la Sonora. » Malheureusement, il était trop tard au moment où il poursuivait la réalisation de ce beau projet.

Vaillant aventurier d'esprit et de cœur, il eut,

un soir d'orgie, avant son départ pour le Mexique,
de la bouche d'une courtisane en renom, la révélation de sa triste fin et ne fit rien pour l'éviter.

> Raousset, mon héros, loin de par les flots,
> Qui sait, qui pourra dire où dormiront tes os?

lui avait-elle dit en chantant.

Il lui répondit, en chantant aussi, cette improvi-
sation prophétique :

> Mon cœur, en désespéré,
> Court la prétentaine,
> Qui peut savoir si j'irai
> Jusqu'à la trentaine?
> Mais que l'avenir soit gai,
> Ou que je sois fusillé...

L'avenir ne l'a pas démenti.

Malheureusement, il ne fut pas le seul dans la
voie dangereuse.

Nous avons connu plusieurs jeunes fous dont
le service militaire aurait fait des émules de toutes
nos illustrations guerrières, tandis qu'ils sont
tombés si bas, que le silence seul peut cacher leur
honte.

Agir selon notre vœu serait donc poursuivre un
double but économique et moralisateur.

Si nous avons insisté si longuement sur la
création de bons cadres subalternes pour notre

16

armée, c'est que le soldat français, moins que le soldat allemand, a besoin de se sentir sous les yeux de son officier, il a plus d'initiative et même dans une action isolée. privé d'officiers, il ne se démoralisera guère. Il obéira de suite à celui que la hiérarchie lui donne pour le commander; à son défaut, saura en trouver un autre, ou parmi ses gradés subalternes, ou dans le rang même.

La puissance de la discipline et l'entraînement font accomplir au soldat allemand ce que le Français fait par bravoure et par élan instinctif.

C'est notre raison de désirer de bons cadres et de tout mettre en œuvre pour en obtenir de nombreux et d'une solidité à toute épreuve.

Pour atteindre ce but, il faudrait surtout créer pour les sous-officiers, les caporaux ou les brigadiers, une situation capable de les engager à rester longtemps au régiment.

Nous avons appris avec satisfaction les nouveaux avantages accordés aux sous-officiers rengagés, sous forme de primes, de hautes-paies. d'autres réelles faveurs, telles que tenue élégante, facilité de se marier, permission de minuit, logement en ville en certains cas avec indemnité. On a la bonne intention de faire mieux encore, en construisant des pavillons isolés, dans chaque caserne, pour les sous-officiers, c'est admirable; cependant, nous voudrions voir étendre tous ces avantages dans la mesure de nos ressources finan-

cières et des prérogatives hiérarchiques, des sous-
officiers aux brigadiers ou caporaux et même
aux soldats d'élite, après un certain nombre
d'années de service, pour les encourager à rester,
mariés ou non, le plus longtemps possible au régiment jusqu'à l'époque d'une bonne retraite,
fixée après vingt ou vingt-cinq ans, par exemple,
en leur offrant en outre la perspective d'une place
avantageuse dans une des administrations dé-
pendant plus ou moins de l'État ou, s'ils sont
campagnards, la position d'instructeur garde-
champêtre.

Pour faciliter encore ses avantages futurs,
l'État devra, à l'avenir, exiger de chaque Société en
formation, la réserve formelle d'emplois bien ré-
tribués pour ces anciens serviteurs retraités, afin
de les encourager à servir longtemps dans
l'armée.

Si les sous-officiers étaient plus rudement
traités, autrefois, ils s'en consolaient par la perspective de l'épaulette, qui les aidait à supporter
tout par obéissance et leur donnait en outre le
prestige qu'ils n'ont pas, à présent, vis-à-vis de
leurs hommes, parce qu'ils sont en général trop
jeunes.

Un fait le prouvera :

En 1815, les troupes du corps d'armée commandé par le général Rapp, indignées d'une suspension d'armes conclue avec les Autrichiens

qu'elles auraient pu battre, s'étaient soulevées en apprenant sa soumission au gouvernement de Louis XVIII.

Le ministre de la guerre envoie aussitôt l'ordre de les licencier. Les soldats refusent de rendre leurs armes avant d'avoir touché trois mois passés de solde arriérée, afin de n'être pas, disent-ils, forcés de mendier pour rentrer dans leurs foyers.

Le brave Rapp, vingt-deux fois blessé sur les champs de bataille, s'était montré, en ces deux circonstances, au-dessous de son glorieux passé. Il fut fait prisonnier avec tous les officiers supérieurs et quelques autres, par ses propres soldats qui choisirent pour les commander, le maréchal des logis d'artillerie Dalouzy. — (LAROUSSE.)

Le premier acte du nouveau commandant de corps d'armée est de faire rentrer dans l'ordre tout le monde, de punir les mutins, d'obtenir satisfaction pour les réclamations fondées, et de rendre la liberté à tous les officiers prisonniers.

Malheureusement, ce brave sergent, malgré la sagesse de sa conduite, ne fut pas considéré comme il le méritait, aussi alla-t-il chercher fortune en Turquie, où il fut appelé à l'organisation et plus tard au commandement de l'artillerie ottomane.

De nos jours, le jeune sergent Bobillot dont le surnom devrait être « l'humble brave, » s'est immortalisé à Tuyen-Quan, où il représentait dignement le génie.

Comprenant sa responsabilité dans la défense, il se mit à la tête de ses huit sapeurs et de quelques aid· ;, donnés par le vaillant commandant Dominé, et agit comme un officier expérimenté, établissant des contre-mines et multipliant partout les moyens de défense de la place. Il se bat plusieurs fois sous terre, et trouve enfin la mort sur son terrain d'action.

Ce passé et ce présent ne plaident-ils pas en faveur de nos braves sous-officiers?

Comme complément de nos désirs, nous voudrions qu'en toutes circonstances, les officiers entourent de soins plus particulièrement affectueux les hommes honorés d'un galon quelque modeste soit-il, en défendant formellement à n'importe quel supérieur de faire aucun reproche public pouvant blesser l'amour-propre ou la légitime susceptibilité d'un homme appelé à commander aux autres, quel que soit son grade.

En échange des bons, mais rudes services demandés à ces hommes dévoués, indispensables à la solidité de nos armées, le chef, quel que soit son rang, doit les entourer d'une réelle considération; ne jamais les blâmer ou les punir devant leur troupe, du moins autant que possible, afin de grandir leur prestige aux yeux de leurs hommes

16.

et les traiter d'autant plus doucement qu'ils seraient plus anciens.

Tels sont nos premiers désirs à ce sujet.

Il y a toujours d'énormes inconvénients à être
grossier envers n'importe qui et de plus grands
encore vis-à-vis des hommes gradés, ayant par
conséquent, plus que les autres, le sentiment de
leur dignité. Le jour d'une revue d'inspection
passée par le général Trezel, au moment du défilé de sa compagnie, un sous-officier fut désigné
par son chef de bataillon en ces termes injurieux :

— « Quel est donc ce salaud de sous-officier
qui laisse flotter son peloton? »

Ce sous-officier, indigné de l'outrage, met tranquillement, en apparence, sa baïonnette au fourreau et se place en serre-file.

Le général l'aperçoit, demande l'explication de
cet acte d'indiscipline, fait appeler le coupable et
l'interroge sur le motif de son coup de tête.

« Mon général, j'ai été insulté devant ma compagnie par mon chef de bataillon, » et il redit la
phrase injurieuse en ajoutant :

« Je n'ai pas cru un salaud digne de défiler devant vous. »

Ce général, heureusement appréciateur de la
vraie discipline, lui inflige quatre jours de salle de
police, lui ordonne de reprendre son rang et met
aux arrêts le chef de bataillon.

Quoique la discipline soit une nécessité militaire,

il y a certaines considérations à garder, surtout vis-à-vis de tous les gradés, depuis l'officier jusqu'au vétéran.

L'Empereur Guillaume II disait naguère : Il ne faut pas que l'officier ait des allures cassantes vis-à-vis de ses hommes, il doit être patient et indulgent, sans jamais exiger, d'aucun d'eux, plus qu'il ne peut faire.

La discipline, paternelle en principe, doit être surtout prévoyante pour tous les gradés.

En Allemagne où elle est de fer, les officiers sont traités, à certains points de vue, avec plus d'égards et d'intelligence qu'en France. On forme, dans chaque régiment, un conseil d'honneur composé des officiers les plus appréciés, de grades différents suivant le cas, et on l'érige en tribunal d'enquête auquel on soumet l'examen de toutes les fautes graves contre la discipline et le moindre soupçon contre l'honneur d'un officier.

Ce conseil blâme le coupable appelé à sa barre et lui trace sa nouvelle ligne de conduite en lui montrant les dangers de sa conduite passée.

Allons plus loin, en France, dans cet ordre d'idées et souhaitons vivement : 1° cette institution; 2° qu'à l'avenir, les notes de chefs de corps ou de service, données tous les ans sur nos officiers leur soient communiquées avant l'inspection générale par le général inspecteur et même tous les semestres par un autre général.

Plus souvent serait mieux encore, si c'était utile pour combattre de fâcheuses tendances chez quelques égarés.

Nous voudrions, en outre, qu'on agisse de même vis-à-vis de tous les hommes honorés d'un grade, quelque modeste soit-il. Le commandant de compagnie ou d'escadron, au besoin un officier supérieur, serait chargé de ces communications; et grâce à elle tous s'amélioreraient et rétabliraient leur réputation.

Dernièrement, M. Richard, du *Figaro*, citait le cas d'un officier qui, nommé chef d'escadrons, et placé auprès d'un général, eut l'occasion de voir ses notes.

« Il y constata avec une véritable stupéfaction qu'il était signalé comme joueur. Cette indication, qui avait'été plus ou moins justement accolée à son nom quand il était sous-lieutenant, l'avait suivi dans toute sa carrière; or, il y avait plus de quinze ans qu'il n'avait touché une carte. »

Nous avons vu le même cas pour un sous-officier noté comme ivrogne et batailleur, parce que, dans sa première jeunesse, il avait eu le malheur de tuer en duel un de ses camarades, querelleur et ivrogne incorrigible et qui l'avait poussé à bout par ses provocations. Si ce malheureux sous-officier avait tué son collègue, c'était presque involontairement, parce que son adversaire,

sous le coup d'une violente colère, s'était à peu près
enferré.

Malgré toutes ces considérations, forcé, par le
protecteur du défunt à quitter le régiment, le survivant avait été mal noté sans le mériter, tandis
qu'une simple explication de sa part et une enquête
de ses chefs auraient rétabli la vérité en réhabili-
tant un brave.

Abordons maintenant les meilleurs moyens
d'éducation morale de notre armée.

Après les secours fournis par la religion dans
le sens de nos précédents raisonnements aux chapitres de la religion, pour mieux faire ressortir
toutes les qualités indispensables à nos généraux,
à nos officiers et à nos soldats en campagne et sur
un champ de bataille, nous rappellerons, dans la
partie de ce volume consacrée aux grands hommes,
les prouesses de quelques-uns des héros français
et étrangers; leur génie, leur talent militaire et
leur bravoure à toute épreuve, persuadé que
l'exemple de tels modèles ne peut que grandir les
sentiments patriotiques et le dévouement de nos
défenseurs.

Appuyons cette thèse de quelques preuves.

Nous avons déjà dit qu'au-dessus de tous, Annibal a passé pour le plus habile général, non
seulement de son époque, mais de tous les âges.
Si, au lieu de commander aux Carthaginois, il avait
eu sous ses ordres des Romains, il eut été invin-

cible et aurait conquis le monde, tellement grands étaient ses mérites militaires et ses inspirations dans les circonstances périlleuses.

Son père l'avait préparé d'avance à la guerre en l'instruisant, en le virilisant de toutes façons et en lui faisant jurer, dès l'enfance, aux pieds des autels, une haine éternelle aux Romains.

D'un courage prudent et habile, audacieux sans témérité, d'une activité dévorante, mais toujours réfléchie, d'une grandeur d'âme admirable, d'un esprit ingénieux et inventif; doué d'une mémoire et d'un tact incomparables, sobre et continent, instruit et spirituel, il fut le chef d'armée accompli; il eut, en résumé, toutes les qualités militaires. Malheureusement sa patrie divisée ne put ou ne voulut pas lui envoyer en temps utile les renforts nécessaires à ses projets.

Vainqueur, à Cannes, d'une armée double de la sienne, il dut à son seul génie le succès de cette mémorable bataille. Il fut heureusement aussi bien secondé par l'admirable cavalerie de son frère Asdrubal que par les Gaulois, nos ancêtres, et les Espagnols, qui formaient à peu près toute l'infanterie carthaginoise.

Il suppléa, par son seul mérite, à toutes les infériorités de cette armée moins homogène, moins disciplinée, moins aguerrie et moins forte enfin que celle de ses ennemis.

6,000 chevaliers romains et 60,000 soldats restèrent sur le champ de bataille et parmi eux, l'illustre consul Paul-Émile.

C'était 216 ans avant l'ère chrétienne.

Le lendemain, Annibal envoya à Carthage un boisseau d'anneaux d'or pris aux doigts des chevaliers romains.

Cette glorieuse bataille le mit à l'apogée de sa gloire, mais l'épuisement de son armée l'empêcha d'en tirer parti.

Aussi, lorsque Maherbal, un des généraux de sa cavalerie, lui avait dit :

« Tu sais vaincre, Annibal, mais tu ne sais pas tirer parti de la victoire. »

Son reproche était-il immérité? — Annibal n'avait plus, sous ses ordres, que 35,000 hommes harassés de fatigue et presque tous blessés, car les Romains avaient été de rudes adversaires à vaincre et qui, même en retraite, savaient toujours faire face à l'ennemi et se rendre redoutables.

Malgré la déroute complète de son armée, le Sénat en réunit les débris et les porte sur tous les points menacés; il félicite le général vaincu de n'avoir pas désespéré du salut de Rome. Il se surpasse même en se raidissant contre l'immensité de son désastre et refuse, au nom des plus durs, mais des plus admirables principes militaires, de racheter les légionnaires valides faits prisonniers. Il les sait voués, par son refus, à la mort ou au

plus avilissant esclavage. Il veut les punir de leur
défaillance pour ne pas faire fléchir la loi de honte
attachée au soldat fait prisonnier sans blessure
grave ou sans des raisons majeures trop longues
à détailler.

(Tout Français devrait savoir cet épisode de
l'histoire romaine et s'en pénétrer à l'heure des
combats.)

A ce sujet, ouvrons une parenthèse et reportons-nous au malheur de la capitulation de
Baylen. Nous nous abstenons de juger celle de
Sedan; elle est trop près de nous et fut plus une
faute dynastique impardonnable que militaire.
Contentons-nous de dire que l'héroïque folie de la
division d'Afrique fut une nécessité d'honneur.
Quant à Dupont, il fut condamné, par un conseil
de guerre, à la destitution de tous ses grades, de
tous ses avantages militaires et transféré dans
une prison d'État.

Cependant, il avait mérité, précédemment, le
surnom d'Audacieux en attaquant, victorieuse-
ment, à deux reprises différentes, un ennemi trois
ou quatre fois plus fort que ses troupes, à Pozzolo
et à Michelsberg.

Du reste, M. Thiers, en l'excusant à Baylen,
convient que Dupont a manqué de la fermeté qui
fait les grands caractères et les met au-dessus de
toutes les catastrophes. « Ni Ney, ni Masséna, ni
« Hoche, ni Kléber, ni Davoust, ni Marceau, ni

« tant d'autres de cette glorieuse époque dont le
« cœur et le cerveau étaient si merveilleusement
« trempés, n'auraient cédé à l'abattement moral
« et physique de leurs troupes. Ces jeunes soldats,
« couchés par terre, mourant de faim et de soif et
« invoquant la mort, ils les eussent tenus debout
« par la force de leur inébranlable volonté, galva-
« nisés par leurs paroles et leur contenance intré-
« pide, et puis, ils les auraient lancés, animés de
« la fureur du désespoir, sur les rangs ennemis
« pour les briser ou mourir noblement les armes
« à la main. » — (LAROUSSE.)

Quant à nous, nous avons la certitude qu'en les
exaltant en vue de l'idéal futur, on en aurait
obtenu un effort plus héroïque encore.

Pour en revenir au Sénat romain, plus grand
dans ses revers que dans le succès, il arme de suite
tous ses hommes valides, réunit toutes ses ressources nationales et en forme plus de vingt légions, à la tête desquelles il met les Fabius et les
Scipion, qui réconcilièrent Rome avec la fortune.

Malgré cela, les Romains n'auraient peut-être pas
pu triompher d'Annibal, si Carthage avait secouru
convenablement son général.

Ce refus du Sénat romain de racheter ses prisonniers malgré la pénurie de ses défenseurs et sa
détresse, est un puissant enseignement et nous
oblige à une seconde digression.

Afin de donner plus de force au courage de nos

hommes et les grandir, il faudrait exiger de tous
nos officiers, sous-officiers et parfois de nos soldats eux-mêmes, avant d'entrer en campagne, le
serment de ne jamais se rendre vivants, sans une
urgence absolue, sans blessures graves, à moins
d'ordres formels de leurs supérieurs, ou de circonstances indépendantes de leur volonté.

Ce serment, du reste, ne serait pas le premier depuis l'ère nouvelle.

Le plus grand des hommes de guerre contemporains, Napoléon Ier, le jour de la bataille d'Austerlitz, devinant tous les plans de ses ennemis
comme s'il en eût été l'inspirateur ou eût assisté
au conseil de leurs généraux, dit avec vérité
M. Duruy, plaça sur une hauteur, dont la conservation était indispensable au succès de la bataille,
une nombreuse artillerie et un régiment d'infanterie plus spécialement sous les ordres du brave
maréchal Lannes, en demandant à tous les officiers
et à tous les soldats le serment de défendre la position jusqu'à la mort.

Fidèlement obéi, il dut à cette précaution le succès de cette mémorable bataille, et sa proclamation
à l'armée en fut la précieuse récompense; car le
grand homme de guerre savait prendre les cœurs.

« Soldats! je suis content de vous, vous avez
décoré vos aigles d'une gloire immortelle. Rentrés
dans vos foyers, il vous suffira de dire, j'étais à

Austerlitz, pour qu'on vous réponde : Voilà un brave. »

Choisissons un autre exemple plus récent et tout aussi instructif, malgré le grade modeste du héros du fait d'armes en question :

A Beni-Mered, le sergent Blandan, du 26ᵉ, se défend, avec une poignée d'hommes, pendant 10 heures contre 300 cavaliers arabes.

Frappé mortellement, il s'écrie en tombant :

« Mes amis, jurez-moi de vous défendre jusqu'à la mort. » Les survivants de sa petite troupe firent sur son corps à demi inanimé le serment de mourir jusqu'au dernier et tinrent parole. Pas un d'eux n'aurait survécu, si l'arrivée d'un détachement de chasseurs d'Afrique n'était venue mettre les Arabes en fuite.

La statue élevée à Beni-Mered et la fête que son régiment renouvelle tous les ans en commémoration de son beau fait d'armes, en consacrent le souvenir. — Ces moyens d'action ne sont pas les seuls, et pour fanatiser ses soldats, le chef doit être parfois brave jusqu'à la folie :

Un jour, l'audacieux roi de Naples, Murat, toujours en costume théâtral et d'une élégance irréprochable, surtout devant l'ennemi, voyant son escorte d'honneur se débander, se jette au devant d'elle et mettant ostensiblement son sabre au fourreau, s'écrie en désignant l'ennemi :

C'est à la cravache, Messieurs, qu'il faut le charger! et il s'élance, fou de courage, seul à la charge contre un escadron ennemi qui voulait le faire prisonnier. Il est immédiatement suivi de tous les hésitants que son audace électrise et rend invincibles.

Ne s'instruit-on pas et n'apprend-on pas à être brave en lisant de semblables prouesses, surtout en réfléchissant à l'heureuse résurrection des hommes du devoir s'ils trouvent la mort en combattant?

Aussi, Napoléon disait-il de son beau-frère : Si je l'avais eu à Waterloo, j'aurais été victorieux, car il était seul capable de briser la résistance des carrés anglais.

Le Français, sous la conduite d'officiers sachant faire appel à sa fermeté d'âme dans le danger, est susceptible d'actes héroïques.

Malheureusement, il se décourage trop vite. Le moyen d'empêcher cette faiblesse est de le pénétrer du sentiment de son devoir.

Pour cela, il faut que nos officiers soient d'une énergie prudente et audacieuse et qu'ils comprennent, à l'exemple des grands généraux de tous les pays morts au champ d'honneur, l'influence d'un à-propos, d'un ordre du jour sublime, comme celui de Napoléon Ier, la veille de la bataille des Pyramides :

« Soldats, du haut de ces Pyramides, quarante siècles vous contemplent! »

Son étincelant génie sut aussi parfois enchaîner la victoire par quelques mots heureux.

En Lombardie, il adresse à sa jeune armée cette proclamation spirituelle, bien capable de l'enthousiasmer.

« Soldats! les vétérans de la coalition vous reprochent de n'être que des recrues. Apprenez-leur que la gloire vieillit vite; dans quatre jours vous aurez Milan! » (Mille ans).

Il n'avait, en effet, pas mal préjugé de leur valeur!

Ces jours-là, les jeunes soldats donnèrent, avec une vigueur et un courage que la vieille garde n'eut pas désavoué, plus tard, et Milan fut pris.

Quelquefois aussi, une plaisanterie, même d'un goût douteux, peut avoir le don de ranimer le courage.

Par exemple, le jour où un brave commandant, dont le nom nous échappe, voyant quelques compagnies faiblir sous le feu de l'ennemi, s'élance bravement à l'endroit où il est le plus meurtrier et où la panique est plus complète, en s'écriant :

« Tas de sans-cœur, pioupious d'un sou, vous avez donc plus peur de le perdre, avec votre peau, que moi la mienne, avec mes quinze francs par jour. »

Ce reproche plaisant eut un effet inattendu (si nos souvenirs sont fidèles), et changea la déroute en un brillant retour offensif, couronné de succès.

Le jour où Souwaroff sentant, après une rencon-

tre, ses troupes se démoraliser, réunit tous ses chefs
de corps, et, en leur présence, ordonne de creuser
sa fosse pour ne pas survivre à leur déshonneur,
il les transform:- en héros, absolument comme
H. de la Rochejaquelein, lorsqu'avec le prestige
de sa brillante jeunesse, il disait à ses paysans :

« Si j'avance, suivez-moi; si je recule, tuez-moi;
si je meurs, vengez-moi. »

Il les fanatisait et les lançait, armés de fourches
et de mauvais fusils, contre l'artillerie républicaine
en leur recommandant de se coucher à chacune
de ses décharges. Lui seul restait debout, défiant
les boulets et faisait relever ses Bretons en leur
criant : « Égayez-vous, mes gars! et en avant! »

A Waterloo, Wellington, en refusant de donner
des ordres à ses soldats et en leur prescrivant de
mourir sur place, assure la victoire.

Malgré notre désir de citer un plus. grand
nombre d'exemples, nous préférons continuer nos
observations, tout en nous promettant de revenir
longuement sur ces glorieux souvenirs.

Si le sort d'une bataille est souvent décidé par
le nombre des soldats, il l'est plus souvent encore
par leur qualité. Le vrai secret de la victoire est
d'avoir le plus grand nombre possible d'hommes
bien entraînés, animés de la foi en Dieu et dans
le succès, disciplinés et pénétrés du sentiment du
devoir et de l'honneur.

Avec de tels soldats, les armées sont invincibles.

Si nos ennemis ont beaucoup de qualités militaires, ni nous, ni notre alliée la Russie n'en manquons. Cette dernière puissance, surtout, pèse d'un poids énorme sur l'équilibre européen, grâce à son innombrable et incomparable armée. Elle est encore en formation, il est vrai, mais comparée aux autres puissances militaires, elle enlève moins d'hommes à sa population, en sorte que si sa force paraît moindre momentanément, elle peut devenir redoutable en raison des ressources quelle a en réserve et pourra mettre en ligne, tôt ou tard. C'est, incontestablement, sa supériorité sur les autres nations. Le soldat russe est, en outre, plein de courage et de sang-froid, et si fort que tué, il faut le pousser pour le faire tomber, disaient ses premiers adversaires. Loin d'avoir dégénéré, il s'est encore fortifié, et la raison de cette force est sa foi en Dieu et dans la valeur de ses chefs, dont nous estimons tous les mérites.

Il les suit, présente sa poitrine à l'ennemi et ne recule jamais.

Récemment, les Gourko, les Skobeleff et tant d'autres nobles et vaillants amis de la France en ont eu la preuve dans nombre de circonstances.

Le Russe est préparé à la guerre dès l'enfance par une éducation, des mœurs et des jeux virils, surtout dans les contrées où se recrutent les Cosaques; dans leur pays, chaque homme doit vingt ou vingt-cinq ans de service à la patrie, et se présente

volontiers à chaque convocation pour une campagne. Il s'y rend cependant tout armé (à ses frais,
croyons-nous), et monté sur son propre cheval. Il
aime les émotions de la guerre, du reste.

Les plus grands divertissements de la jeunesse
sont des exercices violents, de longues courses
surtout, des simulacres de combats ou de services
en campagne, dans lesquels, s'il y a parfois des
blessures, il n'y a jamais une plainte ou un
reproche du blessé.

Après chaque combat, racontait récemment la
*Revue du Cercle militaire*, vainqueurs et vaincus
vont, en été, se plonger tout en sueur dans un
cours d'eau, en s'y jetant d'une hauteur de dix à
vingt mètres quelquefois. Impossible de n'être pas
vigoureux à la suite de pareils entraînements.

Si nous ajoutons que tous les Russes sont religieux et braves, nous aurons complété leur éloge
militaire. Ces sentiments font les héros et les martyrs.

Autrefois à Eylau, par exemple, on vit, après
cette sanglante bataille, étendues sur la neige et
alignées comme à la parade, de longues files de
soldats morts au champ du devoir et recouverts
du glorieux uniforme russe. On apercevait, de
distance en distance, un pas en avant de ces files,
des uniformes galonnés qui recouvraient leurs
vaillants officiers.

Où sont ces héroïques soldats du Devoir et leurs

descendants morts en Crimée et en Turquie? Au ciel, c'est notre vœu, mais leurs survivants ont fait souche, sur la terre moscovite, de nombreux braves, prêts à mourir pour Dieu, leur empereur et la sainte Russie. A Sébastopol comme à Plewna, plusieurs officiers russes se posaient volontiers à découvert, comme pour servir de cibles à leurs adversaires, pendant que leurs hommes se tenaient abrités dans les tranchées.

Un de leurs généraux prétendait même que les ennemis, déconcertés, ne l'atteindraient pas. Cependant, c'étaient des Français ou des Musulmans qui, les uns et les autres, aiment tant à faire parler la poudre, selon l'expression arabe, et savent l'utiliser à la guerre.

En hostilité instinctive avec l'Allemagne, la Russie ne veut pas donner à cette puissance la possibilité d'un conflit avec la France; elle comprend l'utilité de notre alliance qu'aucun intérêt ne contrarie.

Elle sait que, si nous sommes séparés d'elle par l'éloignement énorme des deux pays, nos cœurs en sont rapprochés. Soyons donc un faible écho de la pensée de notre chère France en criant : amour, gloire et longue vie heureuse à la Russie.

Mais revenons aux moyens infaillibles de grandir les sentiments patriotiques de nos soldats sur le champ de bataille et en toutes circonstances.

Dans notre chapitre de la religion, en parlant

de la loi d'appel des séminaristes sous les drapeaux, nous avons dit qu'un devoir plus grand
que celui de faire le coup de feu est réservé au
ministre d'un Dieu de paix : celui d'accompagner
les armées sur le champ de bataille pour réconci-
lier le soldat avec l'arbitre de ses destinées, afin de
lui faciliter l'entrée du ciel par une absolution *in
articulo mortis.·*

L'homme, alors en plein repos de conscience,
braverait la mort sans crainte et, à l'exemple de
la légion thébaine, ferait des prodiges de valeur.

Voilà pourquoi, nous le répétons, nous voudrions voir détacher, dans chaque régiment, un
jeune prêtre exempt du service militaire par son séjour au séminaire, pour être infirmier ou aumônier.

Ce serait son glorieux tribut à la patrie et par
ces fonctions, servirait aussi utilement la France
que le soldat dont il grandirait la valeur.

Les jours de marche ordinaire, mêlés aux autres
infirmiers, ces jeunes apôtres feraient le service
des ambulances, mais seraient chargés, sur le
champ de bataille, de relever et de soigner les
mourants ou les blessés, de toutes façons; et en
servant de brancardiers, paieraient, ainsi, l'impôt
du sang d'une façon utile à la patrie.

Du reste, nous voudrions, dans toutes les calamités publiques : incendies, inondations, tremble-
ments de terre et pour tous les autres fléaux
causés par la faute des hommes ou par la colère

divine, voir accourir un prêtre sur le lieu du péril, pour donner l'absolution à tous les croyants.

C'eut été un bienfait lors de l'incendie de l'Opéra-Comique, par exemple.

Les libres penseurs peuvent se rassurer, l'efficacité de l'absolution ne les atteindra pas contre leur volonté; tandis que pour la mériter et l'obtenir, le soldat chrétien pourra réciter intérieurement, en appelant les bénédictions du ciel sur lui, la prière enseignée par Dieu lui-même : *Notre Père;* et il s'en trouvera bien.

En dehors de l'immense moyen religieux et de tous les autres précédemment indiqués, la France a encore la possibilité d'augmenter le courage des officiers et des bas gradés sur le champ de bataille, en leur enlevant toute préoccupation sur l'avenir des êtres qui leur tiennent le plus au cœur, en assurant à la veuve, aux enfants et aux ascendants de ceux qui trouveraient la mort en combattant, une pension qui les mettrait à l'abri du besoin. En la proportionnant à leur âge et à la situation de l'officier tué, elle accomplirait un acte d'équité.

Il est inévitable que l'avenir d'êtres faibles et sans ressources, que l'officier ou le gradé laissent après eux, doit être un sujet de préoccupation qui leur ôte l'énergie dont ils ont besoin sur un champ de bataille, pour être à hauteur de leur devoir.

A l'État le soin d'y pourvoir, non pas richement, mais d'une façon suffisamment honorable pour la position de la victime du patriotisme; par exemple, en donnant l'éducation aux enfants des deux sexes et les moyens d'embrasser une carrière, afin de récompenser le dévouement des pères dans les enfants ou dans leurs femmes.

Une banque, croyons-nous, s'était offerte, il y a quelques vingt ans, à assurer une retraite à tous les officiers, moyennant un versement annuel; avait-elle songé à ceux que l'officier laisse sans ressources après lui, et aux enfants des gradés ou non, car eux ont cependant à s'en préoccuper aux termes des lois divines et humaines. Quoi qu'il en soit, il faudra, à l'époque de l'extinction du bail de la Banque de France, c'est-à-dire en 1899, tenter ce moyen d'action d'une justice si rigoureuse. (Ce sera, dans notre 3ᵉ volume, le complément de nos vœux relatifs à l'agriculture et à la marine marchande en la chargeant peut-être aussi des invalides du travail, lorsque nous aurons eu le temps d'étudier les effets des lois de prévoyance édictées sous l'intelligente pression du prince de Bismarck.)

Comme complément de nos désirs d'avenir militaire, nous en exprimerons un autre plus spécial à la cavalerie où nous avons servi longtemps, et dont nous pouvons, par conséquent, parler un peu en homme du métier.

Après de mûres réflexions, nous n'hésitons pas à dire que, malgré son utilité, sa valeur et tous ses mérites incontestables, elle ne rend pas ce qu'elle coûte, telle qu'elle est.

Il serait facile d'en faire une arme formidable, en transformant en artillerie les trois quarts de son effectif.

L'Allemagne a déjà pourvu quelques régiments de cavalerie, nous assure-t-on, de certaines pièces légères, à tir rapide et à longue portée. Elle s'en trouve bien, nous dit-on, et a l'intention de faire mieux. Il nous sera d'autant plus facile, en suivant son exemple, de la surpasser, que nous avons actuellement 15.000 chevaux de plus qu'elle, et que notre artillerie est reconnue supérieure à celle de l'usine Krupp.

Les successeurs du colonel de Bange sauront bien doter promptement cette nouvelle cavalerie-artillerie de petits canons, de mitrailleuses ou d'autres pièces extrêmement perfectionnées, à tir rapide et d'un poids tel que deux chevaux, quatre au plus dans les escarpements les plus raides même, pourraient facilement traîner à toute vitesse.

Sous peine d'infériorité certaine, nous devons fortifier notre armée, en complétant ainsi notre armement, de manière à pouvoir entrer en lutte, avantageusement, contre toutes les forces de nos adversaires.

Pour résumer notre pensée de transformation d'une partie de notre cavalerie en artillerie, nous voudrions voir discuter sérieusement en haut lieu le nombre des pièces susceptibles d'armer utilement chaque régiment, en lui conservant la possibilité de faire à peu près tout son service ordinaire de cavalerie : celui des reconnaissances lointaines, celui de rideau pour masquer un grand mouvement de troupes, tout en lui laissant la facilité de faire charger les hommes montés, au besoin, en dételant quelques-uns des chevaux d'attelage.

A première vue, à notre avis, il faudrait que les escadrons, forts de 120 hommes, aient 4 pièces suivies chacune d'un caisson et de 2 voitures de munitions, que les attelages soient tous à 4 chevaux, que les caissons portent tous les servants non montés, — en partant de ce principe, qu'un cheval traîne environ sept à huit fois au moins le poids qu'il peut porter et avec une moindre fatigue. Seulement nous devons faire remarquer que le train des pièces et celui des caissons devraient être infiniment moins longs et plus légers que ceux de notre artillerie actuelle, afin de ne donner guère plus d'étendue à une colonne de cette cavalerie-artillerie, qu'à la cavalerie ordinaire. Pour cela, il faudrait que les chevaux puissent s'atteler beaucoup plus courts, et c'est chose facile.

L'idée de cette transformation ne serait, en somme, pas plus ridicule que la conception première éclose en Égypte, et mise en pratique en

Afrique et dans l'Inde : de mettre des pièces de
canon sur le dos des dromadaires et sur celui des
éléphants pour en faire de véritables porte-affûts
ou des forteresses vivantes. En prévision d'une
guerre formidable, que Dieu éloigne de nous le
plus longtemps possible, il ne faut négliger aucun
moyen de succès, notre avenir en dépend.

Les Anglais, à bout de ressources en 1815, après
avoir acheté des soldats en Allemagne et partout
où ils en trouvaient, n'ont-ils pas vidé leurs prisons
pour renforcer leurs régiments et, par ce moyen,
n'ont-ils pas transformé quelquefois des malfai-
teurs en héros. — Kléber, en Égypte, n'a-t-il pas
incorporé un grand nombre de nègres, — pour
combler les vides causés par la mort, de ses meilleurs soldats : n'a-t-il pas créé une demi-brigade,
avec eux et quelques indigènes? Napoléon n'a-t-il
pas également formé le corps des Mameluks?

Pourquoi n'enfanterions-nous pas une cavalerie-
artillerie, dont nous avons tous les éléments sous
la main, et c'est d'autant plus urgent que plus une
troupe est jeune, plus elle doit être soutenue; nous
le redisons, et si nous connaissions un appui plus
fort que le canon, nous l'indiquerions en en réclamant avec insistance le secours.

Le recrutement actuel de la cavalerie française
en officiers, sous-officiers et soldats, nous donne
la certitude que chacun serait vite à hauteur de la
nouvelle mission que nous lui souhaitons.

Comme la France, dans son ardent désir de la paix, n'envisage que la guerre défensive, nous pouvons affirmer qu'elle trouverait alors, dans sa population, tous les éléments nécessaires pour renseigner ses défenseurs, et par conséquent suppléer à l'infériorité du nombre de sa cavalerie véritable comparée à celle de ses ennemis. Du reste, la cavalerie-artillerie continuerait son service actuel, au moins en majeure partie.

La gendarmerie, les douaniers, les gardes-champêtres et forestiers, les employés des contributions indirectes, les colporteurs et, au besoin, les braconniers et les contrebandiers la suppléeraient avantageusement pour les reconnaissances délicates, c'est-à-dire pour tous les renseignements.

Puis une foule de patriotes se joindraient spontanément à eux, et nous prêteraient leur concours dans l'intérêt de la défense nationale; parmi eux, les chasseurs dont l'expérience acquise par leurs nombreuses pérégrinations seraient d'une grande utilité.

Quant au service plus spécial des reconnaissances, au lieu d'y employer des régiments entiers, un peloton, un escadron au plus par régiment suffirait dans toutes les circonstances, excepté lorsque le général en chef voudrait, par un grand déploiement de cavalerie en avant de lui, cacher un grand mouvement de ses corps d'armées. Dans

ce cas, chaque corps de cavalerie-artillerie opére-
rait comme autrefois la cavalerie.

Les reconnaissances nombreuses sont presque
toujours sans résultat pratique et peuvent rarement bien voir et juger. Pour n'en citer qu'une
preuve : Le jour même de la bataille de Wissem-
bourg, croyons-nous, une forte troupe de cavalerie, envoyée à la découverte pour épier les
mouvements de l'ennemi, était à peine de retour
au camp pour assurer qu'elle n'avait rien vu de
suspect, que l'artillerie allemande donnait un démenti formel à ce compte rendu, surprenait à
l'improviste nos troupes, subitement démoralisées
par cette attaque inattendue.

Pour un commencement de guerre, c'était un
mauvais présage, ajoutait l'historien de ce récit.

Dans le cours habituel d'une campagne, il faudrait, pour rendre parfaites les reconnaissances
partielles de cavalerie, que les capitaines et les
commandants de peloton soient toujours des
hommes de valeur, d'une vigueur exceptionnelle
et parlant au moins deux langues étrangères.

Cicéron, et après lui Charles-Quint, ne disaient-
ils pas de cet avantage : « Qui sait deux langues,
« possède deux âmes. » Notre vœu répond donc
merveilleusement à cette appréciation.

Pour arriver à ce résultat, il faudrait encourager,
de toutes façons, les voyages d'officiers à l'é-

tranger; mais, comme la France est pauvre, les commandants de corps d'armée devraient pousser quelques officiers riches à les entreprendre, à leurs frais, au profit de la Patrie. Ce serait, de la part de nos officiers fortunés, faire une œuvre agréable, virile, patriotique et intelligente.

Dans ces excursions, nous voudrions les voir se renseigner habilement sur les ressources du pays, sur l'armement de nos ennemis et leur manière de tout utiliser, etc., et, à leur retour, adresser au Ministre, un rapport détaillé, dont l'avantage serait de permettre une comparaison entre notre organisation et celle des autres nations; de corriger les défauts et de développer les qualités de notre outillage militaire.

En campagne, pour arriver à être parfaits, officiers et soldats devraient être d'un sang-froid à toute épreuve de manière à n'être embarrassé en aucune circonstance et à se prêter au besoin, par patriotisme, à aller reconnaître les lignes ennemies, même sous un déguisement, et au péril d'une mort peu enviée de nos plus vaillants soldats. C'est cependant à ce genre de reconnaissance qui, bien faite, coûte si peu et éclaire si bien les armées, que nous devons  emander nos meilleurs succès futurs, en ce genre.

Nos vainqueurs de 1870, qui s'y connaissaient en bravoure raisonnée surtout, n'avaient aucune honte de pénétrer déguisés dans nos lignes pour bien connaître la force et la position de nos troupes.

Du reste, le grand Frédéric de Prusse était d'avis que la ruse réussit habituellement où la force échoue et avait coutume de dire :

« En campagne, le lion doit savoir, à un moment donné, devenir un renard pour mieux deviner ses adversaires et les dominer. »

En temps de paix, il pensait même, croyons-nous, que ses véritables ambassadeurs, qui n'étaient en somme que des espions protégés par les lois internationales, devaient l'éclairer sur tout et par tous les moyens possibles.

Comme il était bien servi par les siens, il avait toujours le suprême talent de connaître les pays ennemis et il disait :

« Un général mal renseigné ignore son métier. » Aussi, préparait-il longtemps d'avance son service d'espionnage et de renseignements diplomatiques, militaires ou autres.

En toutes circonstances il se montrait également très satisfait du dévouement patriotique de quelques-uns de ses ambassadeurs de guerre.

C'est de ce nom qu'il désignait, pour les grandir, les officiers et les autres audacieux qui risquaient bravement et modestement leur vie pour aller au loin reconnaître les armées ennemies, sous un déguisement ou de n'importe quelle autre façon, au très grand avantage de son armée et pour le mal-

heur de la nôtre, parfois si indignement commandée à cette époque, et presque toujours d'une
manière insouciante. Soubise, à Rosbach, nous en
a donné la triste preuve.

. Si le maréchal Davoust aimait les espions pour
l'éclairer, il redoutait tout particulièrement ceux de
l'ennemi; aussi ses procédés envers les habitants
suspects des pays où il commandait étaient-ils un
peu trop sommaires; en effet, on reconnaissait
son camp au grand nombre de pendus qui en bor-
daient les avenues.

Un récit du *Temps* nous dira l'opinion du maréchal Bugeaud, au sujet des espions. Il est net et
catégorique à leur sujet.

« Les officiers anglais, russes, américains,
affirme-t-il dans ses *Aperçus sur l'art de la
guerre*, et il aurait pu ajouter les officiers allemands, n'hésitent point à se déguiser, à prendre
une fausse qualité, un faux titre pour pénétrer les
desseins de l'ennemi! Commettent-ils, en agissant
ainsi, un mensonge, plus que le soldat ne commet
un meurtre? Non! ils exposent leur vie (puisque
les espions sont pendus) pour servir leur pays, et
le but excuse la forme. Leurs exemples devraient
être encouragés dans l'armée française... »

« Le maréchal cite à ce sujet le fait du capitaine
Lafontaine (devenu plus tard lieutenant-général),
né et élevé à Moscou, qui, dans la campagne de
1812, en Russie, s'aventura au loin déguisé en

officier russe, voyageant en poste et se faisant
donner d'autorité des chevaux à tous les relais. Il
tourna autour des colonnes ennemies et revint
heureusement, après quelques jours d'absence,
rapportant de précieux renseignements. Pendant
la campagne de 1870-1871 un officier français, envoyé par le gouvernement de Bordeaux, parcourut sous un déguisement les cantonnements
de l'armée allemande autour de Paris.

« Malgré ces faits et malgré le vœu émis par le
maréchal Bugeaud, nos officiers ont montré généralement peu de vocation pour un métier qu'ano-
bliraient cependant le mobile du patriotisme et le
danger couru, danger bien autrement redoutable
que celui du champ de bataille. Le maréchal
Marmont raconte dans ses *Mémoires* qu'en 1798,
alors qu'il était colonel aide de camp du général
Bonaparte, le général voulut lui prescrire d'accompagner à Londres, en qualité de secrétaire, sous
un nom supposé, M. Gallois, qui allait négocier
un échange de prisonniers, afin de se procurer des
renseignements nécessaires pour arrêter le projet
d'une descente en Angleterre et que lui, Marmont,
refusa tout net de remplir cette mission qui n'était
disait-il, ni dans ses devoirs ni dans ses goûts. Il
fit observer, avec raison d'ailleurs, qu'il était trop
connu des Anglais pour pouvoir passer inaperçu
et qu'il était à peu près certain d'être arrêté et
pendu... ou renvoyé honteusement. « Ma vie,

comme soldat, vous appartient, ajouta-t-il; mais c'est en soldat que je dois la perdre. »

« Pendu! Tel est en effet le sort qui attend ou du moins qui attendait autrefois les espions.

« Qui ne connaît la touchante histoire du major André, adjudant-général dans l'armée anglaise, pendu par les Américains après jugement sommaire d'un conseil de guerre, pour avoir été pris sous un déguisement à l'intérieur des lignes où il venait, par ordre du général en chef Clinton, pour recevoir les communications d'un traître, le général américain Arnold. Arnold se sauva, André fut pris; sa mort arracha des larmes même à ses ennemis. A quelque temps de là un officier américain, nommé Hale, fut pris dans les lignes anglaises et pendu après une heure de délai. « Quelle mort pour un officier! lui cria un officier anglais au moment où on le plaçait sur le gibet. — Toutes les morts sont honorables, monsieur, lorsqu'on meurt pour une cause comme celle de l'Amérique, » répondit Hale. (Général THOUMAS, *Temps*) et ajoutons pour la défense de sa Patrie.

Nous-même, au moment de nos plus grands revers, n'avons-nous pas eu un petit succès qui a été l'éclaircie d'un jour d'orage.

C'était à Toury et à Janville, en octobre 1870, d'après l'historique du 6ᵉ hussards.

Un officier de ce régiment, en allant à la découverte, avait appris que des artilleurs allemands étaient à peu de distance de ces deux villages, et avait demandé au général de Longuerue d'aller seul, déguisé, en reconnaissance pour voir s'il n'y avait pas un coup de main à tenter, afin de relever un peu le moral de nos pauvres soldats de l'armée de la Loire.

Le chef avait embrassé avec effusion à plusieurs reprises son subordonné, en lui disant :

« Merci d'avance, mon brave ami, de votre dévouement, Dieu et la France vous en récompenseront. »

Après avoir communiqué au général ses intentions et ses espérances, l'officier avait pu pénétrer, déguisé et de nuit, dans Toury qu'il avait vu ainsi que Janville, occupé par l'ennemi. A son retour, il avait rendu compte de sa mission, en demandant instamment au général d'aller au plus tôt et au plus vite surprendre, en forces, nos ennemis, afin de nous emparer de leur artillerie, dont l'importance était de dix à douze pièces de campagne.

C'était chose facile, elles n'étaient défendues que par leurs artilleurs et par de faibles troupes d'infanterie et de cavalerie chargées du service de la grand'garde.

Le général de Longuerue, enthousiasmé de ces renseignements, envoya immédiatement d'Arthenay, où il était, un officier d'ordonnance à Orléans pour obtenir l'autorisation du général en chef Rayau, de tenter la surprise, avec ses seules ressources, et elles étaient bien suffisantes, en présence de l'imprudence de nos adversaires et de l'infériorité de leurs forces.

Malheureusement le commandant en chef mit un jour et demi, soit pour se décider, soit pour demander des ordres, et vint en personne à la tête de trois régiments de cavalerie et de quelques fractions d'infanterie et d'artillerie, mais trop lentement et trop tardivement pour la réussite de l'entreprise.

Pendant ce temps-là, l'officier informé de l'opération décidée pour le lendemain, sollicita de nouveau le périlleux honneur de retourner le soir même et de nuit, dans les lignes allemandes, pour s'assurer si aucun renfort ne leur était arrivé et ne pouvait les secourir rapidement.

Il y pénétra de nouveau déguisé, et à son retour, vers quatre heures du matin, demande la faveur de commander le peloton d'extrême avant-garde et de première attaque, pour inspirer à tous plus de confiance et d'audace. Parti avant l'aube du camp, il mena si rondement son peloton, qu'il eût la rare bonne fortune d'envelopper, au galop, un petit poste de six fantassins bavarois, commandé par un sous-officier, dont la mission était de protéger les Allemands contre toute surprise.

Un échange de quelques coups de fusils, terminé sans blessures d'aucune part en avait amené la capture, lorsqu'après ce début d'heureux présage, l'officier de hussards reçut, malheureusement, l'ordre formel de s'arrêter.

Il attendit pendant près d'une heure le gros des troupes françaises amenées d'Orléans par le général Rayau lui-même. Comme la brigade du général Michel était en retard, il fallut encore l'attendre.

Réputé excellent manœuvrier sur un terrain de garnison, le commandant en chef avait-il reçu des instructions ou des renseignements lui prescrivant une extrême prudence? nous l'ignorons; en tout cas, il fit manquer l'opération si facile à réussir en enveloppant et en tournant Janville et Toury.

En attaquant nos ennemis à la houzarde, c'est-à-dire lestement, il aurait jeté une telle panique parmi eux, que nous aurions pu les faire tous prisonniers, en nous emparant de leurs pièces, à peu près sans coup férir, en surprenant leurs défenseurs, au saut du lit, comme l'indiquait le rapport de l'auteur des reconnaissances. L'officier eut essayé ce coup d'audace avec un seul escadron, en tombant comme la foudre sur Toury, en le tournant par derrière, si le respect de la discipline ne le lui avait interdit.

Ce fut un vrai malheur.

Après une demi-heure d'attente, la cavalerie allemande apparut au galop, sur la route qui était précisément en chaussée devant nous, pour reconnaître, nos forces, en les dépassant même.

Quatre pièces de canons appuyaient leur escadron, dont le but était de s'exposer courageusement, pour protéger la retraite et surtout sauver son parc d'artillerie.

La manœuvre des Allemands s'accomplit sous nos yeux, vite et en bon ordre. Ils criblèrent le gros de notre cavalerie de coups de canons, d'autant plus facilement que nos troupes étaient massées, en grand nombre, et à peu près immobiles sous leur feu, tandis qu'ils étaient à peine deux cents en avant de nous.

Devinant nos intentions et en homme sage et prudent, le commandant ennemi avait ordonné au gros de ses forces la retraite dès notre apparition, pressentant sans doute notre attaque en nombre, et la fit effectuer sans subir aucune perte.

Pendant ce temps, notre général en chef compléta sa première faute en maintenant immobile toute sa nombreuse cavalerie sous le feu de la batterie allemande, contre laquelle il entama un combat, tout à notre désavantage. Nos ennemis, postés sur une route élevée, avaient une retraite assurée, sans aucune crainte sérieuse d'être tournés en combattant.

En définitive, nous perdîmes dans cet engagement plusieurs hommes, quelques chevaux, et nous eûmes à regretter au nombre des morts le brave commandant Loisel, du 6e hussards, et parmi les blessés un de nos amis, le courageux lieutenant de Bourgoing de ce même régiment, et qui, évacué sur Orléans, fut laissé aux mains des Allemands peu de jours après, à la prise de cette ville.

Le fruit de cette petite expédition, au lieu d'une belle capture certaine, fut la reprise d'un troupeau de vaches réquisitionnées par les Allemands et destinées à l'approvisionnement de l'armée d'investissement de Paris.

Malgré cela, toutes nos forces firent leur entrée dans Toury et y passèrent la journée.

Le soir même, nous retournions tous dans nos lignes d'Arthenay, de Chevilly et d'Orléans, pour en être bientôt chassés.

Commandée par un chef comme le général marquis de Gallifet, notre ancien lieutenant-colonel, cette expédition aurait, en dehors de ses profits palpables, ajouté une page glorieuse à nos annales militaires.

Pour en revenir aux reconnaissances individuelles, en dehors de tous les dangers signalés pour les espions et de la triste fin qui les attend, le cas suivant peut se reproduire :

Le premier jour de sa rentrée matinale au cantonnement français, l'officier parti déguisé en reconnaissance, depuis la veille, ne connaissait pas le mot d'ordre; du reste, il n'avait pas vu une sentinelle, abritée par un arbre et un repli de terrain; et elle-même ne l'avait pas aperçu de loin. Peut-être épuisée de fatigue était-elle plongée dans une demi-somnolence?

Quelle que fut sa situation, en voyant subite-ment apparaître l'officier, elle fit feu, sans crier le qui-vive réglementaire.

Grâce à Dieu, la balle siffla à ses oreilles, sans l'atteindre.

Après cette surprise, la sentinelle reconnut heureusement en lui un officier de son régiment et n'exigea pas, après une courte explication le mot d'ordre.

Si elle eut été aussi sévère que la sentinelle des jours qui précédèrent la bataille de Wagram, l'es-pion pouvait de nouveau mourir, et c'eut été inu-tilement, d'une balle française.

Le grognard de cette époque glorieuse avait vu venir Napoléon à cheval en inspection des avant-postes, selon son habitude de la veille des batailles et lui crie : Qui va là?

« Je suis le petit caporal, » répond Napoléon.

« Quand tu serais l'Empereur, si tu ne me donnes pas le mot d'ordre, passe au large, ou tu es mort », et il eut tenu parole.

*Nota.* — Réparons un oubli, en parlant de nou-veau de nos écoles d'officiers : notre revendication en faveur des sous-officiers n'enlèvera aucune place aux Saint-Cyriens et aux Polytechniciens, dont

nous apprécions la très haute valeur, elle les retar-
dera, simplement, pour arriver à l'épaulette, en
leur donnant la compensation de l'éducation virile
du rang.

En effet, plus instruits que les autres sous-
officiers, il les primeront dans les concours pour
Saint-Maixent et Saumur; et il en résultera le
suprême avantage, pour la France, d'encourager
de plus nombreux candidats à l'épaulette, à condition de permettre à ceux qui ont échoué une
première fois, de se représenter de nouveau, jusqu'à une limite d'âge plus avancée.

# ARMÉE

---

## CHAPITRE IV

La baïonnette. — Nouvelle méthode de combat. — Napo-
léon I<sup>er</sup>. — Ses leçons. — Les hussards du maréchal Blü-
cher. — Solférino. — 3<sup>e</sup> Régiment de chasseurs d'Afrique.
— Le colonel de Mezange de Saint-André. — Le duc de
Larochefoucauld-Liancourt. — Duc Oudinot de Reggio. —
Sedan. — Général marquis de Gallifet. — Reichshoffen. —
Gendarmerie. — Épisode de Vello-Drigo.

La furie française ne trouve plus aujourd'hui
son application comme avant le perfectionnement
des armes à feu, par la presque impossibilité d'atteindre l'ennemi à la baïonnette ou autrement ;
les Prussiens viennent même d'examiner, s'il ne
serait pas opportun d'en supprimer l'escrime.

La baïonnette est l'arme nationale par excellence ; elle inspire confiance et reste le dernier
espoir du brave sans munitions. Rappelons-nous
les zouaves à Palestro ; surtout nos turcos à
Reichshoffen, où, écrasés par le nombre et décimés
par le canon, ils s'élancent à un pas de course fu-

rieux, en brandissant leur fusil au-dessus de leur
tête, en criant pour effrayer l'ennemi et se surex-
citer. Ils chargent à la baïonnette jusqu'à ce que la
mitraille en couche près de neuf cents sur le sol.

En revanche, nous ne comprenons pas l'engouement momentané, espérons-le du moins, de quelques sommités militaires pour la lance; elle n'est
plus la reine des armes des siècles passés, en présence des fusils et de l'artillerie actuels.

Quoi qu'il en soit, peu ou pas de luttes corps à
corps. Actuellement les armées entament l'action
en se dissimulant le plus possible derrière des
accidents de terrain naturels ou préparés, et en
restant protégées longtemps par des lignes de tirailleurs, soutenus constamment par une formidable artillerie, dont le tir maintient les adversaires à distance, jusqu'au moment où ils peuvent
se foudroyer d'un peu plus près avec leurs fusils
à longue portée et à tir rapide, toujours appuyés
par l'artillerie.

Pendant cette deuxième partie de la lutte, le
canon gronde constamment aussi, et, en définitive, décide la victoire, jusqu'au moment où l'épuisement d'une des deux armées permet à l'autre de
l'aborder, quelquefois, à la baïonnette pour achever sa défaite, et dans ce cas, l'artillerie aidée de
la cavalerie joue-t-elle encore un rôle prépondé-
rant, si le vainqueur veut compléter sa victoire ;
le vaincu diminuer l'étendue de ses désastres.

Les ennemis de Napoléon I<sup>er</sup> n'en triomphèrent, après quarante-cinq ou cinquante grands combats ou batailles perdus, qu'en lui opposant toujours une artillerie d'une supériorité numérique écrasante. Nos premières défaites furent aussi, il est vrai, la conséquence de l'épuisement de nos forces gaspillées inutilement en Russie, en Espagne et en Allemagne.

Bon juge en science militaire, Napoléon disait : J'ai appris une chose aux alliés : à m'écraser par leur artillerie ; et pour arriver à battre, même mes maréchaux isolés, ils en ont eu toujours un nombre bien supérieur au nôtre.

Les autres leçons de Napoléon ne furent malheureusement pas perdues pour nos adversaires, surtout pour la Prusse. Malgré ses revers, elle avait toujours eu foi dans son étoile et travaillait sans ostentation, et économiquement à sa réorganisation militaire.

A peine instruites, les armées prussiennes reparurent sur les champs de bataille, non seulement avec honneur, mais en décidant souvent la victoire ; et s'il en fut ainsi, c'était la juste récompense de tous les soins donnés à leur artillerie.

Le plus entreprenant de nos adversaires, le feld-maréchal Blücher, dont la carrière s'était faite en partie dans les hussards, en lui laissant tout l'engouement dû au prestige de ces beaux et utiles régiments ; consulté un jour sur les mérites de la cavalerie sur un champ de bataille, et principalement sur la valeur de ses fameux hussards dont il était si fanatique, répondit simplement et en toute franchise :

« Mes hussards sont superbes en toutes cir-
« constances, impétueux dans une charge, mais
« ils ne mordent pas plus que les autres cavaliers
« sur l'infanterie commandée par Napoléon ; pas
« même sur ses maréchaux, et pas davantage sur
« les troupes, même en retraite.

« L'artillerie seule agit efficacement sur lui et
« sur son infanterie. »

En méditant ces leçons historiques, et en consultant notre expérience personnelle, nous arrivons à exprimer le désir de voir une majeure partie de notre cavalerie transformée en artillerie, comme nous l'avons déjà demandé.

En 1870, les Prussiens, fidèles aux leçons de Napoléon et de Blücher, purent mettre en campagne près de quinze cents pièces de canon, dont la majeure partie sortait des usines Krupp et se chargeait par la culasse, tandis que nous, plus riches qu'eux, nous n'en avions que neuf cents environ et d'une portée inférieure ; nous l'avons raconté dans notre premier volume, intitulé *Espérances*, mais nous ne cesserons de le répéter.

C'est notre raison de redire que les Allemands en possédaient, en outre, un nombre considérable en réserve, et nous fort peu.

A Solférino, à l'apogée de notre gloire cependant, et au déclin du jour ; à l'heure enfin où les Autrichiens commençaient à plier, Napoléon III, pour hâter leur retraite, ordonna au général Desvaux (dont nous nous réservons de parler longuement au chapitre des colonies d'Afrique), de faire charger sa division de cavalerie. C'était la plus nombreuse de notre armée, et, peut-être bien, osons-nous dire sans fausse modestie, la meilleure division de cavalerie que la France ait jamais mise en ligne. (Que ce mouvement de vanité nous soit pardonné.)

Elle était composée du 5ᵉ régiment de hussards et des trois seuls régiments de chasseurs d'Afrique ; tous merveilleusement montés sur d'admirables chevaux barbes en très bon état d'entrainement, aussi robustes qu'impétueux dans la charge. Le 2ᵉ chasseurs d'Afrique avait été détaché pour le service de plusieurs généraux d'infanterie.

Les hommes de la division étaient en partie des sous-officiers démissionnaires des régiments de France pour arriver plus vite à l'épaulette en campagne ; puis, de glorieux vétérans d'Afrique et de Crimée. Ses officiers représentaient certainement l'élite de toutes les classes sociales.

Depuis le colonel, jusqu'aux simples soldats, tous étaient fous de cette bravoure française, capable de tout oser et de réussir partout. Chaque officier, désireux de se faire un nom ou de grandir

le sien sur le champ de bataille, était impatient d'affronter le danger.

Le 3ᵉ régiment de chasseurs d'Afrique, où nous
avions l'honneur de servir, était brillamment
commandé par le colonel de Mezange de Saint-
André, et par les chefs d'escadrons ducs de Laro-
chefoucault-Liancourt, et Oudinot de Reggio,
tous trois descendants de nos plus brillantes illustrations nationales, et ayant un passé militaire
personnel et de famille qu'ils désiraient glorifier
encore; tous trois bien dignes de commander à
d'aussi braves cavaliers.

Ce régiment, du reste, devait voir passer successivement dans ses rangs ou à sa tête, vers notre
époque, les Ney, les généraux du Barrail (surnommé, au moment où il le commandait « le colonel du travail »), de Galliffet, de la Jaille, Cha-
reyron; le prince de Sagan, le comte de Mun; les
colonels de Buros, Béchade, de Contenson; et un
si grand nombre de brillants officiers qu'il nous
faudrait un volume pour rappeler leurs noms et
leurs exploits. Nous les redirons peut-être un
jour, pour prouver que si, dans nos régiments, on
avait parfois de l'entrain, le verre à la main, on
savait être héroïque au feu et dans toutes les circonstances si souvent douloureuses de la vie de
campagne.

Tous, du reste, étaient aussi vaillants dans les
trois autres régiments de la division.

A la sonnerie et au commandement de la charge, chaque régiment s'élance à un galop furibond dans un terrain coupé de vignes, de petits fossés, de talus et de divers obstacles naturels, relativement de peu d'importance pour des chevaux africains, mais à peu près impraticables pour d'autres, de l'aveu général.

Accueillis, au début et pendant la durée de la charge, par un feu d'infanterie bien nourri, malgré l'impétuosité de l'élan irrésistible des cavaliers d'Afrique, malgré l'envahissement des carrés, un orage et une pluie torrentielle fouettant nos adversaires au visage, la division d'Afrique n'a pu que précipiter leur retraite, sans les entamer sérieusement. Nos ennemis, battus d'avance, n'ont pas faibli un instant ; nous leur devons cette justice.

Si nous avons fait quelques rares prisonniers, c'étaient des débandés d'autres corps que celui placé en face de nous.

Enfin, comme revers de médaille, la division Desvaux eut 8 officiers, 70 sous-officiers, brigadiers ou cavaliers tués, près de 175 blessés, perdit plus de 220 chevaux. En outre, le commandant de Larochefoucault, trois autres officiers, et plusieurs soldats furent faits prisonniers, en se lançant à corps perdu au milieu des carrés autrichiens.

C'était un résultat — désastreux, — étant donné les circonstances qui nous étaient toutes absolument favorables. Que serait-il arrivé, en cas contraire, en présence des armes perfectionnées d'à présent?

Du reste, le vaillant général Moris, commandant toute la cavalerie de la Garde-Impériale et le général de division, comte Partouneaux, à la tête de quatre régiments de cavalerie ordinaire, avaient eu la franchise de décliner l'honneur de charger dans cette circonstance; et à notre humble avis s'étaient admirablement conduit en encourant la responsabilité, bien lourde, d'expliquer l'impossibilité pour des chevaux de France, d'exécuter cette charge absurde.

Il fallait les vétérans d'Afrique et leurs petits chevaux algériens pour s'en tirer.

Personnellement, après avoir chargé deux fois et dépassé de beaucoup les carrés autrichiens, nous avons entendu plus de 150 balles nous siffler à plus ou moins d'un mètre de la tête, et c'est un miracle que nous n'ayons pas perdu plus de monde, tandis que si nous avions eu la cavalerie-artillerie que nous demandons, nos quatorze régiments de cavalerie auraient foudroyé, sans perte pour nous, les carrés autrichiens.

Le jour de la sinistre bataille de Sedan, la division d'Afrique chargea vaillamment aussi, mais sans aucun espoir, pour l'honneur des armées françaises, sous les ordres du brave et légendaire général marquis de Gallifet, après la mort de l'héroïque général Margueritte.

19

Tous, avant de s'élancer, auraient pu dire à
Napoléon, s'il eût été digne de cet excès de soumission à son adresse :

*Ave, Cæsar, morituri te salutant !*

Cet hommage, ils l'ont adressé à la France.

Le vieux roi Guillaume, en les voyant si furieu-
sement charger, mais si inutilement, n'avait pu se
défendre de s'écrier : « Oh ! les braves gens, oh
les braves. »

Les charges de Reichshoffen ne furent pas plus
heureuses, malgré l'héroïsme de nos vaillants cuirassiers des 8e et 9e régiments. Ils étaient cependant
les dignes descendants de ceux de Kellermann, à
Marengo et à Austerlitz, de ceux de Caulaincourt
à la Moskowa, et de tant d'autres brillants cavaliers de notre grande époque de victoire.

Le maréchal de Mac-Mahon avait, il est vrai,
en face de lui des forces doubles des siennes, dont
sa cavalerie ne put, en temps opportun, lui signaler ni le nombre, ni même le voisinage.

Les charges légendaires des cuirassiers de
Milhaud à Waterloo, ne purent pas plus briser la
ligne des habits rouges du duc de fer, que nos cuirassiers de Reichshoffen n'arrêtèrent l'armée allemande. Les uns et les autres n'eurent que l'hon
neur de mourir en héros.

Le général de Failly, au lieu de secourir le maréchal avec son corps d'armée, lui envoya la division du général Guyot de Lesparre, dont la vaillance et la seule présence eurent l'immense avantage d'empêcher notre désastre d'être plus grand, en évitant à un grand nombre de Français d'être faits prisonniers. Ils retardèrent aussi la poursuite et firent perdre à la cavalerie allemande les traces de notre armée en retraite, pendant plusieurs jours, malgré notre défaite, notre infériorité numérique et l'éclatante victoire du prince royal de Prusse.

Cependant, pour rendre à chacun la part de gloire méritée, grandissons-nous, en avouant qu'une brigade de cavalerie allemande, celle du général comte de Bredow, traversa à Rezonville l'infanterie du maréchal Canrobert en perdant une moitié de ses hommes sous le feu; l'autre en partie écharpée par notre cavalerie. Ce chef descendait d'un des meilleurs généraux de la guerre de Sept Ans.

Telle a été, à peu près, à notre connaissance du moins, la seule prouesse utile de la cavalerie, agissant et chargeant en corps et en masse sur un champ de bataille en 1870 et 1871. Pendant le reste de la campagne, la moindre troupe, même de francs-tireurs, un peu décidée et bien conduite, avait assez vite raison des nombreux cavaliers que l'ennemi envoyait en avant ou sur les flancs de ses armées, pour nous attaquer ou s'éclairer.

En remontant à la guerre de Crimée, nous n'y trouvons guère que des charges brillantes, mais sans résultats efficaces.

Au début de la bataille de Balaklava, une troupe de 350 à 400 braves cosaques, protégée par de nombreuses pièces de canons, charge, sans succès, malgré son impétuosité, et sa double attaque de front et sur le flanc, un régiment d'higlanders ; ces impétueux cavaliers sont appuyés par un second corps de cavalerie beaucoup plus nombreux; alors, intervient la grosse cavalerie du général anglais Scarlett, qui se trouve compromise à son tour par la présence d'un corps de fantassins russes. Les Anglais se trouvent bientôt dégagés par l'admirable infanterie française du général Bosquet. C'était la seconde fois que ce regretté général accourait au secours de l'armée anglaise ; aussi, lord Raglan, se souvenant de la vaillance qu'il avait montrée à Inkermann, lui dit-il publiquement, en le rencontrant après la bataille : « Général, au nom de l'Angleterre, je vous remercie ; vous avez sauvé son armée à deux reprises différentes. Merci aussi à la France, dont vous savez si merveilleusement conduire les soldats à la victoire. »

Grâce au général Bosquet, les Anglais reprennent l'avantage, mais les Russes se reforment et sont soutenus par une artillerie formidable.

Lord Raglan, en les apercevant, craint de voir

son armée débordée et envoie à lord Lucan, général de division de sa cavalerie, l'ordre de faire attaquer les lignes ennemies. C'était, évidemment, d'une témérité sans nom ; aussi, ce dernier hésite-t-il à transmettre cet ordre; mais, devant l'insistance du commandant supérieur, il prescrit à une brigade de se conformer à l'ordre de lord Raglan.

Lord Cardigan, son chef, fait alors sonner la charge et s'écrie, en levant son sabre et en lançant son cheval à un galop furieux :

« A l'honneur mes Anglais ! En avant le dernier des Cardigan ! » et il conduit tous ces braves à la boucherie. Ils traversent artillerie et infanterie ennemies, malgré le feu qui les décime, et se trouvent en face d'une seconde ligne de cosaques. Les Anglais vont être tous enveloppés et faits prisonniers, s'ils ne peuvent faire demi-tour et retraverser les lignes de leurs adversaires.

Heureusement pour eux, les chasseurs d'Afrique du général Morris arrivent à leur secours, appuyés par nos chasseurs à pied, qui chargent, à côté d'eux, au pas de course et à la baïonnette, après avoir fait feu et rechargé leurs armes en marchant. Une lutte héroïque s'engage et, comme la valeur est égale de part et d'autre, le champ de bataille n'offre plus que la vue d'un charnier jonché de morts et de mourants; mais lord Cardigan est dégagé.

L'Angleterre devrait se souvenir de cette journée et ne pas se montrer si souvent sourdement hostile à la France, tandis que, si son attitude était sincèrement amicale pour nous, et si elle se proclamait résolument pour la sainte cause de la paix, ce serait le plus sûr moyen d'en conserver les bienfaits à l'Europe.

Nous devons ajouter, pour nous engager dans la meilleure voie d'amitié internationale, qu'entre prisonniers russes et soldats français, ou, dans le camp ennemi, entre prisonniers français et soldats russes, la sympathie était sincère. Mentchicoffs, zouzous, chasse-marée, c'est-à-dire Russes, zouaves et chasseurs d'Afrique se rendaient de mutuels services dans les ambulances, et se plaisantaient sans rancune. C'est dire, tout en parlant de la guerre, que nous plaidons la cause de la paix.

Malgré l'évidence du peu de réussite de la cavalerie — destinée à décroître encore plutôt qu'à augmenter, en face des progrès des armes à feu, l'empereur Guillaume II est un partisan déclaré de son emploi — même en grande masse sur le champ de bataille — Cela se comprend, car il est passionné pour l'escrime, l'équitation et tous les exercices du corps, il a les étincelantes illusions de la jeunesse que nous ne devons plus avoir. Évidemment nous ne demandons pas une mesure d'ensemble dans la transformation dont nous venons de parler, mais de nombreux essais destinés à démontrer ses bons et ses mauvais côtés.

Après cette charge à fond, touchons un autre point de notre organisation militaire, dont l'utilité est de tous les instants; nous voulons parler de la Gendarmerie,

C'est le corps d'élite par excellence. Composé de sous-officiers, de caporaux ou de brigadiers et de soldats de choix, elle rend d'aussi grands services à l'intérieur, pendant la paix, qu'en temps de guerre en assurant la sécurité des marches ou des cantonnements de nos armées.

La loi, dont elle est la sentinelle, lui trace ses devoirs; en les remplissant avec ponctualité et dévouement elle a droit à tous nos respects, à notre entière sympathie, et en est absolument digne, par sa valeur et sa discipline admirables.

Hommes de sacrifice et de devoir, effroi des méchants et protecteurs des bons citoyens, les gendarmes firent avec distinction toutes les guerres de l'Empire. Nous nous plaisons à le dire pour leur rendre hommage et pour leur montrer leur rude mission pour l'avenir. La petite gendarmerie d'Espagne.surtout se montra admirable de courage et de discipline, non seulement en maintenant le bon ordre dans nos cantonnements, mais même les jours de combat.

— « En 1812, en se battant à « Vello-Drigo, en « avant de Burgos, une légion de gendarmerie

« attendait froidement l'ennemi. Les dragons
« lourds (rouges) anglais, apercevant les chapeaux
« à cornes déformés par la pluie et les bivouacs,
« et ne trouvant pas dans les gendarmes le bril-
« lant des couleurs et les formes élégantes qui les
« frappaient dans notre cavalerie, les Anglais, di-
« sons-nous, crurent avoir affaire à des corps im-
« provisés, ou à ces régiments provisoires quel-
« quefois peu dangereux. »

« Les dragons rouges chargèrent en caracolant;
« mais ils furent rudement reconduits, poursuivis
« de tous côtés, écrasés, sabrés et complètement
« anéantis. »

C'est un des plus beaux faits d'armes de nos
guerres et il semble revivre sous la plume élégante
du général Ambert.

Pour d'autres exemples reportons-nous aux
patriotiques écrits de notre Plutarque français, le
général Thoumas, un des brillants littérateurs du
*Temps.*

Tel a été un des côtés brillants de la Gendarmerie, abordons ses côtés plus pratiques actuels.

Comme une armée a besoin, aujourd'hui plus
que jamais pour assurer sa vie, c'est-à-dire sa
subsistance et sa sécurité, d'une discipline de fer
dans la marche de ses immenses convois, surtout
en pays ennemi, la gendarmerie a le rôle modeste,
mais très difficile, d'y maintenir le bon ordre.
Lorsqu'elle y arrive, c'est toujours au prix de

fatigues et de sacrifices incessants, et en se montrant d'un tact admirable vis-à-vis des espions, des maraudeurs, et même des gens du pays.

Il faut avoir fait campagne dans les contrées où les populations belliqueuses ont un seul désir : nuire à l'ennemi de toutes façons, comme en Allemagne, en Espagne et en Russie, pour comprendre l'importance des services de ce corps d'élite , dont la mission est non seulement de surveiller les convois, mais de ne laisser aucun traînard en arrière pour tant de motifs faciles à comprendre, et d'empêcher autant que possible les investigations des espions ennemis. Du reste, dans la vie normale, en France, même en paix éternelle, nous voudrions voir doubler le nombre de ces braves et modestes serviteurs toujours prêts à tous les dévouements, afin de compléter la sécurité de nos villes et de nos campagnes, afin également de les avoir préparés à leur noble et pénible mission de la guerre.

L'entrée dans leur corps d'élite devrait être la récompense de tous les services militaires rendus dans les rangs de la troupe des gradés ou des autres porteurs de galons.

---

# CHAPITRE V

Le meilleur entraînement militaire et le plus utile à la France.
— Reboisement des pentes — Construction des grands barrages, etc., par nos troupes — L'armée romaine — Cincinnatus. — Annibal. — Objections sur la main-d'œuvre militaire. — Travaux en perspective. — Leur effet sur la santé et
le moral du soldat. — Tranchées-abris, ses effets.

Devant le danger de notre situation militaire et
l'urgence d'y faire face par un entraînement incomparable; en présence des écrasantes dépenses de
nos budgets, nous devrions faire concourir notre
armée à la richesse du pays, en l'employant, à
l'exemple des Romains, à remuer souvent la terre,
au reboisement des pentes, à la construction des
barrages dans les montagnes, surtout à des
travaux indispensables et pressés, afin de l'utiliser en la fortifiant et en nous enrichissant :
L'argent n'est-il pas le nerf de la guerre?...

L'armée romaine, modèle de toutes les armées
du monde par sa force et sa mobilité, a donné le

merveilleux exemple, à toutes les autres, d'un entrainement incomparable et c'est certainement le secret de sa si longue suprématie, pendant laquelle elle ne cessa de se livrer à des travaux dont les traces subsistent encore, et resteront longtemps un juste sujet d'admiration.

Depuis Cincinnatus, se reposant de ses fatigues guerrières en reprenant sa charrue après chaque expédition, jusqu'à l'armée française, traçant la première route digne de ce nom en Syrie, celle de Beyrouth à Damas, l'histoire nous montre souvent des œuvres précieuses pour l'agriculture et le commerce exécutées par les soldats qui ont laissé les plus glorieux souvenirs militaires.

Alexandre entraîna ses troupes par des terrassements et Marius, comme nous venons de le rappeler, fit détourner les eaux du Rhône et creuser un canal de dérivation pour aguerrir ses légionnaires et les déshabituer de fuir, afin d'être sûr de leur valeur avant d'engager sa lutte gigantesque contre les Teutons et les Cimbres.

César, les Scipions et tous les grands capitaines de Rome agirent ainsi. Annibal employa également, pendant les trop courts loisirs de la paix, ses jeunes soldats et même ses vétérans, si souvent victorieux de Rome, à planter des oliviers, à creuser des ports, à élever des retranchements et à tracer des routes pour enrichir et fortifier Carthage et son territoire. Il s'en trouva bien à l'heure des revers; malheureusement son génie, tout de ressources, ne put suppléer à l'infériorité de Carthage vis-à-vis de Rome.

A l'exemple de ces admirables modèles, pour remédier aux crues subites de nos rivières et aux inondations si terribles qui en sont la désastreuse conséquence, il faudrait employer nos troupes, d'infanterie surtout, à construire des barrages capables de retenir et d'emmagasiner les eaux de pluies torrentielles. Ce maniement de la terre les habituerait à se creuser rapidement des abris pour se protéger, en campagne, contre le feu de l'ennemi.

Outre les avantages de cette instruction, cette mesure de sage prévoyance serait fortifiante pour nos soldats, à condition de leur allouer une indemnité de un centime environ pour chaque trou ou tranchée de 50 centimètres, et un bon supplément de nourriture comme juste rémunération de leur labeur; de façon qu'en supposant la plantation faite à 1,250 plants d'arbres à l'hectare; celui-ci revienne à 12 ou 15 francs au plus, pour prix de la première main-d'œuvre.

Ce serait une sérieuse économie, étant donné que le travail civil complet le plus économique coûte de 35 à 40 francs l'hectare.

On nous objectera que cette main-d'œuvre militaire retirera du travail aux ouvriers, c'est vrai, mais comme on ne pourrait pas entreprendre ce travail autrement; ainsi fait, il sera une richesse accumulée pour l'avenir et deviendra une source de profits présents et futurs pour notre sol, et, en définitive pour l'État et l'ensemble des contribuables.

Il conservera à nos terrains tous les humus, tous les engrais et toutes les terres que les eaux de pluie, surtout à la suite des orages, entraînent comme un torrent dans nos fleuves, en les envasant, et dans la mer, en comblant plus ou moins vite nos ports; au détriment de nos finances et de tous nos terrains de culture. Nous ne parlons pas des ravages causés par les grandes inondations.

Le bénéfice immédiat des travaux militaires sera donc, outre l'instruction, le nerf métallique d'autres travaux productifs urgents à donner à nos ouvriers civils; et ces travaux sont si nombreux qu'un quart de siècle ne suffirait pas à leur accomplissement, sans les discontinuer.

Puis, une autre considération nous encouragera davantage dans cette voie, lorsque nous saurons qu'en fortifiant notre jeune soldat par l'exercice et une meilleure nourriture, nous l'entraînerons d'une façon virile et utile en lui préparant une santé plus parfaite pour l'avenir, en le laissant, à l'époque de sa dernière croissance, librement au grand air, pour y bénéficier des vivifiantes caresses du soleil et des vents fortifiants.

En effet, sur les montagnes, le soldat respirera

à pleins poumons avec l'air, le parfum des plantes odorantes, au lieu des émanations peu saines de quelques casernes.

Du reste, respirer l'air pur n'est-ce pas renaître, n'est-ce pas redonner au sang et aux poumons la force et le calorique indispensables à la vitalité humaine?

En exposant nos recrues aux alternatives des saisons pendant les meilleurs jours de l'année on les aguerrira petit à petit contre les maladies contagieuses, les fièvres typhoïdes, les dysenteries et les autres affections si fréquentes et si meurtrières surtout au début de la carrière militaire.

Au grand air, les voies respiratoires supportent toujours mieux les variations de température que dans les villes et certainement le soldat s'y enrhumera moins et ne souffrira presque jamais des changements, même les plus brusques.

En outre de ces avantages, le séjour sur les montagnes élève et fortifie l'âme par la contemplation du ciel et des grands phénomènes de la nature dont le Créateur fait paraître petites les œuvres des hommes à côtés des siennes.

En résumé, en campagne et au bivouac, le soldat bien nourri, travaillant plus et dormant même moins qu'au quartier, se porte mieux et voit sa carrure et sa poitrine s'élargir.

Nous en avons fait la remarque, et nous l'avons

toujours entendu dire, surtout pour les ouvriers si habituellement chétifs des villes.

Ainsi préparé, à l'heure d'entrer dans la mêlée, le soldat sera fort d'âme, de corps, et pourra lutter contre tous les dangers.

Par ce moyen si pratique, notre race se régénèrera petit à petit, et elle ... un besoin urgent après les saignées de nos dernières défaites et de nos campagnes de l'Extrême-Orient.

Pour compléter notre pensée, ajoutons qu'en dehors des profits et des avantages que ces travaux apporteraient à la France en augmentant la santé, la richesse, la sève et la puissance nationales, notre moral serait rehaussé à nos propres yeux et à ceux de l'étranger par la conscience de notre vigueur dirigée si pacifiquement. Cette vigueur imposerait le respect à nos voisins, auxquels ce genre de préparation militaire ne pourrait jamais porter ombrage, mais leur inspirer le désir de nous imiter, pour le bien-être de l'humanité entière.

En dehors des considérations précédentes, si nous insistons tant sur la vie au grand air pour nos recrues, c'est surtout afin de reconstituer notre race, si belle au moment de la guerre d'Amérique et au début de la Révolution; race qui dut à sa beauté et à sa force des succès qui ne furent pas seulement ceux des champs de bataille. Malgré les mérites des Anglo-Américains, nous avons de

beaux rejetons de Français au Canada ou aux
États-Unis et dans notre capitale même; précisément en ce moment-ci habite une des descen-
dantes les plus remarquables, à tous les points
de vue, de nos fiers héros de l'indépendance amé-
ricaine. Si notre race d'autrefois ne nous donnait
pas les plus grands soldats d'Europe comme en
avaient parfois les Prussiens et les Anglais, elle
nous permettait d'envoyer loin de nos frontières
des hommes d'une vigueur exceptionnelle et bien
supérieure à celle de nos ennemis.

Malheureusement, les guerres continuelles de
la République et du premier Empire nous firent
perdre sur tous les champs de bataille nos plus
beaux hommes.

Si nous les avions conservés, nous aurions eu
en eux le point de départ d'une postérité vigoureuse ;
tandis que les écloppés, les infirmes, et en général les
hommes les moins brillants au feu, survécurent
aux grandes batailles et aux continuelles fatigues des campagnes, par la simple raison que les
plus chétifs soldats allaient plus souvent que les
autres se reposer aux ambulances et dans les
hôpitaux; par conséquent, apparaissaient plus
rarement sur les champs de bataille.

Aussi, ces mots à demi plaisants, prononcés
par un colonel de grenadiers, dans une circonstance douloureuse : « Ce sont toujours les mêmes
qui se font tuer », étaient-ils vrais.

En passant devant le front de son régiment, il avait vu d'un coup d'œil, avec une douloureuse émotion, les vides de ses rangs, et avait constaté, une fois de plus, d'une façon évidente, l'absence de ses soldats les plus braves et les plus vigoureux.

Évidemment, en pareille circonstance, les unions sont impuissantes à réparer les désastres des batailles, nombreuses et meurtrières comme celles de cette glorieuse époque ; tandis que les morts seraient devenus, s'ils avaient échappé à leur sort, des chefs de famille incomparables.

Dans cet ordre d'idées, les seconds travaux capables d'entraîner nos troupes et d'enrichir le pays seraient, après le reboisement des Cévennes, dont les belles forêts furent si maladroitement incendiées par Louis XIV pour en chasser les protestants ; celui de toutes les montagnes chauves et arides de France, autrefois couvertes d'une riche végétation arborescente.

Ce serait le moyen pratique et productif d'empêcher les inondations de nos grands fleuves et les désastres qui en sont la suite.

Les derniers travaux consisteraient en quelques plantations d'arbres, sur les bords de toutes les routes qui en sont dépourvues, et en des endiguements capables de contenir l'effort des eaux dans la Garonne, la Loire et le Rhône principalement.

Nous parlerons plus longuement, dans notre

livre sur l'*Agriculture*, des inondations et des désastres de tous genres qu'elles causent; et ce sera la preuve indiscutable de l'urgence de notre demande.

Qu'ajouter à ces réflexions, si ce n'est que l'air de la campagne fera du bien surtout aux jeunes soldats des villes, et peut-être, en encouragera quelques-uns à prendre goût au travail des champs, par la perspective du premier de ses bien-faits : la santé.

Puis, obligés de manier certains outils pour creuser les trous ou les tranchées destinées aux plantations, ils s'habitueront à remuer vite la terre, et construiront, en quelques minutes, des ou-vrages destinés à les abriter, en campagne, du feu de l'ennemi.

On nous dira que ces exercices se font depuis longtemps, c'est vrai, mais dans cette circons-tance, ils seront un exercice préparatoire utile au pays, et rémunérateur pour l'avenir.

En dix minutes, parfois en cinq, un caporal et huit soldats (terrassiers exercés), font, sans fa-tigue, une tranchée-abri pour les protéger tous, tandis que des gens de la ville ou des hommes inex-périmentés mettraient une demi-heure à la mal faire en s'épuisant.

En songeant aux vies qu'elles peuvent conserver à la France, on comprendra l'étendue des services à attendre de cet entraînement. Son urgence paraîtra encore plus grande lorsque nous saurons que l'Allemagne vient d'adopter le fusil Mann-licher, qui tue à 3,500 mètres et atteint 3,800 mètres. Il se charge de 4 cartouches à la fois et exige un parapet de terre de 70 à 80 centimètres pour protéger efficacement le soldat.

En outre de ces considérations, notre désir de voir nos soldats exercés aux travaux de terrassements vient de notre connaissance de l'impressionnabilité nationale qui les prédisposera à décharger trop vite leurs armes, sans chercher à viser, ni, du reste, pouvoir viser dès qu'ils entendront le bruit de la fusillade et le sifflement même lointain des balles ennemies, s'ils ne sont pas abrités sûrement dans leurs tranchées comme nous le voudrions.

Évidemment, en ce moment, l'ensemble de notre armée a des fusils qui portent plus loin que les fusils allemands, et nous donnent une supériorité incontestable; mais d'ici trois mois, toute leur armée de première ligne aura des armes d'une portée égale à celle de la nôtre, de plus, la poudre sans fumée:

Un an après, la grande majorité de leurs forces, malgré les on-dit contraires, sera également pourvue de ces deux merveilles, dont l'humanité doit frémir et Dieu s'offenser; si, destinées à détruire l'homme, son chef-d'œuvre, elles ne sont pas excusées par le motif supérieur de la défense de nos frontières.

Quant à la conservation de la poudre sans fumée (problématique encore pour l'Allemagne), nous devons constater que ses écoles spéciales de chimie réputées (à tort ou à raison) les meilleures d'Europe, lui procureront ce secret à plus ou moins bref délai; toujours trop tôt pour nous qui ne voulons pas être agresseurs.

Avant peu, donc, les fusils des deux nations porteront à la même distance et auront un effet meurtrier à peu près semblable, c'est-à-dire tueront à plus de 3,100 ou 3,200 mètres et blesseront peut-être même à 3,800.

Au camp de Châlons, croyons-nous, on a vu une balle égarée, passer au-dessus des cibles, et estropier à 3,200 ou 3,400 mètres un cheval, au point d'être forcé de l'abattre.

Pour réagir contre la tendance de nos soldats à tirer trop vite et pour les empêcher de rester sans munitions et à peu près sans défense, au moment décisif, il faut absolument les tenir abrités long-temps, afin de nous donner l'avantage du nombre, en restant sur la défensive jusqu'au moment de nous porter en avant avec la « furia » particulière au tempérament national.

Pour arriver sur nos retranchements, nos en-nemis se montreront longtemps à découvert et brûleront forcément beaucoup de cartouches, afin d'assurer leur mouvement offensif. Dans ce cas, dès qu'ils seront à portée, ce sera le moment propice de faire sortir de leurs abris nos soldats, pour attaquer vivement à leur tour, « à la française », en pratiquant la belle théorie des mouvements tournants et enveloppants, si sages quand ils sont possibles, sans risquer de faire perdre trop de monde.

Des réflexions précédentes, nous concluons que dans les chocs futurs entre les armées, en présence des masses innombrables, des facilités de s'entre-détruire vite et de loin, en prévision de l'étendue des terrains de combat ou d'action ; par conséquent de l'impossibilité absolue où sera le général en chef et ses sous-ordres, de voir l'ensemble et les détails des armées, d'entrevoir et de comprendre les desseins de l'ennemi, le ciel décidera, plus que jamais, du sort des batailles et des nations. Voici comment :

Pour suppléer à cette impuissance et au peu de sûreté du coup d'œil et des reconnaissances ordinaires, il faudra, à tout prix, faire monter en ballon des officiers capables de bien voir et de découvrir les mouvements amis ou hostiles, à l'aide d'instruments d'optique perfectionnés, en utilisant le télégraphe, le téléphone ou les pigeons-voyageurs, au besoin des signaux destinés à renseigner à chaque instant le général en chef et les commandants de corps d'armée.

En résumé, il faut revenir au moyen qui nous a donné la victoire à Fleurus, où Jourdan sauva la France et entr'ouvrit l'ère des succès éclatants qui ont ébloui l'Europe pendant plus de vingt ans.

Durant la bataille, le capitaine des aréostiers Coutelle resta près de dix heures en observation dans la nacelle de son ballon, que vingt hommes maintenaient avec de longues cordes, le laissant s'élever ou l'abaissant à des signaux convenus.

De ce poste, il observait les mouvements des Autrichiens et renseignait le général en chef par des billets attachés à de petits sacs de sable qu'il laissait tomber dès qu'il avait quelques indications à donner.

Son ballon était gonflé par un gaz obtenu par la décomposition de l'eau pour économiser l'acide sulfurique dont la base, le soufre, était trop précieuse pour en détourner une parcelle de la fabrication de la poudre.

En outre de ces avantages, l'aérostat de Fleurus égayait nos soldats, leur donnait confiance, et effrayait l'ennemi. Évidemment, malgré les lois de la pesanteur, l'homme imitera, tôt ou tard, le vol de l'oiseau dans l'air avec les ballons qu'il arrivera à diriger avec plus de sécurité que Simon le Magicien à voler devant saint Pierre. Les gaz et l'air comprimé sont, à notre avis, les éléments du progrès futur de l'aérostation, pourvu que ce soit pour le bonheur et non pour le malheur de l'humanité.

ARMÉE

## CHAPITRE VI

Cheval. — Cheval arabe. — Cheval algérien. — Origine du
cheval de pur-sang. — Croisement. — Feux de précaution. —
Épisode de la bataille de Magenta. — L'Allure. — L'Amble. — Ses avantages. — Son mauvais côté. — Écuries de
M. le duc de Maillé. — Conditions essentielles de l'étalon
destiné à produire le cheval d'armes. — *Godolphin-Arabian*, l'illustre ancêtre du pur-sang. — Poulinières et pou-
lains. — Bonne ferrure urgente. — Nourriture saine et
abondante pour le cheval. — Attaques de nuit.

Si l'artillerie doit être nombreuse et formidable,
il faut que ses attelages soient irréprochables.

La cavalerie peu nombreuse, au contraire, devra
briller par les qualités de vitesse et de résistance
de ses montures, afin d'être rapide comme l'éclair
avant la foudre, en outre infatigable.

Pour atteindre ces différents buts, il faut viser
aux perfectionnements de tous les éléments constitutifs de ses deux forces appelées à s'accroître
l'une par l'autre.

Actuellement, comme le cheval de guerre est
destiné à rendre de plus grands services et surtout
de plus pénibles qu'autrefois, comme il est l'élément indispensable d'une artillerie et d'une cavalerie incomparables, telles que nous les désirons,
et telles que les nécessités de la guerre moderne
l'exigent, nous allons chercher, et, certainement,
nous allons découvrir les moyens d'en procurer de
très bons à nos remontes militaires, sans les obliger à les payer trop·cher.

De tout temps, du reste, l'homme s'est passionné pour sa plus noble conquête, pour l'animal né, selon les poètes orientaux, de la foudre
et du vent, tandis que le roi de la création a été
tiré d'un peu de limon.

Si on vante tant le cheval, c'est évidemment en
prévision des services, des plaisirs et des satisfactions de tous genres à en obtenir. Quel que soit le
but, comme l'Algérie et la Tunisie sont assez voi-
sines du pays d'origine du cheval de la meilleure
race, et que les descendants du pur-sang arabe
ont fait dans notre colonie souche, sinon de beaux,
du moins de très bons chevaux de service, nous
arriverons facilement à y trouver les types parfaits du reproducteur du cheval de guerre, en y
apportant une sélection patiente et intelligente.
Incontestablement, après le cheval arabe du Nedjid,
c'est le beau cheval algérien qui présente les plus
grandes qualités de résistance aux fatigues, aux

intempéries, et aux privations de nourriture si habituelles en campagne.

Les Arabes ont chanté la naissance des ancêtres du cheval barbe, en disant que Dieu, en marquant d'un signe de gloire et de bonheur pour lui et pour son maitre le cheval de sang, lui mit au front une étoile blanche d'heureux présage et lui annonça sa destinée par cette phrase :

« Tu seras un buveur d'air et tu voleras sans ailes ! »

La race du cheval de pur sang, prétendent-ils, descend des juments et des étalons donnés en cadeau par Salomon aux Arabes venus pour le féliciter de son mariage avec la reine de Saba ; aussi l'appellent-ils la race du « cadeau. »

D'après eux, le cheval de guerre de race pure doit être, selon la tradition de sa descendance, fier, sans malice, attaché à la main qui le nourrit, beau, sobre, courageux, infatigable, tel enfin que nous le désirons comme étalon, pour remonter notre cavalerie et notre artillerie ; capable de provoquer toutes les admirations et de rendre son maitre fier de lui, au point de lui permettre de dire avec raison, comme le prophète à son ami en lui montrant son plus beau cheval de guerre : « Découvre-lui la croupe et rassasie ton œil. »

Malgré notre désir et notre certitude d'obtenir par ce croisement le type rêvé, nous ne voulons pas sur la foi du mérite de ses ancêtres, ouvrir à notre admirable étalon d'Afrique, toutes grandes, les portes du paradis de Mahomet, si envié des musulmans, en perspective des houries promises aux vrais croyants ; mais le lui faire gagner par des travaux dignes d'être cités.

Pour cela, il faudrait donner de suite à trois ou quatre régiments, composés de cavaliers d'élite, les meilleurs et les plus grands chevaux d'Algérie en y mettant le prix : (huit à neuf cents francs), par exemple, suffiraient largement. En revanche, il faudrait les nourrir abondamment avec du bon grain et de la paille ; leur donner peu ou pas de foin (cheval de paille, cheval de bataille ; cheval de foin, cheval de rien) et leur faire faire journellement des courses progressives de 8, 10, 12, 15 et mêm. 20 lieues, aux diverses allures, pour arriver à en obtenir parfois de beaucoup plus longues après quelque temps d'entrainement, dont la durée serait laissée à l'appréciation de nos hommes compétents.

L'influence de la nourriture sur le cheval est telle, qu'Abd-el-Kader, notre glorieux vaincu, la caractérisait ainsi dans une lettre célèbre écrite au général Daumas, auteur d'une petite brochure très en faveur autrefois dans la cavalerie, et que nous savions tous par cœur.

« Si je n'avais vu la jument faire le cheval, je dirais que c'est l'orge qui l'enfante », écrivait-il.

Cette pensée est tirée, croyons-nous, sinon du Coran, du moins des interprétations ou des extensions données par Mahomet lui-même.

Pour préciser le service à attendre du cheval de guerre, il ajoutait, mais dans le beau langage des lettrés de son pays :

Le cheval ordinaire, entraîné et bien nourri, doit pouvoir faire alternativement, à toutes les allures, sans fatigue, du lever au coucher du soleil; c'est-à-dire en 12 ou 13 heures, sans boire ni manger, en portant son cavalier, ses vivres et ses bagages, 25 lieues; un bon cheval, de 30 à 35, un très bon de 40 à 45, un cheval extraordinaire 50 et même davantage, en cas exceptionnel.

Chacune de ces catégories de chevaux doit être suffisamment bien entraînée pour pouvoir prendre, sans répugnance, son repas après cette course, être de force à recommencer le lendemain ce même rude travail et se montrer capable de le continuer, sans interruption, pendant une semaine entière, sans trop souffrir et sans contracter le principe d'aucune tare dure ou molle.

Une remarque à ce sujet.

L'Arabe ne craint pas de mettre des feux aux épaules, aux genoux et à tous les membres d'un poulain; c'est, évidemment, en prévision de ces fatigues extraordinaires. Ils les appellent, avec raison, feux de précaution. Gens et bêtes s'en trouvent bien; et jamais le grand chef arabe ne croira déshonorer son plus beau cheval de service par l'application de ces feux préventifs.

Il en était ainsi, du moins, de notre temps.

Avec ce système réprouvé en Europe, en France surtout, le cheval n'a jamais le surcroît de fatigue produit par quelques tares occasionnées par un excès de travail. Ces tares, si elles ne le font pas toujours boiter, gênent beaucoup sa marche.

Personnellement, nous avons vu, de 1855 à 1862, en Algérie, des chevaux complètement couverts de cicatrices de feux, en revanche, absolument infatigables.

Leur race n'a certainement pas dégénéré depuis.

Pour ne parler que des choses vues par nous-même, un fait bien connu prouvera la force du cheval barbe et sa résistance.

Le jour de la bataille de Magenta, la division de cavalerie d'Afrique, commandée par le général Desvaux, après avoir fait une étape ordinaire, chargée de quatre jours de vivre pour le cavalier et de deux jours de maïs et d'orge par cheval, fit, dans l'après-midi et la nuit de ce même jour, presque tout le temps aux allures vives, un parcours de 20 lieues pour tâcher de couper la retraite aux Autrichiens ou les forcer à évacuer Milan. Cependant, remarque à faire, plusieurs escadrons de la division étaient allés le matin même en reconnaissance, sans se ménager, ne se doutant pas de la forte course du soir.

Au temps de notre jeunesse, il nous est arrivé quelquefois, étant en garnison à Batna, d'en partir à six heures du soir sur un étalon barbe bien charpenté, réputé simplement un bon cheval d'escadron. Nous lui faisions faire sans interruption 31 lieues pour arriver à huit heures du matin à Constantine, rendre visite à un parent, le regretté sénateur, général de Chabron, bien nourrir notre monture et repartir dix-huit ou vingt heures après pour regagner Batna dans le même délai.

Notre allure à peu près constante, pendant ces courses, était le pas très allongé, semblable à l'amble des fameux mulets ou mules arabes, dont quelques vieillards de distinction se servent habituellement comme monture, dans les montagnes surtout.

L'Arabe appelle, du reste, le pas et plus spécialement le pas rapide de l'amble « le galop de toujours », pour bien indiquer sa durée et définir à quel degré de vitesse il peut être poussé par un entraînement raisonné.

Autrefois, du reste, cette allure était très recherchée, même en France, par les gens appelés par leur profession à faire de longues courses à cheval, surtout dans les pays très accidentés et où les routes étaient trop mauvaises pour les voitures.

Cette allure, pareille à celle du chameau, se

caractérisait par le mouvement des deux jambes de droite se levant à la fois, suivis ou précédés de deux jambes de gauche se mouvant également ensemble.

Peu fatigante pour le cavalier, elle ne paraissait jamais surmener le cheval malgré sa continuité; aussi était-elle très appréciée des bouchers principalement, qui se servaient volontiers des bidets dressés à l'amble. Ceux-ci, petits ou plus grands, mais toujours choisis avant tout dressage parmi les chevaux les plus robustes, se vendaient relativement cher, en prévision de leur résistance aux fatigues.

Monté sur son bidet, le maitre faisait jusqu'à 20 et 25 lieues par jour, prenant en croupe au retour des foires, outre un porte-manteau volumineux, parfois un veau, souvent très lourd.

Le modeste cheval capable de ces tours de force était généralement petit, trapu, mais avait des membres d'acier et provenait de nos bonnes races du Charolais, du Morvan, de la Bretagne ou de la Normandie.

Ses acquéreurs, en vrais connaisseurs, savaient pouvoir compter sur lui pour les longs trajets qu'ils avaient à faire.

Les Arabes et nos éleveurs français obtenaient autrefois l'amble en attachant ensemble un des bipèdes latéraux du jeune cheval au pâturage et en le laissant ainsi lié sans autre entrave.

Cette allure est malheureusement peu élégante, aussi ne recommandons-nous à personne de la faire revivre, malgré son très réel avantage de moins fatiguer le cavalier et sa monture. Cependant, nous avons vu autrefois, dans des écuries fort aristocratiques, entr'autres dans celles d'un très grand seigneur, M. le duc de Maillé, au château de Châteauneuf, parmi de très bons et très beaux chevaux, deux bêtes non moins belles qui allaient vite et bien à cette allure. L'une d'elle avait même l'insigne honneur d'être la monture de prédilection de la très noble duchesse.

La longueur de notre digression à ce sujet n'a qu'un motif, prouver la possibilité d'un entraînement dirigé vers un but utile et spécial aux divers services militaires.

Quelques cosaques ne dressent-ils pas leurs chevaux à se coucher à leur volonté, dès qu'ils mettent pied à terre, pour que leur corps leur servent de rempart?

S'ils les font coucher ainsi, c'est aussi pour être moins aperçus de loin, lorsqu'ils sont en embuscade ou pour donner moins de prise aux coups de feu de l'ennemi.

Mais revenons à nos chevaux militaires, leur beauté doit consister dans l'harmonie de leur forme appropriée aux fonctions qu'ils auront à remplir. Il ne faut donc pas viser à l'extrême vitesse.

L'étalon destiné à produire le cheval d'armes

devra être d'une taille et d'une force en rapport avec le service des produits à en obtenir.

Ses reins seront courts et forts, ses membres bien soudés; sa tête sera petite, son front large.

Il devra avoir fait ses preuves de résistance à la fatigue, être de taille moyenne et ne jamais montrer une grande disproportion entre les articulations de ses membres et l'excès de développement de son corps, afin que ses produits soient dans de bonnes conditions de travail (même désir pour la jument). En somme, la taille du cheval de troupe ne devra guère varier entre 1ᵐ50 et 1ᵐ60 pour tous les besoins militaires, et sa corpulence le désignera soit pour la cavalerie légère, soit pour la grosse cavalerie, l'artillerie, ou même le train des équipages.

Certainement l'étalon syrien réalise le type de la beauté plus idéale, dont nous avons vu de fort beaux spécimens, pendant notre année de campagne en Syrie. Il nous est même arrivé d'en monter de beaux, qui appartenaient au capitaine commandant de Natte et au lieutenant Francketi, du 1ᵉʳ chasseurs d'Afrique. (Ce dernier était le brave officier qui fut tué, glorieusement, à la tête d'un bataillon de francs-tireurs, au siège de Paris.)

Nous avons monté, également, quelques étalons syriens de notre escadron du 3ᵉ chasseurs d'Afrique. Comparés à nos chevaux barbes, ils étaient beaucoup plus chers et bien moins robustes; de plus, bronchaient souvent sur toutes espèces de terrain. Nous avons vu, en outre, d'assez beaux étalons syriens achetés pour le compte du roi d'Italie Victor-Emmanuel. Ils coûtaient fort cher, croyons-nous, sans avoir des membres bien remarquables. Leur ligne supérieure seule était superbe.

Si le beau cheval arabe, d'où descendent les barbes a perdu de l'élégance de ses formes, en Algérie, il y est resté robuste et fort, et, sous l'influence d'une nourriture abondante et intelligemment employée, redeviendrait admirable et incomparable comme ses ancêtres.

Le soin minutieux apporté par les Anglais à la création et à l'amélioration constante de leur race de pur sang, après deux siècles d'essais, nous montre la ligne à imiter. En suivant leur exemple, nous réussirons à créer une race française, répondant à tous nos besoins — si nous avons leur constance, leur sens pratique, sans imiter leurs dépenses exagérées et la direction de leurs efforts. Ils ont voulu la vitesse, nous désirons la résistance jointe à une grande allure.

Les Stuart avaient été les premiers à se lancer dans la voie de l'amélioration du cheval anglais, et l'un d'eux eut à s'en féliciter, en échappant à la mort, grâce à l'extrême vitesse d'une de ses montures de pur sang, pendant une chaude poursuite des soldats de Cromwell.

Ce dernier lui-même, premier créateur de la
puissance navale de son pays, s'occupait aussi des
chevaux de cette race pour l'améliorer ; et, comme
tout semble sinistre dans la sombre auréole de
l'illustre lord protecteur, il eut une monture
célèbre — du nom de *Fille du Cercueil* — qui
joua un rôle à cette époque sanglante.

Si, en France, nous nous écartons de la recherche
de l'extrême vitesse et du grand luxe, nous
obtiendrons, avec les étalons d'Afrique, la race
rêvée pour la guerre et toutes les fatigues ; en
résumé, la force et la résistance chez nos chevaux
de service.

Du reste, un cheval réformé des écuries de
Louis XIV fut, après les essais dont nous avons
parlé, un des plus illustres ancêtres du cheval de
pur sang.

Un bey de Tunis l'avait envoyé au roi en lui
disant : « Grand roi, le petit frère envoie à son
frère tout-puissant son meilleur ami, son meilleur
cheval. Sois sûr de lui comme de moi. Il est fier,
doux, beau, et sa vitesse égale celle de la foudre.
Né au pays du feu, il te servira bien partout ! »

Malgré cette chaude recommandation, Louis XIV
lui préféra toujours les gros et lourds chevaux
mecklembourgeois, si bien dessinés par Van der
Meulen. Aussi dédaigna-t-il le présent de l'ancêtre de notre protégé d'aujourd'hui.

C'était cependant une noble bête que le dédain royal avait laissé vieillir dans l'oisiveté.

Devenu méchant, il était tombé entre les mains d'un malheureux loueur de carrosses de l'époque, lorsque sa bonne étoile le fit remarquer de lord Godolphin.

Ce gentilhomme avait pris, une fois par hasard, une voiture de louage, pour éviter à ses chevaux une course longue et très pressée.

Le futur cheval *Godolphin-Arabian*, ainsi nommé de son dernier maitre et de son pays d'origine, fut attelé ce jour-là à une voiture lourde comme celles de l'époque.

Cependant, pour tout connaisseur, après examen de ses membres d'acier, sans aucune tare, son extrême maigreur s'oubliait devant sa tête aussi belle qu'expressive.

S'il avait pressenti ses hautes destinées, il n'eût pas mieux parcouru le pénible trajet qu'il eût à faire, à cette occasion.

Pendant deux heures et demie, il ne courut pas, il sembla dévorer l'espace et émerveilla tellement lord Godolphin, qu'en descendant de voiture, il ne put s'empêcher d'admirer la belle prestance et les aplombs parfaits du noble animal que le collier de misère semblait à peine déshonorer, tellement il paraissait peu fatigué de la rude course qu'il avait parcourue constamment à une grande et belle allure, sans se modérer, ni aux montées, ni aux descentes, malgré le poids excessif de sa voiture.

— Quelle est l'origine de votre infatigable coureur? demanda lord Godolphin à son cocher.

— C'est un vieux bon cheval arabe envoyé à notre roi par un chef musulman, je ne sais de quel endroit. Son âge l'a fait réformer des écuries royales où, ne travaillant pas, il était devenu un peu méchant; on s'en est débarrassé à bas prix, et j'en suis le propriétaire.

Telle fut la réponse du cocher, qui ajouta : « Depuis que je m'en sers, il se porte mieux et n'est plus du tout méchant, malheureusement il est vieux, quoique cela, je ne connais pas un cheval pour le suivre, même de loin, et après cinq minutes de course, je ne vois plus personne derrière moi. »

En demander le prix, l'acheter pour deux cents francs, croyons-nous; en le payant beaucoup au delà de la somme fixée par son maître, fut pour le lord l'affaire d'un instant.

Ce cheval hors ligne n'a donc vu l'éclosion de ses nombreuses et belles qualités que le jour des épreuves, sans lesquelles il eut été probablement incapable de saillies fructueuses, par la simple raison que, ne travaillant pas assez, il se serait engourdi de toutes façons à l'écurie.

Sa rencontre fortuite avec lord Godolphin fut la récompense de ses qualités et de son travail jusqu'à l'extrême vieillesse, et il est un des ancêtres de la race merveilleuse, tant admirée sur tous les hippodromes, et parmi lesquels *Éclipse, Devonshire* et, de nos jours, *Gladiateur*, furent les types les plus remarquables.

Les épreuves d'un entraînement semblable à celui de notre préférence, vaudraient mieux, pour nos chevaux d'armes, que le critérium des courses au galop, pour les reproducteurs de nos haras.

Elles seraient plus pratiques, incomparablement moins coûteuses et plus utiles à l'ensemble de la population chevaline. Il faudrait, en outre, continuer à faire travailler nos étalons, moins peut-être, mais suffisamment pour éviter la dégénérescence, en tout cas, l'engourdissement de leurs qualités et de leurs membres.

Un moyen pratique de dégrever notre budget, déjà si chargé, serait aussi de mettre à la disposition de l'agriculture, pendant un temps déterminé, le quart, ou même le tiers des chevaux des différentes armes aux époques où l'instruction et les travaux n'en souffriraient pas. Tous rentreraient dans le rang en cas de guerre. Les poulinières âgées, seules, pourraient le quitter définitivement pour entrer au service de cultivateurs très honorables, libérés du service militaire actif et ayant eu de bonnes notes au régiment, et à certaines conditions d'élevage du cheval destiné à l'armée.

Ces prêts gratuits, en échange de bons soins et

21

d'une nourriture saine et abondante, auraient pour garantie le versement d'un cautionnement.

Les chevaux prêtés seraient, en outre, placés sous la surveillance d'officiers ou de sous-officiers désignés par l'autorité militaire, ou bien confiés aux gardes-champêtres instructeurs.

Le vétérinaire de la localité leur donnerait ses soins et veillerait sur eux.

Dès que le poulain pourrait travailler, il faudrait le faire herser à côté de sa mère ou l'employer à des travaux peu pénibles; et le jour où, cheval formé, il aurait cinq ans et demi, l'État l'achèterait à un bon prix d'estimation pour l'avoir de suite prêt au service militaire, afin qu'il ait toujours, en Europe, jeté ses gourmes, ou, en Afrique, fait sa maladie de poitrine, avant d'être soumis au travail d'escadron ou de batterie.

Ainsi élevé et habitué à travailler peu, mais de bonne heure, le poulain aurait vite payé ses frais d'entretien à la satisfaction du fermier et de l'État, dont il faut solidariser les intérêts.

Pour compléter nos désirs relatifs à l'amélioration du cheval, nous voudrions voir passer dans nos mœurs, au besoin inscrire dans nos lois, l'obligation d'avoir, pour tout cheval de valeur ou sans prix, des papiers ou plutôt un livret légalisé par le maire ou toute autre autorité de son lieu de naissance. On y inscrirait le nom de ses propriétaires successifs, son origine, son âge approximatif, s'il s'attèle ou se monte sûrement, ses aptitudes; ses qualités et ses défauts; enfin, tout ce qui peut renseigner l'acheteur : Ce serait le moyen de moraliser le commerce des chevaux, si mal famé habituellement, à tort ou à raison. Le cheval n'est pas que le piédestal des princes ou des riches.

Malgré la longueur de notre digression, nous devons insister encore une fois sur l'urgence de bien nourrir nos chevaux militaires.

De bons chevaux, mieux nourris, coûteraient évidemment plus d'entretien que nos chevaux actuels, c'est vrai, mais dureraient beaucoup plus longtemps et, par suite de cette mesure, seraient une économie au budget de l'État.

Autre considération : les Anglais, cavaliers et amateurs de chevaux, disent :

« Pas de cheval s'il n'a de bons pieds. »

Ajoutons : Pas de bons pieds sans une bonne ferrure. Le comble de la perfection serait d'en adopter une sans défaut et à très bon marché. A ce sujet, disons que nos inventeurs, et ils sont nombreux, se sont ingénié à produire une ferrure perfectionnée et des plus économiques.

Ils y sont parvenus à l'aide de marteaux frappeurs d'un grand poids, réalisant une économie énorme sur la main-d'œuvre et produisant en deux ou trois chocs, un fer plus dense et plus solide, par le même procédé qu'on arrive à obtenir les fers ordinaires, en les martelant fortement et longtemps à la main. Fabriqués au gros marteau frappeur, ils sont meilleurs et coûtent plus de moitié moins chers.

Pour compléter le chapitre de nos désirs relatifs à tout ce qui touche au cheval, nous voudrions rendre plus légère la selle de cavalerie, la construire également en fer, frappé et martelé, au besoin, d'une certaine façon, à l'aide de matrices spéciales et faites d'après un modèle que nous serions heureux de soumettre à une commission militaire, si nos vœux pouvaient être compris.

Plus solide que la selle actuelle, elle serait moins coûteuse et aurait l'avantage de pouvoir être facilement réparée en campagne, au besoin, par les maréchaux-ferrants d'escadrons.

Le collier des chevaux d'artillerie et du train devrait être également du même métal. Il durerait plus longtemps et serait plus léger.

Sans avoir étudié complètement cette question, nous croyons que ces harnachements, très avantageux également par leur légèreté et leur bon marché, blesseraient bien moins les chevaux que les autres et risqueraient peu de s'abîmer en campagne.

A peu près toutes ces modifications s'imposent, surtout pour la cavalerie, par le fait qu'un cheval trop chargé et mal entraîné ne pourra jamais aller vite, loin et longtemps. Le cavalier ne pourra jamais non plus remplir sa mission d'éclaireur et de tirailleur, et pas davantage protéger l'armée et inquiéter celle de l'ennemi en allant au loin pousser des pointes téméraires en avant et sur les côtés des grandes lignes ennemies, si sa monture n'est pas parfaite.

Ceci dit, motivons un autre désir :

Malgré le calme de son tempérament et peut-être comme conséquence de son esprit de discipline admirable, le soldat allemand, plus que le soldat français, a besoin de se savoir sous l'œil de son officier pour se montrer brave, — nous l'avons souvent constaté en 1870 et en 1871.

A tort ou à raison, il passe pour s'effrayer facilement la nuit, et aime à sentir les coudes de son voisin pour se rassurer; en un mot, il faut que les Allemands se sachent en nombre et bien commandés pour être audacieux. Comme la nuit il est très difficile à un officier de diriger sûrement une troupe nombreuse, il est certain que si nous attaquions en petites fractions leurs cantonnements, nous les incommoderions beaucoup; tandis que le jour, nos adversaires se démoralisent moins, surtout en cas d'insuccès, et ne sont pas aussi sujets aux paniques que les Français.

Le fait qu'ils sont plus timorés dans les ténèbres et, qu'incontestablement ils le seraient bien davantage encore si les premiers succès étaient pour la France, est l'indication d'habituer nos soldats aux attaques de nuit pour ne négliger aucune de nos supériorités sur les Allemands.

Du reste, les inquiéter constamment et les empêcher de se reposer, sont d'excellents moyens de les affaiblir pour en triompher plus facilement.

Certainement nous ne serons pas volontairement les agresseurs dans la guerre future, et, selon toutes probabilités, ses débuts ensanglanteront l'Est et le Midi de notre territoire.

Près de l'Est, nous avons et conserverons longtemps encore les sympathies de nos anciens compatriotes; nous n'avons donc aucun intérêt à y apporter les calamités de l'invasion, afin de ne pas les mécontenter.

De plus, comme nous l'avons dit précédemment, la chaine de nos montagnes ou leurs contreforts les plus rapprochés de nos frontières doivent être nos remparts naturels et notre ligne d'opération, qu'il sera bien facile de rendre impossibles à tourner. En nous y établissant solidement, nous nous donnerons la certitude d'être toujours plus forts que les Allemands. Dans le Midi, nous avons également les Alpes et leurs immenses contreforts comme base d'opération. Adosser de jeunes troupes à des montagnes est un excellent procédé pour les aguerrir. Dans l'une ou l'autre contrée, nous aurons, en outre, l'inappréciable avantage de pouvoir attaquer avec des têtes de colonne les flancs des armées d'invasion et ce sera d'autant plus

avantageux qu'elles ne pourront se défendre fruc-
tueusement, étant donnée l'immense étendue de
leurs convois d'approvisionnement. — Mais ces
questions sont trop du domaine de la haute stra-
tégie pour que nous ayons la prétention d'émettre
autre chose que de simples réflexions. — Revenons
au détail de nos moyens de défense. La *Revue du
Cercle militaire* nous montre, dans le récit suivant, une façon parfaite d'opérer de nuit contre
nos adversaires futurs. Nous ne résistons pas au
plaisir de le reproduire, afin de l'enseigner à ceux
qui pourront être dans une situation analogue à
celle du héros de la prouesse dont nous allons
parler :

« A l'armée de Metz, le lieutenant Avril s'est
« particulièrement distingué à la tête d'une com-
« pagnie franche du 3ᵉ corps. Plein de courage et
« d'entrain, l'esprit ingénieux « ayant plus d'une
« corde à son arc », possédant la langue allemande
« aussi bien que la française, il avait le don in-
« dispensable à un chef de partisans, de conduire
« les hommes où et comme il l'entendait. Il opérait
« toujours de nuit. Ses procédés étaient invariables.
« Il s'avançait en rampant jusqu'aux sentinelles
« allemandes, s'aidant des broussailles et des plis
« de terrain, se blottissait derrière un buisson ou
« dans un creux du sol jusqu'au moment du re-
« lèvement des factionnaires, qu'il suivait atten-
« tivement. Après s'être ainsi assuré de l'emplace-

« ment de chacune des sentinelles, il se retirait
« pour ramener bientôt, dès que l'obscurité était
« complète, une douzaine d'hommes choisis qu'il
« embusquait à faible distance des factionnaires
« allemands. A un moment donné, Avril contour-
« nait lui-même la sentinelle qu'il s'était réservée,
« se jetait sur elle par derrière et la désarmait. »

« Comme les sentinelles étaient doubles, la voi-
« sine faisait habituellement feu, mais rapidement,
« sans viser, et manquait son but ; ce coup de fusil
« servait de signal aux soldats embusqués, pour
« se jeter chacun sur l'Allemand qui leur faisait
« face. »

« En un clin d'œil, le tour était joué ; chaque
« Français tenait son prisonnier. Ce procédé réus-
« sit toujours. Chaque nuit, le 39ᵉ prussien fut en
« alerte et se tint sous les armes. »

« Une nuit, le lieutenant Avril ne se contenta
« point d'enlever quelques sentinelles, il résolut
« de ramener tout le piquet. »

« Il se fit suivre de sa compagnie et, accompagné
« d'un clairon muni d'un instrument allemand et
« auquel il avait appris les sonneries prussiennes,
« il surprit comme d'habitude les sentinelles avan-
« cées, jeta le trouble dans les petits postes et
« perça jusqu'à l'emplacement du piquet. Là, il se
« heurta à des forces bien supérieures aux siennes ;
« alors, sans se déconcerter, étant familier avec la
« langue allemande, chaque fois qu'il entendait un

« officier prussien pousser un commandement, il
« en criait un autre totalement opposé. »

« Toutes les sonneries que faisait l'ennemi étaient
« aussitôt suivies d'autres sonneries contraires. »

« On peut juger du désarroi des soldats prus-
« siens au milieu de ce tintamarre, ne sachant à
« qui obéir, les oreilles bouleversées de comman-
« dements démentis à peine nés et cela, au milieu
« d'une obscurité intense. »

« Les officiers eux-mêmes perdaient la tête. A
« la suite de ce diabolique coup de main, les hommes
« du 39e prussien étaient frappés d'un tel effroi
« qu'ils n'osaient plus monter la grand'garde et
« que tous les buissons leur semblaient des enne-
« mis qui allaient se dresser pour abattre sur eux
« leurs mains de fer. »

Ainsi faites, les attaques de nuit sont très utiles
de temps à autre, mais il ne faut pas les multiplier. De simples fusillades, bien exécutées par
quelques soldats dans le voisinage d'un camp
ennemi, énervent les troupes attaquées, et répétées
plusieurs nuits de suite, fatiguent considérablement ses hommes, si elles varient d'heures.

Une autre prouesse encore plus extraordinaire
nous montrera jusqu'où peut aller l'héroïsme et
quels sont les résultats à en espérer.

« Au printemps de 1823, une armée turque qui ne
comptait pas moins de 20.000 hommes descendit
de l'Épire sous les ordres de Moustaï, pacha de

Scodra. Pour conjurer ce péril, Marcos Botzaris
conçut un de ces projets hardis que peut seul inspirer un ardent patriotisme. »

« Moustaï venait de s'établir avec 10.000 hommes
aux environs de Carpenitzé. »

« A cette nouvelle il fait occuper, par quelques
chefs, les défilés d'alentour, et leur recommande
d'être prêts au signal qu'il leur donnera, puis, s'a-
dressant à ses Palikares : « Mes frères, leur dit-il,
« ce soir même, pendant cette nuit redoutable, à
« la faveur des ombres, j'ai résolu d'entrer dans le
« camp des infidèles sans brûler une amorce ; le
« poignard et le sabre seront nos seules armes pour
« y répandre la mort, la désolation et la terreur,
« compagnes inséparables des coups que nous leur
« porterons dans l'obscurité. »

« L'entreprise est audacieuse, je le sens avec
« orgueil ; que chacun de vous en considère le dan-
« ger et se décide librement car, je n'admets au
« partage de si nobles périls que des hommes de
« bonne volonté. »

« A ces mots deux cent quarante braves sortent
des rangs et s'écrient : « Nous marcherons cette
« nuit avec toi et nous espérons que la divine Pro-
« vidence nous assistera. »

« Après s'être préparés, par la prière, à cette lutte
suprême, le 20 août, Marcos et ses compagnons
atteignent, vers le milieu de la nuit, les avant-postes
ennemis, dont les soldats se livraient au sommeil

dans la sécurité la plus complète. A l'instant, ils fondent sur eux et en font un horrible carnage. »

« Surpris par cette attaque imprévue, les Turcs se battent entre eux en s'accusant de trahison. »

« Au milieu d'une confusion inexprimable, les Grecs continuent leur marche victorieuse. Botzaris, quoique blessé, ne cesse de combattre, il pénètre dans le quartier général, et, arrivant devant la tente du pacha, il s'écrie d'une voix tonnante : »

« Tremblez barbares, c'est Marcos Botzaris en « personne qui a pénétré dans votre camp et il « vous tuera tous ! »

« En même temps, il donne le signal de l'attaque générale et tombe atteint d'une balle au front. »

Les Turcs, qui se sont aperçus de sa chute, engagent autour de son corps une lutte acharnée ; à la fin, les Palikares sont vainqueurs et emportent le corps de leur chef. Néanmoins, avant de mourir, le héros avait pu contempler son triomphe. »

« Les ennemis fuyaient en désordre et deux mille morts et sept beys couvraient le champ de bataille de Carpenitzé. » (POUQUEVILLE, *Grèce régénérée*.)

Les Romains et les Grecs s'exaltaient aux récits des exploits de leurs ancêtres, comme nos aïeux à la vue des portraits de leurs pères et cherctaient à les imiter. A l'exemple de tous ces aînés des braves, copions les audaces et vertus guerrières où nous les trouvons.

# ARMÉE

## CHAPITRE VII

Nourriture du soldat. — Grands fourneaux économiques allemands. — Jardins militaires. — Emploi des marmites sué-
doises. — Ordinaire du soldat. — Dépenses pour son
entretien. — Urgence du vin pour le soldat. — Alimentation
de réserve. — Cuisine ambulante. — Vêtements.

Après une première escarmouche contre la routine et la parcimonie de l'alimentation de nos
chevaux, il nous reste à entrer en lutte contre
l'insuffisance de la nourriture de nos soldats. Nous
l'avons réservé pour l'attaque finale.

Si nous l'avons voulue abondante pour nos
montures, à plus forte raison, la désirons-nous,
impérieusement, aussi bonne que possible pour
nos jeunes soldats, dans le double intérêt de la
défense nationale et de l'amélioration future de la
race française, que les errements actuels contri-
buent trop à affaiblir.

Appuyons notre demande de quelques réflexions :
L'alimentation du soldat, si mal étudiée et si

pitoyablement appliquée partout; surtout croyons-nous, dans les armées de nos adversaires, devrait être la première préoccupation d'un général en chef, d'un ministre de la guerre français, et de notre gouvernement.

La force physique d'un homme ne contribue-t-elle pas à soutenir son moral; et ces avantages réunis ne font-ils pas gagner les batailles?

En vertu de cet axiome, il serait de la plus haute importance de bien nourrir nos futurs défenseurs en temps de paix, pour les fortifier d'avance, er prévision des rudes épreuves de la vie de campagne.

On peut dire d'un homme bien nourri, entraîné aux fatigues de la vie militaire « tant vaut sa ration, tant il vaut lui-même; autant il vaudra en temps de guerre. »

Le manque de nourriture, difficile à éviter parfois en campagne, a causé quelques sanglantes défaites à la France, et si Villars n'avait pas exercé une immense influence morale sur ses troupes, il eut été battu, un jour, parce que ses soldats étaient à demi affamés dans une circonstance connue, mais dont nous avons oublié les détails.

L'éminent écrivain du *Temps*, M. le général Thoumas, rapporte qu'à Novi, en 1799, les soldats de Moreau, malgré son habileté et leur énergie, furent vaincus, parce que accablés par un ennemi supérieur en nombre et excité par ses victoires antérieures, n'avaient pas mangé depuis deux jours et qu'au plus fort du combat, ils se couchèrent sur le sol, terrassés par la faim.

Évidemment il faut éviter, à tout prix, le retour de semblables causes de défaites.

Le meilleur moyen préventif est, à notre avis, de bien nourrir d'avance nos futurs défenseurs, en nous persuadant de cette vérité que l'homme, comme l'animal, vit longtemps sur sa force physique accumulée, sur sa richesse alimentaire acquise. C'est ce que les gens de certaines professions traduisent en disant d'un animal : « Il peut bien vivre pendant cinq ou six jours sur sa graisse! »

Les Arabes disent en outre, dans leur langage réaliste : « la nourriture du matin va au fumier, celle du soir va à la croupe. »

En étendant cette idée, et, sans faire aucune comparaison entre l'homme et l'animal, nous arriverons à la conclusion : que le soldat peut se battre, en tout cas marcher un jour et peut-être davantage avec la nourriture de la veille, tout en dépensant autant d'énergie et de forces physiques qu'à l'ordinaire. L'essentiel est qu'il soit fort.

La préoccupation de lui assurer d'avance une nourriture plus substantielle serait donc, pour n'importe quel gouvernement, le plus sûr moyen de s'attacher et de gagner à sa cause toutes les familles françaises.

La reconnaissance de l'estomac est toujours la

meilleure, disait naguère un éminent publiciste. Le
soldat saura toujours gré à ses chefs civils ou militaires, s'il les voit s'ingénier à le bien nourrir.
— (Souvenir du *Temps* et du *Figaro.*)

Les Allemands, en adoptant de grands fourneaux économiques, sont arrivés à de bons résultats. Imitons-les dans leurs procédés meilleurs
que les nôtres, et comme eux, varions l'ordinaire
militaire, en y faisant entrer de la morue, du poisson frais, du fromage, de la salade, des fruits
même, suivant la saison, la qualité et le prix de
ces produits.

Celui qui prendra l'initiative de cette amélioration laissera dans l'armée un souvenir impéris-
sable et non moins ineffaçable dans toutes les familles françaises, et qui peut dire s'il ne se tra-
duira pas par une victoire, le jour des batailles? Ce
sera, en outre, le moyen très sûr de fortifier le soldat et de lui éviter les fièvres typhoïdes et tant
d'autres maux causés, non par le travail, mais par
ces à-coups. Nous devons ajouter que l'insuffisance
de nourriture est plus meurtrière que le feu de
l'ennemi et qu'elle est encore plus désastreuse pour
l'avenir de notre race française, jadis la plus belle
d'Europe. Elle tue, chaque année, bon nombre de
recrues : Nous tenons à le répéter.

La meilleure réforme à apporter serait de fixer la
ration quotidienne de viande, pour chaque homme,

à 450 grammes; au besoin à 500 grammes, pendant les trois ou quatre mois froids de l'année.

Puis, de mieux utiliser toutes les ressources de l'ordinaire, en créant partout, même à Paris, ou plutôt, devrions-nous dire, surtout à Paris, en avant des fossés des fortifications, des jardins militaires avec cette pensée primodiale : que la culture est le meilleur entraînement pour nos soldats, de plus, une bonne instruction préparatoire pour l'avenir de la culture nationale.

On entend dire souvent d'une chose très médiocre, quelquefois mauvaise, elle est bien bonne pour les soldats. Il est indispensable de modifier cette tendance, en se montrant d'une sévérité inflexible dans la répression de toutes les fraudes commises à leur préjudice.

Enfin, nous voudrions, tout en poursuivant économiquement l'amélioration de la nourriture de nos soldats, que le ministre de la guerre fit essayer de grands récipients en fer pouvant recevoir soixante-quinze à cent gamelles-marmites doubles approchant du système Japy. Elles seraient posées sur des étagères à grillage, afin de permettre une cuisson à la vapeur au feu direct, ou toute autre, pourvu qu'elle soit bonne et peu coûteuse. Chaque récipient, destiné à une compagnie ou à un escadron, serait placé sur une voiture à deux roues, en fer et semblable à celle des bitumiers, sous laquelle serait un foyer facile à entretenir, même en route, et à éteindre à volonté. L'essentiel est qu'il parvienne à cuire rapidement les aliments contenus dans les doubles gamelles-marmites.

On y mettrait la viande ordinaire du soldat, en changeant de garnison, par étape, comme en tous temps à la caserne et dans les manœuvres, aussi bien qu'en guerre. Pour varier l'ordinaire et habituer le soldat à la vie de campagne, on devrait lui donner parfois aussi, à la place de viande, un saucisson à peu près semblable à celui des Allemands, en le préparant au goût français.

Mauvais en 1870, le leur a été amélioré depuis, nous dit-on. A leur exemple, ne pourrions-nous pas perfectionner le nôtre et en faire un plat national? Ce serait facile, en le composant de bœuf, de mouton, de porc et de légumes. Il constituerait ainsi un mets agréable, mais il faudrait y habituer le soldat en le lui donnant, en garnison, au moins une fois par semaine, cuit au riz ou autrement.

En tout temps, dès que les aliments auraient le degré de cuisson voulu, c'est-à-dire après trois quarts d'heure environ, on éteindrait le feu et on envelopperait tout l'appareil renfermant les doubles gamelles, avec une grosse matelassure économique en laine bourrée avec plusieurs couches très épaisses de poil de cheval. Le foyer, en garnison comme en campagne, pourrait être chauffé au pétrole ou à n'importe quel combustible à bas prix, au bois ou au charbon.

Notre but est de réaliser une économie, même sur le chauffage, pour en mettre le produit dans la marmite, sous n'importe quelle forme.

En cas d'emploi de la vapeur à la cuisson des aliments, l'eau chaude servirait au nettoyage des gamelles, ou à tout autre usage.

Du reste, quel que soit le mode de chauffage, il n'y aurait aucune perte de temps, puisque les aliments se cuiraient en route et pourraient être répartis de suite à chaque camarade de lit, et s'emporter plus facilement : toutes choses fort appréciables, si on se souvient qu'en 1871, trop souvent lorsque nos malheureux soldats se disposaient à prendre leur repas du soir, le bruit du canon ou même les attaques d'un ennemi, bien supérieur en nombre, les forçaient à jeter le bouillon de leur marmite, pour conserver la portion de viande, sans savoir où, quand et comment ils pourraient en achever la cuisson, pour pouvoir s'en nourrir.

Si nous ne demandons pas l'enveloppe de la marmite suédoise ordinaire, c'est pour éviter la difficulté d'entourer efficacement une grande surface, comme l'ensemble des gamelles, avec une boîte que notre système remplacerait très avantageusement et sans autant d'embarras.

Outre une économie de combustible très appréciable, il résulterait de la cuisson si courte sur le feu des aliments ainsi préparés, une amélioration sensible de la qualité de l'alimentation.

Aucune évaporation ne se produisant, il n'y aurait aucune perte des principes nutritifs contenus dans la viande, les légumes ou le bouillon.

Du reste, ce procédé ne serait, en définitive, qu'une réminiscence pratique et améliorée d'une coutume de nos pères, qui enveloppaient souvent, autrefois, la part des absents sous l'édredon de leur lit, pour la conserver à la température réconfortante, et la gardaient chaude, par ce procédé primitif, pendant plus d'une demi-journée. Modifié ainsi, notre moyen serait économique non seulement pour l'armée, mais rendrait de grands services dans les usages domestiques. Bon nombre de petits ménages devrait s'en servir et s'en trouverait très bien.

Malheureusement, nous n'avons pas l'espoir de réagir contre la routine particulière à notre race française, dont les classes fortunées, malgré de merveilleuses qualités d'esprit et de cœur, sont présomptueuses et si peu pratiques, qu'un jeune viveur dont le jugement avait devancé l'âge, fit, une belle nuit de fête, en petit comité, le pari de se placer sur un des points fréquentés par le monde le plus élégant de notre capitale; d'y mettre en vente des monceaux de pièces de vingt francs, au besoin toutes neuves; de les afficher à deux sous chaque, et de les crier à tue-tête, à ce prix, pendant une journée entière, sans trouver un seul acquéreur.

Le plus curieux est que ce sceptique précoce, en profond appréciateur de l'intelligence nationale, et jugeant les désœuvrés à leur peu de valeur, malgré le prix élevé de leurs habits, aurait gagné ce pari excentrique, sans le caprice d'un enfant qui, à la chute du jour, au retour de sa promenade, fit une scène à sa bonne pour avoir une de ces jolies petites pièces, et l'obtint après avoir crié et pleuré pendant près d'une demi-heure pour qu'elle satisfit son désir.

Les mauvaises langues du temps prétendirent que le parieur aida lui-même à la perte de son pari, sous le charme de la jeune bonne, fort jolie du reste, qu'il encouragea comme passe-temps à parlementer quelques minutes de plus avec son bébé, pour avoir plus longtemps le plaisir de la voir et de l'entretenir.

Vraie ou fausse cette anecdote amusante caractérise bien les classes appelées à diriger les autres. Elles sont rebelles à toutes les innovations pratiques, si elles ne viennent pas d'un habile faiseur.

Leur demander de les vulgariser est faire appel à un sourd.

Personnellement, nous avons eu la bonne fortune d'imaginer une voiture appelée à rendre d'immenses services à l'agriculture, aux transports commerciaux et peut-être bien à l'armée.

Cette invention, dont la théorie de son application est absolument juste, parce qu'elle est basée sur la puissance du levier, n'est pas encore sanctionnée par l'expérience, c'est vrai, et certainement dès qu'elle verra le jour, devra recevoir quelques modifications pour devenir économique et pratique; mais elle est un premier pas vers un progrès sûr.

Eh bien! malgré notre désir de la propager et nos démarches dans ce but, nous n'avons pas encore trouvé un homme, que nous assurons d'avance d'une façon palpable de ne courir aucun risque d'argent; pas un seul homme de bonne volonté pour nous aider à utiliser notre découverte en la modifiant. C'est à donner envie de faire appel à un nouveau Mangin, afin d'imposer les choses utiles, dans l'intérêt national le mieux entendu.

Pour en revenir à notre cher soldat, il doit y avoir incurie évidente dans la dépense de son entretien; nous allons le prouver :

En France, on l'élève à environ onze cents francs, tandis qu'en Allemagne, elle n'atteint guère que mille francs; du moins, selon les chiffres de nos publicistes et d'après les appréciations plus ou moins fondées de nos économistes.

Il est donc certain qu'en face des suppositions qu'éveillent l'énormité de nos budgets militaires au chapitre de l'entretien des hommes présents sous les drapeaux, comparés à ceux de nos adversaires, il doit y avoir quelque réforme à apporter dans la nourriture du soldat, et il faut à tout prix y réflé-

chir, utiliser mieux nos ressources budgétaires et
ne rien détourner de la destination véritable.

Quelques chiffres posés par nous, comme ceux
des probabilités ou des possibilités de dépense
première pour l'alimentation, l'habillement et le
casernement de nos soldats, nous révèleront la
certitude d'obtenir pour chacun d'eux une nourriture bien meilleure que celle de l'ordinaire actuel,
avec une dépense atteignant à peine un peu plus
de la moitié de ce chiffre.

Évidemment, nous ne comprenons pas le prix
des armes, des munitions, de l'équipement, de la
remonte, mais comme nous ne pouvons pas le
porter au double des premières dépenses, nous en
concluons qu'il y a incontestablement mauvais
emploi des deniers destinés à assurer la subsistance, l'habillement et le casernement de nos défenseurs, ou application à un autre chapitre.

Il ne nous vient pas un instant à l'esprit de sus-
pecter l'extrême honorabilité de nos administrateurs militaires. (Nous tenons à le constater.)

Voici, à notre avis, les quantités et les prix avec
lesquels on pourrait très bien entretenir nos soldats, en usant de certain procédé, et des grandes
facilités que les détenteurs de nos ressources publiques ont à leur disposition, ou qu'un simple désir,
doublé au besoin d'une loi, leur accorderaient sans
aucune difficulté de la part de tous les intéressés ;

tellement notre armée est universellement sympathique en France, depuis la guerre de 1870.

Il faudrait allouer à chaque homme, et par jour :

Une ration de vin d'un quart de litre environ et plus dans le cas de l'entrainement agricole dont nous avons parlé.

| | |
|---|---|
| Il serait suivant l'abondance de l'année | de 0 fr. 10 à 0 fr. 05 |
| Il faudrait 750 grammes de pain de munition et 125 grammes de pain rassis (pour la soupe) . . . . . . . . | 0 fr. 25 |
| de 350 à 400 grammes de viande. . . | de 0 fr. 20 à 0 fr. 30 |
| Allocations pour légumes verts ou secs et épicerie . . . . . . . . . . . | — à 0 fr. 075 |
| Allocations pour lait, sucre, café graisse . . . . . . . . . . . . . . . | — à 0 fr. 05 |
| Allocations pour menues dépenses ou fluctuations de prix. . . . . . . . . | — à 0 fr. 075 |
| | TOTAL. . . 0 fr. 800 |

Dans chaque circonscription militaire, les sous-intendants, les officiers d'administration, au besoin des officiers de troupe, seraient chargés de s'ingénier à trouver n'importe où, des vivres à bon marché pour approvisionner les régiments de toutes les denrées nécessaires à leur subsistance, et dont ils soumettraient les types aux généraux, aux intendants, aux chefs de corps, avant de conclure aucun arrangement.

Ce serait une bonne habitude à leur donner, pour les préparer aux recherches à faire dans ce genre, en campagne. « Ouvrons une parenthèse à ce sujet. »

Un petit souvenir de notre expédition bien inoffensive de Syrie, nous rappelle que nous-même sommes allé bien souvent, en partie de plaisir, chasser, pour approvisionner la popote que nous avions quelquefois à pourvoir. Chacune de nos excursions dans ce but nous permettait d'acheter au loin, tantôt un veau ou un mouton, tantôt un quartier de porc, que nos marchands nous auraient fait payer beaucoup plus cher que l'habitant qui, cependant, nous vendait à un prix plus élevé qu'aux marchands plus roués que nous en affaires, et qui étaient du reste leurs acheteurs en gros habituels.

Il en était de même pour le vin : Nous en trouvions d'excellent à deux sous le litre, tandis que dans les cantines, nous le payions six ou huit sous pour l'avoir d'une qualité bien inférieure.

De plus, ce procédé, tout à l'avantage de nos soldats, en leur donnant des subsistances tirées des lieux de production économique ou des pays d'origine, ne nuirait qu'aux intermédiaires parasites dont la source de fortune, souvent peu honnête, ne les rend pas très intéressants à nos yeux, surtout en comparaison de nos soldats.

Qui n'a présent à la mémoire certaines tentatives de corruptions administratives de la part des munitionnaires d'autrefois ? Nous devons ajouter, qui eussent été essayées en vain pour l'honneur de nos officiers d'aujourd'hui.

Notre procédé empêcherait également l'armée de tomber dans les errements reprochés dernièrement à l'Assistance publique, dans ses marchés pour les hôpitaux, et dont certains produits étaient livrés à un prix bien supérieur aux cours des Halles (du moins au dire de certains journaux dont nous n'avons pu contrôler le récit).

Lorsqu'il faudrait aller au loin, par exemple dans nos colonies, pour trouver à bon compte les subsistances trop chères sur place, nos législateurs interviendraient à leur tour, pour qu'aucune charge de transport, de douane ou d'octroi ne les enchérissent. Ne serait-ce pas la juste, mais bien faible compensation du dévouement à attendre de nos braves soldats dont les poitrines sont la meilleure protection de nos grandes voies de transaction ?

En outre de ces moyens d'approvisionnement direct, il faudrait, pour compenser la cherté éventuelle de la viande de boucherie, en donner de temps à autre, en boîtes de conserve, comme étant tout aussi bonne et, si elle est habilement achetée, beaucoup plus économique que l'autre.

Quelques explications à ce sujet sont nécessaires et ouvriront peut-être quelques horizons.

22

En Algérie et en Tunisie on a un mouton de 35 à 40 kilogrammes pour 15 francs, ce qui met la viande à 50 centimes environ le kilogramme, en décomptant les déchets. Nous pourrions facilement l'avoir meilleure, plus abondante, en acclimatant des espèces prolifiques comme celles de La Plata par exemple, au grand avantage de l'alimentation militaire et même nationale.

Ce serait, pour les colons et les éleveurs intelligents, une source de richesse, et, pour nos soldats, l'assurance d'une nourriture fraîche, saine et réconfortante.

Seulement, là comme en France, il faudrait la leur faire gagner par un travail de reboisement des pentes, et par quelques défrichements indispensables pour assurer la subsistance de ces animaux et des autres bestiaux de ferme que nous devrons y importer en grand nombre, dès qu'il sera possible de les bien nourrir.

En attendant les bons résultats à espérer de cette amélioration si urgente, nous devons dire qu'à La Plata et dans d'autres contrées de l'Amérique du Sud, il existe un grand nombre de propriétaires d'immenses terrains, dont toute la richesse consiste en d'énormes troupeaux de bœufs et de moutons, si nombreux, qu'ils ne les rentraient jamais, autrefois, et en perdaient une majeure partie pendant les saisons trop pluvieuses. En prévision de ce malheur toujours à craindre, ils les vendaient jadis, dans certaine saison, pour le prix de la laine et celui du cuir.

Il n'en est peut-être plus ainsi aujourd'hui, néanmoins ces animaux sont relativement encore à très bon marché et font d'excellentes conserves en boîte. Elles sont même infiniment préférables aux viandes de ces mêmes contrées, amenées en Europe par les navires frigorifiques.

La fécondité du mouton de ces contrées est double de celle de nos pays et elle est très grande également pour l'espèce bovine.

Cette particularité, jointe au bon marché du sol, est l'unique explication de l'avilissement du prix de la viande.

L'État pourrait facilement pousser nos colons à faire de même en Algérie, y avoir des usines de fabrication de conserves ; au besoin de grands terrains d'élevage dont la plus-value future payerait les frais d'installation.

En attendant, on n'achèterait à l'étranger que la viande de conserves, qui formerait le supplément de la ration que nous voudrions voir distribuer à nos soldats. La production agricole nationale ne perdrait rien, et notre race s'en trouverait bien.

Le jour de distribution de la viande de conserves, il faudrait, de temps à autre, la mettre à l'huile et au vinaigre, en y ajoutant ou de la salade, ou des haricots, ou des pommes de terre ; afin que nos soldats aient un ordinaire plus varié, par conséquent plus hygiénique et n'en soient pas toujours réduits au bœuf bouilli et à la soupe traditionnelle d'autrefois.

Nous avons demandé instamment du vin pour nos soldats, malgré la vigueur proverbiale du musulman qui ne boit que de l'eau, et passe cependant pour le plus dur et le plus résistant d'Europe aux fatigues et aux privations; mais si nous insistons sur ce point, c'est par différence de tempérament ou de coutumes nationales, et surtout en vertu du principe suivant, avancé par le baron Liebig :

Parmi les aliments, les uns renouvellent nos tissus : le pain, la viande, les légumes et quelques autres produits similaires ; tandis que le café, l'alcool, le vin, la graisse, le sucre, etc., sont destinés à être brûlés par l'oxygène que la respiration introduit dans le corps, et ont pour fonction de produire la chaleur si nécessaire à la vie, surtout dans nos climats tempérés et variables.

Le savant baron allemand en dénommant ces derniers les aliments respiratoires, nous montre qu'ils sont indispensables à la vitalité humaine.

Sur ce chapitre si intéressant du bien-être de nos soldats, nous devons dire que si nous avons revendiqué pour eux bonne nourriture et entraînement parfait, c'est pour arriver à fortifier leur moral, afin de justifier la maxime si vraie : *Mens sana in corpore sano,* non seulement pour l'armée, mais pour la nation entière.

Pour compléter notre cahier de revendications, nous voudrions voir donner à chaque homme une longue pèlerine en toile grise, légère, mais imperméabilisée par un procédé de trempe facile à renouveler, sans la durcir, chaque fois que le tissu en aurait besoin.

Elle serait destinée à lui servir de sac de couchage, pour le préserver de l'humidité du sol, de tente, par sa réunion à d'autres, et de petit manteau protecteur contre la pluie.

Ces améliorations et ces modifications nous amènent à conclure que la dépense totale du soldat devrait revenir au grand maximum :

| | |
|---|---:|
| Pour le chauffage d'hiver dans les chambrées,. . . à | 12 fr. |
| Pour la cuisson des aliments . . . . . . . . . . à | 20 » |
| Pour la nourriture . . . . . . . . . . . . . . . à | 295 » |
| Pour l'argent de poche . . . . . . . . . . . . à | 60 » |
| Pour le linge et la chaussure . . . . . . . . . . à | 60 » |
| Pour l'habillement . . . . . . . . . . . . . . . à | 150 » |
| Pour la literie et le casernement . . . . . . . . . à | 23 » |
| Dont le total de. . . . | 620 fr. |

laisse encore une marge de 480 fr. pour atteindre la moyenne actuelle de dépenses de 1.100 fr.

Nous aurons complété l'exposé sommaire des prix de revient de la vie militaire en disant que les statisticiens prétendent que notre corps d'officiers coûte individuellement 4.000 francs environ et que chaque sous-officier revient à environ 1.250 fr. par an. Malgré la moyenne à établir entre ces diverses suppositions de dépenses, nous croyons à la possibilité de réaliser une économie sensible, en employant tous les moyens indiqués plus haut. En définitive, en faisant payer les gens fortunés pour faire faire par un autre leur service, en temps de paix, nous égaliserions également moins mal les charges sociales et nous enrichirions le Trésor.

Nous demanderons en outre pour nos fantassins, (comme nous l'avons fait pour le cheval), une diminution de charge.

Le trop grand poids à porter par le fantassin est un inconvénient majeur, presque mortel, et parfois plus meurtrier que les balles.

Fatigué par l'excès de son fardeau, il perd ses qualités naturelles, son énergie, son sang-froid, son élan, son initiative et surtout son habileté de tireur, si utile de nos jours.

Les soldats d'élite de la garde impériale, les zouaves et les chasseurs à pied étaient plus chargés qu'actuellement, c'est certain, et avaient jusqu'à 28 et 30 kilos sur les épaules, pendant les dures campagnes du second Empire.

Les vétérans d'Afrique, surtout, portaient, outre une charge habituelle excessive, des vivres supplémentaires, des munitions, du campement et des toiles de tente, que la pluie ou l'humidité habituelle des nuits rendaient plus lourds encore pendant les marches matinales qui étaient les plus fréquentes.

Le jour, c'était d'autant plus pénible que la chaleur y était plus grande.

Ils s'y habituaient, nous dira-t-on, c'est encore vrai. Nous avons même vu de vieux zouaves revenir d'expédition avec de jeunes singes, des chacals, des tortues, et divers autres bêtes, objets ou choses plus ou moins lourds, qu'ils plaçaient sur le haut de leurs sacs; mais les uns et les autres étaient des hommes endurcis à toutes les fatigues, que les lois actuelles sur le recrutement ont malheureusement fait disparaître de nos rangs.

Dire que les Romains, porteurs de quinze jours de vivres, étaient encore plus chargés, ne prouverait qu'une chose, la perfection de leur entrainement; c'est précisément un des buts de notre désir, de voir nos défenseurs entrainés par des travaux agricoles et de reboisement, pour les divers motifs indiqués précédemment.

Un autre vœu à exprimer en faveur de nos soldats serait de les faire tous gratifier d'une paire d'espadrilles pour reposer leurs pieds, à l'arrivée au bivouac, ou dans la vie habituelle à la caserne.

Le complément de nos souhaits de bien-être pour eux, serait, en outre, de leur faire donner, à la place de la veste, un bon tricot de laine, ajusté comme les jerseys de nos modestes élégantes.

Tout aussi joli, il aurait l'avantage d'être plus frais, plus hygiénique en été, parce que ses mailles laisseraient mieux passer la chaleur du corps; plus chaud et plus facile à mettre sous la tunique, le dolman (ou la blouse en hiver, pour aller aux corvées); en outre, certainement plus propre et plus économique, enfin, plus facile à réparer, en campagne, par l'homme lui-même.

Tels sont nos vœux en faveur de notre armée, dont tous les intérêts sont ceux de la France.

Aux membres de nos Assemblées législatives le soin d'en poursuivre la réalisation, s'ils leur paraissent dignes d'attention.

Ces premiers éléments de discussion établis, abordons une étude sommaire du passé militaire de la France et du monde pour tâcher d'y entrevoir quelques promesses pour l'avenir.

*Erratum.* — En parlant de l'alimentation militaire, nous avons oublié de dire, qu'à notre avis, la meilleure conserve de viande devrait se faire dans la marmite suédoise. On y mettrait ensemble, ou séparément, après essais, bœuf, mouton ou porc, dans de l'eau, avec plusieurs jarrets ou pieds de bœuf désossés ou non, jusqu'à ce qu'ils forment une véritable gelée.

Arrivée à ce point, on verserait le tout dans les boîtes de conserve. En épiçant ce mets, il serait parfait.

Puisse ce procédé africain servir à nos chers soldats et leur donner comme à nous autrefois un aliment agréable que nous conservions au moins huit jours, en toutes saisons à l'air.

Nous en serions heureux, et ce serait la preuve que la découverte d'un bon mets vaut mieux pour l'humanité que le gain d'une bataille. Que nos cordons bleus l'essaient, elle nous en remercieront!

# ARMÉE. — SES GRANDS HOMMES

## CHAPITRE VIII

Leurs exemples de foi, de clémence, de valeur. — Maréchal
Canrobert. — Nos maréchaux d'Empire. — L'empereur
Guillaume Ier. — Hymne national. — Annibal. — César. —
Grand Ferré. — Gustave-Adolphe. — Charles XII. —
Rantzau.

Si un peuple a des milliers d'hommes de foi et
de dévouement, prêts à mourir en héros pour son
intégrité et son honneur, il ne périra pas, tandis
qu'il est d'avance condamné, au moins à la honte,
s'il remet le soin de sa défense à des êtres sans
énergie morale ni physique.

La religion, une forte éducation première, les
grands exemples de nos aînés dans la carrière
militaire peuvent seuls faire naître la virilité et les
sentiments héroïques chez nos officiers et nos
soldats, quels que soient leurs autres mérites.

Nous avons déjà exprimé toute notre pensée à
ce sujet, il nous reste à ouvrir les plus belles pages
du passé de la France et même de celui du monde

entier, pour y relire la gloire des héros célèbres de tous les temps et de tous les pays, afin d'en tirer les grands enseignements nécessaires aux générations futures.

Nous choisirons les exemples, à peu près au hasard de nos souvenirs, mais nous nous arrêterons surtout aux détails, afin de mieux faire ressortir le trait saillant des grands caractères à imiter ou des fautes à éviter.

Ces détails fourniront aux officiers, dans une circonstance donnée, des modèles à copier, des indications à suivre, peut-être le moyen de tirer les défenseurs de la France d'une passe dangereuse, d'une mauvaise situation. Ils donneront surtout au commandant en chef la possibilité d'électriser ses soldats d'une manière surhumaine par un glorieux souvenir des ancêtres, à défaut d'autre moyen d'action.

Du reste, les détails ne sont-ils pas l'âme de l'histoire et, en lui donnant la vie et l'intérêt, n'en rendent-ils pas l'étude attrayante, facile et instructive?

En tout cas, ils y jettent une vive lumière et ont l'inappréciable avantage de mieux conserver les faits dans le souvenir, et c'est chose plus aisée encore, lorsqu'ils sont tracés en magnifiques caractères comme nos grands écrivains savent si bien les buriner. Entrevoyons donc les côtés les plus lumineux de la vie de ces héros.

A nos yeux, la première condition de l'héroïsme est la paix de la conscience, que donne la certitude du devoir accompli, nous croyons l'avoir prouvé aux chapitres de la religion, où nous avons établi, qu'à défaut de l'absolution, le sentiment de l'obéissance dans l'acception la plus élevée chez le soldat, doit chasser la peur et la remplacer par un dévouement absolu que Dieu récompense toujours au ciel s'il est sans mélange de sentiments autrement intéressés.

Souvenons-nous de cette belle pensée d'un de nos érudits les plus éminents : Sur les champs de bataille, les consciences tranquilles savent d'avance leur destinée, quels que soient le lieu où l'issue de la lutte, et peuvent redire, à l'exemple des combattants des temps de foi :

Comme aux plus beaux jours des siècles belliqueux,
Ils ont marché pour Dieu, qui marchait avec eux !

Une autre condition essentielle de succès est que, dans les rangs de l'armée, depuis le soldat jusqu'à l'officier, tous aient confiance dans leurs chefs et conservent, au fond du cœur, la certitude de la victoire. Mais il faut que ces chefs, pour inspirer cette confiance, fassent preuve d'une énergie, d'un sang-froid à toute épreuve, et ne puissent se reprocher aucun tort, aucun instant de faiblesse. Cependant, à cette fermeté inébranlable doit s'allier une paternelle sollicitude pour tous. Sans amour pour ses subordonnés le gradé est indigne de l'être. Sachant que tout s'enchaîne dans l'armée comme dans la nation, le chef doit mettre tout en œuvre, non seulement pour vaincre, mais pour viriliser et s'attacher ses hommes; l'histoire nous montre des exemples héroïques de tentatives faites pour gagner la victoire et les cœurs, même au prix d'immenses sacrifices de prestige et d'amour-propre.

Le brave général Canrobert, en Crimée, renonce volontairement à son grade de général en chef, et désigne lui-même le général Pélissier au choix de l'Empereur, parce qu'il ne se reconnait pas le caractère nécessaire pour sacrifier, peut-être inutilement, tant de vies humaines aux dernières opérations du siège de Sébastopol.

Villeroi, Soubise et tant d'autres auraient bien dû faire de même.

Des actes criminels ont donné parfois naissance à des démonstrations d'héroïque clémence capables d'attacher le coupable à son chef.

Ce fut le cas d'un de nos généraux appelés à jouer un rôle dans la guerre future.

Étant commandant de chasseurs à pieds à Alger, il avait puni sévèrement, pour une faute grave, un chasseur de son bataillon, ancien zéphir, qui résolut de se venger d'une façon terrible.

Ce soldat était courageux, très bon tireur, mais indiscipliné, sournois et vindicatif à l'excès.

La première fois que sa compagnie est exercée au tir, il glisse une balle dans son arme et profite d'un feu de salve à blanc pour tirer sur son chef, qui s'était placé un peu en avant et à gauche de la ligne des tireurs, pour mieux juger l'opération.

La balle siffle aux oreilles du commandant, heureusement sans l'atteindre. Il reste impassible, quoique devinant bien le mobile et l'auteur du crime, il attend l'occasion de confondre ou de ramener le criminel par un trait capable de se l'attacher. Son attente fut vaine!

A la revue des libérés de la classe, le coupable, qui en faisait partie, sort du rang et réclame au commandant les galons de 1er soldat, qu'une majeure partie de ses camarades avaient reçus et qu'il croyait mériter comme premier tireur de sa compagnie. (L'épinglette à cor de chasse brillait, en effet, sur sa poitrine.)

« Toi, bon tireur, dit le commandant, jamais! « Quand on manque son homme à cent mètres, on « ne peut revendiquer ce titre. » Et, d'un geste impératif, il fit rentrer le chasseur dans le rang, sans lui infliger d'autre punition que la honte et le repentir de son crime, mais sans provoquer en lui un semblant de regret.

Des chefs aussi maîtres d'eux-mêmes sont certains, les jours de bataille, d'un immense ascen-

dant sur leurs soldats; nous voudrions les voir
« légion » dans notre armée, sans jamais leur demander une pareille clémence, qu'on est libre
d'admirer ou de blâmer.

Quelle que soit l'appréciation de chacun, Dieu
fut moins miséricordieux que le commandant; le
criminel impénitent, embarqué à bord du transport l'*Européen* (croyons-nous), qui sombra au
golfe du Lion, périt dans le sinistre; malheureusement avec de trop nombreux innocents.

Ce trait d'extrême bonté n'est-il pas une réfutation des calomnies odieuses répandues sur les rigueurs inintelligentes de la discipline? et cet officier n'a-t-il pas essayé de ramener un coupable au
bien pour conserver un défenseur de plus à la
patrie? Le but explique seul son indulgence.

En France, il faut nous l'avouer, nos plus
grandes défaites d'autrefois ont été causées par
l'incurie du commandement ou sa présomption :

Crécy, Poitiers, Azincourt, Courtray, Rosbach
et les batailles perdues par Soubise et Villeroi
l'attestent. Nos plus sanglants revers ont été trop
souvent aussi le résultat de l'épuisement national,
comme à la fin des règnes de Louis XIV et des
deux Napoléon.

Quels qu'aient été nos désastres, nos officiers et
nos soldats sont restés incomparables par leur
entrain, leur insouciance du danger, leur initiative,
leur audace, et ils resteront toujours les premiers

du monde, dès qu'ils seront sous les ordres d'un chef capable d'utiliser toutes leurs ressources physiques et morales.

Ajoutons, en outre, que depuis l'ère nouvelle, depuis que chaque jeune soldat a son bâton de maréchal dans sa giberne, la France a toujours eu, sur les autres nations, le suprême avantage de trouver, pour remplacer ses généraux ou n'importe quel nombre d'officiers tués ou manquant à l'heure où ils lui étaient nécessaires, tous les généraux, tous les officiers dont elle avait besoin. Où les prenait-elle? Dans tous les rangs de son armée où ils étaient en bien plus grand nombre que dans les autres armées. Ses sous-officiers, surtout, formaient la pépinière de ses héros futurs; et si humble que fût le point de départ de ses généraux, ils étaient de suite à hauteur de leur nouvelle situation. — Napoléon Ier le savait bien, lorsqu'il disait au futur duc de Dalmatie, après Austerlitz, croyons-nous :

« Maréchal Soult, vous êtes le premier manœuvrier d'Europe! »

Il connaissait cependant son surnom de « premier cuirassier de France », que lui avaient déjà valu les liaisons absolument dangereuses dont il émaillait ses discours.

Un fait plus récent prouvera qu'une grande âme peut s'associer, parfois également, à un esprit inculte.

Pendant la guerre franco-allemande, nous avons vu, dans un régiment, un officier que ses camarades considéraient, sans faire tort aux autres, comme celui sur lequel on pouvait compter le plus pour un coup de main et pour entraîner le mieux ses hommes dans une circonstance critique.

Malheureusement, il péchait par l'absence de toute instruction première au point que, quelques années auparavant, étant simple brigadier dans un régiment d'Afrique, toujours distingué par son air martial et son indomptable résolution, il avait mis une fois, disaient ses railleurs, dans un rapport de corps de garde : « Y n'y a pas d'o dans le tono d'o », pour rendre compte qu'il n'y avait pas d'eau dans le tonneau d'eau. Il avait, en revanche, un esprit naturel surprenant et un aplomb plus étonnant encore; aussi, lorsque le capitaine de ronde lui fit remarquer, ce jour-là, son orthographe par trop fantaisiste, lui répondit-il en lui montrant la plume dont il s'était servie.

« Comment diable, mon capitaine, voulez-vous qu'on mette l'orthographe avec une mauvaise plume comme celle-ci? »

Parvenu à l'épaulette à la force du poignet, il était resté rebelle à toute pensée de s'instruire; et, quelque temps après la guerre, comme un de ses camarades lui demandait amicalement :

« Qu'est-ce que tu fais, tout le jour dans ta chambre? »

Il lui répondit :

« Je fais des armes, de la gymnastique, je lis ma géographie et les côtés amusants de l'histoire.

— A ta place, « j'étudierais sérieusement. »

— « Moi? pas si bête, j'ai bien assez d'esprit pour n'avoir pas besoin de celui des autres. »

Un jour, cependant, il se piqua de purisme pour répondre à un de ses anciens collègues, un brave aussi, mais trop ivrogne pour qu'on ait pu lui donner l'ombre d'avancement, malgré sa belle mine, son indomptable énergie et ses prouesses. Cet ami, resté sous-officier, lui avait écrit : « Praite moa té baut. » — « Impossible, mes bots prénent l'o », lui répondit notre officier. (Authentique.) Avait-il voulu dire que « bottes » s'écrivait avec un o? En tout cas, comme il n'était pas riche, il prévoyait aussi que ses chaussures pourraient bien finir leur service aux pieds de son ami.

Napoléon lui-même, malgré ses superbes proclamations et son génie, n'était pas très fort en orthographe; il l'abîmait parfois, ou plutôt l'éludait volontiers, en terminant quelquefois ses mots par des taches d'encre destinées à couvrir leurs incorrections.

Nombre de nos grands généraux, et en première ligne, le maréchal de Saxe, ne la possédaient pas davantage, malgré le désir exprimé par l'Académie française de le compter parmi ses quarante immortels. Il a été immortel, mais d'une façon plus glorieuse pour lui et pour la France.

Nous pourrions citer plusieurs autres généraux sans remonter aux époques où le gentilhomme guerrier, après avoir fait une croix pour toute signature, n'en était ni moins fier ni moins vaillant. Du reste, à cette remarque, un de nos amis nous répondait dernièrement : « Les esprits supérieurs, dans certaines sphères, ne savent parfois pas se plier aux règles. Ils obtiennent cependant des résultats merveilleux en employant le langage qui parle le mieux aux foules et les électrise davantage. Le téléphone et le télégraphe, ajoutait-il, ne mettent pas l'orthographe et cependant ils lancent au loin, et prompte comme l'éclair, la pensée juste de celui qui la dicte.

Rappeler tout cela, ne serait-ce pas plaider un peu en faveur de la thèse de ceux qui disent que le grec et le latin, les $x$ et les $y$, n'ont pas grand chose à faire dans l'ensemble des sciences militaires ; il vaudrait mieux, dès le collège, beaucoup plus d'histoire, de géographie, de langues étrangères, de topographie et surtout de forces physiques et morales amassées soigneusement.

Nous les croyons dans le vrai, aussi redirons-nous que si nous ne recrutions pas tant d'officiers dans nos plus brillantes écoles, nos cadres n'en seraient peut-être que meilleurs sur le champ de bataille et notre armée en deviendrait plus solide.

En tout cas, devrions-nous pousser davantage l'aspirant aux galons vers les études se rattachant plus spécialement à la première profession de tout Français, dans le double but de les instruire plus agréablement et de nous donner un plus grand nombre de sous-officiers par la perspective de l'épaulette. Nos plus grands généraux, les artisans des plus belles victoires des périodes républicaine et impériale, n'étaient-ils pas, presqu'en totalité, sortis du rang? Cependant, en dehors de leur incontestable talent et de leurs mérites militaires, ils avaient tous grand air et une dignité admirable. « Rien n'était plus majestueux, plus correct, même dans leur langage, disait un illustre gentilhomme, le marquis de Nicolaï, que ces maréchaux, dont quelques-uns, issus de la classe la plus humble, dès qu'ils étaient sous l'uniforme, dans les salons les plus distingués, en France ou chez les princes étrangers, comme sur les terrains de guerre ou de manœuvre, étaient au moins à hauteur de tous ceux qui les avoisinaient, quelle que fut l'antiquité de leur lignée ou leur rang ». « Ils étaient grands de toute l'auréole attachée à l'héroïsme de la mort bravée si souvent sur les champs de bataille, tandis que la forte majorité des courtisans n'était quelqu'un que par leurs ancêtres. »

Quoi qu'il en soit, la principale force des maréchaux venait de leur confiance dans l'Empereur, dans leurs officiers, dans leurs soldats et surtout

dans leur propre valeur. On disait autrefois : le
soldat francais est un fou d'audace et le mot « impossible » n'est pas français. Tous avaient foi
dans leur étoile; avant tout, en Dieu, au plus profond de leur âme; et c'était la cause de leurs succès.

Dans le chapitre relatif au peu d'efficacité actuelle de la cavalerie, telle qu'elle est utilisée,
nous avons oublié de mentionner les prouesses de
quelques généraux de la guerre de la Sécession des
États-Unis qui surent souvent s'en servir.

Parmi eux, le général Jackson, digne homonyme
d'un des héros de la guerre de l'Indépendance, que
la vivacité de ses attaques avait fait surnommer
« la flèche acérée » était, avant la guerre de la Sécession, simple professeur de tactique à Lenxigton.

Ce général, disons-nous, avait, lui aussi, mérité
un surnom glorieux, celui de « mur de pierre »,
pour sa solidité contre toute attaque.

D'une piété rare chez l'homme de guerre (et c'est
notre raison d'en parler à ce sujet), lorsqu'il ne ré-
fléchissait pas à ses projets d'expédition audacieuse
ou ne donnait pas des ordres toujours brefs et précis, il se reposait en priant. Lorsqu'il n'avait pas un
livre de tactique à la main, il lisait la *Bible*. C'était
l'homme austère, l'homme du devoir qui ne confie
à personne ses plans de campagne, de peur de la
moindre indiscrétion : aussi accomplissait-il de
véritables tours de force.

A la tête d'un corps de cavaliers volontaires du

Sud, il pousse une pointe audacieuse sur Washing-
ton, échappe à trois armées acharnées à sa poursuite,
et, quelque temps après, dans une autre tentative non moins audacieuse, s'empare, avec sa cavalerie, des magasins généraux de l'armée du
nord, à Manassas-Junction, coupe le général Pope
du reste de l'armée fédérale; et le bat ensuite dans
une série de combats de plusieurs jours.

Si les vrais sentiments patriotiques indispensables à la vie nationale, se sont un instant en-
volés, ils doivent revivre en France malgré tout,
aussi ardents qu'ils l'étaient dans l'âme de Gambetta, en 1870, au moment où, frappant du pied le
sol de la patrie, il en fit sortir, comme le héros
antique, des armées qui, malheureusement, ont été
vaincues en conservant l'honneur.

L'empereur d'Allemagne s'est plu à rendre cette
justice, en plusieurs circonstances, à notre tribun
populaire.

« Si Gambetta, disait-il, avait eu plusieurs mil-
« liers d'hommes d'une résolution comparable à la
« sienne, il nous aurait certainement donné autant
« de mal que les Espagnols en ont donné aux Fran-
« çais pendant la guerre d'Espagne sous Napo-
« léon Ier. »

A notre avis, si Gambetta avait su soulever le
levier tout puissant de la foi, il aurait obtenu de
meilleurs résultats, et les zouaves pontificaux auraient eu de nombreux imitateurs.

23.

Pendant cinq ans, de 1808 à 1813, l'Espagne, surchauffée par son clergé et ses assemblées locales, se souleva partout pour combattre Napoléon Ier, à l'apogée de sa gloire.

Vaincue sans être jamais soumise, elle lui tua près de 410,000 soldats, malgré le prestige et les talents militaires de Masséna, de Soult et de Ney.

Le Portugal avait pris les armes, Junot avait capitulé à Cintra et Dupont à Baylen, il est vrai; néanmoins l'empereur Guillaume, pénétré de ses grands souvenirs, croyait fermement, en 1871, que la France, foulée par l'invasion allemande, chercherait à se soulever aux appels de ses chefs, de son clergé et combattrait, au moins, en partisans.

Malheureusement, la foi et l'énergie n'existaient plus; il l'a compris depuis.

Sa pensée n'en reste pas moins l'explication de plusieurs alertes, dont les cantonnements allemands et même, croyons-nous, le quartier impérial ont été témoins.

Elle nous trace également la ligne du devoir.

Comme nous ne voyons jamais, dans la vie réelle, des êtres parfaits, nous ne pouvons pas espérer non plus des héros immaculés. Ceux dont nous rappellerons les exploits ont été, aux heures ordinaires, tels que les hommes que nous coudoyons, malgré leurs efforts constants sur eux-mêmes pour faire triompher le plus possible l'ange sur la bête humaine.

C'est notre raison, en racontant l'histoire de nos plus glorieux morts, de rappeler volontiers quelques-unes de leurs faiblesses, pour prouver qu'ils n'étaient pas d'une autre nature que le commun des mortels. Du reste, le soleil n'est pas non plus sans tache. Nous citerons aussi les mots heureux de nos héros, leurs traits d'esprit, afin de donner des ailes à leurs plus belles pensées et les faire voler jusqu'à nous. Leur souvenir mettra certainement en joie, en belle humeur, et inspirera peut-être nos officiers et nos soldats aux heures de péril et d'amertume; et hélas! elles sont encore plus nombreuses dans la vie militaire que dans l'autre.

Notre cadre ne nous permet pas de rappeler les noms de tous les héros français, ils s'appellent « légions ». Ceux dont nous parlerons, à défaut de leur présence dans nos rangs, revivront parmi nous, par le souvenir des hauts faits de leur passé. En réveillant et en perpétuant le courage comme une tradition sacrée, ils serviront encore utilement la France.

Si nous parlons indistinctement de toutes les gloires militaires françaises et étrangères, c'est que partout où la valeur brille, elle doit être citée pour servir d'exemple aux généraux, aux officiers et aux soldats de toutes les armées du monde. Du reste, un militaire se grandit toujours en honorant son adversaire et en admirant ses côtés héroïques.

Nous voudrions avoir le style imagé de Plutarque et des phrases à la Tacite, pour donner plus de poids au résumé de leurs hauts faits, dont le recueil est indispensable pour fortifier le moral de notre armée. C'est notre motif de demander au ministre de la guerre d'en mettre de suite le sujet au concours, pour qu'une fois composé en beau langage il soit le *vade mecum* de tout officier, de tout défenseur de la patrie, en un mot, de tout homme dans la poitrine duquel bat un cœur français.

Plaise à Dieu qu'il puisse produire un magnifique élan d'enthousiasme national qui pourra seul, à un moment donné, électriser, soulever la France et lui redonner la victoire.

En attendant, le nom de tous ceux qui ont incarné les sentiments d'honneur et du devoir jusqu'à l'héroïsme, devrait être inscrit au livre d'or de la patrie reconnaissante.

· En redisant plus particulièrement quelques souvenirs du passé de nos aînés dans la carrière des armes, nous poursuivons le but de les rendre impérissables dans l'esprit et la pensée de toutes les générations futures. Ils contribueront à élever les âmes, en grandissant les plus nobles sentiments humains.

Ces souvenirs seront l'éclair illuminant soudain le ciel d'une nuit de tempête et enflammeront tous les cœurs d'un sublime délire patriotique. Aux heures d'angoisse, ils ranimeront les courages, en.

faisant vibrer les cordes les plus sensibles de l'âme et doubleront la valeur et les forces nationales. Et le jour (que Dieu éloigne de nous le plus longtemps possible), où nos frontières seront menacées, le cri de guerre s'échappera du cœur même de la nation en un élan spontané de patriotisme, et les trois mots redoutables : *Aux armes, Français!* résumeront toutes les grandes idées de foi, de dévouement, de courage et seront le début de l'hymne de guerre et de victoire, dont le souffle brûlant échauffera tous les êtres, pour les rendre insensibles aux fatigues, aux souffrances, aux blessures, à la mort même, pour le salut de la patrie.

En évoquant nos gloires passées pour les rendre présentes à toutes les mémoires, nos soldats marcheront aux mâles accents d'un chant guerrier, que nous demanderons aussi pour rappeler les vertus de ceux qui ont porté le plus haut le renom militaire de la France.

La *Marseillaise,* malgré l'infériorité de son nom et les souvenirs douloureux qu'elle évoque dans certains esprits, n'a-t-elle pas déjà produit des élans sublimes, et ne nous a-t-elle pas valu d'admirables victoires?

Grâce à ses mâles accents, à sa puissance d'expression, à ses évocations, elle a fait des jeunes soldats sans tactique, sans instruction militaire, de redoutables adversaires pour nos ennemis, des héros qui ont fait preuve d'une vitalité extrême, en

défendant la patrie en danger, comme des vétérans bien équipés.

Que serait-ce donc si nous célébrions, dans nos
chants, le nom si français de Jeanne d'Arc. Quel
sujet plus beau, plus noble, plus électrisant, pour
élever nos âmes aux sublimes dévouements? Elle
a été le plus parfait modèle du patriotisme. Faisons de sa vie, dont nous parlerons longuement,
dans un chapitre spécial, le sujet de notre hymne
de guerre national. Les chants de Schiller sur
notre héroïne n'ont-ils pas électrisés les Allemands
dans leurs guerres contre la France. — Mais avant,
étudions les héros pour imiter leurs vertus.

ANNIBAL. — En notre qualité de protecteur de
la Tunisie, dont tout le passé doit nous intéresser
et dont nous désirons faire une province française
de cœur et d'âme, évoquons encore une fois le glorieux souvenir du plus grand homme de guerre de
ce beau pays, celui d'Annibal.

Malgré ses défaites, il reste le plus merveilleux,
le plus habile et le plus ingénieux tacticien de son
temps, même en présence du grand Fabius et
de l'ardent Scipion l'Africain, son heureux vainqueur, qui n'en triompha définitivement qu'en allant porter la guerre sur le territoire de Carthage,
et en s'alliant à tous ses ennemis.

Deux faits éclatants entre cent autres prouve-
ront les ressources de son esprit et l'audace de
ses entreprises.

Il osa, le premier, franchir les Alpes à la tête de son armée, à une époque où toutes les facilités manquaient, et s'immortalisa encore davantage à la bataille de Cannes, où les consuls Varron et Paul-Émile furent vaincus et où ce dernier fut tué.

En chef rusé, Annibal avait, par des manœuvres habiles, su attirer les deux généraux romains dans d'immenses plaines, où sa redoutable cavalerie numide pouvait agir, s'étendre et charger librement.

Après avoir choisi son terrain, il prit ses dispositions de combat avec tant d'art, que les Romains avaient au visage le vent, la poussière et le soleil.

Son succès fut complet, grâce à ces habiles dispositions; grâce surtout à la valeur des Gaulois, qu'il avait eu le talent d'entraîner à sa suite, en grand nombre, en exaltant leurs sentiments guerriers, dont il doublait la force par le travail.

Il les savait braves à défier tout sur la terre, puisqu'ils disaient : « Nous n'avons peur que de la chute du ciel sur nos têtes, et encore le soutiendrions-nous avec nos piques. » Avec de tels soldats, un chef habile est invincible.

Malheureusement, Annibal ne put profiter de sa victoire. Tite-Live en explique le motif par l'impossibilité où était l'armée carthaginoise, réduite à trente-six mille hommes, d'aller investir Rome, dont les murs étaient gardés par deux légions et renfermaient encore d'autres hommes valides en beaucoup plus grand nombre que celui des vainqueurs. C'est d'autant plus vrai que Rome mit sur pied vingt-trois légions peu de temps après Cannes, tandis qu'Annibal dut mendier des secours, qui ne lui arrivèrent pas à temps, de plus ses soldats étaient épuisés. Ce héros, doué d'un courage mêlé|de sagesse et d'une activité infatigable, mourut à soixante-quatre ans, 183 ans avant J.-C., emportant dans la tombe le témoignage de sa conscience qu'il eût vaincu les Romains si Carthage avait pu ou voulu lui envoyer, en temps utile, les renforts demandés.

Avant les grandes invasions, surtout musulmanes, la Tunisie devait encore à Annibal la continuation de ses merveilleuses plantations d'oliviers, que nous devons rétablir partout comme les sources du produit par excellence de ce beau pays, et probablement le point de départ de la fécondité de son sol, si réputée autrefois.

Entraînons donc nos soldats, comme Annibal.

César, dont le nom éveille à l'esprit les tristes souvenirs des premières grandes défaites des Gaulois nos ancêtres, arrive à les vaincre, en les divisant le plus possible, pour conquérir plus facilement leur pays.

Nous le disons, pour bien montrer les fâcheux effets des dissensions intestines qui, de tout temps, ont été si funestes à la France, funestes même à son armée; 1870 l'a bien prouvé.

César connaît ce défaut du tempérament national et en profite habilement; il lance ses légions réunies sur leurs forces isolées pour les frapper et les atteindre comme la foudre, tellement sont rapides, imprévus et terribles, ses mouvements et ses coups.

Le premier, il copie l'habileté d'Annibal, et inaugure la grande tactique militaire dont Frédéric le Grand, Carnot et Napoléon seront les continuateurs, en l'appropriant aux progrès et aux hommes de leur époque.

Après avoir terrorisé ses prisonniers gaulois par des hécatombes sanglantes, ou en leur faisant couper un poignet, César change de procédé vis-à-vis d'eux, le jour de la pacification générale, et se les attache par des attentions capables de faire oublier ses premières cruautés en encourageant même leurs idées guerrières et patriotiques.

Leurs airs nationaux s'inspirent du chant de l'alouette et la représentent s'élevant gaiement plusieurs fois par jour, du champ où est son nid, en chantant et en voltigeant le plus haut possible vers les cieux, pour remercier Dieu de ses bienfaits et lui en demander d'autres. Elle remplace, pour les Gaulois, dans leurs plaines dorées par la moisson, le rossignol des bois.

Pénétré de cette pensée, César forme sa plus nombreuse et sa plus forte légion avec leurs plus beaux et leurs plus fiers guerriers, et l'appelle *La légion gauloise de l'Alouette;* — c'est sur elle

qu'il compte pour commencer ou achever ses victoires et même déterminer ses succès politiques.
Pour triompher, il n'épargne ni ses peines, ni ses
hommes, ni l'argent.

Ceux qu'il ne veut pas chercher à vaincre ou ne
peut forcer à suivre sa cause, il les achète; aussi
doit-il 250 millions de sesterces, avant de pouvoir
dire d'une façon générale : *Veni, vidi, vici*, mais
son génie lui permet toutes les audaces et lui
donne toutes les réussites.

Le poignard des conjurés fidèles à la République, l'empêche d'être empereur; cependant,
lorsqu'on veut grandir un souverain, on l'appelle
César. En résumé, tout ce qui touche à son nom
est marqué au coin de la suprême élévation,
malgré ses débauches et ses défauts.

Il était grand, surtout par son ambition et son
étincelant génie.

Longtemps avant lui, Xerxès, roi de Perse,
avait (480 ans avant J.-C.) entraîné à sa suite plus
de deux millions d'hommes pour anéantir la Grèce,
et devait, dans ses rêves d'ambition orgueilleuse,
étendre ses conquêtes sur le reste de l'Europe.

Léonidas est heureusement aux Thermopyles
avec les quatre mille hommes des contingents
grecs et trois cents Spartiates, dont la coutume
militaire est de ne jamais faire grâce et de n'en jamais demander dans les combats.

Lycurgue leur a appris que Sparte ne devait pas

avoir d'autres remparts que la poitrine de ses défenseurs et leur a donné pour devise: « La victoire
ou la mort »; aussi, lorsque Xerxès fait demander
à leur roi : « Rends-moi tes armes! » il lui fait la
fière réponse bien connue : « Viens les prendre! »
Et, lorsqu'il lui apprend que son armée est si nombreuse que les traits des arcs de ses soldats en
obscurciront le soleil :

« Tant mieux, nous combattrons à l'ombre »,
répondit-il sans émotion apparente. Malgré cela,
Léonidas voit son impuissance à défendre le défilé
qu'il sait, du reste, sur le point d'être tourné. Il
renvoie ses contingents et dit à ses concitoyens :

« Nous ne devons pas attendre ici la mort, mais
aller la donner dans le camp ennemi, aussi, compagnons, allons tous, cette nuit, droit à la tente
de Xerxès, nous souperons chez Pluton. »

L'histoire nous a appris comment il tint parole
et le résultat de l'héroïsme des Spartiates, dont
l'action est la plus admirable attaque de nuit qui
puisse se concevoir et s'exécuter.

Mais revenons aux plus grands enseignements
d'actualité que nous donnent les monstres à face
humaine qui s'appelaient : Gengis Khan, et Tamerlan, et qui avaient aussi sous leurs ordres des
millions d'hommes qui leur servaient à semer la
mort et la désolation sous leurs pas; comme les
sauterelles en Afrique; comme le feu dans une
forêt; comme la mer en fureur le jour où elle s'est

déchainée sur la France, et l'a séparée des territoires britanniques.

« La terre, disait Tamerlan, ne doit avoir qu'un maître, comme il n'y a qu'un Dieu au ciel. »

Il ne respecte rien, ni la vie des hommes ni les biens de la terre. Un jour, embarrassé du trop grand nombre de ses prisonniers, il en fait égorger cent mille à Delhy, dans l'Indoustan. — Partout il fait élever des pyramides d'une hauteur prodigieuse avec des têtes coupées.

Vers 1400, il remporte, sur un autre conquérant, sur Bajazet, sultan des Turcs, une éclatante victoire, et le conserve dans une cage de fer avant de le torturer et de s'en servir pour son triomphe.

Si Dieu châtie de temps à autre par des mains humaines absolument indignes les bourreaux de l'humanité, il les châtiera tous, plus rudement encore dans l'autre monde par les griffes du démon.

En définitive, en exaltant les exploits guerriers, nous n'ambitionnons que la paix pour notre chère patrie et pour l'humanité entière, tout en poursuivant le noble but de la rendre invincible, invulnérable, si elle était attaquée.

Nous ne redirons pas les œuvres sanguinaires d'Attila « le Fléau de Dieu », nous en avons déjà trop souvent parlé dans notre premier volume. Nous tairons aussi les autres grandes invasions.

Les citer trop longuement serait faire pleurer les

âmes sensibles, et tel n'est pas notre désir, puisque nous voulons les exalter jusqu'à l'héroïsme.

Gengis Khan, Tamerlan et Attila ont dépeuplé la terre, dit-on, de plus de six millions d'êtres, sans parler de leurs autres dévastations. — Que Dieu éloigne de l'Europe le retour de pareils malheurs, que les grands armements nous préparent?

GRAND FERRÉ. — Pour réchauffer le moral de nos jeunes troupes, rappelons tout particulièrement à nos recrues des campagnes, à nos braves fils de paysans, laboureurs ou autres ouvriers des champs, l'héroïsme prudent et audacieux à la fois, de quelques-uns de leurs ancêtres. Remontons à la Jacquerie, pour leur prouver que, même à cette époque, la plus malheureuse de notre vie nationale, quelques-uns de ses plus humbles enfants se surpassèrent pendant les jours de deuil de la patrie, et se montrèrent sublimes pour la défense de leurs foyers envahis par les Anglais.

Malheureusement trop peu nombreux et sans unité dans leurs efforts, ils ne purent changer les desastres en triomphe. Quoi qu'il en soit, exaltés par le désir de l'indépendance et l'amour de la patrie, les travailleurs d'élite s'arment n'importe comment et vont, en état de défense, à leurs travaux agricoles. Ce premier frémissement national ne fut que dans de rares contrées dont les habitants placent des sentinelles dans leur clocher, avec l'ordre de sonner le tocsin à l'approche de

l'ennemi. Ils se groupent à la moindre alerte et ne
reculent jamais qu'écrasés par le nombre, pour se
reformer plus loin.

Un de leurs instruments de travail, à défaut
d'autre arme, la grande hache du bûcheron devient terrible entre leurs mains, et un des chefs
qu'ils se sont donnés, Grand Ferré, dont l'histoire,
peut-être bien embellie par la légende, s'en sert si
merveilleusement, qu'à son approche les Anglais
s'enfuient pour ne pas tomber sous ses coups.

D'une taille très élevée et d'une force herculéenne,
Grand Ferré exerce, par son courage, une telle influence sur ses malheureux compagnons, qu'il les
mène longtemps à la victoire.

Malheureusement, les efforts individuels sont
impuissants contre la tactique et la valeur disciplinée des Anglais. Après plusieurs succès, Grand
Ferré pressent l'heure des échecs et des représailles
sanglantes, il se multiplie, mais il est blessé griè-
vement, le matin même de sa mort, dans une
rencontre où le nombre avait eu raison du courage
français.

Il échappe cependant aux Anglais, grâce à son
énergie, mais, rentré mourant de faim et de soif,
baigné de sueur, dans sa pauvre chaumière de la
forêt, il boit une trop grande quantité d'eau froide
sans manger. Le pain manquait, du reste, dans sa
demeure comme dans celles de ses voisins.

Pour tromper sa faim, il cherche à s'endormir,

mais il est pris subitement d'une fièvre violente.

La terreur de son nom avait fait mettre sa tête à prix, sans pousser aucun Français à tremper dans une telle infamie.

Nos implacables ennemis les Anglais en sont réduits à se mettre eux-mêmes à sa poursuite, et ont entouré sans bruit sa cabane.

Sa femme veille, heureusement : « Grand Ferré, mon homme ! voilà les Anglais » s'écria-t-elle à leur approche.

Aussitôt il se lève, mais il a peur que ses forces le trahissent ; il s'adosse à la clôture de sa maison, à côté d'un gros tronc d'arbre et brandit si vigoureusement sa terrible hache, malgré son mal, que chacun de ses coups fait un homme mort.

Déjà dix-huit Anglais, avides de recevoir la récompense promise à ceux qui le tueraient ou le feraient prisonnier, lui forment un rempart de leurs cadavres, il en étend trois autres à ses pieds et met le reste de la troupe en fuite ; puis épuisé, brûlé par la fièvre, il boit encore un peu d'eau, à défaut d'autre aliment pour se soutenir, et s'affaisse brusquement sur le sol, pour mourir.

Sa malheureuse femme, digne compagne de ce héros à l'âme fière et au bras si fort, étend son corps sur des branches et sur des feuilles sèches, place sur sa poitrine une simple croix de bois faite de ses mains, et met le feu à ce bûcher improvisé à la hâte, pour que le corps de son vaillant mari ne soit pas profané par les ennemis de la France. Que d'enseignement dans cette vie et dans cette mort?

GUSTAVE-ADOLPHE, ROI DE SUÈDE, 1611 A 1632. — Foudre de guerre incomparable, il brillait déjà par son intelligence et son audace d'adolescent ; à seize ans, il parlait la plupart des langues d'Europe et avait de remarquables connaissances militaires. Appelé à régner à dix-sept ans, il sut, de bonne heure, merveilleusement s'occuper de toutes les affaires de l'État.

En guerre avec la Russie, le Danemark et la Pologne, il conclut la paix avec les deux premières puissances, remporta de nombreuses victoires sur les Polonais, fut blessé trois fois, conquit la Prusse polonaise et termina cette première et prodigieuse campagne par un traité avantageux.

Peu après, mis au ban du Saint-Empire, il vit en face de lui le trop fameux Wallenstein qui, destitué peu de temps auparavant par l'empereur Ferdinand lui-même, avait affecté l'obéissance et vivait dans un luxe asiatique qui surpassait celui de son souverain.

Wallenstein, en effet, en dehors de ses cruautés, de son insatiable ambition et de sa perfidie, possédait de réels talents militaires et mériterait d'être classé parmi les hommes célèbres, si les sentiments qui dictaient sa conduite n'avaient été absolument méprisables.

Immensément riche, par le pillage des villes ou des provinces conquises, il était presqu'aussi puissant qu'un roi; il avait, à ses ordres, une nombreuse armée disciplinée par sa main de fer, forcé qu'il était, du reste, d'agir ainsi, en présence du ramassis de gens de sac et de corde dont il l'avait composée. C'étaient des braves, mais malheureusement les pires sacripants de toutes les nations, dont il savait payer largement les services et se faire obéir, en ne leur ménageant ni les pillages, ni les supplices, ni la peine de mort.

La guerre à peu près déclarée, Gustave-Adolphe apparaît en Allemagne et s'empare de la Poméranie. Il est à la tête de 20,000 hommes seulement, mais son génie et sa bouillante valeur en triplent les forces.

« Ce roi de neige fondra en avançant vers le midi, avait dit l'empereur Ferdinand, que la petite troupe du roi de Suède n'effrayait pas au début.

L'épée jetée dans la balance de l'Europe ne s'était pas encore montrée, Tilly, Wallenstein ne comprenaient rien à la tactique foudroyante du jeune héros, mais ils la reconnurent bientôt supérieure à la leur. Gustave-Adolphe les déconcertait par son impétuosité et son audace prudente, toute d'inspiration. — (L.; M.)

Après avoir écrasé les armées de Conti et de Schaumburg, Gustave-Adolphe refoule partout les Impériaux et, grâce à ses succès, décide les princes

24

protestants d'Allemagne à se prononcer en sa faveur. Il remporte une victoire sur Tilly à Breitenfeld en 1631 et enrôle à sa suite l'Électeur de Saxe, dont il fait son lieutenant.

Il vainc de nouveau Tilly à Oppenheim et soumet tout le pays depuis la Vistule jusqu'au Danube.

Enfin, le 16 novembre 1632, il se trouve à Lutzen en face de Wallenstein; il le bat complètement, malgré la supériorité numérique de l'armée allemande, mais il est malheureusement blessé mortellement et disparaît dans son triomphe, à peine âgé de trente-huit ans.

Si Gustave-Adolphe avait vécu et commandé à une grande nation, il eût été incontestablement le plus grand homme de guerre de son siècle. Dans le cadre où il apparut, il fut non seulement un général hors ligne, mais un administrateur incomparable. Marqué au coin du génie universel, il n'a été, malheureusement, qu'un brillant météore qui pensait, avec raison, que ses meilleurs soldats étaient les plus religieux.

CHARLES XII, 1697 à 1718. — Ce nom magique éveille dans l'esprit des souvenirs pareils à ceux de l'époque homérique; c'est, heureusement, celui d'un ami de la France.

A quinze ans, déclaré majeur par les États Suédois, s'il montre peu de dispositions pour les affaires, il se passionne pour les exercices physiques, surtout pour la chasse à l'ours. Plus ses jeux sont violents, plus il les aime. En revanche, il se condamne à une sobriété sans exemple, et veut se coucher sur le sol dur, afin de s'aguerrir.

Le pain noir de ses soldats est son aliment favori; malheureusement un jour, involontairement pris de boisson, il manque de respect à sa grand'-mère.

Aussitôt qu'il s'en aperçoit, il se dégrise, se fait apporter un verre de vin, y trempe les lèvres et s'écrie en jetant au loin son verre qui se brise en mille éclats :

— Je jure que ce vin est le dernier que je boirai! » Il se tint parole.

Après avoir, au début de son règne, vaincu et forcé les Danois à la paix, il se prépare à combattre la coalition des Russes et des Polonais.

Il montre en toutes circonstances son caractère inébranlable, son activité prodigieuse et sa constitution de fer. Il se trouve enfin en face de l'illustre fondateur de la toute-puissante Russie, de Pierre le Grand.

Il se lance à la tête de 9,500 soldats, sur ses 60,000 Russes, auxquels il apprend à se battre en en triomphant presque facilement à Narva.

Il fera la cruelle expérience, dans la campagne suivante, qu'un stratégiste comme lui est un modèle pour un vaincu intelligent. Après sa victoire sur les Russes, il bat les Polonais près de la Duna, dépose leur roi et le remplace par Stanislas Leczinsky.

Au lieu de se reposer après ces foudroyants succès, il se lance de nouveau, à la tête de 43,000 hommes, sur les Russes dans la direction de Moscou, mais entraîné par les prouesses des Cosaques, il se détourne de sa première voie et va les rejoindre dans l'Ukraine, où, trahi par la fortune, il est battu, et voit son armée décimée par le froid et les privations.

Enfin, à Pultawa s'évanouit le prestige de ses armes; il est blessé, battu et forcé de se retirer à Binder, en Turquie.

Là, il s'efforce en vain d'exciter La Porte contre le Czar. Les Turcs veulent le chasser de sa retraite, il s'y défend longtemps à la tête de ses seuls domestiques. On met le feu à sa demeure pour l'en faire sortir.

Il se lance alors à cheval, déguisé en officier allemand, accompagné d'un aide de camp; traverse toute l'Allemagne et arrive seul, à Stralsund, après seize jours et seize nuits d'une course folle. Il se rend ensuite à Lunden où il parvient à force de fermeté, d'habileté et d'audace, à rétablir les affaires de la Suède, que ses cinq ans d'absence en Russie et en Turquie ont mis à deux doigts de sa perte.

Il assiège Frédérikshall, dont la conquête allait peut-être changer la face de l'Europe, lorsqu'il est tué d'une balle qui lui fracasse la tête.

Malheureusement, avec Charles XII s'évanouit la grandeur de la Suède, épuisée par les pertes que lui avaient causées les folles et glorieuses équipées de son héros.

Ce fut en 1810 qu'un Français, le maréchal Bernadotte, appelé à hériter du trône par les vœux des Suédois et des Norvégiens, rétablit la prospérité de ce pays, si riche et si fier de son passé historique, où lui et ses descendants font régner la paix pour le bonheur de leurs sujets.

Rantzau. — La France, reconnaissante de tous les services rendus, ne doit pas oublier ceux du vaillant général danois, le comte de Rantzau, dont la bravoure chevaleresque lui avait valu une réputation méritée, lorsque le ministre de Gustave-Adolphe, Oxenstiern, l'amena à sa suite en France, où il était venu conférer avec Richelieu sur ses projets contre l'Autriche.

Descendant d'une glorieuse lignée de guerriers heureux dans les combats et dont l'un, surnommé l'Achille du Nord, n'avait jamais été vaincu dans les nombreuses batailles livrées à ses ennemis, Rantzau devait avoir à peu près le même bonheur en France, mais le payer de la perte d'un œil, d'une jambe, d'une oreille, d'un bras et de quatre autres blessures.

Pour ne rien laisser dans l'ombre de ce grand caractère, ajoutons que son sang-froid et son esprit égalaient ses autres mérites.

Le jour où un boulet avait fracassé sa jambe, le

médecin en décida l'amputation pour éviter la gangrène.

Il la subit en brave, pendant que son serviteur versait d'abondantes larmes.

« Imbécile! pourquoi pleures-tu? tu as toutes les chances de la journée; tu devrais te réjouir, au contraire, tu n'auras plus qu'une botte à frotter. »

Nommé maréchal de camp par Louis XIII, il se couvrit de gloire sur tous les champs de bataille de Flandre et d'Allemagne.

Fait prisonnier, il fut rendu à regret à la liberté par nos ennemis, et contribua à la victoire de Rocroi, où il remplaça le maréchal de Guébriant blessé.

Vaincu glorieusement à Tutlingen, il fut nommé lieutenant-général pour s'être montré admirable d'énergie dans ce revers et ensuite maréchal de France pour ses constantes prouesses à la prise de Gravelines et ailleurs.

Dans sa reconnaissance, il rêvait de s'emparer de la Flandre, lorsque, soupçonné à la légère par Mazarin d'intelligence avec les mécontents, il fut mis à la Bastille et y resta onze mois avant de pouvoir se justifier.

Ce débris glorieux de nos guerres, après avoir exposé sa vie dans cent combats, mourut, en 1650, d'une maladie contractée en prison. Il eut toutes les qualités du grand général : de la tête, du cœur,

de l'esprit, du sang-froid, une bravoure assez raisonnée pour donner l'exemple en toutes circonstances.

Il avait, en outre, le suprême talent de savoir
merveilleusement entraîner ses soldats.

Rantzau n'eut que le petit travers d'être aussi
franc buveur que franchement brave et loyal.

Ses exploits et ses nombreuses blessures lui
valurent, après sa mort, cette épitaphe élogieuse,
écrite sur son tombeau :

> Du corps du Grand Rantzau, tu n'as qu'une des parts :
> L'autre moitié resta dans les plaines de Mars.
> Il dispersa partout ses membres et sa gloire.
> Tout abattu qu'il fût, il demeura vainqueur ;
> Son sang fut en cent lieux le prix de la victoire,
> Et Mars ne lui laissa rien d'entier que le cœur.

LAROUSSE, MICHAUD.

Ce beau nom, dignement porté par le gendre du
prince de Bismarck, a droit à toutes nos sympathies, en faveur de l'ancêtre qui a versé tout son
sang pour la France et nous permet de croire que
notre pays a plusieurs points d'affinité avec l'Allemagne, sans parler de nos si nombreux révoqués
de l'Édit de Nantes, refoulés dans leur pays où ils
ont fait souche de loyaux serviteurs des Hohenzollern. N'avons-nous pas, personnellement, de
très nombreux parents de notre nom dans leurs
armées mêmes ?

Pour toutes ces raisons, en dehors des grands
principes religieux et humanitaires, nous voulons
la paix, tout en parlant avec une conviction profonde des moyens de nous donner la victoire, si, ce
qu'à Dieu ne plaise, nous avions la guerre.

A l'appui de nos désirs pacifiques, nous voulons aussi, à tout prix, que la France se fasse
dignement représenter à la Conférence de Berlin,
par des spécialistes de la valeur de M. Jules
Simon, pour y jeter le germe des plus nobles idées
de travail et de paix, à défaut de résultats plus
immédiats.

# ARMÉE. — SES GRANDS HOMMES

## CHAPITRE IX

Condé. — Turenne. — Duquesne. — Tourville. — Jean Bart.
— Basroger. — Duguay-Trouin. — Cassard. — Luxembourg.
— Villars. — Marlborough. — Prince Eugène. — D'Assas.
— Dubois. — Fortenas. — La Bourdonnais. — Dupleix. —
Lord Clive.

CONDÉ. — TURENNE. — Si le grand Condé dût à
sa naissance d'être général en chef à vingt-deux
ans, il eut aussi l'inspiration et l'audace du génie.
Son début le prouva ; mais il a le tort de ne calculer
ni les morts, ni l'argent que coûtent ses victoires,
surtout, d'avoir été avide comme le protecteur de
ses débuts, Mazarin, le roi des fripons. Il bat les
armées espagnoles à Rocroi, par un coup de maître,
malgré la supériorité de leur nombre, et surtout
de leur admirable infanterie, réputée la meilleure
d'Europe. Il se surpasse à Fribourg, à Nordlingen,
à Lens et met le comble à sa gloire à Senef.
Malheureusement il l'obscurcit un instant en
portant les armes contre la France dans les
rangs espagnols qu'il ne réconcilia heureusement
pas avec la victoire, grâce à Turenne.

Ce dernier fut l'incomparable chef d'armée d'autrefois, avare du sang et de la fatigue de ses soldats; soucieux de leur repos, de leur intérêt et de leur vie, passant son temps à étudier ses plans de campagne. Tacticien réfléchi et habile, s'il ne fut pas aussi brillant que Condé, il fut cependant son vainqueur et triompha plus souvent que lui de ses adversaires. Parmi eux, nous devons ranger l'illustre Montecuculli, le plus grand stratégiste de son siècle qui allait être vaincu, quand Turenne fut frappé d'un boulet. Notre grand maréchal, pleuré par tous ses soldats, et regretté même de ses ennemis qui admiraient la loyauté de tous ses sentiments malgré les exécutions atroces dont Louis XIV le chargea, restera un des plus grands généraux de son temps; mais son plus beau titre de gloire est d'avoir été le « père du soldat ».

Après l'illustre maréchal, Louis XIV eut un grand nombre de maréchaux de France à la fois, et, s'ils ne furent pas la monnaie de M. de Turenne, comme le disait la spirituelle marquise de Sévigné, plusieurs d'entre eux s'immortalisèrent sur tous les champs de bataille, où la volonté royale les envoya trop souvent.

. Duquesne. — Le plus illustre de nos amiraux, se révéla dès 1637 comme un officier de la plus haute valeur.

Nommé au commandement d'un vaisseau, il apprend la mort de son père, tué à bord de son navire, en combattant les Espagnols. Dès ce jour, il leur jura une haine implacable.

L'occasion de la leur témoigner se présenta bientôt.

A Gattari, il attaque leur vaisseau amiral, le force à fuir et décide de la victoire. Blessé d'un coup de mousquet au combat de la Carogne, il reste à son poste, foudroie les bâtiments ennemis et ne se retire que devant une tempête effroyable.

S'il se replie une fois devant les grandes colères de Dieu et de la nature, il ne recule jamais devant les foudres de l'ennemi.

En 1650, Duquesne arme, à ses frais, une escadre, pour combattre les Espagnols et, en allant à leur rencontre, se voit en présence d'une nombreuse flotte anglaise, dont le commandant lui ut dire d'amener son pavillon.

« Le Pavillon français ne sera jamais déshonoré tant que je l'aurai à ma garde, répondit-il, le canon décidera entre nous si la fierté anglaise doit aujourd'hui céder à la valeur française. »

Les Anglais, supérieurs en nombre, furent battus après un combat meurtrier ; il fait ensuite capituler Bordeaux révolté.

Anne d'Autriche, pour récompenser Duquesne, lui fit don du château de l'Ile d'Indret, et le nomma chef d'escadre.

Pour remerciement, il se couvrit de gloire dans la Manche, en 1672, et vainquit les deux grands amiraux hollandais, Ruyter et Tromp, le 30 mai 1673.

Quelque temps après, Louis XIV fit équiper une flotte considérable à Toulon, pour aller de nouveau combattre le célèbre amiral Ruyter, alors à l'apogée de sa glorieuse carrière, et en donna le commandement à Duquesne, en l'élevant au rang de lieutenant-général. Ce choix, désiré par tous les marins, leur inspira une ardeur et une confiance illimitées.

Ruyter fut battu et blessé mortellement dans ce sanglant combat.

Peu après, une frégate chargée de transporter son cœur en Hollande, tombe au pouvoir des Français.

Son capitaine explique à Duquesne l'objet de son voyage et lui rend son épée.

Il la refuse, passe à bord de la frégate, et, dans la chambre où était le vase renfermant le cœur de son illustre adversaire, il s'agenouille en levant les mains vers le ciel et en s'écriant :

« Salut aux restes d'un grand homme mort au milieu des périls si souvent bravés en vainqueur! » Puis il dit au capitaine : « Votre mission est trop respectable pour l'interrompre. Voici un passe-port. »

Magnanime et brave, Duquesne purgea la Méditerranée des pirates et bombarda Alger.

Appelé à Versailles pour rendre compte de ses

opérations, le roi, en lui témoignant sa satisfaction, lui dit :

« Je voudrais bien, monsieur, récompenser les « services que vous m'avez rendus, comme ils « méritent de l'être, mais vous êtes protestant, et « vous savez quelles sont mes intentions là-« dessus. »

Duquesne répondit : « Oui, sire, je suis protes-« tant, mais mes services sont catholiques. »

Cependant, le roi érigea en marquisat, sous le nom de Duquesne, la terre du Bouchat, près d'Étampes, et lui en fit don, dès la conclusion de la paix. Il eut dû le faire ministre de la Marine.

La révocation de l'édit de Nantes, en exilant les protestants, priva ses enfants de leurs emplois militaires et les força de quitter la France.

Seul excepté de la proscription, notre plus grand marin ne put néanmoins supporter longtemps l'exil de ses coreligionnaires et des siens.

En 1688, à son lit de mort, il fit jurer à son fils aîné de ne jamais porter les armes contre la France, malgré l'iniquité du roi.

Jamais amiral plus habile ne fut plus heureux que Duquesne. Il fut invincible.

Parvenu à une extrême vieillesse, il témoignait encore au roi le désir de retourner aux combats.

« Monsieur Duquesne, lui dit Louis XIV, un « serviteur de la France, glorieux comme vous, « doit se reposer.

« Vos successeurs dans les commandements de
« la marine suivront vos leçons et vos exemples :
« par eux, vous conduirez encore mes flottes à la
« victoire. »

Le roi, par un scrupule de conscience mal inspiré, s'est donné le tort de ne pas élever Duquesne
à la dignité d'amiral dont il eut tout le poids, les
mérites et les responsabilités. Il compléta sa faute
au point de vue humanitaire en empêchant notre
grande marine d'aller selon son désir faire la guerre
aux Turcs au lieu de rester leur allié ou leur tri-
butaire. Il avait le sentiment des maux causés par
leur domination et voulait porter remède en chas-
sant ces bêtes féroces de la Méditerranée. — (L.;
M'., *Vie de Duquesne.*)

Tourville. — Tourville est, après Duquesne,
notre plus grand amiral.

Il débuta, dès l'enfance, dans l'Ordre de Malte,
où, véritable Adonis, il paraissait plus propre à
servir les dames de la cour qu'à supporter les
fatigues de la mer.

D'une bravoure héroïque, dans ses courses
contre les Barbaresques, il se fit bien vite une
telle réputation, que Louis XIV voulut le voir et le
nomma capitaine de vaisseau.

Élevé, l'année suivante, au grade de chef d'escadre, il prit part à la brillante expédition de
Duquesne contre les Algériens, bombarda Alger,
et fut nommé vice-amiral.

En 1689, il rencontre une flotte anglo-hollandaise, lui fait perdre quinze navires pendant qu'il conserve les siens. Sur l'ordre de Louis XIV, il va de nouveau combattre la flotte anglo-hollandaise forte de quatre-vingt-huit vaisseaux.

Retenu par les vents, pendant un mois, dans les eaux de Brest, Tourville ne peut être rejoint par les deux escadres de Rochefort et de Toulon.

Mais, laissons la parole à M. Henri Martin :

« Tourville, jugeant alors que les mêmes vents
« qui avaient contrarié sa sortie de Brest, devaient
« avoir facilité la jonction des alliés, demanda au
« ministre de le laisser à Brest jusqu'à ce que la
« flotte fut au complet. « Ce n'est point à vous,
« lui répondit Pontchartrin, à discuter les ordres
« du roi, c'est à vous de les exécuter et d'entrer
« dans la Manche; mandez-moi si vous voulez le
« faire, sinon le roi commettra à votre place quel-
« qu'un de plus obéissant et moins circonspect
« que vous. »

« Voilà sur quel ton insolent un ministre igno-
« rant commandait à un des plus grands hommes
« de mer qu'ait eu la France; mais ce n'est encore
« là qu'un faible échantillon de son urbanité admi-
« nistrative. Tourville s'étant plaint que la poudre
« était mauvaise et ne portait pas le boulet, un
« commis du bureau de la marine lui répondit :
« que, s'il trouvait que la poudre ne portait pas

« assez loin, il n'avait qu'à s'approcher plus près
« des ennemis. »

Ici, le grotesque s'allie à l'incapacité et à la
morgue bureaucratique, dont quelques traditions
ne se sont pas sensiblement modifiées, à certains
points de vue, depuis le Roi-Soleil.

« Tourville s'avança sur le cap de Barfleur, et,
« le 29 mai 1692, entre ce cap et celui de La Hogue,
« il se trouva en présence de la flotte alliée, la plus
« puissante qui ait jamais parue sur les mers, elle
« se composait de près de 100 vaisseaux, dont 78
« au-dessus de 50 canons.

« Les Anglais comptaient 63 vaisseaux et
« 4.000 canons, les Hollandais 36 vaisseaux et
« 2.614 canons. Les équipages étaient de 42.000
« hommes.

« A cet effectif formidable, Tourville, rejoint par
« 7 vaisseaux de l'escadre de Rochefort, ne pou-
« vait opposer que 44 vaisseaux, 3.114 canons et
« un peu moins de 20.000 hommes d'équipage.

« Tourville assembla le Conseil de guerre à son
« bord. Tous les officiers généraux furent d'avis
« d'éviter la bataille ; Tourville exhiba l'ordre
« exprès du roi de combattre l'ennemi « fort ou
« faible ». Chacun se tut, et peu de moments
« après, la flotte française se laissait porter à
« toutes voiles sur l'immense masse ennemie, qui
« semblait devoir l'engloutir au premier choc. Les
« alliés n'en pouvaient croire leurs yeux.

« Les deux flottes étaient, suivant la coutume,
« partagées en trois escadres. Chacune des esca-
« dres de la flotte anglo-batave passerait, aujour-
« d'hui, pour une grande flotte.

« Tourville, avec son corps de bataille, poussa
« droit à l'amiral Russel qui commandait le centre
« des alliés. Les deux amiraux restèrent quelque
« temps en présence, à portée de mousquet, sans
« tirer, dans un silence solennel ; puis un vaisseau
« de l'escadre hollandaise ayant ouvert la canon-
« nade, on vit, en un instant, les deux lignes tout
« entières en feu. La lutte s'engageait d'une ma-
« nière terrible, surtout au centre. Les Anglais,
« qui avaient là 31 vaisseaux, contre seize, s'atta-
« chèrent avec fureur au pavillon amiral de
« France, et Tourville eut à soutenir le feu de
« 5 ou 6 vaisseaux à la fois, alors la 3ᵉ division
« de l'arrière-garde se porta, sans commandement,
« au secours de Tourville. Elle était conduite par
« Coëtlogon, qui avait été vingt ans le frère
« d'armes, le matelot fidèle de Tourville (on appelle
« ainsi les vaisseaux qui combattent côte à côte).

« Coëtlogon voulait sauver son chef ou mourir
« avec lui. Sa vigoureuse attaque, non seulement
« dégagea Tourville, mais l'aida à faire plier l'es-
« cadre de lord Russel, si supérieure en nombre
« qu'elle fût encore. Un gros vaisseau anglais fut
« brûlé.

« Une brume épaisse, qui s'éleva, fit suspendre

« ou ralentir quelque temps le feu, La flotte fran-
« çaise jeta l'ancre. L'escadre de lord Russel n'en
« ayant pas fait autant, dériva, s'écarta un peu,
« et ne put se rapprocher sur-le-champ. Quant à
« l'escadre hollandaise, avec 36 vaisseaux contre 14,
« elle était, depuis le commencement du combat,
« tenue en échec par l'avant-garde française, grâce
« à l'habileté avec laquelle le lieutenant-général
« d'Amfreville avait conservé le dessus du vent.

   « Cette grande journée se termina ainsi, sans
« aucun désavantage pour ceux qui avaient com-
« battu à peine un contre deux. Les ennemis
« avaient perdu 2 vaisseaux, les Français pas un
« seul. La nuit, la flotte française appareilla. Le
« 30 mai au point du jour, Tourville rallia autour
« de lui 35 vaisseaux ; les 9 autres s'étaient écartés,
« 5 vers La Hogue, 4 vers les côtes d'Angleterre,
« d'où ils rejoignirent Brest. S'il y eut eu un port
« militaire à La Hogue ou à Cherbourg, comme
« l'avaient voulu Colbert et Vauban, la flotte fran-
« çaise restait sur sa gloire. »

La bataille de La Hogue n'en est pas moins un
glorieux souvenir pour la France.

Les Anglais eurent plus de 2.000 morts et
3.000 blessés. Les vaisseaux français, inégale-
ment maltraités, ne purent faire route de concert
et se dispersèrent en différents ports de Bretagne
et de Normandie. Ceux qui accompagnaient Tourville, pressés par l'ennemi, auquel la lenteur de

leur marche ne leur permettait pas de se dérober, se virent contraints de relâcher dans les ports sans défense de La Hogue et de Cherbourg, où ils s'échouèrent volontairement. Bientôt les Anglais parurent et incendièrent 15 de ces vaisseaux, mais après que leurs capitaines en eurent retiré les canons, les munitions et les agrès. Les Anglais tentèrent un débarquement sur divers points du littoral, mais partout ils furent repoussés.

Quant à Louis XIV, le premier auteur de l'échec que nous venions de subir, il écrivit à Tourville ces singulières paroles, excusables seulement parce qu'elles donnaient une légitime satisfaction à l'amour-propre de l'amiral : « J'ai eu tant de joie « d'apprendre qu'avec 44 de mes vaisseaux vous « en avez battu 90 de mes ennemis pendant un « jour entier, que je n'éprouve aucune peine de la « perte que j'ai faite. »

Loin d'imputer à l'illustre marin un revers qui ne pouvait être attribué qu'à lui-même, le roi le nomma amiral, grade équivalent à celui de maréchal de France, mais notre pays n'en perdit pas moins une partie de sa flotte.

La dernière campagne navale de Tourville fut un triomphe, il battit les Anglais et les Hollandais au cap Saint-Vincent, et leur fit subir des pertes considérables.

Après la paix de Ryswick (1697); sa santé affaiblie l'obligea à prendre sa retraite.

« Il possédait en perfection, dit Saint-Simon, toutes les parties de la marine, depuis celle du charpentier jusqu'à celle d'un excellent amiral. »

Son équité, sa douceur, son calme, sa politesse contribuaient à faire désirer de servir sous ses ordres, et prédisposaient ses inférieurs à aller au devant de ses désirs. — (L..; M.; B.)

Jean Bart. — L'énergie, la bravoure, une audace raisonnée, une extrême finesse alliée à une bienveillance à toute épreuve dans le service, sont les qualités essentielles d'un chef d'escadre, et même celles du commandant de n'importe quelle troupe de terre ou de mer. Elles allaient jusqu'à l'héroïsme chez l'illustre Jean Bart, notre marin le plus populaire, dont le souvenir est encore vivant parmi les gens de mer.

Embarqué dès l'âge de douze ans sur un bâtiment de commerce, il sert quelque temps en Hollande sous le fameux amiral Ruyter, prend part aux guerres contre les Anglais et revient à Dunkerque avec le grade de lieutenant.

Au moment de la guerre entre la France et la Hollande, Jean Bart, devenu corsaire, fit pendant six années des courses audacieuses et très productives contre les vaisseaux ennemis, en captura un si grand nombre que sa renommée se répandit jusqu'à la cour.

Sur la recommandation de Vauban, Louis XIV

le nomma lieutenant de vaisseau dans la marine royale.

Le premier, il eut l'heureuse idée de réunir des corsaires en escadres de course, en les composant de bâtiments très légers et d'une marche rapide, montés par des équipages nombreux et aguerris.

Sa renommée était si bien établie, que lorsqu'il s'agissait d'une expédition difficile et téméraire, on la confiait à l'intrépide marin.

En 1689, chargé de transporter de la poudre et des munitions de Calais à Brest, il traverse les croiseurs anglais et hollandais, et soutient sur sa route de nombreux et sanglants combats dont il sort toujours à son honneur.

Pendant un de ces combats, ayant vu son fils, un enfant de dix ans, pâlir aux premiers coups de canon, il le fit attacher au grand mât et l'y laissa jusqu'à la fin de l'action. « J'ai voulu, dit-il depuis, « l'habituer aux terribles émotions du combat et « de la mer, agir sur mon équipage, et l'exalter par « un exemple d'effrayante abnégation. » L'enfant devint vice-amiral et fut, comme son père, d'une extrême bravoure.

Après d'aussi nombreux faits d'armes, le roi accorda enfin à Jean Bart des lettres de noblesse, la croix de Saint-Louis, et le droit de porter une fleur de lis d'or dans ses armoiries.

En 1696, après avoir fait des prodiges de valeur pendant une croisière dans les mers du Nord,

Louis XIV le nomma chef d'escadre, et voulut lui apprendre lui-même cette nouvelle : « Jean Bart, lui dit-il, je vous ai fait chef d'escadre! » — « Sire, vous avez bien fait. » Telle fut la réponse laconique de l'illustre marin; et c'est bien la parole simple et franche d'un homme sachant l'importance des services rendus, et ceux de plus en plus grands qu'il peut rendre.

En 1697, chargé de conduire à Dantzick, le prince de Conti, appelé au trône de Pologne, Jean Bart avait à traverser une mer couverte d'ennemis. Seul capable de remplir cette mission périlleuse et presque impossible, il rencontre, à quelques heures des côtes de France, neuf gros vaisseaux anglais auxquels il échappe en les criblant de coups de canon. Le danger passé, le prince lui dit :

« Attaqués plus sérieusement, nous étions pris ! »

. — « Jamais, répondit Jean Bart, nous aurions « tous sauté, mon fils était à la Sainte-Barbe, avec « ordre de mettre le feu au premier signal. » Le prince, épouvanté, répliqua : « Le remède eût été « pire que le mal, et je vous défends de vous en « servir tant que je serai à votre bord. »

En face du danger, le vaillant marin aurait bien su forcer l'ennemi à le respecter sans se rendre; tellement son esprit était ingénieux, et tellement grandes étaient son énergie et son audace.

Après tant de prouesses, la réputation de Jean Bart était si bien établie que le roi le fit venir à la

cour et chargea le chevalier de Forbin de le lui présenter.

Allons! (disaient les courtisans), voir l'ours de
M. de Forbin.

Cet ours avait rendu de tels services à la
France, que de moins plats valets qu'eux l'auraient gratifié d'un nom plus glorieux.

Quoi qu'il en soit, l'ours arrive sans timidité
devant le roi, qui est entouré d'un cortège de courtisans plus nombreux que jamais.

Louis XIV lui demanda alors comment il avait
pu se frayer aussi souvent un passage au milieu
des flottes ennemies, presque toujours bien supérieures à son escadre?

« Voilà, sire, comment je m'y prends d'habitude. » Il place alors, devant lui, un grand nombre
de seigneurs, puis, jouant des épaules, des poings
et des coudes, il les bouscule et en fait tomber
quelques-uns, avant de venir saluer Louis XIV.

« C'est ainsi, Sire, que j'ai traversé chaque fois,
au milieu des forces ennemies supérieures aux
miennes, et, si j'ai bien agi, c'était pour le service
de Votre Majesté. »

Le roi, instruit et satisfait, sourit, les courtisans
ne l'imitèrent pas.

Après la paix de Ryswick, Jean Bart se reposa
pour la première fois et vint vivre à Dunkerque,
au milieu de sa famille, avec une extrême simplicité.

Au moment de la guerre de la Succession d'Espagne, chargé du commandement d'une escadre,
il en pressait l'armement avec tant d'activité qu'il
contracta une pleurésie et mourut le 27 avril 1702,
au moment où la patrie aurait eu le plus grand
besoin de lui.

Sa mort fut une perte pour le roi, et un deuil
pour la France, qui le pleura.

Le comble du mérite de cet illustre marin est
de n'avoir laissé qu'une fortune médiocre à sa
famille, après avoir, par ses prises, donné, au
dire de ses historiens, plus de 150 millions à l'État
ou à sa ville natale.

Louis XIV accorda une pension de 2,000 livres
à sa veuve.

M. de Pontis, officier de grand mérite, illustré
par sa fameuse expédition de Carthagène, succéda
à Jean Bart dans le commandement de l'escadre
de Dunkerque, mais, bloqué par plusieurs navires
anglais et hollandais, il n'osa sortir.

« Ah! disaient les Dunkerquois, on voit bien
que Jean Bart n'est plus là! » Ces paroles sont
le plus bel éloge de ce grand homme.

Une statue, œuvre de David d'Angers, lui a été
élevée à Dunkerque, sa ville natale; mais sa mémoire survivra jusqu'à la fin des siècles.

M. Duruy, dans sa remarquable *Histoire de
France,* ajoute : « Les Anglais se souvinrent de

« lui, lorsqu'ils demandèrent la destruction de
« Dunkerque. » — (L.; M.)

Son histoire montre ce que la France pourrait
attendre de la guerre de course, dont la suppression maladroitement acceptée par Napoléon III a
été un avantage pour l'Angleterre. Malgré cela
notre marine marchande doit s'organiser en escadre, servir de gardienne de nos côtes, et briller
dans une foule d'autres fonctions utiles à la patrie.

Si nous l'appelons à ces postes de péril et d'honneur, elle doit s'y préparer en temps de paix, en
continuant à donner des preuves de son habileté,
de sa valeur en face des tempêtes, de sa générosité
et de son humanité, en présence des naufragés,
quelle que soit leur nationalité. Tout navire en
détresse, tout être appelant à l'aide, doit compter
sur le secours de nos marins de l'État ou du commerce et ils ne manquent jamais par leur faute à
cette tâche, sachant que le pavillon français flotte
sur les mers et la terre, pour proclamer que tout
homme en péril est un frère.

Dernièrement, un de ses capitaines a montré,
dans un sauvetage merveilleux, à quelle élévation
pouvait atteindre l'habileté, sous l'influence des
plus grandes idées de charité chrétienne.

En pleine mer du Nord, un jour de tempête et
de brouillard intense, le capitaine Basroger, commandant l'*Emma*, petit navire de seize hommes d'é-
quipage, aperçoit des signaux de détresse partant

d'embarcations pleines d'hommes, de femmes et
d'enfants.

Ce sont les victimes d'une collision violente
entre deux vaisseaux anglais et hollandais.

Cinq cents passagers sont voués à une mort
certaine. Il se porte à leur secours et stoppe,
malgré une très grosse mer, dont les dangers sont
augmentés par la surcharge extraordinaire qu'il
impose à son navire.

Néanmoins, il recueille tous les naufragés à son
bord et se trouve tellement embarrassé, qu'il est
forcé de naviguer lentement et à la sonde; mais il
a tout calculé et ne quitte les lieux du sinistre que
lorsqu'il voit les deux navires disparaître sous les
flots.

Il a peu de vivres en magasin, aussi, rationne-
t-il son équipage et ceux qu'il a sauvés. Sa confiance en la Providence est aussi grande que son
sang-froid; il parvient à les débarquer tous à Cux-
haven et rend compte, en des termes d'une simplicité grandiose, de l'acte que lui et tous les hommes
sous ses ordres, ont accompli.

L'Angleterre et la Hollande lui doivent des
lettres de noblesse; la France les a devancés, en
lui accordant l'insigne des braves : la croix d'honneur. »

Quelle différence de conduite avec celle, fort
rare heureusement, des marins (et ceux-là ne sont
pas français), qui n'ont pas eu l'humanité de s'ar-

rêter, pour recevoir à leur bord des hommes prêts à mourir, et dont parfois ils ont causé le péril par un abordage.

Proclamons-le bien haut, afin de montrer sur quel héroïsme nous pouvons compter, en marchant sur les traces de semblables modèles.

Signalons en passant, pour la flétrir, la manière d'agir des autorités d'un port anglais dont nous devons taire le nom, pour ne pas les faire rougir de leur trop prévoyante cupidité.

Un bâtiment français heurte, ou reçoit le choc d'un navire anglais, sans possibilité de découvrir de suite le coupable.

Le vaisseau moins maltraité, portant le glorieux pavillon français, remorque le bâtiment anglais, le plus éprouvé, et le conduit dans un port de son pays.

Sa générosité n'y fut pas récompensée; il est saisi et contraint, pour prix de son service, à signer une garantie de 600,000 francs, en prévision d'une demande éventuelle de dommages et intérêts.

Comme les mauvais exemples portent leurs fruits, ce souvenir a été un enseignement pour le commandant du transatlantique *La Bourgogne*, auteur ou victime d'une collision avec le navire anglais *Corvidou*.

Généreux et prévoyant, notre compatriote offrit au commandant anglais de remorquer son navire jusqu'au port français le plus proche, où il y trouverait hospitalité et secours.

L'Anglais refusa.

Inutile d'insister sur le mobile qui l'a fait agir.

DUGUAY-TROUIN. — Si le soldat doit être brave et énergique, à plus forte raison le marin, forcé de lutter non seulement contre l'ennemi, mais contre les éléments en fureur.   .

Duguay-Trouin, destiné par sa famille à l'état ecclésiastique, s'enfuit du collège à seize ans et demi pour aller à Saint-Malo s'embarquer comme volontaire.

A dix-sept ans, il aide à la capture de quelques navires anglais et hollandais; à dix-huit, le grade de capitaine récompense sa brillante et précoce valeur.

A dater de cette époque, chaque année est marquée par quelques exploits et de riches prises sur les Anglais.

Tel fut l'heureux début d'une carrière signalée depuis par de si éclatants faits d'armes.

Plus tard, commandant de la frégate de quarante canons, la *Diligente*, il rencontre six vaisseaux anglais, contre lesquels il soutient un combat de douze heures.   .

Privé de presque tout son équipage, prêt à couler bas et blessé lui-même par un boulet à la hanche, il amène son pavillon.

Conduit à Plymouth et emprisonné au bord de

la mer, il gagne le cœur d'une jolie marchande qui facilite son évasion. Il l'entreprend la nuit, sur une petite barque, accompagné de trois personnes.

Quarante-huit heures après, il est à Saint-Malo.

Les années suivantes, de nouveaux exploits maritimes le firent anoblir et nommer capitaine de vaisseau à trente-deux ans.

Il reste cependant à la tête de nombreux équipages de courses, avec lesquels il est envoyé au Brésil, au devant d'une flotte de ravitaillement. Il arrive à Rio-de-Janeiro, en force l'entrée sous le feu des batteries portuguaises, débarque sans obstacles ses troupes d'attaque et somme le gouverneur de se rendre, sans obtenir de réponse. Il fixe alors l'assaut au lendemain.

. Pendant la nuit, les assiégés gagnent les montagnes, et Duguay-Trouin trouve la ville ouverte.

Après s'y être fortifié, il propose aux fuyards de racheter leur ville sous menace de la détruire. Ses conditions sont acceptées et les habitants de Rio-de-Janeiro rentrent dans leurs murs.

A son rétour, malgré une mer épouvantable qui engloutit ses deux plus gros navires, il répartit près du cent pour cent aux intéressés à son entreprise, et continue à être un fléau pour les flottes opposées à la France.

A la paix d'Utrecht, Duguay-Trouin se retira

à Saint-Malo pour s'y reposer et y mourir pauvre, après tant de courses fructueuses, tellement grand et admirable était son désintéressement.

Marin incomparable et d'une modestie extrême, il était adoré de ses officiers et de ses matelots.

Il racontait un jour à Louis XIV un de ses engagements : « Je commandais, Sire, à *La Gloire* « (c'était le nom d'un navire de la flotte), de me « suivre... » disait l'illustre marin; le roi l'interrompt : « Et la gloire vous suivit, amiral? »

« Oui, Sire, pour le service de Votre Majesté. »

Louis XIV incarnait alors la France; n'avait-il pas dit : « L'État, c'est moi ». De même qu'il se grandissait de toutes les actions d'éclat de ses généraux, de même les félicitations adressées au chef reviennent aux soldats dont les ennemis de la France ont, de tous temps, reconnu la valeur. Rendons donc hommage aux glorieux ancêtres de nos soldats en célébrant la gloire de leurs chefs.

Napoléon I⁺ disait au commandant des marins de sa garde, qu'il avait fait venir en poste pour décider de la paix de Tilsitt :

« Je sais l'éloge que l'ennemi fait de vous, amiral, et des hommes de fer que vous commandez, et son éloge vaut tous les autres. »

CASSARD. — L'élégance et la tenue ont leur prestige, mais il ne faut pas en faire le point de départ d'un grand avancement militaire, comme sous Napoléon III, où le mérite d'une mise ultraélégante a malheureusement quelquefois prévalu sur la valeur personnelle.

Si, à certaines époques de notre histoire, on avait jugé sur les apparences, le héros dont nous allons parler n'aurait jamais eu l'occasion de se révéler comme un grand marin.

Nommer Cassard, c'est continuer à ouvrir quelques horizons à nos capitaines de navires marchands, et leur montrer les inappréciables avantages de la guerre de courses organisées en escadres de corsaires réguliers et non en pirates.

Tout jeune encore, il part de Saint-Malo sur un corsaire où son habileté et sa bravoure ne tardent pas à le faire connaître.

Plus tard, incorporé dans la marine royale, son chef, de Pointis, en fait l'éloge à Louis XIV, qui l'appelle à la Cour :

« Monsieur, lui dit-il, vous faites beaucoup parler de vous, j'ai besoin, dans ma marine, d'un officier de votre mérite. Je vous ai nommé lieutenant de frégate et j'ai ordonné qu'on vous donnât deux mille livres de gratification. »

« Merci, Sire, répond-il au roi, nous les avons mérités et nous en mériterons d'autres. »

Peu après, mis à la tête d'une petite escadre, il rencontre une flotte anglaise de trente-cinq bâtiments, près de Sorlingues ; il l'attaque, malgré son infériorité numérique, et lui capture cinq navires.

En 1712, Cassard est blessé à la suite de tentatives heureuses contre Saint-Eustache et Curaçao, et attend sa guérison à la Martinique où il avait fait entrer pour plus de neuf millions et demi de prises sur l'ennemi.

Le commandant d'une escadre qui arrivait de France, lui présente l'ordre de joindre ses vaisseaux aux siens. Ses matelots et ses soldats murmurent et regrettent leur chef si souvent victorieux, mais ils obéissent.

A peine en pleine mer, ils sont croisés par une flotte anglaise dont Cassard propose l'attaque. — Le roi avait, en prévision de la paix, défendu tout combat.

Cassard l'ignore; irrité d'ailleurs d'être en sous ordre, il croit à la pusillanimité de son chef et lui dit :

« Partout où je trouverai les ennemis de mon « maitre, le devoir de les attaquer sera toujours « plus fort que les ordres dictés par la lâcheté. » Il ordonne le branle-bas et disperse la flotte ennemie, malgré sa supériorité numérique.

En outre, la prise de deux vaisseaux récompense son audacieuse insubordination.

La paix d'Utrecht met un terme aux exploits de Cassard, dont la raideur de caractère l'empêche de profiter.

Il a fait à ses frais des armements considérables pour le compte de l'État, il en poursuit le rembour-

sement. On lui propose des pensions; il les refuse dédaigneusement.

Il veut son droit; rien de plus, rien de moins. — Le ministre le sait cependant pauvre; malgré cela il l'éconduit.

Du reste, sa figure et son peu d'instruction ne prédisposent pas en sa faveur. — Son âme, en revanche, avait toujours su s'exalter à l'heure du danger et enthousiasmer ses marins.

Un jour Duguay-Trouin, passant avec plusieurs seigneurs dans la galerie de Versailles, reconnut Cassard dont la mise annonçait la misère; il court à lui, l'embrasse avec effusion et l'entretient longtemps.

Les seigneurs, étonnés, lui demandent alors quel est cet homme. « C'est, répondit-il, le plus « grand homme de mer que la France ait à pré- « sent, c'est Cassard; je donnerais toutes les ac- « tions de ma vie pour une des siennes. Il n'est « pas connu ici, mais il est redouté de nos en- « nemis. Avec un seul vaisseau il ferait plus « qu'un autre avec une escadre entière. »

« A l'heure du combat, c'est un lion doublé « d'un renard au milieu d'animaux de basse- « cour. »

Informée de cette appréciation, une grande dame voulut voir, dit-elle, un héros en vie.

« Il est laid, ajouta-t-elle, mais il paraît si brave que je le trouve superbe. »

En 1726, il alla demander de nouveau justice au ministre, le cardinal de Fleury, qui le reçut froidement. Cassard, indigné, laissa échapper des propos injurieux contre le roi lui-même.

Aussitôt enfermé au château de Ham, il y languit jusqu'à sa mort, en 1740.

On marchanda à ce prodigue de son sang pour l'honneur de la France, le remboursement d'un peu d'or que le roi, sans cœur, gaspillait en le donnant sans compter à d'ignobles favorites ou à des bâtards. Une explication avant de finir :

En demandant la course, nous voulons simplement faire de quelques navires spéciaux, des auxiliaires de la marine militaire et non rétablir la piraterie, que nous flétrirons toujours. — (L.; M.)

Luxembourg. — Nommé maréchal de France après la mort de Turenne, il se couvrit de gloire sur le Rhin et en Flandre. Brouillé avec Louvois et accablé de sa haine, il fut cependant, à ses heures, un véritable foudre de guerre.

En face du danger, il avait l'étincelle sacrée du génie, la présence d'esprit, le coup d'œil juste et l'exécution rapide.

Franc, spirituel, charitable, dévoué, il se faisait aimer du soldat et se montra toujours si désintéressé, que ses enfants furent obligés de renoncer à sa succession, malgré l'opulence de sa race et les nombreuses occasions de s'enrichir qu'il avait eues à la guerre.

A Nerwinde, il prit à l'ennemi tant de drapeaux qu'on le surnomma *Le tapissier de Notre-Dame.*

Merveilleusement doué du côté de l'intelligence, la nature avait été marâtre envers lui; il était affligé d'une bosse énorme qui lui valut une fois du prince d'Orange, toujours battu par lui, cette réflexion aussi juste que glorieuse : « Je ne pourrai « donc jamais battre ce maudit bossu! » « Bossu, « repartit Luxembourg, qu'en sait-il? il ne m'a « pas encore vu par derrière. »

« Jamais homme, dit le maréchal de Berwick, « n'eut plus de courage, de vivacité, de prudence, « d'habileté; n'eut davantage la confiance des « troupes sous ses ordres; mais l'inaction dans « laquelle on l'avait vu rester après plusieurs de « ses victoires l'a fait soupçonner de n'avoir « jamais eu envie de finir la guerre, ne croyant « pas pouvoir faire la même figure à Versailles, « qu'à la tête de cent mille hommes. »

« En face de l'ennemi, nul général ne fut aussi « brillant, mais au moment où l'action était finie, « il voulait prendre ses aises et paraissait s'oc- « cuper plus de ses plaisirs que des opérations de « la campagne. Sa figure était aussi extraordi- « naire que son humeur et sa conversation étaient « agréables. Sa grande familiarité lui avait attiré « l'amitié des officiers, et son indulgence à ne « point trop se soucier d'empêcher la maraude, « l'avait fait adorer de ses soldats qui, de leur

« côté, se piquaient d'être toujours à leur devoir
« quand il avait besoin de leurs bras. »

Macaulay le juge ainsi :

« Luxembourg s'était élevé lentement et, par
« suite de la mort de plusieurs grands hommes,
« au premier rang parmi les généraux de son
« époque. Il ne le cédait en valeur et en talents à
« aucun de ses illustres ancêtres. Mais, quelle que
« fût la noblesse de sa race et la supériorité de
« son génie, il lui avait fallu surmonter plus d'un
« obstacle sérieux dans le chemin de la renommée ;
« s'il devait beaucoup à la nature et à la fortune,
« il avait encore plus à s'en plaindre. Ses traits
« étaient d'une dureté repoussante, il était de
« petite taille, d'une constitution faible et mala-
« dive ; une protubérance pointue s'élevait sur ses
« épaules. De cruelles imputations avaient été,
« en outre, jetées sur ses mœurs... »

« Condé et Turenne n'étaient plus, et Luxem-
« bourg était, sans contredit, le premier homme
« de guerre que possédât alors la France. Comme
« vigilance, activité et persévérance, il laissait à
« désirer ; semblait réserver ses grandes qualités
« pour les grandes occasions. C'était sur le champ
« de bataille qu'il se retrouvait tout entier. Le
« coup d'œil était rapide et infaillible. C'était
« lorsque la responsabilité la plus lourde pesait
« sur lui, que les embarras s'accumulaient autour
« de lui, que ses idées étaient les plus nettes, son

« jugement le plus sûr. Son pays fut redevable de
« quelques journées glorieuses à son habileté, à
« son énergie et à sa présence d'esprit. Mais il
« n'eut pas dans ses campagnes, de succès aussi
« remarquables que ceux qu'il obtint dans ses ba-
« tailles rangées. »

Luxembourg mourut à Versailles en 1695, laissant la réputation d'avoir maintenu intacte la
gloire de nos armées, au moment où Louis XIV
commençait à les épuiser par ses guerres continuelles. — (LAROUSSE, MICHAUD, BOUILLET.)

LE MARÉCHAL DUC DE VILLARS. — L'entraîneur par
excellence de nos armées d'autrefois, fut presque
toujours heureux ; battu à Malplaquet, où il avait
été dangereusement blessé, il fit payer si chèrement sa défaite à l'ennemi, qu'elle peut être con-
sidérée comme une victoire. La France en eut,
sinon la gloire, du moins l'avantage. La blessure
du vaillant général changea seule le résultat de la
bataille.

Si Villars avait été à la tête de nos armées au
début du règne de Louis XIV, il eût été supérieur
à tous les autres généraux.

Entré très jeune dans la carrière, il se distingua au passage du Rhin, et au siège de diverses
places de la Hollande.

A dix-neuf ans sa bravoure le fit remarquer de
Louis XIV lui-même, qui ne put s'empêcher de
dire un jour, en le voyant charger l'ennemi à plu-

sieurs reprises : « On ne peut tirer un coup de fusil
« quelque part, que ce petit garçon ne sorte de
« terre pour s'y trouver. »

Envoyé, après la prise de Maestricht, auprès de
Turenne, il mérita son estime, et à son exemple
devint le père de ses soldats.

Avec de tels chefs, il n'y avait de leur part à
craindre ni fatigue ni danger inutiles, aussi pou-
vaient-ils tout obtenir de leur dévouement et de
leur vaillance. Placé sous Condé, à la fameuse
bataille de Senef, il se couvrit de gloire et fut
nommé colonel de cavalerie.

La campagne de Flandre, sous le maréchal de
Luxembourg et celle d'Alsace, sous Créqui, firent
briller de nouveau ses capacités et son courage.

Villars n'eut pas que des mérites militaires, il
fut diplomate à ses heures et parvint, en cette qualité, à détacher l'Électeur de Bavière de l'alliance
autrichienne.

Puis, nommé commandant en chef de l'armée du
Rhin, il écrase le prince de Bade à la sanglante
bataille de Friedlingen, après laquelle ses soldats,
exaltés. le proclament spontanément « Maréchal
de France. »

« J'unis ma voix, lui écrit Louis XIV en cette
« occasion, à celle de nos braves soldats, » et il
lui envoya de suite le bâton de maréchal.

Comblé de louanges par le roi, il fut nommé
Pair du Royaume à son retour à Versailles.

En 1772, il répara les revers qui avaient mis la France à deux doigts de sa perte, en remportant sur le prince Eugène la célèbre victoire de Denain qu'il compléta par la prise de plusieurs villes.

L'ennemi était sur le chemin de Paris, non loin de Landrecies, dont la prise devait l'amener aux portes de la capitale.

Laissons la parole à M. Duruy :

« Ce fut alors que Louis XIV se montra vérita-
« blement grand, en confiant le commandement
« de l'armée de Flandre à Villars, son général fa-
« vori, et en lui disant : « Je vous remets les forces
« et le salut de l'État. La fortune peut vous être
« contraire; si ce malheur arrivait, je me rendrais
« à Péronne ou à Saint-Quentin pour y ramasser
« tout ce que j'aurais de troupes, faire un dernier
« effort avec vous, et périr ensemble ou sauver la
« France. »

Villars partit pour l'armée le 30 avril et, à la fin de mai, les deux armées commencèrent leurs mouvements.

Une imprudence du prince Eugène et l'heureuse audace de Villars, tirèrent le roi et la France d'inquiétude. Les lignes des Impériaux, longues de 12 à 15 lieues, étaient trop étendues et leurs corps trop éloignés les uns des autres pour être à portée de se soutenir. Villars profite de cette faute, donne le change au prince Eugène par une fausse attaque du côté de Landrecies, et marche en toute hâte sur Denain, où était le comte d'Albemarle. On lui demande des fascines pour passer le fossé du camp ennemi : « Les corps de nos gens seront nos fascines, » dit-il. Le camp est emporté et dix-sept bataillons sont détruits (24 juillet 1712). Eugène accourt, il est repoussé.

La victoire de Denain est incontestablement le plus beau titre de gloire de Villars et un des plus éclatants de nos annales, surtout par la situation critique où nous étions auparavant.

Nommé membre du conseil de régence à l'avènement de Louis XV, il sollicita vainement le titre de connétable, reprit encore du service, avec le titre de maréchal général, fit de rapides conquêtes dans le Milanais et mourut à Turin à l'âge de 81 ans, détesté des courtisans, mais aimé du soldat. Le caractère distinctif de son génie militaire était une extrême justesse de coup d'œil, jointe à une rapidité extraordinaire dans l'exécution sur tous les champs de bataille.

Notre illustre critique, Sainte-Beuve, a porté sur ce grand capitaine, le jugement suivant :

« Villars avait des ennemis ; il les méritait par
« son bonheur à la guerre, qui ne s'était démenti
« et ne devait se démentir qu'une seule fois, et par
« cet air de jactance qui accusait des défauts en
« partie réels, et qui recouvrait des qualités dont
« les malveillants se gardaient bien de convenir ;

« mais il est bien certain qu'il valait infiniment
« mieux que n'affectaient de le montrer les mau-
« vais propos des courtisans et des jaloux. Il fut
« très beau à Malplaquet et le lendemain. Qua-
« lités et défauts, Villars était bien en tout un
« type parfait de l'officier français tel qu'on l'a vu
« de tout temps, et tel qu'il est encore. Il savait
« autant et mieux qu'aucun général comment il
« faut prendre le soldat et toucher en lui le res-
« sort. C'est dans l'une de ces campagnes de
« Flandre où le pain manquait, et où le prêt ne
« venait guère, où l'argent, cette étoile de gaité, ne
« brillait que par son absence, que, pour dissiper
« une mutinerie commencée, il eut l'idée de faire
« battre la générale. Les séditieux, en entendant
« l'appel accoutumé, coururent aux armes d'un
« mouvement machinal comme pour combattre
« l'ennemi. Dans toute sa carrière active anté-
« rieure, il a montré l'instinct et le sentiment de
« la grande guerre, de brillantes et solides qua-
« lités, des talents de plus d'un genre qui le clas-
« sent, comme capitaine, à une belle place entre
« ceux qui viennent après les plus grands.

« Denain, le salut de la France, les beaux sièges
« qui suivent, tout cela est d'un homme heureux,
« trop heureux pour ne pas être digne des faveurs
« de la fortune. Il semble que c'est à lui et pas à
« un autre que Montesquieu a pensé lorsqu'il a
dit : « Quand on veut abaisser un général, on dit

« qu'il est heureux. Mais il est beau que sa for-
« tune fasse la fortune publique. »

Villars la ramena effectivement sous les drapeaux de la France, et mérita de Voltaire ces
deux vers, gravés sur le monument de sa plus belle
victoire :

> Regardez dans Denain, l'audacieux Villars
> Disputant le tonnerre à l'aigle des Césars.

Malgré tous ses contradicteurs et d'incontestables défauts, Villars est, à notre avis, le plus
grand général de Louis XIV et il eût été toujours
vainqueur, s'il avait eu les soldats admirables de
Turenne et de Condé, c'est-à-dire de l'époque où
la France n'était pas encore épuisée par de trop
longues guerres, et si des protégés incapables du
roi ou de M^me de Maintenon n'avaient été trop
souvent mis à la tête des affaires et des armées
françaises.

Louis XIV, du reste, pour s'excuser des guerres
continuelles de son règne, disait un jour à son
petit-fils : « Je suis aux regrets de combattre toujours pour maintenir la prépondérance de la
France. » — Sire, *Maintenon* l'a, lui dit le jeune
prince. Et il ne se trompait pas.

Si l'épouse morganatique du Grand-Roi était intelligente, elle lui fit commettre de lourdes fautes dont
nous payons encore les conséquences. — (L.; M.)

MARLBOROUGH. — Pour mieux prouver les mérites des armées françaises, nous devons montrer les qualités de nos plus habiles et de nos plus heureux adversaires, afin de copier, le cas échéant, leur meilleure manière de faire, en étudiant plus spécialement leur tactique.

Sous Louis XIV, le plus illustre de nos ennemis, le duc de Marlborough, fut absolument le fils de ses œuvres et devint plus célèbre sur les champs de batailles qu'il ne le fût par la sotte chanson inventée pour amuser le Dauphin.

Malheureusement, la bassesse et l'intrigue, unies à de grandes et incontestables qualités, nous empêchent de l'admirer selon ses mérites militaires.

Tous les moyens lui étaient bons pour faire sa fortune et réussir dans ses entreprises.

Né d'une famille pauvre et d'origine française, venue en Angleterre à la suite de Guillaume le Conquérant, il dut son élévation première plutôt à ses intrigues qu'à ses talents, dont l'éclosion n'eut lieu que plus tard.

S'il était beau, il avait une sœur encore plus remarquablement belle, du nom d'Arabella. Elle était fille d'honneur de la duchesse d'Yorch, dont le mari, qui fut depuis Jacques II, s'éprit et en fit sa maîtresse.

Marlborough, alors page du futur roi, chercha aussitôt à profiter de cette situation qu'il considérait comme une distinction, presque un honneur. Il obtint, grâce à sa sœur, un avancement rapide, que son talent et ses services justifièrent, du reste.

Passionné pour le métier des armes, il vint en France comme capitaine dans un des régiments que Charles II envoyait à Louis XIV; se distingua sous Condé et sous Turenne, qui lui pronostiqua un grand avenir.

A son retour en Angleterre, après la paix de Nimègue, il y obtint le grade de colonel et s'y maria avec une femme aussi belle que sa sœur et tout aussi habile que lui.

La distinction de sa figure et ses grandes manières l'avaient fait surnommer en France, le « bel Anglais ».

L'adresse, l'absence de sens moral, la résolution et l'audace étaient les caractères distinctifs de son caractère. Il y joignait, en campagne, une extrême activité et une connaissance parfaite des plans de l'ennemi, qu'il savait très bien se procurer, à prix d'or, par ses espions.

Nous devons lui reconnaître, en outre, ses grandes capacités de général en chef et son bonheur à peu près constant; malheureusement il ternit ses lauriers par les trop grandes faiblesses de son caractère.

Accusé avec raison d'odieuses trahisons, Marlborough fut disgracié et réduit à d'obscures fonctions, que l'avènement de la reine Anne changea en position de confiance : Il fut nommé successivement

général en chef, grand-maître de l'artillerie, chevalier de la Jarretière, et Louis XIV. lui oppose
Villeroi et Tallard, pour faciliter ses succès.

A l'apogée de sa fortune, mis à la tête de la coalition européenne, il donne un libre cours à ses
projets ambitieux dont la France fut la victime,
et que ses importantes victoires mirent à deux
doigts de sa perte. En tout temps Marlborough
comprit non seulement l'importance du service
d'espionnage, mais le prix des renseignements
militaires, et il les paya largement, au point qu'il
put se disculper du crime de *péculat*, en disant qu'il
avait donné plusieurs centaines de mille francs
pour acheter les plans de campagne du maréchal
de Tallard.

Il dut, en effet, la victoire de Hoschtet à sa parfaite connaissance des plans de son adversaire.

La sotte présomption de Villeroi épargna d'aussi
grands frais à l'Angleterre. Marlborough en eut la
preuve le jour de la bataille de Ramillies. En passant devant les prisonniers, il remarque et admire tout particulièrement un vieil officier français
dont la fière attitude l'impressionne vivement.
« Si j'avais eu cinquante mille adversaires comme
vous, monsieur, je n'aurais pas été vainqueur. »
« Dites plutôt, général, si nous avions eu un chef
comme vous », répondit l'officier; et rien n'était
plus vrai.

Cependant Marlborough ne fut vainqueur de

Villars, à Malplaquet, que grâce à la supériorité numérique de ses forces, qui furent tellement diminuées par la vaillance française et l'habileté du maréchal, que le triomphe des Anglais leur coûta beaucoup plus cher que la défaite aux Français. C'était la première fois que Marlborough se trouvait en face d'un général absolument digne de lui. Ses autres adversaires, Villeroi surtout, n'avaient d'autres mérites que la faveur royale, que leur basse flatterie savait obtenir à défaut de qualités.

Un de ses historiens les plus célèbres juge Marlborough le plus intrigant des grands hommes, toujours maître de lui-même, mêlant la ruse et l'audace à la flatterie et à la fierté. Marlborough, dit-il, savait tout supporter, oser et feindre. Il ne refusait le mensonge de ses promesses à personne, poussait la duplicité jusqu'à la perfidie, et ne se dévouait qu'à sa fortune ; sa gloire même en était l'instrument, mais c'était un grand capitaine.

S'il fit les affaires de l'Angleterre, il ne négligea pas les siennes et laissa, en mourant, d'immenses propriétés et une fortune évaluée à près de cinquante millions, dont la provenance n'était pas sans tache. — (L.; M.; B.)

PRINCE EUGÈNE. — Grandissons-nous de nouveau des mérites des généraux opposés aux nôtres ; malheureusement, cette fois-ci, nous voyons un fils de la France, marqué à l'empreinte d'un grand talent militaire, lui porter des coups terribles.

Eugène, fils d'un prince de Savoie, le comte de Soissons, et d'Olympe Mancini, nièce de Mazarin, naquit à Paris en 1663. Sa famille le destinait à la carrière ecclésiastique, il préféra celle des armes et fit demander du service à Louis XIV, qui refusa en disant à son protecteur :

« Que voulez-vous que je fasse de ce petit collet? »

(Eugène de Savoie avait été pourvu, dès l'enfance, de fructueux bénéfices ecclésiastiques.)

Ce refus irréfléchi du roi inspira au jeune prince une haine coupable contre son pays et le fit entrer au service de l'Autriche.

Il s'y distingua à la bataille de Lenta, où il acquit une grande réputation militaire. Battu à Staffarde par Catinat, il fut cependant élevé au grade de maréchal, malgré sa défaite et d'autres insuccès.

Louis XIV lui fit offrir, dit-on, en cette circonstance, le bâton de maréchal, le gouvernement de la Champagne et une grosse pension ; mais le souvenir de son premier dédain le décida à continuer de servir contre la France.

En Italie, il combattit Catinat avec avantage et fit prisonnier, à Crémone, Villeroi, dont le nom néfaste est toujours mêlé aux désastres de la France. De là, il fit sa jonction en Bavière avec le célèbre Marlborough et écrasa avec lui l'armée franco-bavaroise à Hochstœdt, d'où il vola en Piémont.

Vaincu par Vendôme à Cassano, il répara sa défaite en anéantissant l'armée française qui assiégeait Turin.

L'année suivante, il remporta, avec Marlborough, les victoires d'Houdenardes, de Lille et de Malplaquet, mais perdit la bataille de Denain et ne put empêcher la reprise de Douai.

Envoyé contre les Turcs, il les vainquit malgré son infériorité numérique, à Péterwardein et à Belgrade. Il allait menacer Constantinople, lorsque la paix vint arrêter le cours de ses succès et lui imposer le repos (1735). Il mourut, l'année suivante, à Vienne.

Habile descendant de Mazarin, et rapace comme lui, il amassa une fortune considérable pendant ses guerres, et s'il fut célèbre par sa valeur, il ne se fit estimer ni par son désintéressement, ni par sa générosité.

D'ASSAS, DUBOIS ET FORTENAS. — Pour instruire nos jeunes officiers, rappelons-leur les deux actes d'abnégation et d'héroïsme dont nous empruntons le récit à M. Duruy.

« En 1760 à Klostercamp, le chevalier d'Assas,
« capitaine au régiment d'Auvergne, auquel il faut
« associer le sergent Dubois, dont on a injuste-
« ment oublié le nom, s'y sont immortalisés. L'ac-

« tion était engagée, par une nuit et un brouillard
« intense. D'Assas, à la tête de ses chasseurs
« placés à l'extrémité de la ligne française, en-
« tendit tout à coup une voix crier : « Chasseurs,
« vous tirez sur vos camarades ! » Le sergent Du-
« bois s'avance aussitôt à la découverte et se
« trouve environné d'Anglais qui le menacent de
« mort s'il donne l'alarme. Malgré cela il crie de
« toutes ses forces : « A moi, Auvergne, ce sont
« les ennemis. »

« Et il tombe criblé de coups de baïonnette. A
« ce cri, d'Assas, qui le suivait de près, sans
« s'occuper de sa propre situation entre deux
« feux, crie avec autant d'héroïsme :

« Tirez, chasseurs, ce sont les ennemis. »

« Et il tomba, blessé mortellement sous les
« balles de ses propres soldats. »

La bravoure et l'abnégation de ces deux héros
ont sauvé, ce jour-là, l'armée d'une surprise, et
peut-être d'une défaite.

Nous pourrions citer un grand nombre de traits
d'héroïsme semblables; nous nous bornerons à
rappeler le fait suivant qui est, certainement, tout
à l'honneur de son auteur et des Russes, nos adversaires : Le jour de la prise de Dantzick, où
s'est immortalisé le maréchal Lefèvre, le fusilier
du 2ᵉ régiment d'infanterie légère, Fortenas, dont
le nom doit aussi passer à la postérité, est envoyé

en avant de sa compagnie pour reconnaître la position ennemie.

A quelques pas de nos lignes, il tombe dans une embuscade de Russes dont le chef, pressentant une attaque, s'était écrié :

« Ne tirez pas, nous sommes Français!

Notre fusilier, menacé de mort s'il parle, n'hésite pas et s'écrie à pleine voix :

« Faites feu, mon capitaine, ce sont les Russes! »

Pour l'honneur de nos glorieux adversaires, nous devons ajouter que, plus généreux que les Anglais, ils respectèrent la vie du brave jeune homme et le complimentèrent de sa bravoure.

N'était-ce pas comme le pronostic de l'amitié future des belligérants qui, en Crimée, firent avec nous assaut de symphatie chevaleresque après les batailles. Si nous continuons après ces faits à citer d'autres prouesses, c'est pour en faire une théorie pratique à notre usage.

MAHÉ DE LA BOURDONNAIS. — La jalousie de deux rivaux de gloire causa un malheur national et peut-être la perte de notre prépondérance dans l'Inde.

Homme d'un courage étonnant et d'un talent militaire incontestable, Mahé de La Bourdonnais dut son nom de « Mahé » à la valeur qu'il déploya dans l'Inde à la prise de cette ville.

Nommé gouverneur des Iles de France et de Bourbon en 1733, il sut, en cinq années, relever leur prospérité et en faire l'entrepôt du commerce entre l'Europe et l'Inde.

En 1740, il partit, à la tête d'une flotte à demie équipée à ses frais pour secourir Dupleix, assiégé par les Anglais dans Pondichéry. Il battit les escadres ennemies, malgré leur supériorité numérique et vint assiéger Madras qui capitula moyennant une rançon de 9,500,000 francs fixée par La Bourdonnais lui-même et acceptée par l'ennemi.

Dupleix, son commandant en chef, refusa de ratifier cet engagement et incendia la ville; de plus, quand La Bourdonnais retourna à l'Ile de France, il y trouva un autre gouverneur nommé par Dupleix.

La Bourdonnais, indigné, dut regagner la France où il se savait dénoncé comme prévaricateur. Fait prisonnier, pendant le voyage, par les Anglais, il fut traité par eux avec la plus grande distinction et fut même cautionné par le directeur de la Compagnie anglaise, qui offrit sa fortune tout entière pour lui obtenir la faveur d'aller se justifier en France. Le gouverneur Anglais se contenta de sa parole.

Dès son arrivée à Paris, il fut mis à la Bastille et dépouillé de tous ses biens, s'élevant à plus de 3 millions.

Son procès dura trois ans et demi pendant lesquels on lui refusa de voir sa femme et ses enfants. Il ne put formuler ses moyens de défense qu'à l'aide d'un mauvais mouchoir et d'un rameau de buis qui lui servit de plume.

La vérité se fit enfin jour à la confusion de ses calomniateurs. Déclaré innocent, ses titres honorifiques lui furent rendus; mais il succomba peu de temps après son triomphe, d'une maladie causée par le chagrin..

DUPLEIX. — A ce nom glorieux, tout Français devrait se découvrir et saluer le seul véritable grand génie colonisateur de notre pays.

Malheureusement, Dupleix n'eut ni un Sully, ni un Richelieu, ni un Colbert pour entrer dans ses vues. Après avoir établi la prospérité de Chandernagor et de Pondichéry, il se montra administrateur et homme de guerre de premier ordre, tout en faisant une très belle fortune personnelle. En présence de la dissolution de l'empire Mongol, il avait rêvé pour la France un pouvoir territorial destiné à remplacer la puissance uniquement commerciale de sa Compagnie (celle des Indes françaises) contrairement aux idées plus modestes de son rival de gloire, Mahé de La Bourdonnais.

Il s'était fait céder par un prince indien, improvisé par lui souverain du Décan, plus de 900 kilomètres de côtes dans le voisinage du cap Comorin et se proposait de s'étendre encore. Il avait pris le titre de nabab et montrait, en toutes circonstances, des talents militaires que les ministres et la Pompadour annihilèrent par leur refus de l'aider. Cependant le Grand Mogol avait ratifié toutes les concessions faites à Dupleix et allait en ajouter d'autres lorsque Louis XV conclut la paix avec l'Angleterre.

La première condition que notre ennemi imposa fut le rappel de Dupleix.

Nous devons ajouter, pour notre honte, que la Compagnie des Indes, composée de spéculateurs à idées étroites, intrigua même auprès des ministres et de la Pompadour pour en exiger l'exécution.

Devant l'ordre formel du roi, Dupleix quitta l'Hindoustan, où il avait régné pendant plus de vingt-sept ans en arbitre souverain de ses destinées, la honte au front, la rage au cœur, les larmes aux yeux, pour aller gémir en France sur l'inconstance des grandeurs que son génie voulait attribuer à son ingrate patrie, et y mourir de misère.

Cependant il ne réclamait qu'une petite pension de la France, mais il revendiquait, en revanche, treize millions qu'il avait avancés pour le service de la pusillanime Compagnie qui n'avait pas su le comprendre. Il voulait surtout notre avantage.

L'avenir l'a bien prouvé! Du reste, de son temps et longtemps après lui, quelques glorieux Français avaient eu des rêves à peu près semblables au sien. Nous devons le dire pour la gloire des Bussy-Castelnau, des Du Plessis, des Allard et de quelques autres. Ouvrons une parenthèse au sujet de ce dernier. Général français de haute valeur, après avoir été l'aide de camp du maréchal Brune, assassiné en 1815 à Avignon par des fanatiques sans cœur, il était allé au début de la Restauration, offrir ses services au roi de Lahore Rundjet-Sing. un des potentats de ce pays.

Le général Allard organise, discipline ses troupes à la française, en donnant à ses soldats le drapeau tricolore qui devint le drapeau national des Seiks, et fit régner dans son armée une discipline sévère. Le roi, reconnaissant, lui accorda la main de sa fille et Louis-Philippe lui donna le titre de représentant de la France.

Il est malheureusement mort en 1839 et son beau-frère, Shéré-Sing, héritier du trône, fut assassiné par ses sujets en 1843. L'Angleterre s'empara alors de ses États en 1849; sans doute pour ne pas voir tôt ou tard un Français en face d'elle, tant Dupleix l'avait effrayée. La veuve du général Allard reçut une pension relativement modique.

Personnellement, nous avons connu et eu comme ami particulier, aux chasseurs d'Afrique, un de ses deux fils, beau jeune homme brun, d'une bravoure établie, et nous tenons de lui l'histoire de la spoliation des biens de sa mère et le récit des craintes imaginaires de l'Angleterre.

Pour en revenir à notre héros, Macaulay en parle en ces termes :

« Un Français, le premier, devina qu'il était pos-
« sible de fonder une domination européenne sur

« les ruines de la monarchie mongole; ce fut
« Dupleix.

« Il ne s'était pas seulement proposé ce but su-
« blime, il avait conçu avec une netteté, une jus-
« tesse de vue qu'on ne saurait trop admirer, les
« moyens les plus propres à l'y conduire. Il s'était
« dit que la plus puissante armée dont pussent
« disposer les princes indiens serait incapable de
« lutter contre un petit corps discipliné à l'euro-
« péenne et dirigé selon les lois de la tactique civi-
« lisée.

« Il savait que les Indiens pourraient, sous des
« chefs européens, être organisés en armées régu-
« lières, et que, pour exercer dans l'Inde l'autorité
« suprême, il n'y avait rien de mieux à faire que
« de s'assurer un ascendant durable sur une de ces
« vaines idoles honorées du titre de nabab; vrai
« mannequin, dont il dirigerait les mouvements et
« par la bouche duquel passeraient ses ordres.

« En un mot, les procédés qu'employèrent quel-
« ques années plus tard les hommes qui menèrent
« à bien la conquête anglaise de l'Inde, furent
« d'abord compris et pratiqués par un Français,
« ingénieux, hardi et plein d'ambition. »

Homme d'un immense talent, Dupleix ne fut ni
apprécié, ni soutenu par son gouvernement;
c'était, il faut le dire, celui de l'ignoble Louis XV,
à l'époque où il s'avilissait sous le charme si dangereux de la Pompadour, tandis qu'avec son con-

cours, il eût doté la France d'une colonie immense et plus riche que nos autres possessions.

Les Anglais, plus pratiques que nous, ont réalisé à leur profit les projets de Dupleix et un de leurs écrivains, sir Campbell, en fait l'éloge en ces termes :

« Bien supérieur à nos agents en talents poli-
« tiques, si Dupleix avait trouvé les mêmes
« ressources, le même appui qu'eux dans la
« Mère-patrie, il est probable que l'empire de
« l'Inde appartiendrait aujourd'hui à la France.

Les Anglais, pour rendre hommage à leur grand modèle, leur implacable ennemi, à Dupleix, ont placé son buste dans le palais du Gouverneur du Bengale, tandis que les Français lui ont tardivement érigé une statue dans le musée de Versailles et ont donné son nom à un quartier de cavalerie de Paris. Enfin, une corvette à hélice de la flotte porte depuis peu le nom glorieux de notre grand colonisateur qui demande des imitateurs.

Notre héros ne fut pas seul à chercher à bien servir la France. — En 1741, Dupleix avait épousé Jeanne de Castro, une descendante des compagnons de Vasco de Gama et d'Albuquerque, dont le prestige dans ces contrées était immense, et qui y est encore connue sous le nom de Johanna Begoum, c'est-à-dire « la princesse Jeanne. »

Elle parlait tous les dialectes de l'Inde et seconda admirablement notre audacieux administra-

teur, nous devons le dire pour sa gloire. —
(B.; L.; M.)

Son heureux rival, lord Clive, fondateur de la
puissance anglaise dans l'Indoustan, copie ses procédés, se conduit héroïquement au début de sa
carrière et a le bonheur d'être soutenu par l'Angleterre et sa Compagnie, l'ennemie de celle de Dupleix.

A vingt-cinq ans, il est non seulement un brillant officier, mais un homme d'une habileté merveilleuse qui enrichit son pays et sa Société, en
s'enrichissant lui-même, en une fois, de 7 millions
environ. Ce fut le jour où le nabab Meer-Jaffier,
lui ouvre le trésor du Bengale et lui dit de prendre
pour lui, ce qu'il voudrait, en récompense de ses
services.

A son retour en Europe, accusé de concussion
pour ce fait et pour bien d'autres, il dit, publiquement à ses juges : « Je suis étonné d'une chose !
« c'est de ma modération à la vue de toutes les ri-
« chesses amoncelées sous mes yeux. En me
« condamnant, vous vous jugerez vous-même et
« condamnerez l'Angleterre.

En effet, il lui avait donné plus de 100 millions
de sujets, subjugués parfois par des procédés peu
loyaux, mais d'une politique patriotique.

Il fut absous, mais, soit abus des plaisirs, de
l'opium et du faste, soit par maladies contractées
dans l'Indoustan ou attaques multipliées de ses
ennemis politiques et autres, il se suicida à qua-

rante-neuf ans, dans un moment d'oubli de lui-
même ou de folie; mais l'empire dont il a doté
son pays reste debout pour attester ses mérites
et sa gloire. — (M.; L.)

## CHAPITRE X

Maréchal de Saxe. — Le Grand Frédéric de Prusse. — Souvarow. — Joubert. — Marceau. — Hoche. — Kléber. — Moreau. — Carnot. — Napoléon Ier. — Murat. — Beauharnais. — Nelson. — Ney. — Wellington. — Blücher. — Surcouf. — La Tour d'Auvergne. — La peur, son remède. — Le duc d'Orléans. — Barra-Viala.

Le glorieux maréchal de Saxe personnifie l'homme du Nord dans ses remarquables qualités dont la France s'enorgueillit, et dans ses défauts, qui l'ont privé trop tôt du seul homme capable de maintenir victorieux ses étendards sous Louis XV.

Beau, grand, intelligent, farouche parfois, il se passionne pour les exercices violents, et devient d'une force herculéenne.

Il aime à tout braver, les hommes et les éléments. Il vit sobrement dans sa jeunesse ; quelquefois de pain et de soupe seulement. Sa première demande est celle d'un cheval, et il l'obtient de sa mère, la belle « Aurore de Kœnigsmarck » mai-

tresse de l'Électeur de Saxe, depuis, Charles II,
roi de Pologne, qui le reconnaît.

Elle encourage ses exploits, mais elle ne peut le
rendre studieux — il parle d'inspiration et écrit de
même, sans un mot d'orthographe. — Malgré cela,
les flatteurs de tous les puissants veulent en faire
un académicien ; il s'y refuse par un reste de pudeur.

S'il en eut cette fois, il n'en aura plus le reste de
ses jours. Il est prodigue et devient un franc dé-
bauché, mais il l'est en grand seigneur, tenant
table ouverte, se passionnant pour les beaux chevaux et les jolies femmes. Il a toutes les audaces
et tous les bonheurs; il boit à la coupe de toutes
les voluptés. — S'il n'eut pas été volage, il aurait
pu, peut-être, ceindre la couronne des Czars. — La
future czarine Anna Ivanowna, lui offre son cœur
— et, dit-on, sa main. Il effeuilla le premier, mais
il abandonna l'étoile du Nord pour une bien   'te
étoile de France.

Au milieu des plaisirs, il s'occupe, avec l'illustre
chevalier de Folard, de fortifications, et, avec un
jeune ingénieur, de mécanisme. Ses mérites et sa
bravoure l'ont fait vite connaître, au point qu'en
arrivant à l'armée du maréchal de Berwick, au
début d'une campagne, il en est accueilli en ces
termes flatteurs : « Comte, j'allais demander 3,000
hommes de renfort, vous me les remplacez et je

compte sur la victoire, grâce à vous. » L'événement confirma cette prévision.

Nommé maréchal de France en 1743, Maurice de Saxe bat les Autrichiens à Raucourt. Malheureusement l'abus des plaisirs l'a rendu hydropique, l'empêche de monter à cheval et le force à rester en voiture à demi couché et presque mourant, malgré deux ponctions faites la veille de Fontenoy pour ne pas faillir à sa responsabilité et manquer à la France ce jour-là.

Le terrain de l'action future est à peine de onze cents mètres de large et représente un champ clos où 55 à 60,000 combattants de part et d'autre vont se disputer la victoire.

Après la phrase cérémonieuse en usage à cette époque : « A vous l'honneur de tirer, messieurs les Français », prononcée par le major anglais, L. Hay, nos officiers, au lieu de profiter de l'avantage offert, saluent et répondent avec une courtoisie absolument maladroite : — Après vous, messieurs les Anglais, et se laissent mettre hors de combat près de 60 officiers et de 625 soldats tués ou blessés par la première salve de mousqueterie, dont la précision, due à l'absence de fumée, en quadruple l'effet meurtrier.

A peine remis de cette première saignée causée par notre sotte vanité, l'artillerie et les positions fortifiées contre lesquelles le Maréchal a appuyé nos ailes — nous redonnent l'avantage et vont décider la victoire en notre faveur, lorsque le vieux maréchal autrichien Kœnigseck conseille au duc de Cumberland d'organiser une formidable colonne d'attaque pour percer notre centre.

Composée d'infanterie et d'artillerie, sa masse présente trois faces contre lesquelles se brisent tous nos efforts dont l'absence d'unité va nous causer un désastre pareil à celui de Poitiers, lorsque le maréchal et le duc de Richelieu font mettre en batterie quelques pièces qui foudroyent l'ennemi, l'arrêtent et permettent à la maison militaire du roi de charger en plusieurs colonnes avec un plein succès, pendant que Louis XV, à l'abri de toute surprise, se fait appeler par les soldats Louis du Moulin, du lieu où il reste abrité. Nos ennemis laissent 8,500 morts sur le terrain, 9,000 prisonniers, cinquante pièces de canon et dix drapeaux entre nos mains.

Après Fontenoy, le Maréchal poursuit le cours de ses succès et au lieu d'enterrer le roi malade au début de la guerre — au bruit de la victoire, le voit revenir à la santé et à l'armée pour encourager ses troupes par sa présence.

Il eut dû, pour le bonheur et l'honneur de la France, mourir après la paix d'Aix-la-Chapelle et nous laisser son général vainqueur pour nous éviter les hontes de la guerre de Sept Ans.

Au lieu de se reposer sur ses lauriers, Maurice de Saxe continue ses exploits d'un autre genre, jusqu'au jour où il se fait, dit-on, tuer en duel à Chambord par le prince de Conti, dont la femme est devenue sa maîtresse.

« La vie est un songe, avait-il dit avant de mourir, — le mien a été court et beau ; je ne désire plus rien ! »

Soit qu'il fût mort ainsi, soit qu'il fût protestant, ses funérailles se firent sans cérémonies religieuses, aussi, la sainte reine Marie Leczinska en exprima-t-elle d'amers regrets en ces termes :

« Il m'est pénible de ne pouvoir faire dire des messes et un *De Profundis* pour celui qui a fait chanter tant de *Te Deum*. »

« Le maréchal de Saxe, dit Sainte-Beuve, connaissait les hommes, l'art de les manier et de les électriser. — Il savait que tous ne sont pas toujours braves et que tel, qui dans l'attaque serait vainqueur, se ferait battre en restant sur la défensive. »

« Il se défiait des défaillances du cœur et de ses inconstances. Il le savait par sa propre expérience. — Mêlant à ses vices des sentiments d'humanité, il ménageait ses soldats et en était aimé malgré des accès fréquents de colère et d'extrême sévérité. Ses gardes et ses vassaux de Chambord en ont su quelque chose. — Le premier, en France, il demanda l'avancement au mérite et non par droit de naissance ou à la faveur. — Imbu des idées et de la tactique prussiennes, il fit manœuvrer ses soldats comme l'exigeait le Grand Frédéric.

Pour ne rien laisser dans l'ombre de ce qui concerne ce héros, montrons quelques moindres côtés de sa vie.

D'une force extraordinaire, il aimait à en faire parade, en plaisantant, mais il fut, une fois surtout, mystifié par un plus fort que lui.

Son cheval s'était déferré pendant une promenade ; il entre chez un maréchal-ferrant qui lui présente le fer et les clous destinés à sa monture. Il ploie le premier en deux et met les autres en tire-bouchons.

Ami ! tes fers ne valent rien. — Le maréchal ne dit mot, se remet à sa forge et en prépare de beaucoup plus forts que Maurice de Saxe ne parvient pas à tordre. — Le cheval ferré, le Maréchal de France présente un écu de six livres à l'artisan.

Celui-ci le regarde un instant avec dédain et le brise en deux sans effort apparent.

« Prince ! je crois que votre argent vaut moins que mon fer. »

Maurice de Saxe sourit, remet au spirituel travailleur un double louis d'or qui ne fut pas brisé.

Si nous parlons de sa force, c'est parce qu'elle fût due autant à l'exercice, à l'adresse, qu'à un avantage naturel.

Une autre fois, il accomplit un tour de force encore plus extraordinaire. — Il était à la promenade en nombreuse compagnie, par une chaude journée d'été. Il entre dans un cabaret où affluaient les buveurs.

La jolie servante, en voyant tant de beaux seigneurs, se trouble et laisse tomber les verres qu'elle apportait sur un plateau ; — quelques minutes après, elle vint annoncer qu'il n'y en avait plus assez pour tous les présents. « Je boirai bien autrement, dit le Maréchal. »

Il avise alors, et prend une pièce de vin qui se trouvait sur un chantier, prête à être mise en bouteille — il la soulève de ses deux bras au-dessus de sa tête et tourne la bonde dans la direction de sa bouche. Il boit longuement alors, à la régalade, et remet tranquillement le fût sur son support.

« A votre tour, camarades ! je paie la pièce à qui voudra boire comme moi. »

Inutile d'ajouter qu'il n'eût pas d'imitateur.

Évidemment, l'exercice ne rendra pas l'ensemble de nos hommes capables de pareils tours, mais elle aura de prodigieux résultats de santé et de vigueur. — (L.; M.)

Le Grand Frédéric de Prusse (1740-1787) est élevé sévèrement et militairement par un père dur.

Malgré son aversion pour la carrière militaire qui devait cependant le faire briller d'un si vif éclat sur le trône, il a rêvé de placer son pays au rang des grandes nations et de faire des Hohenzollern la maison prépondérante d'Europe.

Pour y arriver, il profite des embarras de Marie-Thérèse et lui revendique la Silésie.

Sur son refus, il prend les armes, et, vainqueur à Czaslau, obtient la province convoitée.

En 1744 il recourt aux armes et remporte les brillantes victoires de Friedberg, de Serr et de Kesselsdorf.

Pendant les dix années de paix qui suivent, il réforme les finances, l'administration, la législation et développe d'une façon inouïe la prospérité de la Prusse, agrandie grâce à lui.

Il crée une Académie où il attire un grand nombre de savants étrangers, surtout des Français, et parmi eux Voltaire. Protestant, mais d'une tolérance intelligente, il accueille, en Prusse, les jésuites chassés des pays catholiques et tous les proscrits honnêtes. Il donne des soins plus particuliers à son armée dont il attend la grandeur de son pays et qu'il soumet à une discipline de fer.

Dès qu'elle est formée, il la met en campagne, et aux débuts de la guerre de Sept Ans elle se trouve aux prises avec les meilleures armées européennes, sans avoir d'autre appui que quelques subsides fournis par l'Angleterre.

Son génie, son énergie, son activité et son courage le sauvent. Dans les dix-sept batailles de cette campagne, s'il est quelquefois vaincu, il a d'éclatantes revanches et met le comble à sa gloire à

Rosbach, en battant et en dispersant l'armée franco-allemande commandée par Soubise, dont la défaite nous coûte 8,500 tués ou blessés, 7,000 prisonniers, vingt-deux drapeaux et soixante-sept canons.

Aussi incapable que Villeroi, le charmeur des boudoirs de Louis XIV; le protégé de Cotillon II, c'est-à-dire de la Pompadour et de Louis XV, était sans aucun talent militaire — tandis que le Grand Frédéric est un homme de génie dont l'armée est très inférieure en nombre à celle de ses adversaires, — mais admirablement disciplinée et encore mieux commandée. Le roi combine savamment ses mouvements, attaque l'ennemi pendant une marche de flanc des plus imprudentes, et reste sous la protection de marais inaccessibles, dont le voisinage, couronné par des hauteurs, reçoit l'artillerie prussienne qui, par son feu plongeant foudroie nos colonnes sans souffrir de celui des canons franco-allemands. Du reste, au moment de cette bataille, l'armée française traînait à sa suite près de 1,200 chariots de vivandières, de marchands ou de pillards, dont la surveillance exigeait plus d'un tiers de l'effectif des combattants. 6,000 maraudeurs étaient, en outre, en dehors du rang, et on jouait la comédie au camp français.

Aussi, le chef coupable de tels vices d'organisation facilite la victoire de son adversaire et mérite d'être représenté, une lanterne à la main, cher-

chant son armée et prononçant ces paroles bur-
lesques, en vers fantaisistes :

> J'ai beau chercher où diable est mon armée!
> Elle était là hier, l'a-t-on prise ou l'ai-je égarée?

« Les généraux de Louis XV, disait Napoléon I<sup>er</sup>,
étaient tous de la plus complète incapacité, Maurice de Saxe excepté. »

Les grades étaient multipliés outre mesure, et
s'achetaient même dans les armes spéciales. A un
moment donné, on compta en France 35,000 officiers. — Le duc de Bouillon était colonel à onze
ans, le duc de Fronsac à sept, et un major l'avait
été à douze ; enfin un grand nombre de nos généraux était étranger à la France. La dilapidation
était générale dans l'armée et les abus régnaient
partout.

La Pompadour, non contente d'être la maîtresse
de Louis XV, lui avait organisé un sérail au Parc
aux Cerfs, suçait l'or de la France et faisait refuser
des subsides à Dupleix et à La Bourdonnais, dont
les cachots récompensent les glorieux services et
font taire les justes revendications.

Pourquoi la guillotine s'est-elle trompée en im-
molant le bon Louis XVI et tant d'autres innocents, et a-t-elle épargné les auteurs de toutes ces
infamies?

Comme homme de guerre, Frédéric a été comparé à Napoléon et ce que dit Michelet des deux héros semble trop juste pour ne pas être cité :

« L'heureux Corse eut la chance unique d'hériter
« de Masséna, de Hoche ; d'avoir à commander les
« vainqueurs des vainqueurs. Favori du destin, il
« reçoit tout d'abord de la Révolution l'épée en-
« chantée, infaillible, qui permet toute audace, toute
« faute même. L'armée de Frédéric, qui n'avait fait
« la guerre que sur les places de Berlin, était
« dressée sans doute ; mais tout cela n'est rien.
« Une armée ne se forme qu'en guerre et sous le
« feu : Son roi, non moins qu'elle novice, l'y con-
« duisit, l'y dirigea, lui apprit plus que la victoire,
« la *patience*, la résolution invincible et en réalité,
« c'est lui qui la forma. Ce que ne fut pas Bona-
« parte, Frédéric le fut : *Créateur*. »

« S'il n'eût été ni un roi, ni un général, il resterait
« encore un des premiers hommes du siècle. » En somme, il fut un des plus grands rois des temps modernes, mais traite ses ministres de singes.

Après ces luttes contre les grandes puissances, il a la réputation du plus grand capitaine de son temps, et révolutionne complètement la tactique militaire en l'adaptant à ses idées de conquêtes.

Son infanterie est le modèle de toutes les autres et compte 120,000 hommes. A la bataille de Kollin, après lui avoir fait donner sept fois contre l'ennemi, elle hésite un instant devant la mort qui l'attend : « Voulez-vous donc vivre toujours? »

crie-t-il aux chefs de corps, qui lui font entrevoir les dangers de la situation.

Le premier, il manœuvre devant l'ennemi, le déborde, le tourne, l'accable ou perce savamment son centre, à sa moindre défaillance apparente.

La lecture des ouvrages militaires grecs lui avait inspiré l'idée de l'ordre d'attaque oblique.

Il la renouvelle d'Épaminondas, mais il la modifie, en la combinant avec des attaques de front; par exemple, le jour où il se trouve à Lissa, dans une position critique, il fait charger sa cavalerie en ligne et en oblique sur le flanc, avec une telle impétuosité, que l'ennemi, pris de panique, cède de toutes parts, croyant avoir devant lui des forces supérieures, tandis que Frédéric est à deux doigts de sa perte. Malgré cela, il avait pris résolument l'offensive et attaqué une armée double de la sienne et victorieuse dans les précédents combats. En toutes rencontres, il a confiance en son étoile, et compte surtout sur les fautes de ses adversaires.

Avant l'attaque, un peloton de sa cavalerie lui amène un de ses grenadiers prêt à déserter; c'était un Français protestant.

« Pourquoi veux-tu me quitter? lui demande le roi avec bienveillance; ma foi, Sire, répond en toute franchise le coupable, vos affaires vont si mal! » « — Eh bien! répliqua gaiement Frédéric, bats-toi encore pour moi aujourd'hui, si je suis vaincu, je te promets que nous déserterons ensemble ce soir; »

et il le fait rentrer dans le rang, où il se bat si bien, comme tous ses autres camarades, que le jour même, Frédéric, à la tête de 35,000 hommes, triomphe de 90,000 Autrichiens, fait 22,000 prisonniers, s'empare de 140 pièces de canon et reçoit 6,000 déserteurs qui grossissent l'armée prussienne, tandis qu'il n'a que 4,000 hommes tués ou mis hors de combat.

La fierté, bien naturelle à un homme de sa valeur lui dicte, au moment des conditions de paix avec l'Autriche, ces paroles énergiques :

« Je périrai avec mon armée plutôt que de rien retrancher de mes demandes, et si l'Impératrice ne les accepte pas, à mon premier succès, j'élèverai encore mes prétentions. »

Sa passion pour la France survivait à tout, à la guerre même ; après Rosbach, il fit soigneusement recueillir et soigner nos blessés, invita les officiers français à sa table en leur disant :

« Excusez-moi, messieurs, je ne vous attendais pas si tôt et en si grand nombre » et il ajouta :

« Je ne m'accoutumerai jamais à regarder les Français comme des ennemis. En toutes circonstances, il appliqua la maxime chrétienne : « Honneur aux vaincus » comme le prince Noir la pratiqua après la bataille de Poitiers, en servant lui-même à table *Jean le Bon*, son vaincu. Et cependant, ce vainqueur était prince de Galles, fils aîné d'Édouard III, roi d'Angleterre, et plus proche

héritier de la couronne de France par sa mère,
que les Valois.

Le Grand Frédéric aurait certainement rougi de
l'insulte faite récemment à un de nos plus brillants divisionnaires, insulte qui ne peut être attribuée qu'à une surexcitation antihumanitaire des
esprits en Allemagne.

Notre général revenait d'un voyage en Autriche
(croyons-nous) et se promenait paisiblement (en
tenue civile, bien entendu) dans une ville allemande.

Reconnu par une jeune fille ou une jeune femme,
elle lui tire la langue en le regardant bien en face.

Le général, en fort galant homme, la salue poli-
ment et détourne son regard, quoiqu'elle fût jolie.

A quelques pas de là, même rencontre et même
mouvement disgracieux de langue. Était-ce la
même dame ou une autre? Nous l'ignorons; quoi
qu'il en soit, le général renouvelle son même salut,
avec un redoublement de politesse affectée, et continue tranquillement sa promenade.

Évidemment, c'est un bien petit incident, mais
n'indique-t-il pas le diapason des sentiments d'une
nation pour l'autre?

Peu après, ce général, en passant par Strasbourg, descend de son compartiment.

A peine sur le quai, il est entouré de quatre
agents allemands qui ne le quittent pas du regard

et s'attachent à ses pas, pour bien lui prouver qu'il est reconnu et suivi.

De plus, un officier prussien, en tenue, le croise et le salue militairement, comme pour lui ôter tout doute sur la surveillance dont il est l'objet.

Peut-être l'officier se contentait-il d'obéir à un mouvement instinctif de déférence envers un illustre adversaire, son supérieur dans la hiérarchie militaire.

Quoi qu'il en fût, en constatant le fait, le général remonte dans son compartiment, et fit bien.

Était-ce utile ou sage d'agir ainsi entre nations et entre gens civilisés? le général n'avait rien ni à voir, ni à apprendre qui ne fut très connu de tout le monde.

Il n'en est pas ainsi en Autriche, où les officiers français sont bien vus, tandis qu'en Italie la surexcitation est à peu près aussi apparente qu'en Allemagne, mais dans quelques rares milieux.

Espérons qu'en France, non seulement le service de surveillance politique est fait d'une façon plus intelligente, mais que personne de la partie éclairée de la nation ne ferait des grimaces à un voyageur inoffensif. Personnellement, nous avons été satisfait de recevoir et de voir, à plusieurs reprises, chez nous, en 1878, un officier supérieur allemand; c'était, il est vrai, un allié de famille. Il eut été tout autre, du moment qu'il venait en ami sur le sol national, il avait droit à un accueil au moins convenable.

Un ennemi s'honore en respectant son adversaire, même heureux.

Quant à Frédéric le Grand, simple et modeste dans les récits de ses batailles, il n'a nulle excuse pour ses défaites, nul sentiment d'orgueil pour ses succès. Attentif à marquer ses fautes, il ne dissimule ni le nombre des morts, ni celui des prisonniers. Au lieu de haïr les vaincus, il les estime. (L.)

Souvarow dut son élévation au grade de feld-maréchal à sa valeur personnelle, avant la période où il nous combattit en Italie.

Nous devons rappeler sa bravoure, ses talents et son humanité envers nos soldats prisonniers.

Malheureusement, après avoir cueilli des lauriers, il n'en profita guère. Disgracié, il était en exil et dépouillé de ses titres, quand de graves circonstances obligèrent l'Empereur à le rappeler. Un chasseur lui apporte une lettre autographe du Czar, énumérant toutes ses anciennes dignités.

« Cette lettre n'est pas pour moi, dit-il. » Feld-maréchal général! ce n'est pas moi; Chevalier de tel ou tel ordre! ce n'est pas moi, répétant à chaque titre : « Ce n'est pas pour moi. »

Le courrier le supplie de décacheter la lettre, « Dieu me préserve, s'écria Souvarow, de déca- « cheter une lettre de l'Empereur qui ne m'est « point adressée! » Le pauvre courrier rapporte la lettre en tremblant. Le souverain ne se fâche pas ; il lui en adresse une seconde, sans qualification.

En la recevant, Souvarow se met à genoux, la baise respectueusement, et se rend sur-le-champ à Saint-Pétersbourg, pour se mettre aux ordres de son souverain qui, dès son arrivée, le fit complimenter par un de ses favoris.

Paul Ier, tout en détestant Souvarow, comme il haïssait tous les favoris de sa mère, lui confia, en 1799, le commandement de l'armée russe destinée à envahir l'Italie, de concert avec les Autrichiens, pour en chasser les Français.

Mis à la tête des armées combinées, il justifia ce choix en battant Schérer à Cassano, Macdonald à la Trébia (18 et 19 juin) Joubert à Novi (15 août). Ces forces étaient, il est vrai, bien supérieures aux nôtres, mais combien de fois n'avions-nous pas triomphé du nombre? Il est juste de reconnaître à Souvarow de véritables talents militaires.

Sa perspicacité lui avait fait pénétrer le secret du génie français, en recommandant à ses soldats de se servir exclusivement de la baïonnette et de prendre toujours l'offensive.

A la suite de ses victoires, il reçut le titre de prince d'Italie, comme lieu du plus beau théâtre de ses exploits.

Les Autrichiens, jaloux de la gloire de Souvarow, se séparent de lui au début de la cam-

pagne de Suisse, et causent la défaite des Russes
que Masséna bat à Zurich.

Pendant la retraite qui suivit, voyant ses soldats découragés, refuser de s'engager dans un défilé étroit, dont les hauteurs étaient couronnées de
troupes françaises, Souvarow s'élance au milieu
des hommes de son extrême avant-garde, leur ordonne de creuser une fosse et leur dit :

« Puisque vous refusez de me suivre, je ne suis
« plus votre général. Je reste ici. Cette fosse sera
« mon tombeau. Soldats ! couvrez de terre le corps
« de celui qui vous conduisit tant de fois à la vic-
« toire. Je ne suis plus votre père et vous n'êtes
« plus mes enfants ! »

Émus, électrisés, ses grenadiers s'élancent dans
le défilé, sous une grêle de balles; beaucoup y
restent, mais la retraite est assurée.

Malgré l'héroïsme de son généralissime, Paul Ier,
irrité de l'issue de la campagne, le rappela en
Russie, où il tomba malade et en disgrâce.

Mort de chagrin à Saint-Pétersbourg, quinze
jours après ce malheur, Souvarow fut enterré
dans l'église Alexandre-Newski, où une simple
table de bronze, avec le nom de « Souvarow »,
marque la place où il repose.

Tous les honneurs dus à un feld-maréchal lui
furent rendus et l'Empereur assista à cheval à la
cérémonie. — (M.; L.)

« Souvarow, dit le général Ambert, avait de

« fortes qualités qui lui suffisaient avant de ren-
« contrer les armées françaises. Pour combattre
« les Turcs, les Tartares et les insurgés de la Po-
« logne, il opposait une tactique simple, énergique
« et audacieuse; mais, pour vaincre des généraux
« comme Moreau et Masséna, l'art et la science
« étaient indispensables.

« Son portrait est digne d'occuper une belle
« place dans les galeries militaires, Souvarow ne
« fut jamais courtisan; d'une probité à toute
« épreuve, sans orgueil et sans faste, il a été un
« modèle rare pour son époque, il a aimé le sol-
« dat ardemment, a été courageux, et le courage
« n'habite que les nobles cœurs.

« Sa plus grande vertu fut le patriotisme, il ai-
« mait la Russie avec idolâtrie, et s'agenouillait
« devant le drapeau de son pays.

« Admirons le patriotisme partout, c'est la
« vertu des armées et des grands peuples. »

Joubert, notre brillant compatriote, enrôlé
en 1791, était arrivé vite, par son mérite, au plus
haut grade militaire après mille preuves de courage et de coup d'œil stratégique.

A la suite de manœuvres habiles dans le Tyrol,
il avait réussi à séparer l'armée de l'archiduc
Charles des autres corps autrichiens et avait eu
tout le mérite de cette campagne de géants.

Bonaparte, pour l'en récompenser, le charge

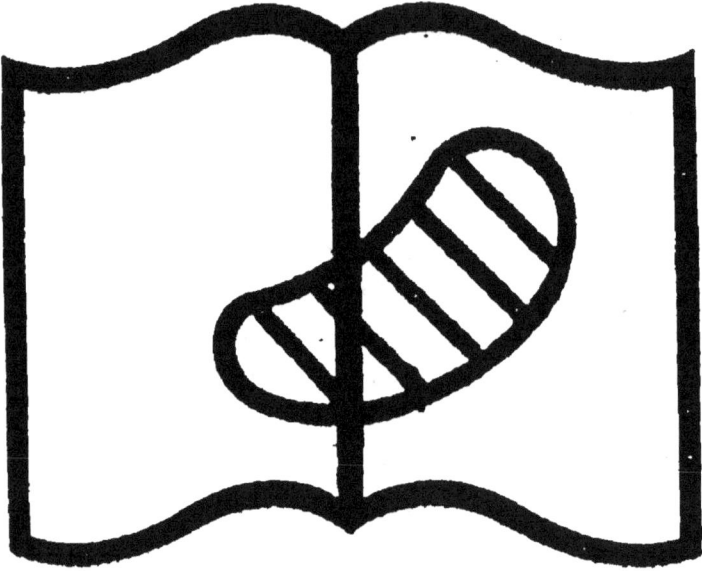

Illisibilité partielle

VALABLE POUR TOUT OU PARTIE DU
DOCUMENT REPRODUIT

de porter au Directoire les drapeaux enlevés à l'ennemi.

Nommé successivement général en chef, — en Hollande, à Mayence et en Italie, il s'empare enfin, à peu près sans coup férir, du Piémont, par un trait d'audace dont les annales militaires offrent peu d'exemples. — Il allait faire mieux encore lorsque, âgé de trente ans, il est frappé mortellement, le 15 août 1799, à Novi, au moment où il se jette au plus fort de la mêlée pour électriser ses soldats.

Couvrez-moi! mes amis, leur dit-il avant d'expirer, afin que les Russes croient que je combats encore parmi vous.

Bourg, sa ville natale, lui a élevé un monument.

Comme tous les vrais grands hommes, Joubert était aussi brave que modeste. S'il eût vécu, il aurait probablement été préféré à Bonaparte dans le rôle qu'il eût à jouer plus tard, et c'eût été certainement plus utile pour la France.

MARCEAU, général en chef à vingt-quatre ans, après des prodiges de valeur, d'énergie et d'admirables actions d'éclat, est une des plus nobles figures de notre histoire militaire.

Son premier service rendu à la patrie est d'empêcher un grand nombre d'officiers de passer à l'ennemi, pour augmenter l'émigration.

Chargé, après la mort de l'héroïque Beaurepaire, de porter au camp prussien la ratification de la

capitulation de Verdun, il ne put retenir des larmes
de douleur mêlées de colère, dont le roi de Prusse
fut touché, et le console en rendant hommage au
courage des défenseurs de la place.

— « Quel dommage, lui dit-il, de voir un officier
de votre valeur servir une mauvaise cause! Que
n'êtes-vous un des généraux en chef de notre
armée ou à côté de nous dans les rangs des émi-
grés! »

Marceau sent grandir son indignation et ses
larmes redoublent à cet appel à la défection; il
prie le roi de lui épargner l'outrage d'une pareille
proposition.

Le lendemain, en quittant Verdun, il s'écrie:

« Au revoir! dans les plaines de la Champagne, messieurs les Prussiens. »

Il rencontra, en effet, quelque temps après, ces
mêmes ennemis, mais bien avant du point indiqué pour les vaincre.

D'un désintéressement admirable, il répondit un
jour à un représentant du peuple en mission, qui
lui demandait s'il voulait qu'on lui rendit l'argent
et la valeur des bagages qu'il venait de perdre et
qui étaient son seul avoir! « Non, donnez-moi un
sabre neuf pour venger notre défaite, le mien est
tout ébréché. »

Marceau, chargé du commandement de l'aile
droite, à Fleurus, se montra d'une intrépidité remarquable, eut deux chevaux tués sous lui et con-

tribua puissamment à cette mémorable victoire qui nous assurait la Belgique.

Jourdan écrivit à Kléber: « Marceau s'est battu comme un enragé. » Il mérita, ce jour-là, le surnom de : « Lion de l'armée. »

Il le justifia en tombant comme la foudre sur Coblentz, où il entra l'épée haute, le drapeau flottant, tandis que l'état-major des alliés fuyait précipitamment.

Malheureusement, les plus grands hommes ont leurs moments de défaillance. Marceau, chargé de détruire un pont de bateaux sur le Dieg, en confia le soin à un capitaine du génie qui, par sa précipitation, faillit compromettre le passage de l'arrière-garde. Vivement ému de la faute de son subordonné, et cédant à un moment de désespoir, il saisit son pistolet et va briser une vie déjà si célèbre, lorsque son aide de camp, devinant sa pensée, l'en empêche heureusement.

Le suicide l'eut déshonoré, en privant la France d'un de ses plus admirables héros. Une mort glorieuse l'attendait ailleurs.

Peu après, en allant en reconnaissance près d'Altenkirchen, Marceau fut aperçu par un chasseur tyrolien qui l'ajusta et le blessa mortellement.

Transporté dans cette ville, il fut confié à l'humanité du commandant prussien qui venait de s'en emparer.

Le lendemain, le doyen des généraux autrichiens, le brave Kray, qui avait souvent combattu Marceau, vint le voir, prit sa main et, sentant une légère pression, y répondit en pleurant.

Puissent le souvenir de cette poignée de main de deux vaillants adversaires, le respect et la sympathie de tous les autres, cimenter l'alliance pacifique de deux pays faits pour s'estimer, s'aimer, et que la politique aveugle des Napoléon a seule divisés depuis un demi-siècle.

A la pointe du jour, Marceau rendit le dernier soupir au moment où l'archiduc Charles arrivait suivi de quelques généraux.

Ce prince resta longtemps pensif en contemplant cette belle figure et exprima sa volonté de lui rendre les derniers honneurs.

Le jour où Marceau fut inhumé dans le camp retranché de Coblentz, il y eut suspension d'armes et les salves de l'artillerie autrichienne répondirent à celles de l'armée française.

Les honneurs militaires rendus par nos adversaires au jeune général, sont le plus bel éloge à sa mémoire, Marceau avait non seulement bien mérité de la patrie pour les services signalés qu'il lui avait rendus, mais acquis l'estime de ses ennemis, l'amitié de ses camarades et l'admiration de ses concitoyens. L'armée de Sambre-et-Meuse ouvrit une souscription pour lui élever un monument dont Kléber fit le dessin. C'était une simple pyra-

mide, rappelant qu'il y avait là un soldat mort
pour sa patrie.

Un an après, le corps de Marceau fut exhumé
et brûlé avec pompe en présence de toutes les
troupes. On mit ses cendres dans un vase d'airain qui fut enfermé dans un tombeau, portant
cette inscription : « *Hic cineres, ubique nomen.* »
Là les cendres, partout le nom.

Le monument élevé à Marceau a inspiré à lord
Byron deux strophes célèbres dont nous rappelons quelques lignes :

« Courte, brave et généreuse fut sa jeune car-
« rière. Ses pleureurs furent deux armées, ses
« amis et ses ennemis; et tout étranger qui,
« aujourd'hui, s'arrête en ce lieu, doit prier pour
« le repos de cette âme chevaleresque. Il a été le
« champion de la liberté et l'un des rares modérés
« dans les châtiments imposés à ceux qui portent
« le glaive. Il a préservé la blancheur de son âme
« et pour cela les hommes ont pleuré sur lui! »

(B.; L.; M.)

Hoche, fils d'un ancien soldat sans fortune,
s'enrôle à l'âge de seize ans, dans les gardes-fran-
çaises, où la franchise de son caractère lui attire la
sympathie de ses camarades.

Son goût pour l'étude le fait distinguer de ses
chefs, tandis que ses très remarquables avantages
extérieurs provoquent l'admiration du beau sexe.

Une grande dame, entre autres, le voyant un jour passer, ne put s'empêcher de dire :

« Quel beau général on ferait de ce jeune homme! » — Ce fut de bonne augure. — Nommé officier et pris pour aide de camp par le général Leveneur, il se distingue par son courage et ses capacités à la bataille de Nerwinde.

Envoyé à Paris pour rendre compte de la trahison de Dumouriez, il soumet à Carnot un plan de campagne si remarquable, que le grand organisateur dit à un de ses amis : « Voilà un officier subalterne d'un bien grand mérite » et le nomme, peu après, adjudant-général.

Fait rapidement général de brigade puis de division pour actions d'éclat, Hoche s'empare de Furnes, et prend, à vingt-cinq ans, le commandement de l'armée de la Moselle; il y rétablit le bon ordre. « Les armées sans discipline sont toujours battues, disait-il. » C'est encore et ce sera toujours vrai.

Placé, peu après, à la tête de l'armée de l'Ouest, il pacifia la Vendée, en recourant à l'adresse plus qu'à la force, en empêchant ses soldats de tourmenter les habitants.

Au retour de cette campagne, il refuse le Ministère de la guerre, lui préférant le commandement de l'armée de Sambre-et-Meuse. Malheureusement, quelques jours après, il était atteint de convulsions et mourut à l'âge de vingt-neuf ans, en proie à d'horribles souffrances.

Si une mort prématurée, due à l'abus du plaisir, dit-on, ne l'avait enlevé, il eût été un compétiteur sérieux pour Napoléon Ier.

Sa probité scrupuleuse le mettait à l'abri de tout soupçon d'indélicatesse; son caractère grave, son génie, son coup d'œil rapide sur le champ de bataille en faisaient un chef accompli.

Sa mort fut une double perte pour le pays, en facilitant les projets de Napoléon, et pour l'armée, en lui enlevant un de ses meilleurs généraux. (L.)

Kléber débute par un trait de courage en prenant, dans un café de Strasbourg, la défense de deux nobles Allemands, insultés par la populace, et qu'il ne connaît pas. Ces étrangers reconnaissants le font entrer à l'École militaire de Munich, d'où il sort sous-lieutenant dans un régiment autrichien et s'y distingue sans espoir d'avancement.

Rentré en France, il s'engage, et chacun de ses grades est conquis par une action d'éclat.

En Vendée, n'ayant que 4.000 hommes à opposer à 18.000 royalistes, il commande au capitaine Schwardin, de se porter, à la tête de sa compagnie, à l'entrée d'un défilé pour y arrêter l'ennemi le plus longtemps possible.

« Tu t'y feras tuer, lui dit-il, mais tu sauveras tes camarades. »

— « Oui, mon général ! » — Telle fut la réponse
du capitaine, qui périt en effet à son poste avec
tous ses hommes, mais sauva l'armée.

Pour imposer cet héroïsme digne d'être comparé
à celui de Léonidas, il fallait être capable d'en
donner l'exemple.

Kléber fait partie de l'expédition d'Égypte et
s'y couvre de gloire ; s'empare de Gazza, de Jaffa
et remporte la glorieuse victoire du Mont-Thabor.

Lorsque Bonaparte s'embarque pour la France,
il lui laisse le commandement de l'armée dans une
situation des plus fâcheuses.

Le climat et les maladies la déciment. — Il la
renforce d'indigènes, de nègres de bonne volonté
et en état de porter les armes. A peine formée,
elle est menacée par 80.000 musulmans com-
mandées par le grand-visir Youssouf.

Comme Kléber a à peine 15.000 hommes à leur
opposer, il demande à rentrer en France avec armes
et bagages, afin d'éviter une effusion de sang
inutile. Il se disposait à évacuer Le Caire, lorsque
arriva une lettre de l'amiral anglais, annonçant
que son gouvernement exigeait que les Français
se rendissent comme prisonniers de guerre.

Kléber, pour toute réponse, fait publier cette
lettre dans l'armée, en y ajoutant ces seuls mots :
« Soldats ! on ne répond à tant d'insolence que
« par des victoires ! préparez-vous à combattre ! »

La réplique fut donnée dans la plaine d'Hélio-

29

polis, où avec 10.000 hommes il écrasa les 80.000 soldats du grand-visir.

Victime du fanatisme musulman, il fut assassiné au Caire, regretté de l'armée et de la France entière. — (M.; L.)

Moreau. — Après tant de héros, si nous citons le nom historique de Moreau, c'est moins pour rendre hommage à ses très grands et incontestables talents militaires, que pour flétrir le crime odieux dont il se rendit coupable en portant les armes contre la France.

Malgré les iniquités dont il fut victime, la mort injuste de son père sur l'échafaud révolutionnaire, l'hostilité que Bonaparte lui avait déclaré sourdement, Moreau n'est pas excusable, même par son désir de voir la France délivrée du despotisme et des guerres que Napoléon, son rival, faisait peser sur elle, d'avoir mis son épée ou plutôt ses hautes capacités au service de l'empereur Alexandre de Russie et de ses alliés.

La postérité le jugera comme elle a jugé le connétable de Bourbon et tous ceux qui ont agi en parricides, en faisant passer l'intérêt du parti, celui de leur ambition ou de leur amour-propre froissé, avant le salut de la patrie.

Il nous vient cependant à la pensée de parler de lui comme d'un tacticien incomparable et surtout, pour montrer un des mérites les plus rares dans l'armée française : celui de savoir battre sagement

en retraite. Moreau est l'auteur d'une des plus
admirables marches retrogrades citées dans l'histoire. Si nous la vantons, c'est parce qu'en semblable circonstance les Français se démoralisent
plus vite et sont plus difficiles à conduire que les
soldats des autres nations.

Moreau, commandant en chef de l'armée du
Rhin venait de s'emparer de Mayence, de battre,
le 5 juillet 1796, l'archiduc Charles à Rastadt, après
dix-sept heures de combat acharné et avait complété sa victoire le 9 du même mois. Il s'était déjà
avancé triomphant jusqu'à deux cents lieues de
nos frontières, lorsqu'il apprit la défaite de Jourdan
à la tête de l'armée de Sambre-et-Meuse et celle
de l'armée du Nord, que Carnot avait oublié de
faire joindre à la sienne, pour y former une masse
imposante de 120.000 combattants, capables de
tout entreprendre et de tout surmonter.

A cette nouvelle, Moreau, pour ne pas se laisser
couper, dut battre en retraite. « Il recula alors, dit
M. Duruy, mais lentement, s'arrêtant chaque fois
qu'il était pressé, pour infliger de sévères leçons
aux Autrichiens qui le suivaient.

Il les battit à Biberack le 2 octobre, traversa la
forêt Noire par le val d'Enfer et, sans avoir laissé
derrière lui ni un canon, ni un caisson, ni un
homme dans sa glorieuse retraite de vingt-six jours,
Il rentra en Alsace quand et comme il voulut, le
18 octobre, par Brisach et Huningue; ajoutons,

sans avoir été ni vaincu, ni entamé, ni surtout effrayé par les forces supérieures de l'ennemi.

Chaque jour il changait son arrière-garde afin de lui opposer toujours des troupes fraîches qu'il choisissait et électrisait lui-même à merveille, sachant tout obtenir de ses hommes.

Il ramenait cependant avec son armée, 8.000 prisonniers, trois drapeaux, vingt canons, de nombreux bagages et plusieurs fourgons pris aux Autrichiens.

Pour obtenir ce prodigieux résultat, il avait eu le suprême talent de conserver en arrière un corps d'artillerie composé de ses canonniers d'élite auxquels il avait fait jurer de mourir plutôt que de se laisser enlever une seule de leurs pièces, et il put compter sur eux. Sa retraite fut ainsi protégée et bien ordonnée, grâce surtout à Éblé.

Chaque fois que l'avant-garde ennemie approchait trop, son arrière-garde d'infanterie se jetait en dehors de la route pour démasquer sa batterie qui tonnait alors et augmentait chaque jour les pertes cruelles des Autrichiens que son infanterie achevait de malmener avant de continuer sa marche rétrograde toujours victorieuse.

Il avait soin de choisir, pour donner ses leçons à ses adversaires, des endroits découverts où il pouvait se déployer en avant des étranglements de terrain que l'ennemi avait à traverser.

Merveilleux tacticien, il livra, le 3 décembre 1800

à l'armée autrichienne, forte de cent vingt mille hommes, la sanglante et décisive bataille de Hohenlinden pendant laquelle il n'y eut pas un corps français, par un homme qui ne donnât — à tour de rôle — et ne se couvrit de gloire.

Très inférieure en nombre, l'armée française avait une telle confiance dans l'habileté de son chef que tous ses mouvements furent exécutés comme à une parade militaire.

Moreau compensa son immense désavantage numérique par des dispositions si heureuses, si ponctuellement réglées d'avance et si fidèlement suivies que tous les efforts des meilleures troupes autrichiennes, pour déboucher de la forêt dans la plaine, — où ils auraient pu se déployer et nous vaincre facilement, furent inutiles (dit Michaud). Pendant qu'ils faisaient l'impossible pour en sortir et profiter de l'avantage du nombre, pour écraser les Français, il les fit tourner à marche forcée à travers cette même forêt, par le corps du brave général Richepanse, qui perça le centre de l'ennemi selon ses instructions, les mit en fuite et décida la déroute complète de l'ennemi.

Malheureusement, après quatre heures du soir, l'obscurité et les mauvais chemins diminuèrent les résultats de cette grande bataille, dont les trophées furent cependant la capture de 12,000 prisonniers, de cent cinq canons, de nombreux drapeaux et d'une grande quantité de caissons et de bagages.

8,000 Autrichiens tués ou blessés gravement restèrent en outre sur le terrain, tandis que nous
n'eûmes que 1,700 morts et 900 blessés.

Pour remercier ses officiers et ses soldats, auxquels il laissa tout le mérite de la victoire, Moreau
leur dit simplement : « Mes amis, vous vous êtes
immortalisés et vous avez conquis la paix. »

En effet, il la désirait véritablement, et, pour sa
gloire, il eut dû entrer ce jour-là dans la paix éternelle ; il serait resté, aux yeux de la postérité, un
des plus illustres défenseurs de la Patrie.

A son retour à Paris, il fut compromis dans la
condamnation de Pichegru pour n'avoir pas donné
de suite toutes les preuves de sa trahison qu'il
avait trouvées écrites dans un caisson capturé à
l'ennemi.

Il n'était cependant coupable que de trop d'indulgence envers son ancien ami et compagnon
d'armes ; mais, détesté et jalousé par Bonaparte, qui
voyait en lui un homme presque à sa hauteur et
un compétiteur, il tomba dans les pièges qu'on lui
tendit et alla, selon l'expression de son heureux
rival : « Se briser la tête contre les colonnes du
Palais de Justice. » — (M.)

Il fut condamné, sur de simples apparences, à
deux ans de détention, comme suspect d'avoir
entretenu des relations avec les ennemis de la
France.

Moreau, au fond, n'était pas un criminel de lèse-patrie; il ne se doutait pas de toute l'étendue du crime de Pichegru qui s'étrangla, ou qu'on fit étrangler dans sa prison.

Aussi Garat prit-il sa défense. Il la compléta lui-même, si simplement et si admirablement en révélant toute la vérité, qu'on lui permit de passer en Espagne, d'où, indigné de voir la France entraînée fatalement dans une suite de guerres sans fin, il voulut l'oublier davantage en allant aux États-Unis.

. Là, nouveau soldat laboureur, il vivait paisiblement, lorsque l'Empereur de Russie, certainement à l'instigation de ses alliés, lui écrivit, pour lui proposer, dit-on, de les aider à chasser Napoléon, en lui laissant peut-être présager qu'il pourrait bien devenir son successeur ; en tout cas, éviter les maux de la guerre à sa Patrie et à l'Europe. Il eut le tort de le croire.

Moreau, comblé d'éloges et d'attentions par tous les alliés, se rendit à Prague, où il dressa avec un autre Français, Bernadotte, roi de Suède, le plan des campagnes de 1813 et de 1814.

Celui-là, du moins, avait l'excuse d'avoir épousé les intérêts légitimes du pays dont il était le souverain, par conséquent le protecteur.

Il avait du reste renoncé à sa qualité de Français en se faisant naturaliser Suédois et Norvégien.

Frappé de la réprobation patriotique, Moreau, au début de la bataille de Dresde, fut atteint mortellement par un boulet français, pendant que du haut d'une éminence il observait les mouvements de l'armée nationale, en compagnie de l'empereur de Russie et d'un nombreux état-major. — (M.; L.)

Le doigt de Dieu s'était révélé une fois de plus.

A nos yeux, le point de départ des fautes de Moreau est de n'être pas resté un soldat, et d'avoir voulu se mêler de politique. A ce jeu si périlleux, il perdit le fruit et l'emploi de ses grands talents militaires.

Malheur aux officiers d'élite, élevés subitement au plus haut commandement par leurs mérites ou par des intrigues, ou grâce à la faveur, qui seraient tentés de l'imiter, et malheur à leur pays ; mais revenons à un vrai et grand Français :

CARNOT. — L'Organisateur de nos victoires, appartenait à une laborieuse famille du Tiers-État, dont les charges et les vertus étaient héréditaires et valaient la noblesse. Son père, notaire à Nolay, eut dix-huit enfants, dont sept lui survécurent.

Notre héros étant à Paris, dans une école spéciale, se fait remarquer par d'Alembert, qui lui prédit un grand avenir.

Sa droiture lui avait fait dire, dans un éloge de Vauban qu'il eut à faire pour un concours :

— « Je n'admets ni guerre agressive, ni de conquête. » Félicité à ce sujet par Buffon et par le prince Henri de Prusse, frère du Grand Frédéric, il refuse un grade élevé dans l'armée prussienne, pour se dévouer tout entier à la France.

Après la trahison de Dumouriez, il met Dunkerque en état de défense et parvient à arracher Furnes aux Anglais, en électrisant les soldats par son exemple et en se mettant lui-même dans le rang, le fusil à la main.

Nommé chef du mouvement des armées, au moment où la France était déchirée, au dedans, par les factions, au dehors par les invasions étrangères, Carnot voit grandir son rôle, et s'élève jusqu'au génie. Il sauve la patrie par son patriotisme et son activité. Dans un travail quotidien de seize heures, il organise quatorze armées et la victoire.

D'un coup d'œil sûr, il tire, des rangs inférieurs, des hommes pour les appeler aux premiers, trace les plans de campagne, inspire les manœuvres et enfin sauve la patrie, en recommandant de frapper toujours des coups décisifs en accumulant des forces sur un point donné. Il prescrit de chercher constamment à couper les communications de l'ennemi, à écraser successivement ses divisions séparées, et à s'attacher à mettre les armées hors de combat plutôt qu'à s'emparer d'une place ou de quelques lieues de terrain. — *(Revue militaire.)*

La célèbre bataille de Wattignies vint confirmer la justesse de ses recommandations : Maubeuge était bloqué, et sa chute eût laissé la France ouverte jusqu'à Paris, lorsque Carnot accourt en

29.

octobre 1793 désigne Wattignies, comme point
de concentration de l'attaque; destitue un général
trop hésitant dans son mouvement, s'élance, un
fusil à la main, à la tête d'une colonne et force les
Autrichiens, coupés de leur camp retranché, à
lever le siège.

Après la victoire, il vint reprendre ses travaux
à Paris, écrivit officiellement à l'armée pour la féliciter de son triomphe, sans faire aucune allusion
à la part principale qu'il y avait prise, comme s'il
fût resté dans son cabinet.

« Wattignies peut être considéré comme l'un
« des plus beaux faits d'armes des guerres mo-
« dernes » dit Napoléon.

Malgré ses œuvres et ses mérites, Carnot compris, par quelques envieux de ses services, dans
une liste de suspects, allait être appelé à la barre
de la Convention, lorsqu'une voix s'écria :

« Oserez-vous porter la main sur celui qui a
organisé la victoire? »

Ces paroles, accueillies par un frémissement
d'enthousiasme, désarment l'assemblée.

Comme remerciement, Carnot associa son nom
à la création des écoles : Polytechnique, Normale,
de Mars et d'Application, du Conservatoire des
Arts et Métiers, de l'Institut et du Bureau des
longitudes.

Il fit nommer Bonaparte au commandement de
l'armée d'Italie et prépara la gloire du grand

homme de guerre, dont, plus tard, le despotisme
l'effraya et le poussa à s'exiler. Napoléon, appréciateur de sa haute valeur, lui dit un jour :

« Monsieur Carnot, – tout ce que vous voudrez,
quand vous voudrez et comme vous voudrez. — »

Carnot n'accepte rien, mais, comme toutes les
belles âmes, reparait à l'heure des revers : Au
moment de l'envahissement du pays, en 1814, il
offre à Napoléon son bras sexagénaire et reçoit le
commandement d'Anvers.

En établissant son titre de nomination, on
s'aperçut que l'homme qui avait dirigé les armées,
nommé des généraux et Bonaparte lui-même,
n'avait d'autre grade que celui de chef de bataillon
du génie, où il était arrivé par ancienneté; il
n'avait jamais voulu, étant au pouvoir, se signer
un brevet d'officier général, malgré tous ses droits
à ce titre.

Anvers fut héroïquement et habilement défendu
jusqu'au dernier moment, et on y conserve encore
le souvenir de son intégrité.

Après les Cent-Jours, au moment du départ
suprême de Napoléon, Carnot ne put retenir une
larme. L'Empereur lui dit : « Je vous ai connu
trop tard et j'aurai dû agir comme vous. »

Proscrit au retour des Bourbons, il passa en
Allemagne et mourut, quatre ans après, à Magdebourg, où l'on voit encore une modeste pierre,

son tombeau, avec son nom pour toute inscription.

Ce nom de Carnot, synonyme de pureté civique,
de génie, de courage, de dévouement patriotique, de probité rigide, mérite de passer à la
postérité. — (M.; L.; B.)

Aussi approuvons-nous la translation de ses
cendres glorieuses au Panthéon, avec la seule
réserve que nous voudrions voir le dôme sous
lequel elles reposent, retentir chaque jour des
prières de l'Église pour remercier Dieu d'avoir
donné un si grand et si incorruptible défenseur à
la patrie et lui demander de nous en réserver
d'autres ; et cela, disons-le hautement, malgré les
erreurs de quelques-uns de ses votes aux Assemblées révolutionnaires.

NAPOLÉON I<sup>er</sup>. — Le talent nous manque pour
juger celui qui fut peut-être le plus merveilleux
génie militaire des siècles, parce qu'il eût les autres
grands hommes pour s'instruire, en dehors de ses
conceptions personnelles; aussi, n'en parlons-
nous que d'après nos critiques les plus éminents
et surtout d'après M. Thiers, dont nous résumons
quelques appréciations sur notre héros.

Esprit juste, pénétrant et vaste, Napoléon allait
droit au but et trouvait de suite l'argument décisif
d'une dissension.

Préoccupé de son avenir, au début de sa carrière,
il était sombre; aux premiers sourires de la for-

tune, il devint communicatif. Victorieux de l'Europe coalisée, il fut impérieux et absolu dans ses volontés. Ployé devant les nécessités de la guerre, pour lui, les hommes ne sont rien; les minutes sont tout.

Insensible, en apparence, au point d'être sans émotion devant les cadavres, sur un champ de bataille, il n'hésite pas, dit notre grand écrivain, à descendre de cheval pour s'assurer si, dans un mort apparent, ne reste pas un souffle de vie. Par exemple, à Wagram, apercevant un soldat, le visage couvert d'un caillot de sang, il met pied à terre, soulève la tête du blessé, l'appuie sur son genou et le ranime à l'aide d'un cordial : « Il en reviendra, dit-il en souriant; un de plus de sauvé! »

Vif en toutes choses, même vis-à-vis de ceux qu'il aime, s'il s'emporte en les grondant, il revient vite et rougit de n'avoir pas su rester maître de lui.

En dehors du commandement militaire et administratif, il était simple et juste.

Rigide envers les comptables, même pour des sommes minimes, il distribuait des millions à ses serviteurs, à ses amis, à des malheureux.

Inexorable pour les prévaricateurs, il avait un véritable amour pour les honnêtes gens.

Maître d'immenses trésors, à la suite de ses victoires d'Italie, il répand l'abondance dans son armée, soulage celle du Rhin, ne prend rien pour lui et aurait, en cas de mort, laissé sa veuve sans aucune ressource.

Dominateur, il eut toutes les vertus du guerrier et de l'homme d'État, mais ne sut jamais modérer son insatiable ambition, pour le malheur national.

« Mon trône peut s'écrouler, dit-il un jour de grande colère au prince de Metternich; j'ensevelirai le monde sous ses ruines. »

En parlant ainsi, il ne se trompait guère; n'allumait-il pas des monceaux de haines contre la France qui aurait dû tenir l'épée de Dieu en maintenant la paix en Europe? Il l'a confessé depuis, à Sainte-Hélène, en disant : « Toute guerre entre les États européens est un crime pire que la guerre civile. L'avenir le prouvera. »

Malgré cette appréciation, si ses maréchaux, las de combattre, n'avaient pas été plus raisonnables que lui, il eut fait son possible pour ne pas se tromper dans sa première prévision, tellement était grand son amour de domination.

Très sobre, à l'apogée de sa gloire, il restait peu à table, couchait sur la dure, supportait, sans s'en apercevoir, des fatigues sous lesquelles d'autres, plus vigoureux, eussent succombé.

Il bravait le péril sans y penser, sans le rechercher ni l'éviter, et se trouvait partout à sa place, pour tout voir, diriger, commander. Confiant en sa bonne étoile, il dit un jour, à son oncle le cardinal

Fesch, qui le blâmait de son peu de modération ;
en le menant devant une fenêtre des Tuileries (à
deux heures du soir) : « Voyez-vous une étoile au
ciel? — Non, répondit le cardinal. — Eh bien! moi,
j'en vois une, c'est la mienne. »

Nul ne supporta jamais mieux le poids et les
anxiétés d'un immense commandement. Habituellement plein de sang-froid, de vigueur et de
présence d'esprit; s'il paraissait bouillant, en
colère même, c'est qu'alors « tout allait bien »,
au dire des officiers habitués à son humeur.

Le moindre danger le rendait impassible, doux,
encourageant, pour ne jamais augmenter le
trouble, inévitable dans certaines circonstances.
Il avait le calme de l'homme fort et se montrait
d'une sérénité parfaite dans les situations les plus
critiques, calculant la portée des périls, trouvant
le moyen d'en sortir et domptant ainsi la fortune.
Mais, où il se surpassait, c'était le jour des grandes
batailles. Il avait, au premier coup de canon, une
lucidité d'esprit si parfaite, qu'il savait d'avance
toutes ses opérations et avait même prévu celles
de l'ennemi.

A Austerlitz, au moment où le feu commençait,
le capitaine Pelet, aide de camp de Masséna,
chargé d'une mission auprès de l'Empereur, vint le
trouver et, comme il se disposait à partir :

« Demeurez, lui dit Napoléon, tels et tels mouvements vont avoir lieu. A telle heure, j'attaquerai

l'ennemi sur tels points; mes manœuvres auront tels résultats et vers telle heure vous irez annoncer à Masséna la victoire. »

Les choses se passèrent comme l'Empereur l'avait annoncé. — (B.; N.; M.)

Effet immense sur l'imagination française.

Aussi n'avait-il pas un général dans l'armée, pas un soldat qui ne croie et ne dise : « C'est l'Empereur seul qui a remporté la grande victoire d'Austerlitz; il a tout ordonné, jusque dans les moindres détails et tout ce qu'il a ordonné a réussi.» — (B.; N.)

Aussi, Bonaparte battu, est-il une idole qui tombe! (dit le comte de Stadion).

Mis, par son ambition, dans des positions affreuses, on le voit, par exemple en 1814, assister au suicide de sa propre grandeur avec un sang-froid incroyable, espérant encore quand personne n'espérait plus; s'élevant au-dessus de toutes les situations qui pouvaient lui échoir, avec la résignation d'un esprit qui se rend justice et accepte le prix mérité de ses fautes.

Malgré la précision de ses idées en toutes choses, Napoléon aimait à s'illusionner, mais à un seul point de vue : Sur la force de ses armées. C'était afin de faire admettre sa supériorité numérique comme toutes les autres; c'était surtout dans sa pensée un calcul destiné à accroître la confiance de ses troupes.

Tel fut ce mortel si étrange, prodige de génie. Jeté dans le chaos d'une révolution, il s'y déplace, s'y développe, la domine, se substitue à elle et en prend l'énergie et l'audace. Succédant à des gens qui ne se sont arrêtés en rien, ni dans la vertu, ni dans le crime, entouré d'hommes qui n'ont rien refusé à leurs passions, il ne refuse rien aux siennes; ils ont voulu faire du monde une république universelle, il en veut faire une monarchie également universelle; ils en ont fait un chaos, il en fait une unité; ils ont tout dérangé, il veut tout arranger; ils ont bravé les souverains, il les détrône; ils ont tué sur l'échafaud, il tue sur les champs de bataille, mais en cachant le sang sous la gloire; il immola plus d'hommes et parcourut plus d'espace que Tamerlan et Gangiskan en Asie.

Napoléon, ce fils d'un gentilhomme corse, à peine sorti de l'École militaire, acquiert le titre de général, passe à l'armée d'Italie, conquiert cette contrée en un mois, détruit la coalition européenne et lui arrache la paix de Campo-Formio, puis va chercher en Orient des destinées nouvelles; passe, avec cinq cents voiles, à travers les flottes anglaises, conquiert l'Égypte en courant et attire autant les regards que Charlemagne, César, Annibal et Alexandre. Il songeait à envahir l'Inde, quand il fut ramené tout à coup en Occident par le renouvellement de la guerre européenne; après avoir essayé d'imiter Alexandre, il imite Annibal en franchissant les Alpes et écrase de nouveau la coalition.

Voilà le résumé du jugement de M. Thiers sur le grand homme devant lequel s'inclinèrent toutes les têtes couronnées d'Europe.

Comme suite à cette esquisse, nous allons rappeler un détail qui permettra de juger, en raccourci, son génie militaire, qui ne fut jamais plus brillant qu'au début des guerres de la République.

A son arrivée en Italie, Bonaparte est accueilli froidement par ses généraux, mais à la révélation de ses plans, Masséna dit à Augereau : « Nous avons un maître. » En effet, sa tactique sera toujours de percer le centre de l'ennemi, en l'attaquant avec des forces supérieures ou d'écraser une aile, pour se ruer après sur l'autre. Avant d'agir, il constate en ces termes sa situation militaire : « Soldats! vous manquez de tout et en face de vous sont des plaines fertiles et immenses; allons les prendre. » Il couvre de gloire son armée en l'épuisant; et malgré ses incomparables succès, la voit menacée d'être écrasée, lorsqu'une idée l'illumine : Il désobéit au Directoire, attaque en face de Vérone 40,000 Autrichiens sur les hauteurs de Caldiero avec 27,000 hommes malgré les menaces de 20,000 autres.

Repoussé avec perte, il rentre à Vérone pour

faire croire à sa retraite, tandis qu'il passe l'Adige et s'établit au milieu de marais coupés de chaussées. « Les soldats battent des mains; dit M. Duruy, ils ont compris le plan de leur général : Il a tourné par la droite la position du Caldiero, qu'il avait vainement abordée de front, fait tomber les formidables défenses de l'ennemi, enfin, trouvé un champ de bataille où la supériorité du nombre est inutile. Pendant trois jours on se bat sur ces chaussées étroites; Augereau et Masséna sont à la tête des colonnes; Bonaparte s'élance lui-même, un drapeau à la main, sur le pont d'Arcole, que ses grenadiers hésitent à franchir sous le feu de la mitraille; repoussé, précipité dans les marais, il va être pris, mais ses soldats le dégagent. Tout en gardant le terrain conquis dans la journée, chaque soir il replie le gros de ses forces derrière l'Adige, pour être prêt à courir contre Davidovich, s'il débouche des montagnes. Le troisième jour, enfin, il s'engage à fond et Alvinzy se met en retraite, laissant derrière lui dix mille morts et six mille prisonniers. L'armée française rentra à Vérone par la porte de Vicence, opposée à celle par où elle était sortie en feignant de battre en retraite — (M.; L.; T.; D.)

Ce fut, peut-être, sa plus savante victoire.

Notre intention n'est pas de le suivre jusqu'à l'apogée de sa fortune et de sa gloire, dont ses triomphes et son génie furent la base, sans parler de sa chute du sommet des grandeurs, quand la fortune l'abandonna.

Napoléon succombe à Moscou, la plus grande catastrophe des siècles (1), et une dernière fois à Waterloo; va mourir à Sainte-Hélène, attaché, comme Prométhée, sur un rocher, par la haine et par la peur.

Il a été, sans contredit, le plus grand guerrier des temps modernes, mais il ne fut que cela et, malgré son auréole de gloire, la France n'a nulle envie de lui voir des imitateurs, car, dans sa partie saine, elle partage l'idée contenue dans le quatrain suivant, affiché, un jour, sur le piédestal de la colonne Vendôme et dont nous ignorons l'auteur :

> Tyran, juché sur cette échasse,
> Si le sang que tu fis verser
> Pouvait tenir dans cette place,
> Tu le boirais sans te baisser.

Murat. — Grand-duc de Clèves et de Berg, roi de Naples, et beau-frère de Napoléon Ier, était fils d'un aubergiste du Lot.

Destiné à l'état ecclésiastique, il y renonce et s'engage dans la cavalerie où sa bravoure, remarquée par le Premier Consul, fut le point de départ de sa fortune.

Il se surpasse en Italie, surtout à Mantoue où,

(1) Victor Hugo.

par une audacieuse manœuvre, il force l'Autriche à demander la paix.

Il se signale ensuite en Égypte par des prodiges de valeur, à la prise d'Alexandrie et à la bataille des Pyramides.

A Saint-Jean-d'Acre, il monte le premier à l'assaut. A Aboukir, il se mesure corps à corps avec Mustapha-Pacha qu'il fait lui-même prisonnier, et a la plus grande part au succès de cette bataille.

On ne vit jamais à la tête d'une cavalerie un homme plus déterminé, plus brave, plus brillant.

Nous ne le suivrons pas, étape par étape, jusqu'à la fin de sa carrière, elle est encore trop récente pour être oubliée, nous préférons laisser la parole à Lamartine, qui s'exprime en ces termes à son sujet :

« Sorti des montagnes des Pyrénées comme un « soldat qui cherche aventure, signalé à l'armée « par sa bravoure; offert au Premier Consul par le « hasard; devenu cher et utile par l'amitié; élevé « à la main de la sœur de Bonaparte par sa beauté « et par son amour; porté aux grands comman- « dements par la faveur; au trône par l'intérêt « de famille; à l'infidélité par l'ambition de sa « femme et par la faiblesse du père pour ses « enfants; précipité par le contre-coup de la chute « de l'Empire; disgracié à la fois par Napoléon et

« par ses ennemis, incapable de l'obscurité et de
« la médiocrité après tant d'éclat et tant de for-
« tune, se jetant de désespoir dans l'impossible et
« ne trouvant que la mort, mais tombant, jeune
« encore, avec toute sa renommée, emportant,
« sinon l'estime entière, au moins tout l'intérêt et
« toute la compassion des contemporains, laissant
« à la postérité un de ces noms qui éblouissent
« les âges, où on trouvera des ombres, sans
« doute, mais pas de crimes : Tel fut Murat !
« Deux patries le revendiqueront : La France
« qu'il servit, l'Italie qu'il gouverna. Mais il appar-
« tient, avant tout, au monde de l'imagination et de
« la poésie, homme de la fable par ses aventures,
« homme de la chevalerie par son caractère,
« homme de l'histoire par son époque. Il mérita,
« plus que tout autre, l'épitaphe rarement méritée
« par ceux qui servent ou qui gouvernent les
« cours : *homme de cœur*, dans toute la grandeur
« et toute la sensibilité du mot. Aussi l'histoire,
« qui aura de l'enthousiasme et des reproches,
« aura surtout des larmes pour lui. »

Trahi au Pizzo, il mourut sous les balles d'un
peloton d'exécution en refusant de se laisser
bander les yeux.

« J'ai trop souvent bravé la mort pour la
craindre », furent ses dernières paroles.

Si Murat ne fut pas un stratégiste, il sut toujours saisir à propos le moment d'entraîner des

masses de cavalerie, et tenter d'incroyables har-
diesses assurant parfois la victoire.

Napoléon disait, à Sainte-Hélène :

« Si j'avais eu Murat à Waterloo, le résultat
aurait été tout autre, car il eût été capable d'en-
foncer les trois ou quatre carrés anglais qu'il
s'agissait d'anéantir à un moment de la journée. »

Souverain, il sut se faire aimer en gouvernant
sagement et libéralement.

Arrivé sur le trône avec douze millions de fortune personnelle, il les dépensa dans l'intérêt de
son royaume et resta ruiné, presque sans ressources.

Tels sont ses plus beaux titres de gloire.—(L.;M.)

EUGÈNE BEAUHARNAIS est à l'état-major de
Hoche, lorsqu'il vient réclamer à Bonaparte l'épée
de son père, guillotiné par ordre des tribunaux
révolutionnaires. Il la lui fait rendre, et la belle
veuve, en venant l'en remercier, jette les préliminaires du mariage qui en fera la si sympathique
impératrice Joséphine.

Protégé par son beau-père, Eugène Beauharnais
s'acquitte habilement d'une mission à Corfou,
échappe à la mort à Rome, suit Bonaparte en
Égypte et reçoit une blessure à Saint-Jean-
d'Acre.

Rentré en France avec lui, il l'accompagne et
se distingue partout; il est élevé à la dignité de
prince et d'archichancelier d'État en 1805, puis

nommé vice-roi d'Italie, et marié à Augusta-Amélie, fille de l'Électeur de Bavière.

En Russie, et plus particulièrement à la Moscowa, il s'immortalise et reçoit, au départ de Napoléon, le commandement de l'armée.

Il en ramène les débris à Magdebourg, où elle peut enfin se ravitailler, et Napoléon lui rend ainsi justice :

« Dans cette guerre, nous avons tous commis des fautes, Eugène seul n'en a pas fait. »

En Autriche, attaqué de toutes parts, il se réfugie derrière le Mincio et remporte une victoire pour couronner dignement sa glorieuse carrière militaire.

NELSON, le plus célèbre amiral de l'Angleterre, demande, à cinq ans, ce qu'est la peur et s'embarque à douze. Il a une constitution chétive, mais une volonté de fer et une pieuse résignation à la volonté divine qui lui fait braver tous les périls. — Afin de mettre le ciel dans ses intérêts, il prend l'habitude, avant de combattre, d'écrire une prière sur son journal de bord, et se montre d'une bravoure héroïque en toutes circonstances.

Il vient, après la paix de Versailles, en 1783, en France pour y étudier notre langue et nos mœurs.

L'exaltation de son patriotisme lui fait vouer une haine mortelle au nom français.

Lord Mulgrave a pronostiqué ses hautes destinées : À trente-huit ans, en effet, il a combattu plus de cent fois, et presque toujours avec succès. Un œil crevé, un bras emporté, de nombreuses cicatrices sur le corps témoignent de sa bravoure.

Il imagine le signal d'appel aux résolutions héroïques, pour avertir ses marins que l'Angleterre compte sur leur dévouement patriotique. Ne devrions-nous pas agir de même?

A Aboukir il est blessé d'un biscaïen, à la tête. A Ténériffe, il dit à ses capitaines :

« Demain, messieurs, j'aurai mérité la pairie ou Westminster! » Il se surpasse, en effet, ce jour-là.

Partout il cherche les escadres franco-espagnoles pour les combattre, partout il est victorieux. Il bat aussi les flottes russes et danoises devant Copenhague.

Sa tactique sur mer est celle de Napoléon sur terre : Couper les lignes ennemies et battre leurs vaisseaux en détail avant leur concentration.

Tels doivent être à peu près le but et la tactique de tout général en chef.

Il termine sa glorieuse carrière à quarante-sept ans, à Trafalgar, où il est atteint d'une balle à l'épaule.

Un de ses officiers, interprète des autres, lui demande, au plus fort du combat, de cacher les décorations qui brillent sur sa poitrine et le désignent aux coups de l'ennemi :

« J'ai gagné ces distinctions dans les combats,

je vivrai et je mourrai avec elles, à la garde de Dieu! » répondit Nelson.

La conduite de ce grand homme de mer, malgré sa haine aveugle contre la France, est un admirable enseignement de piété, de résolution patriotique et de tactique nautique.

Sa religion, malheureusement, ne l'empêcha pas d'enchaîner son cœur aux beaux yeux d'une noble dame dont il voulut, après sa mort, léguer la charge à sa patrie, mais que l'Angleterre, toujours digne et grande dans sa reconnaissance pour ses héros, laissa dans l'oubli, en prodiguant toute sa gratitude par des dotations magnifiques, à sa vraie famille. --- (M.; L.)

MICHEL NEY. --- Fils d'un tonnelier, débute comme petit clerc chez un notaire et s'enrôle dans un régiment de hussards où son sang-froid et sa bravoure lui font franchir rapidement les grades subalternes et lui valent bientôt le nom d' « Infatigable ». Il est malheureusement aussi un duelliste incorrigible.

Colonel, il se distingue en toutes rencontres, enlève la citadelle de Wursbourg, y fait 2,000 prisonniers, et, pour cette prouesse, est nommé général de brigade. Remarquable par son énergie et sa témérité calculée, il ne l'est pas moins par son humanité après la victoire.

La prise de Manheim, dont il se rend maître

par un trait d'audace, lui vaut le grade de général de division.

Héroïque jusqu'au sublime, à Hohenlinden, il contribue également à la victoire de Marengo.

A Erfurt, il fait seize mille prisonniers, s'empare de cent vingt canons, force Magdebourg à capituler en vingt-quatre heures, y prend huit cents canons et y fait vingt-trois mille prisonniers. En résumé, s'il n'est pas le meilleur stratégiste de l'armée, il est le plus vaillant. Aussi ces traits d'heureuse audace le font surnommer le « Brave des Braves », tandis que la couleur de ses cheveux le fait appeler par ses soldats : « Le Lion rouge ».

Le 9 mars 1808, de nouveaux glorieux exploits lui valurent le titre de duc d'Elchingen.

Malgré cela, à la suite d'un grave dissentiment avec Masséna, son supérieur, Ney fut privé de son commandement pour avoir refusé de lui obéir par une susceptibilité déplacée.

Son acte d'indiscipline impressionna mal l'armée, absolument comme la conduite du général et de tout officier qui s'occupe de politique.

A cet occasion, qu'il nous soit permis de dire que jamais un militaire, quel que soit son grade, ne doit méconnaitre l'ordre de son chef au moment où il le reçoit.

Si, par hasard, la vérité d'une détermination contraire parait évidente, dans l'intérêt du service

et du pays, il ne peut qu'en faire respectueusement
la remarque, après un commencement de soumission, à moins de cas exceptionnels.

Le chef, placé plus haut que son subordonné,
juge généralement mieux que lui, ou agit d'après
des ordres supérieurs se liant à un plan d'ensemble
ignoré de ses inférieurs; du reste, jamais un militaire sous les drapeaux ne doit mettre son épée
au service d'un parti politique; il est et doit rester
le soldat de la France.

Ney, dont l'âme et le corps, disait Napoléon,
étaient trempés d'acier, ne tarda pas à se remettre
sous les armes et à réparer ses torts.

Son incomparable valeur à la Moskowa lui
avait mérité, sur le champ de bataille, le titre de
prince de ce nom. Il le justifie par des prodiges.

Doué d'une force d'âme et d'une énergie peu
communes, à pied, le fusil à la main, il faisait le
coup de feu comme le soldat. Pendant quarante
jours et quarante nuits, il exposa mille fois sa vie
pour ramener en France quelques hommes de
plus et former un groupe d'officiers sans troupe.

Malgré toutes les victoires de Napoléon, l'Empire, entraîné par son ambition, courait à sa fin.

A Lutzen, le prince de la Moskowa se multiplie
et soutient seul le choc de l'armée coalisée.

Peu après, à un reproche de Napoléon, il ne
put s'empêcher de lui répondre :

« Sire, votre ambition insatiable est cause de tous nos malheurs! »

C'était vrai, et malgré le génie et la valeur déployée à Leipzig, la France fut envahie.

A la chute de l'Empire, Ney, au lieu de demander sa retraite, offrit son épée à Louis XVIII, qui l'attacha à sa cause en le nommant commandant en chef de tous les régiments de la Garde Royale, chevalier et pair de France.

Quelques gentilshommes, et surtout quelques dames de la cour raillèrent souvent la maréchale d'être la femme d'un fils de tonnelier et la fille d'une ancienne femme de chambre de Marie-Antoinette. Elle s'en plaignit amèrement au prince de la Moskowa, dont la détermination d'abandonner le roi fut peut-être influencée par ce dédain si maladroit, et si peu patriotique.

Jamais, en Angleterre, on n'eût commis pareille faute. Les mérites de Ney lui valaient des aïeux.

Quoi qu'il en soit, en apprenant le débarquement de Napoléon à Cannes, « C'est un grand malheur! s'écria-t-il, mais que faire? »

Le maréchal Soult le chargea d'aller arrêter Bonaparte.

Fier de ce choix, Ney obtint une audience de Louis XVIII et lui promit de le lui ramener pieds et poings liés (dans une cage de fer, dit-on).

L'hostilité contre les Bourbons et le prestige de la gloire firent proclamer l'Empire à Bourg, à

Mâcon, à Dijon, et permirent à l'Aigle Impériale de voler, de clocher en clocher, jusqu'à Notre-Dame pour planer de nouveau sur la France.

Ces faits et ces prévisions firent oublier à Ney toutes ses protestations et le poussèrent à proclamer Napoléon en ces termes :

« La cause des Bourbons est à jamais perdue. « Soldats, je vous ai souvent menés à la victoire, « maintenant je vais vous conduire à cette pha-« lange immortelle que l'Empereur conduit à « Paris et qui y sera sous peu de jours. Là, notre « espérance et notre bonheur seront à jamais « réalisés. Vive l'Empereur ! »

Un ancien émigré, son aide de camp, brise son épée en sa présence en lui disant : « Monsieur le « Maréchal, il fallait nous avertir et ne pas nous « rendre témoins d'un pareil spectacle. »

— Qu'aurais-je pu faire! lui répondit le Maréchal, mon bras peut-il arrêter la mer?

Il écrivit à sa femme :

« Mon amie, tu ne pleureras plus en sortant des « Tuileries. »

Par ordre de Napoléon, il se dirige sur Auxerre et le rencontre dans cette ville. Il a à la main un écrit où sont ses conditions.

A sa vue, Bonaparte s'écrie :

« Embrassons-nous, cher Maréchal, et ne par-lons pas du passé. »

Ney, fasciné involontairement, remit son manifeste dans sa poche, mais, dès son arrivée à Paris, il lui écrit :

« Je ne suis pas venu vous joindre par considé-
« ration ni par attachement pour votre personne,
« vous avez été le tyran de ma patrie; vous avez
« porté le deuil dans toutes les familles et le dé-
« sespoir dans plusieurs; vous avez troublé la
« paix du monde entier. Jurez-moi, puisque le sort
« vous ramène, que vous allez réparer les maux
« que vous avez causés en faisant le bonheur du
« peuple. Je vous somme de ne plus prendre les
« armes que pour maintenir nos limites; à ces
« conditions je me rends, pour préserver mon
« pays des malheurs dont il est menacé. »

A la réunion du Corps électoral, le 1er juin, au Champ-de-Mai, Bonaparte, apercevant Ney qui, depuis un mois, n'avait pas paru aux Tuileries, lui dit :

— Je croyais que vous aviez émigré?

— J'aurais dû le faire plus tôt, répliqua le Maréchal; maintenant, il est trop tard.

Peu après, Ney combattait en héros aux Quatre-Bras et à Waterloo.

« Là, dit Victor Hugo, Ney, éperdu, grand de
« toute la hauteur de la mort acceptée, s'offrait à
« tous les coups.

« Dans cette tourmente, il eut cinq chevaux
« tués sous lui. En sueur, la flamme aux yeux,
« l'écume aux lèvres, l'uniforme déboutonné, une

« de ses épaulettes à demi coupée par un coup de
« sabre, sa plaque de Grand-Aigle bosselée par
« une balle, sanglant, fangeux, magnifique, une
« épée cassée à la main, il disait : « Venez voir
« comment meurt un maréchal de France sur un
« champ de bataille! »

« Il ne mourut pas; hagard et indigné, il jetait
« à Drouet d'Erlon cette question : « Est-ce que
« tu ne te fais pas tuer, toi? » Il criait au milieu
« de toute cette artillerie écrasant une poignée
« d'hommes : « Il n'y a donc rien pour moi! Oh!
« je voudrais que tous ces boulets anglais m'en-
« trassent dans le ventre! » Tu étais réservé à
« des balles françaises, infortuné! »

Après ces mâles accents, nous voudrions pouvoir nous taire sur la fin du vaillant Maréchal
coupable d'avoir mal compris l'intérêt véritable
de la France et de la discipline.

En qualité d'ancien officier, nous ne pouvons
reprocher ni au roi, ni à ses juges, sa condamnation; contentons-nous de dire que Louis XVIII,
le laissant exécuter, oublia qu'il gouvernait la
France et fut, ce jour-là, un politique inhabile.

Reconnu coupable et condamné, Ney aurait dû
être gracié par le roi, sur la demande de tous ses
juges. — Il incarnait la bravoure française.

Quelques-unes de ses dernières pensées sont
trop patriotiques pour pouvoir être passées sous
silence, elles montreront, à côté d'un moment

d'oubli ou de manque de sagesse, la grande âme de cet homme de fer dont l'héroïsme est un enseignement admirable pour tout Français.

Après Waterloo, Ney, au lieu d'émigrer, comme ses amis le lui conseillaient, se retira dans le Lot, chez un parent.

Un matin, il aperçut de sa fenêtre plusieurs gendarmes, et leur demanda :

— Qui cherchez-vous?

— Le Maréchal Ney, pour l'arrêter!

— Montez, je vais vous le montrer.

Le Maréchal leur ouvre sa porte en disant : « Je suis Michel Ney! »

Dirigé sur Paris sous la garde de deux officiers, l'un d'eux lui fait donner sa parole de ne pas chercher à s'échapper. A son passage à Riom, le général Excelmans lui proposa de l'enlever.

« Non, répondit Ney, ma parole est engagée. »

Traduit devant la Cour des pairs pour haute trahison, la défense invoqua sa qualité d'étranger : « Sarrelouis, sa ville natale, n'est plus Française, » avait dit son avocat.

Ney se lève indigné : « Ma ville natale a cessé d'appartenir à la France, c'est vrai! dit-il, mais moi, je suis Français, messieurs, et je saurai mourir en Français! »

Prévenu de l'heure de son exécution, il fit demander le curé de Saint-Sulpice, et, au moment de quitter avec lui sa prison, il le prie de monter

le premier en voiture; sur le refus du prêtre, Ney
lui dit : « Monsieur le curé, j'arriverai encore avant
vous là-haut! »

Le commandant du peloton lui offre de lui bander les yeux. « C'est inutile, monsieur; depuis
vingt-cinq ans, j'ai l'habitude de regarder en face
les boulets et les balles. »

Alors, Michel Ney ôte son chapeau, porte la
main à sa poitrine et s'écrie, avec l'intonation de
voix qui avait si souvent forcé la victoire à lui
obéir : « Soldats! droit au cœur », et il tombe
foudroyé.

Ainsi mourut la vaillante victime de nos malheureuses passions politiques. — (M.; L.)

WELLINGTON. — Rarement la France a eu, à la
tête de ses armées, des hommes qui, sans grand
génie militaire, ont été capables de triompher de
ses plus rudes adversaires et de dominer les situations les plus périlleuses, par la seule force de leur
volonté. L'Angleterre en a eu, au contraire, plusieurs dont le plus célèbre — lord Wellington —
nous montre le plus parfait modèle à imiter en ce
genre. Rendons hommage à ce glorieux vainqueur,
c'est de toute justice, et en outre le meilleur moyen
de faire ressortir le mérite de nos armées.

Élevé en Angleterre, ce héros entre comme élève
étranger à l'École militaire de Saumur. À l'exemple
de Marlborough et de Nelson, venus aussi en
France, il cherche comme eux à mieux nous con-

naître pour apprendre à nous vaincre. C'est notre raison d'insister, pour que nos officiers riches, en congé, soient encouragés à aller faire de fréquents voyages à l'étranger et à leur frais.

À son retour dans sa patrie, Wellington arrive vite au grade de général, en récompense de sa bravoure et de ses capacités. D'une constance et d'une témérité admirables, en Espagne, il y triomphe de toutes nos forces, grâce, il est vrai, à l'indomptable vaillance du peuple espagnol.

Nommé général en chef des alliés, en 1815, il arrive à Waterloo, où son imprévoyance et ses dispositions de combat devaient le faire battre, sans des circonstances trop connues, pour les rappeler. Rachetant ses fautes stratégiques, il y garde, avec une bravoure et une énergie sans pareilles, la position qu'il avait choisie, se portant sur tous les points menacés. Il encourage ses soldats, leur rappelle la patrie, et leur dit : « Que penserait-on de nous en Angleterre, mes enfants, si nous abandonnions la partie ? »

Il les sait solides au poste et merveilleusement entraînés, dès l'enfance, à tous les exercices physiques, aussi compte-t-il sur eux.

Un de ses aides de camp — lord Hill — voyant les rangs s'éclaircir, lui demande : « Vous pouvez être tué, Maréchal, quels sont vos ordres ou vos instructions ? »

— « De tenir ici jusqu'au dernier homme ! » dit-il.

Et, à chaque nouvelle demande d'ordres, en cas de mort pour lui ou de défaite pour son armée, il répète : Il faut mourir ici pour l'Angleterre.

Wellington avait compris que l'abandon du plateau était la perte de l'armée anglaise, et qu'en s'y maintenant, il permettait à Blücher d'arriver, si le maréchal Grouchy ne lui avait pas, par hasard, empêché un retour offensif, qu'il prévoyait, sachant l'indomptable ténacité du général prussien. — Sa résolution a décidé du sort de la bataille comme en Espagne en se défendant sans presque jamais attaquer.

Notre heureux vainqueur a un plus grand mérite à nos yeux, c'est d'avoir été un ennemi loyal et humain, qui demanda seul, au Congrès d'Aix-la-Chapelle, l'évacuation immédiate du territoire français par les alliés, pour ne pas maintenir de ferment de haine en Europe.

Il avait compris cette vérité évidente : que la paix est un bien préférable à la victoire, surtout pour son pays.

Nommé ministre des Affaires étrangères, il rendit de grands services à l'Angleterre et s'éteignit, sans apparence de souffrances, en 1852, regretté de ses compatriotes et de ses adversaires.—(L.; M.)

BLUCHER. -— La providence de Wellington, à Waterloo, a été Blücher. Comme il fut notre principal adversaire, nous devons en parler.

En 1773, le grand Frédéric avait accepté, en ces

termes, la démission d'un jeune officier indiscipliné, mais d'une bravoure indomptable : « Le capitaine Blücher peut aller au diable! »

Malgré cela, ce même capitaine reprend du service, parvient aux honneurs, et obtient le grade de général en chef, à soixante et onze ans, après la campagne de Russie. Son ardeur juvénile le fait appeler le « Maréchal En avant! »

« Je veux planter mon drapeau sur le trône de Napoléon », avait-il dit. Effectivement, il entra deux fois dans Paris qu'il voulait anéantir.

En 1815, il propose le démembrement de la France que le glorieux duc de Richelieu empêche, grâce à l'amitié du czar Alexandre. A ce sujet, une courte digression trouve ici sa place :

Le roi de Prusse et son généralissime voulaient, à cette époque, dépouiller la France de l'Alsace et de la Lorraine; déjà même, ils avaient fait teinter une carte qui donnait les couleurs allemandes à ces deux provinces, lorsque le duc en est informé. Aussitôt, il s'en procure un exemplaire et le porte à Alexandre, en lui disant l'ambition de la Prusse et ses conséquences pour l'Europe, surtout pour la Russie, comme s'il avait pressenti les événements de 1871, et leurs terribles résultats pour l'Europe que la spoliation allemande force à rester armée.)

Aussi, le Czar, persuadé, imposa-t-il son veto, en nous conservant nos deux chères provinces. Il en rectifia les lignes sur la carte, et, après avoir fait prévaloir sa volonté, dit au duc de Richelieu :

« Je vous donne cette carte; elle vaut pour vous tous les millions du monde! »

En effet, le glorieux duc avait conservé à la France ces deux perles de l'écrin national.

Blücher, battu à Ligny par Napoléon, prend, trois jours plus tard, comme nous l'avons dit, sa revanche en arrivant à temps sur le champ de bataille de Waterloo.

Second Attila, il personnifie malheureusement l'ennemi implacable, ne respectant rien, pas même les richesses de nos bibliothèques. « Pillez ces livres, dit-il à ses hommes, ils sont en ligne comme des soldats, et comme tels, faites-les prisonniers! »

SURCOUF, né en 1773 à Saint-Malo, lieutenant à dix-sept ans, capitaine à vingt ans, déploie sur toutes les mers, sur celles de l'Inde principalement, une intrépidité sans pareille, et se rend la terreur des Anglais. Quelques-uns de ses exploits étaient tellement fabuleux que nos adversaires, pour se débarrasser de ce fléau de leur commerce, mirent à prix sa capture. Loin de s'en effrayer, il redouble d'audace, et, monté sur un petit navire, rencontre le *Kent*, de quatre cents hommes d'équipage et armé de quarante canons. Il l'attaque, s'élance à l'abordage et s'en empare, après une lutte sanglante de plusieurs heures.

Sous l'Empire, il se livre à des spéculations

commerciales et devient un très riche armateur
dont la bonté et l'humanité rachètent l'emportement de son caractère.

Sa mort, arrivée à Saint-Malo en 1827, fut con-
sidérée comme un malheur public, tant étaient
grandes l'estime et l'admiration de ses compatriotes pour les services qu'il avait rendus à son
pays.

Il se tint, jusqu'au dernier jour, prêt à en rendre
de semblables.

La seule ombre projetée sur sa vie est d'avoir
continué quelque temps la traite des noirs, après
son abolition.

Soupçonné de cette pratique criminelle, il reçoit
à son bord la visite des commissaires du port où
il était. Pour éviter leurs poursuites, il les menace
de lever l'ancre et de les jeter au milieu des noirs,
s'ils ne certifient la régularité de sa pratique.

L'excuse de sa menace est qu'il avait vingt ans
à cette époque. — (L.; M.)

La Tour-d'Auvergne, « Premier grenadier de
France », est soldat dès sa jeunesse, se distingue
en Espagne contre les Anglais, principalement au
siège de Mahon, prend sa retraite à la paix, rentre
au service dès les premières guerres et fait, avec
le grade de capitaine, la campagne de 1792 à l'armée des Alpes, où il commande « la terrible
colonne infernale ».

Idole du soldat, terreur de l'ennemi, il est sans

ambition, refuse le grade de général, et, plus tard, le titre de membre du Corps législatif.

La loi qui exclut les gentilshommes de l'armée fait une exception en sa faveur, par respect pour son patriotisme et sa gloire, en le maintenant dans ses rangs. N'y voyons-nous pas une leçon?

De nos jours, n'auraient-ils pas dû s'ouvrir, en faisant fléchir la sinistre loi d'exil, devant la conduite si digne du jeune duc d'Orléans. Il a mérité le titre de « Premier conscrit de France » et n'en ambitionne nul autre.

Ne vient-il pas de prier, en ces termes, ses amis de ne pas demander sa grâce :

« La prison est moins dure que l'exil, car la prison, c'est encore la terre de France! »

Combien différente avait été la conduite d'un autre prétendant qui, — au dire de certains publicistes, — après avoir sollicité et obtenu, par l'intermédiaire d'un ancien ministre de son père, l'autorisation de servir en France, demanda, quelque temps après, à bénéficier de son titre de fils de veuve.

Comme le dernier acte de la vie de ce jeune prince nous prouve sa bravoure, nous devons dire qu'il a été mal conseillé en agissant ainsi.

La jeunesse doit souvent à son exaltation d'heureuses inspirations. Nous en avons eu une seconde preuve lorsque, à la suite de la présentation de la note si fantaisiste des repas servis à la Conciergerie au duc d'Orléans, il voulait imiter son grand-père paternel, auquel on demanda un jour deux cents francs pour une modeste collation prise dans une auberge de village. Il fait remettre, disait Mᵐᵉ de Mirabeau, mille francs au maire en le priant de régler sa minime dépense et de conserver le reste pour ses pauvres. — *(Figaro.)*

Le petit-fils, bien inspiré également, voulait, nous affirme-t-on, faire remettre une somme bien ronde à un administrateur quelconque du bien des pauvres, après l'avoir chargé de régler sa dépense de nourriture. On l'en a détourné, — nous ne savons pour quel motif, — et il a dû subir les exigences du restaurateur. Les pauvres n'y ont rien perdu, c'est vrai, mais ç'eût été une leçon de prince bien méritée pour l'exploiteur.

Pour revenir au « meilleur de nos soldats », un représentant du peuple lui offre de lui faire obtenir tout ce qu'il voudrait.

— Êtes-vous bien puissant? lui demande La Tour-d'Auvergne.

— Sans doute!

— Eh bien! sollicitez pour moi...

— Quoi?... un régiment?

— Non, une paire de souliers! — (L.; M.)

Cette réponse de Spartiate ne prouve-t-elle pas son admirable désintéressement?

Pendant la paix, La Tour-d'Auvergne étudie, part à la place d'un ami, aux premiers bruits de guerre, et rejoint, en Suisse, l'armée de Masséna, où il entre comme capitaine.

Tué le 16 juin 1800, au combat de Neubourg, son cœur est confié à la garde de sa compagnie, et son nom reste sur les contrôles.

A chaque prise d'armes, un officier appelle : « La Tour-d'Auvergne? » et le porte-drapeau répond : « Mort au champ d'honneur! »

Conservée jusqu'en 1814, cette pieuse coutume fait couler des larmes sur les joues et les moustaches de ses vieux compagnons d'armes et de leurs successeurs.

Peu auparavant, le Premier Consul lui avait donné un sabre d'honneur avec le titre de « Premier grenadier de la République », et le 21 août 1800, la France lui éleva un monument simple, comme sa vie, sur le lieu même où il fut tué, avec cette seule inscription : « La Tour-d'Auvergne ».

Ce nom, synonyme de vertus guerrières, nous amène à parler de la *peur*, dont notre héros était exempt, mais qui saisit parfois des âmes d'élite.

Réputée incurable et contagieuse (sous forme de panique), peut-elle se guérir?

Nous répondrons oui, en général, par des habitudes de virilité contractées dès l'enfance, par la paix de la conscience, l'exemple du courage, le sentiment des responsabilités et de la solidarité militaires, surtout par celui de la force acquise par l'exercice, ou par des succès à la guerre, complétés par les inspirations de l'amour-propre et le frein de la discipline.

Évidemment, un vieux brave aurait une réponse d'apparence énergique, et de force à faire prendre les armes *au diable* lui-même; mais elle ne convaincrait pas, dans le fond de l'âme, l'homme que l'amour-propre et la crainte maintiendraient, peut-être bien, à son rang sans chasser sa peur, surtout dans les circonstances difficiles, l'isolement ou les ténèbres.

Quant à nous, pour être plus persuasif, donnons une forme imagée à notre appréciation, en nous figurant un vétéran de la valeur de La Tour-d'Auvergne, abordé un soir par un jeune soldat appelé à monter sa première garde de nuit, aux avant-postes, devant l'ennemi, et laissons-le ouvrir son âme à son vieux camarade de lit :

« Pays, dirait-il, je suis de faction de minuit à une heure, en sentinelle perdue; la nuit est noire, il fait bien froid, et je me sens d'avance pris de frayeur. Quand je serai seul, j'aurai si peur, qu'il me faudra, à la moindre alerte de mon imagination, crier ou me sauver, peut-être l'un et l'autre.

« Lorsque je revenais seul au village, le soir, je chantais pour ne pas m'effrayer des ténèbres; maintenant, que faire pour me conduire en soldat? »

— « Prier Dieu, mon ami, pour lui demander la force d'accomplir ton devoir de brave. — Comme

toi, j'ai eu des frayeurs, à ton âge, je les ai vaincues en raisonnant : La mort, me suis-je dit, est
la fin de nos maux que l'espoir suprême et un
amour élevé peuvent seuls adoucir.

« Qu'ai-je à attendre ici-bas? Une croix sur ma
tombe; peut-être, auparavant la croix des braves,
si je sers utilement la patrie, en versant mon sang
pour elle.

« Je me suis mis alors à aimer Dieu, la France,
le drapeau, mon devoir, et à espérer le ciel. Maintenant, j'ai la conscience tranquille et je triomphe
de la peur, qui me fuit.

« Fais de même, camarade! et tu n'auras plus
de frayeur! » Dieu est notre meilleur appui.

En effet, la religion exalte le patriotisme, dont
une femme de cœur et d'esprit (M^me de Girardin)
résume ainsi l'idée :

> ... La patrie est le lieu
> Où l'on aima sa mère, où l'on connut son Dieu,
> Où naissent les enfants, dans la chaste demeure,
> Où sont tous les tombeaux des êtres que l'on pleure.

En définitive, l'amour de Dieu et de la patrie
enfante seul les héros et triomphe de la peur.
David, le roi prophète, ne s'écrie-t-il pas, dans
un de ses magnifiques psaumes : « Si le Seigneur
est la force de ma vie, de qui aurai-je peur? »
Après la mort, son ciel récompensera nos vertus.

On réchauffait jadis le courage du soldat, au moment des combats, par une double ration d'eau-de-vie à laquelle on a vu parfois mêler de la poudre. C'était une sottise, comme ce serait une faute, un crime même, de laisser entourer la fleur d'héroïsme nécessaire à nos gradés, de la fange dont on les accuse faussement de la souiller, tandis qu'il lui faut, pour germer, des vertus et un désintéressement pareils à ceux de La Tour-d'Auvergne et de nos héros.

Cet éloge accordé au vétéran et au jeune prince, arrêtons-nous aux souvenirs de deux enfants qui ont pu dire, l'un après l'autre, avec Corneille :

> Je suis jeune, il est vrai, mais aux âmes bien nées
> La valeur n'attend pas le nombre des années!

Nous avons nommé BARRA et VIALA.

Barra s'enrôle, à treize ans, dans un régiment combattant en Vendée, d'où il envoie scrupuleusement sa modeste solde à sa mère devenue veuve.

Au combat de Cholet, il fait prisonnier deux Vendéens, mais, entraîné par son ardeur loin de ses camarades, tombe percé de vingt coups de baïonnette en embrassant sa cocarde.

La France, reconnaissante, fait une pension de mille francs à sa famille, et le célèbre statuaire, David d'Angers, le sculpte en marbre.

Le second, Viala, d'un héroïsme égal, s'immortalise aussi à treize ans, à la tête de jeunes volontaires dont il est le plus brave.

Un jour, on demande un homme de bonne volonté pour aller couper des câbles qui retiennent des pontons établis sur la Durance et dont les royalistes vont se servir pour passer en force sur l'autre rive.

Il se présente, — on refuse son dévouement. — Aussitôt, il s'arme d'une hache, s'élance sur un poteau qui retenait les câbles, et commençait à les couper, lorsqu'il est frappé à mort par les balles ennemies.

Les royalistes franchissent la rivière, percent de leurs baïonnettes le corps de l'enfant, et le précipitent dans la Durance.

> De Barra, de Viala, le sort nous fait envie;
> Ils sont morts, mais ils ont vécu!
>
> *(Chant du Départ.)*

L'amour de la patrie, inspiré par Dieu, n'animait-il pas tous ces héros? — (L.; M.)

## CHAPITRE XI

Grands maréchaux et généraux illustres. — Présomptions coupables. — L'Empereur d'Allemagne et ses successeurs. — Victor-Emmanuel. — Roi Humbert. — Attaques à notre armée. — Duc d'Orléans.

Nous ne pouvons pas relater tous les faits glorieux à la louange de nos héros contemporains, ils sont trop nombreux; nous en citerons sommairement, et au hasard, quelques-uns pour enseigner les vertus exprimées par leurs prouesses.

Parmi eux, l'illustre prince de Neufchâtel fut le brillant chef permanent du grand état-major de Napoléon. Comme satellite d'un astre de première grandeur, il eut quelques-uns de ses rayonnements et donna parfois à son chef d'heureuses inspirations.

Moncey, duc de Conégliano, s'est immortalité en défendant Paris contre les alliés victorieux, et, après une glorieuse carrière, a la dignité de refuser, dédaigneusement, de présider le Conseil de

guerre chargé de juger le Maréchal Ney. Longtemps retenu prisonnier pour ce fait, il est privé
de tous ses honneurs militaires par le gouvernement de la Restauration.

Masséna, l'enfant chéri de la victoire, voit chaque
fois ses idées s'éclaircir au bruit du canon. Il se
grandit dans le danger et devient intelligemment
audacieux. Sa victoire de Zurich, sa défense de
Gênes et son admirable retraite en Espagne,
admirée de Wellington, son adversaire, attestent,
en outre, une fermeté et un courage à toute épreuve
qu'il sait communiquer à ses soldats. Il est le bras
droit de Napoléon, qui le place au premier rang
des maréchaux auquel il peut confier le commandement d'une armée. — Tous les actes de sa carrière militaire prouvent la justesse de ses appréciations.

Pendant les trois jours de la sanglante bataille
d'Essling, il se surpasse et mérite le titre de prince
de ce nom. Ses succès y eussent été plus grands
sans une crue subite du Danube, qui combat pour
nos ennemis, en empêchant Masséna de tirer un
plus grand parti de la victoire.

Lannes, le prince des braves, frappé d'un boulet
autrichien, à Essling, emporte dans la tombe l'admiration de ses soldats et de leurs adversaires.

Presque toujours chargé de commander nos
avant-gardes, à la veille des grandes batailles, il se
montre constamment calme au milieu du feu, mais

il est jaloux de sa gloire personnelle au point qu'un jour, après une chaude journée, entendant Napoléon louer Murat devant lui d'une façon exagérée, lui dit :

« Sire, Augereau et moi, nous en avons plus fait que les autres, aussi, ni lui ni moi ne nous laisserons faucher l'herbe sous les pieds, pas même par votre coq empanaché de beau-frère! »

S'il avait ainsi son franc-parler avec Napoléon, il y joignait le mérite de vouloir qu'on rendit une justice éclatante à ses vaincus eux-mêmes; aussi dit-il un jour, d'un ton indigné, des Espagnols qu'un étranger traitait de « fanatiques » en sa présence :

« Fanatiques, c'est possible, mais ce sont des braves qui se battent admirablement bien! et si j'ai pris Saragosse, c'est que Saragosse n'existait plus, était en cendres et sans aucune défense. »

Il fait l'éloge pompeux de Palafox, l'illustre défenseur de cette ville, et de tous les héros de ce siège mémorable, dont il adoucit les horreurs par son humanité, dès la prise de l'héroïque cité.

L'illustre maréchal Davout, duc d'Auerstaedt, prince d'Eckmuhl, mérite une mention spéciale.

Il est gentilhomme et officier de cavalerie en 1789. A un repas de corps, un officier supérieur de son régiment porte un toast au roi, en ajoutant que pas un j... f... n'en voudra porter un autre.

Il se lève et dit avec calme :

« Je suis le j... f... dont monsieur a voulu parler, et je porte un autre toast : « A la France!... »

Mis en disponibilité pour ce fait, il est élu, quelque temps après, commandant, puis lieutenant-colonel des volontaires de l'Yonne.

Comme il est intelligent et studieux, il est de suite à hauteur de son grade, et l'avancement lui sourit. — D'un courage indomptable en Égypte, il refuse de signer la capitulation du Caire.

Partout, Napoléon lui confie les plus importantes missions; il les remplit à son honneur et se montre aussi bon administrateur qu'habile commandant d'armée.

Il sait agir et prévoir. Gros et myope, il ne paye de mine que les jours de bataille; il est alors superbe d'impassibilité et de lucidité devant le danger. Du reste il juge toujours sainement, et aime à faire figure pour éblouir amis et ennemis.

Il s'attire toutes les sympathies des Polonais et empêche un soulèvement de la Prusse, grâce à eux, par les renseignements qu'il en obtient.

Malgré cet acte habile, la calomnie l'atteint. On l'accuse de vouloir ressusciter le royaume de Pologne à son profit, parce qu'il a un train presque royal et une maison militaire digne d'un roi, dans laquelle se trouve un aumônier.

Allié à la famille impériale, il a reçu des dotations qui, jointes à ses appointements, lui constituent quinze cent mille francs de rente.

Au moment des rumeurs sur les desseins du Maréchal, l'illustre princesse d'Eckmuhl, consultée par l'Empereur sur les intentions de son mari et les siennes, lui fit cette réponse si digne :

« Sire, je veux ce que désire le Maréchal, et il préfère le titre de Français à celui de roi de n'importe quel pays. »

Vers cette même époque, Davout avait été le principal vainqueur d'Iéna. En effet, le 14 octobre 1806, le roi de Prusse, à la tête de quatre-vingt mille hommes, avait rencontré, à Auerstaedt, les trente mille hommes commandés par le maréchal, qui se précipite sur eux, malgré l'infériorité du nombre, et obtient une des victoires les plus brillantes qu'aient remporté les armées françaises, tandis que Napoléon, resté sur le plateau d'Iéna, en face du corps prussien d'Hohenlohe, remportait un autre succès, que le nombre et la position de ses troupes rendaient plus facile. Davout avait, il est vrai, trois illustres divisionnaires, les comtes Gudin, Morand et Friant, réputés les *invincibles* et qu'il savait bien utiliser.

L'Empereur, dépité d'avoir été surpassé en cette circonstance par un de ses lieutenants, ne donna pas, à cette mémorable bataille, le nom d' « Auerstaedt », où Davout avait triomphé plus brillamment que lui dans la plaine d'Iéna. — (L. ; M.)

Malgré cette faiblesse, dont quelques maréchaux eurent plusieurs fois à souffrir, Napoléon a con

fiance dans les talents de Davout et lui en donne
une preuve éclatante en le chargeant de tout préparer pour l'expédition de Russie.

Pendant un an, il lui confie le dressage, l'armement et l'organisation de six cent mille hommes
destinés à cette désastreuse folie, si loin des désirs des nations française et russe, surtout si
contraire à leurs sentiments.

Davout la réprouve en avertissant d'avance
Napoléon de ses conséquences; mais il s'épuise
pour tout organiser, tout prévoir, et tout faire
réussir. Infatigable en toutes circonstances, il
est surtout héroïque, mais comme il a sous ses
ordres tous les contingents des peuples soumis à
la France, il déploie une sévérité impitoyable pour
faire régner dans leurs rangs une discipline de
fer; il est parfois obligé d'ordonner quelques exécutions capitales, afin d'éviter des séditions, surtout afin de fondre, en un grand corps, toutes les
parties de l'immense réunion d'hommes, de natio-
nalités différentes, qu'il a à diriger.

En 1812, il bat le général russe Bagration, à
Mohilew, et défend, quelque temps après, Ham-
bourg avec un talent et un courage qui mirent le
comble à sa gloire, et n'y laisse entrer l'ennemi
que sur l'ordre formel de Louis XVIII.

A l'heure des grands désastres, comme il a le
plus d'aptitudes de tous les maréchaux, il est
nommé ministre de la Guerre.

Dans une circonstance donnée, les alliés montrent des exigences incompatibles avec la dignité nationale. Davout se met alors à la tête de quelques milliers d'hommes, s'avance sur Versailles, et y écrase trois régiments prussiens pour prouver la vitalité de la France, puis il fait retirer toutes ses troupes, en bon ordre et à son heure, derrière la Loire, emmenant avec lui tout son matériel de guerre et toutes nos ressources militaires.

Il refuse de les rendre et conjure, par sa fière attitude, les malheurs prêts à fondre sur la France. En vertu de la loi d'hérédité, la patrie doit tout espérer d'un de ses descendants, le commandant de notre armée de l'Est.

Bernadotte, prince de Pontecorvo, s'est immortalisé à Wagram et sur les champs de bataille, d'où la jalousie de Napoléon ne l'a pas éloigné. Sa probité et ses mérites lui valent la couronne de Suède et de Norvège ou il a fait souche de bons rois.

Le maréchal Oudinot, duc de Reggio, si justement surnommé « le Bayard moderne », a répandu son sang sur tous les terrains de guerre. Son corps est couvert de trente-trois blessures, lorsqu'il est obligé de prendre sa retraite.

Le héros Polonais, si Français de cœur — Poniatowski — mérite, lui aussi, le titre de « Bayard du Nord ». En 1809, il défend Varsovie contre soixante mille Autrichiens, les bat à Razin, et reçoit le bâton de maréchal de France à Leipsick où, chargé de protéger la retraite de la grande armée, il se lance dans l'Elster et s'y noie plutôt que de se rendre, en criant : « Vive la France ! vive l'Empereur ! »

Le vieux maréchal Lefebvre, duc de Dantzick, malgré sa modeste origine et ses humbles débuts, a du sang de héros dans les veines. Simple sergent, il a épousé une blanchisseuse, et n'en rougit jamais. Elle lui a donné quatorze enfants, dont douze fils, tous morts jeunes ou sur les champs de victoire de la patrie.

Il n'est pas lettré, mais sait merveilleusement se faire comprendre et obéir de ses officiers et de ses soldats.

Au siége de Dantzick, il dit au commandant de son artillerie : « Je ne connais rien à vos canons, mais f...-moi un trou quelque part où je puisse passer. J'y ferai entrer tous mes hommes. »

Nous savons comment il tint parole.

Une autre fois, voyant une troupe de cavalerie prête à fuir, il s'...ance en avant de ses rangs en criant : « Levez la tête, mes braves ! ce qui pleut n'est pas *sale*, ce sont des balles ! » et il les maintient électrisés, sous le feu, par sa fière attitude et son superbe dédain de la mort.

Ce vaillant des vaillants aime l'humble compagne de ses jours d'épreuves, que sa haute position a laissé aussi bonne et simple qu'autrefois. Malgré sa simplicité, la phrase qu'on lui prête : « Mon mari n'est pas *lecturier* et je ne suis pas *lizarde*, aussi, de la bibliothèque du château, nous avons fait un fruitier. » est due à l'imagination d'un ami malveillant, dont les mensonges ne l'empêchent pas d'être estimée de tous, de l'Empereur lui-même.

Soult est aussi un soldat de fortune et mérite une mention spéciale. Caporal au début de la Révolution, il marche à pas de géant aussi, à force d'actions d'éclat et de zèle dans son service.

Napoléon l'honore, à la bataille d'Austerlitz, du commandement de l'aile droite, et il s'acquitte si bien de sa mission qu'il mérite cet éloge flatteur : « Maréchal, je vous dois une partie du succès ».

En Espagne, tout en déployant autant de talent, il fut moins heureux; il eut cependant, dit-on, des velléités de s'y faire nommer roi.

Quoi qu'il en soit, il fut un admirable stratégiste dans sa retraite devant Wellington, où, avec trente mille hommes, il se retira sur Toulouse et se défendit héroïquement contre cent mille Anglo-Espagnols, qui ne purent pas l'entamer.

Si le duc de Dalmatie a été un grand homme de guerre, nous n'avons pas à nous prononcer sur d'autres côtés moins brillants de son caractère.

Le maréchal Jourdan devrait être duc de Fleurus pour avoir sauvé la France ce jour-là.

Lannes en revendique le titre en sa faveur, en disant : « Il sera le mieux mérité de tous ceux des maréchaux ! »

— « Impossible, lui répond Napoléon, il aurait un nom plus beau que le mien. Je n'ai jamais sauvé, comme lui, la France en gagnant des batailles! » N'est-ce pas une vérité éclatante?

Bessière, duc d'Istrie, se distingue par sa bravoure, sa probité et un désintéressement absolu.

Il commande une brillante charge de cavalerie à Marengo et assure la victoire. Partout, il se montre héroïque : Iéna, Austerlitz, Wagram, Eylau, le voient au premier rang.

Il eût rendu d'immenses services à la France, si un coup de canon ne l'eût enlevé dans un des combats livrés avant la bataille de Lutzen, en 1813.

Serrurier, officier à treize ans, brille à l'armée des Alpes, sous Kellermann et Scherer, par son courage, sa probité et surtout sa dignité.

Un jour, il fait brûler quinze cents drapeaux pris à l'ennemi, pour qu'ils ne tombent pas entre leurs mains. Ardent partisan de la Révolution, il accomplit ses plus beaux faits d'armes sous cette période et fait peu de campagnes sous l'Empire.

Marmont s'attache à la fortune de Bonaparte et se trouve un instant, comme lui, dans une profonde misère. Il est obligé de s'habiller avec des effets des magasins de l'État, donnés par Pichegru.

Lorsque la fortune commence à sourire à son général, il lui prépare le passage du Saint-Bernard et contribue à toutes les victoires de la merveilleuse campagne d'Italie.

Admirable comme aide de camp, il n'est réellement brillant qu'en sous-ordre. Il accompagne Bonaparte en Égypte et rentre en France avec lui. Au début de la seconde campagne d'Italie, il imagina d'entourer de paille les roues de l'artillerie et de couvrir de fumier la route côtoyant le fort de Barre, afin d'assourdir sa marche et ne pas donner l'éveil à l'ennemi.

Par ce stratagème, il passe inaperçu et contribue ainsi à la victoire de Marengo et aux succès qui la suivirent.

Il améliore l'artillerie et brille en qualité d'administrateur.

Nommé duc de Raguse, il établit une route de trois cents kilomètres, qui fait dire aux Dalmates émerveillés de sa prodigieuse activité :

« Les Autrichiens, pendant huit ans, ont discuté des plans de route sans les exécuter ; Marmont est monté à cheval, et quand il en est descendu, elle était terminée. »

Son extrême distinction et sa beauté physique, jointes à sa prodigalité, l'ont fait surnommer, par Napoléon : « Marmont I<sup>er</sup> ». — (L. ; M.)

Malheureusement, quels que soient ses mérites militaires, il les ternit en abandonnant, à Essones, la cause de celui qui le considérait comme son fils d'adoption, en entamant des pourparlers avec l'ennemi sans l'ordre de l'Empereur.

Macdonald se distingue comme colonel à Jemmapes. Nommé général, il défait le duc d'York en plusieurs rencontres, s'empare de la flotte hollandaise en 1795, et paye partout de sa personne. A Wagram, il enfonce le centre ennemi, protégé par deux cents canons, décide du succès de la journée, et reçoit le titre de duc de Tarente

Suchet, duc d'Albufera, est élu, à l'unanimité, chef de son bataillon au début de la Révolution. Administrateur honnête et habile, il mérite de l'Empereur ces paroles aussi flatteuses que justes : « Si j'avais eu deux administrateurs comme lui, j'aurai conservé la Péninsule ».

Ce n'était malheureusement pas faire l'éloge des autres.

L'entraîneur d'hommes par excellence est Augereau, duc de Castiglione, dont la bravoure est légendaire et la susceptibilité, que nous n'admirons pas, plus légendaire encore.

Soldat de fortune, élu par ses camarades, il voit à Arcole, dans ses troupes décimées par l'artillerie, un moment d'hésitation. Pour éviter une panique, il saisit un drapeau afin de les électriser, s'élance sur le pont, malgré la mitraille, les ramène en avant et culbute l'ennemi au pas de charge, en criant aux siens : « Les balles et les boulets respectent ceux qui s'en f..... »

On l'a accusé du pillage de nombreux fourgons au moment de l'invasion ; c'est probablement une calomnie ; car il meurt sans laisser une grande fortune à sa veuve qui se remarie, apportant 18 à 20,000 livres de rentes à son second mari.

Victor Perrin, duc de Bellune, contribue aux victoires de Montebello, de Marengo, d'Iéna et de Friedland. Il gagne, en Espagne, les batailles d'Uclès et de Medellin ; se surpasse en Russie, se montre héroïque à Dresde, à Leipzig, et fait la campagne de 1814. Il y commet une faute de tactique que Napoléon, irrité, lui fait payer en lui retirant son commandant ; précisément à l'époque où le jeune et brillant général Château, son gendre, vient d'être tué à l'ennemi. Victor est sublime en cette circonstance, et va spontanément, offrir à l'Empereur sa glorieuse épée.

« Sire, lui dit-il, si vous ne pouvez utiliser mes « services comme maréchal de France, acceptez « au moins ceux d'un homme qui saura servir en « brave, comme autrefois, et mourir pour la « France comme son fils, le général Château. »

Au retour des Bourbons, Victor est un instant Ministre de la guerre et devient pair de France en 1815.

Clarke, duc de Feltre, chef d'état-major de l'armée du Rhin, et ministre de la guerre, n'a pas à son actif de grandes victoires. C'est un administra-

teur remarquable, surtout dans les moments difficiles.

Gouvion-Saint-Gyr, avant d'être le réformateur
des règlements militaires sur le recrutement, l'a-
vancement et les retraites, fait preuve de capacités qui obligent Napoléon à en faire un maréchal
de France, malgré son peu de sympathie pour
lui.

Ses exploits en Catalogne, sa brillante victoire
de Polotsck et son habile défense de Dresde, con-
tribuent, au moment de la Restauration, à rallier
les esprits à la cause des Bourbons.

Il est estimé dans l'armée, et devient un ministre
de la guerre hors ligne, en outre un jurisconsulte.

Junot, secrétaire de Bonaparte à Toulon, écrit
une dépêche sous sa dictée. Une bombe tombe à
leurs pieds et souille de poussière son papier
« Bien, dit-il sans émotion, nous n'avions pas de
sable pour sécher l'encre, en voici! »

Cet acte de sang-froid est l'origine de sa fortune. Bonaparte se l'attache comme aide de camp.

Sa valeur et son courage, poussés jusqu'à la
folie, le font surnommer, par ses camarades : « la
Tempête. »

A Nazareth, avec trois cents cavaliers, il brise
un instant l'effort de 10,000 Turcs et tue, de sa
main, le fils de Mourad-Bey et plusieurs musulmans. Il mérite, longtemps après, le titre de duc
d'Abrantès, pour ses faits d'armes en Portugal.

A propos de Junot, hasardons une digression sur les capitulations : Autrefois, tout chef qui se rendait portait un stigmate de honte que seul un conseil de guerre pouvait laver; et Napoléon a proclamé qu'un général ne devait jamais mettre bas les armes en rase campagne.

Cependant, notre siècle s'ouvre par l'inévitable capitulation de l'armée d'Égypte dont les signataires : Belliard et Menou, sont bien accueillis par Bonaparte.

Longtemps après ce malheur, la capitulation de Junot à Cintra fut, grâce à Kellermann, des plus heureuses et des plus honorables.

« A Baylen, Dupont fut plus malheureux que coupable, » écrit Napoléon à Saint-Hélène, après ses premières explosions de colère. « Il expia les fautes des autres. » Remarque à faire : devant le conseil de guerre où il fut traduit, ses juges militaires, seuls capables de bien apprécier sa conduite, l'excusèrent en partie; tandis que les autres se montrèrent impitoyables; peut-être pour ne pas accuser le vrai coupable de cette déplorable et inique guerre d'Espagne qui fut cause de tous nos autres revers.

L'excuse de Dupont fut d'avoir été malade et écrasé par le nombre n'ayant, sous ses ordres, que des conscrits en partie indisponibles ou démoralisés par le climat et la faim; d'avoir été mal renseigné et mal obéi.

32

Sa faute fut la trop grande quantité de ses bagages, sa préoccupation de les conserver et peut-être un moment de défaillance personnelle. Il s'était cependant acquis la réputation du meilleur divisionnaire de l'armée, dit le général Foy, et devait être, le premier, nommé maréchal de France.

Héroïque à Albecke, à Halle et à Friedland, Napoléon le voyant, un jour, se lancer avec succès à la tête de 5,500 hommes sur 12,000 Prussiens, abrités sur des hauteurs fortifiées, avait dit, en le félicitant de son heureuse audace : « Avec 60,000 hommes, j'aurais hésité à attaquer ainsi l'ennemi! »

Hélas! tous ces malheurs paraissent bien faibles en comparaison de la plus grande honte de nos annales : « Sedan! » Faute ou crime dynastique, il a entraîné d'incomparables désastres, dont le brave maréchal de Mac-Mahon fut le bouc émissaire. Quelques réflexions à ce sujet.

Battu à Reichshoffen, le maréchal pouvait-il tenter quelques moyens de défense; avant d'abandonner la ligne des Vosges, devait-il quitter Saverne sans en faire sauter le tunnel ou sans en rendre les routes parallèles et les abords inaccessibles, malgré la démoralisation de son armée? A Châlons, aurait-il dû refuser l'ordre de marcher sur Sedan, et suivre sa première et bonne résolution de battre en retraite sur Paris? Ne se trompa-t-il pas ensuite après avoir constaté l'infériorité de ses forces au contact de l'ennemi, en ne se repliant pas sur Mézières ou sur un autre point, au besoin sur le territoire belge? Enfin, tout n'était-il pas préférable à la capitulation, dont les généraux Ducrot et de Wimphen ont supporté le poids sans en être aucunement responsables; mais le contraire était-il possible?

Autant de questions que nous laisserons sans réponse, malgré la netteté de notre pensée à ce sujet. Tout devait s'essayer avant la bataille?

En dehors des conceptions de génie dont un Napoléon Ier seul eut été capable, nous n'hésitons pas à le dire, il aurait fallu remonter le moral de nos troupes en les électrisant par un idéal surhumain, inspiré des sentiments que le démon muet de l'Écriture, c'est-à-dire le « respect humain » a laissé au fond du cœur de nos plus illustres chefs, en leur ôtant la pensée de stimuler la foi de tous leurs soldats, pour les relever.

Quant aux capitulations de villes, telles que Metz et Paris, nous ne les apprécierons pas, de peur de les mal juger. De fréquentes sorties, combinées sur plusieurs points à la fois, eussent-elles été possibles et nous auraient-elles donné des succès appréciables? Nous le croyons, sans pouvoir l'affirmer.

En tout cas, elles devaient se tenter à tout prix aux débuts de ces sièges, surtout à Metz ave:

l'admirable armée que nous y avions; et bien diri-
gées, elles auraient réussies.

Pour en revenir à nos souvenirs de gloire, Kellermann, duc de Valmy, a l'heureuse inspiration de
décider la victoire de ce nom en agitant son chapeau à la pointe de son épée et en criant : « Vive
la Nation! » Ses jeunes troupes, entraînées par
son exemple, se jettent, remplies d'enthousiasme,
sur l'ennemi, le débordent et le battent; ce qui a
pour résultat de relever le moral de la France et
de refouler nos ennemis au delà de la frontière.

Après ces astres de première grandeur, entrevoyons les côtés héroïques de quelques autres
hommes dignes de passer à la postérité.

Éblé, enfant de troupe à neuf ans, devient bientôt un sous-officier incomparable. En 1785, il organise l'artillerie italienne. A son retour en France,
il apporte, le premier, un ordre et une méthode
jusqu'alors inconnus, et distribue les munitions et
les pièces dans chaque division.

Il réfléchit longtemps, mais une fois sa résolution prise, il agit vite et sûrement. En Hollande,
il fait traverser miraculeusement son artillerie
sur la glace des plus larges fleuves.

Sur le Rhin, en 1795, il protège l'admirable
retraite de Moreau et contribue à la victoire de
Hohenlinden.

Presque créateur dans la haute science de l'artillerie, il en modifie le tir et les effets, et fait entrer,

dans les arsenaux de France, les plus belles pièces qui aient jamais été conquises sur l'ennemi.

Appelé au commandement des équipages de pont, il se distingue surtout au passage du Dniester et à la Bérésina, où il établit, en une nuit, un pont au milieu des glaces et sous le feu des Russes.

Pendant trois jours, il se tient au bord du fleuve ou dans l'eau, répare, à chaque instant, les accidents causés par les glaçons, la foule et l'encombrement des fuyards. Chose plus admirable encore, il prend sur lui de retarder l'exécution de l'ordre formel qu'il a reçu, d'y mettre le feu et sauve, par cette glorieuse désobéissance, de nombreux malheureux restés sur l'autre rive.

Il meurt quelques jours après, à Koënigsberg, victime de son dévouement, au moment où il est nommé général en chef de l'artillerie et directeur du génie.

Drouot a les plus nobles qualités militaires : la science, le **courage**, la grandeur d'âme, la piété et la charité.

Né à Nancy en 1774, il est le troisième fils d'un boulanger, père de douze enfants. A quatre ans, il pleure de ne pouvoir aller à l'école des Frères. Il y est enfin admis; puis reçu au collège de Nancy, il travaille beaucoup, les mathématiques principalement, tout en aidant son père dans son **humble profession.**

A dix-huit ans, il apprend qu'un concours a lieu à Metz pour recevoir des élèves destinés à devenir officiers dans les armes spéciales.

Il part en blouse, avec six francs dans sa poche, entre dans la salle d'examens présidés par le célèbre La Place. Il est pris pour un hibou s'égarant à la flamme de la science. — (M.)

— Pourquoi venez-vous ici, lui demanda-t-on ?

— Messieurs, pour passer mon examen. Lorsque son tour arrive, il surprend professeurs et candidats par la clarté et l'exactitude de ses réponses.

A sa demande, il est interrogé sur d'autres matières, et tient, pendant deux heures, l'auditoire sous le charme de son érudition.

Son professeur, ravi, l'embrasse et le félicite publiquement.

Premier de sa promotion, ses émules le portent en triomphe. C'est un des beaux jours de sa vie, et La Place, vingt ans après, le voyant aide de camp de Napoléon, lui dit :

— Votre examen fut un des meilleurs que j'ai fait passer.

A peine officier, Drouot inspire confiance à ses chefs et à ses inférieurs, et sait habilement rendre irrésistible, dans le succès comme dans les revers, l'artillerie qu'il a sous ses ordres.

En Espagne, il ne perd pas un canon, malgré nos désastres, jusqu'à la capitulation de Baylen. A Wagram, les Autrichiens vont triompher; l'Empereur l'appelle et lui demande d'empêcher un retour offensif de l'ennemi. Aussitôt cent bouches à feu vomissent la mort, et démoralisent l'ennemi.

Drouot est partout et anime, de sa résolution, jusqu'au dernier de ses soldats. Blessé, il se fait soutenir et continue à diriger le feu jusqu'à l'heure où Macdonald se jette dans ses bras pour le remercier de l'avoir empêché d'être écrasé.

— « Je vous dois la victoire et le salut de l'armée » lui dit l'Empereur.

Peu après il devient officier de génie pour protéger ses hommes et ses batteries et alors, on peut dire de lui comme de :

Vauban, sur un rempart, un compas à la main
Rit du bruit impuissant de cent foudres d'airain.

C'est même un des enseignements de sa vie d'avoir su combiner l'attaque et la défense.

Drouot grandit dans les épreuves et remplit, à son honneur, toutes les fonctions dont il est chargé : A la Moskowa, à la tête de son artillerie, il se voit menacé par la cavalerie russe. « Messieurs, dit-il à ses officiers, vous allez être chargés, l'artillerie ne doit pas reculer. Armez vos hommes pour qu'ils fassent le coup de feu et se défendent, au besoin, avec leurs leviers. » Tout s'accomplit comme il l'a prévu.

Au moment des grandes souffrances de Russie,

il se rase, en plein air, sur un affût de canon, par 28 à 30 degrés de froid, pour donner le bon exemple. Quoique d'apparence délicate, il s'est constitué un corps de fer, secrètement réchauffé par une âme chrétienne et de grand Français.

A Bautzen, une volumineuse carte géographique, qu'il a toujours sur lui, le sauve d'une balle en pleine poitrine.

A la période des grands revers, il supplée à l'infériorité de nos armées par ses savants rassemblements de cent cinquante à deux cents canons, et à l'heure critique, fait des trouées effrayantes dans les rangs ennemis, les jours de victoire comme les jours de défaite.

Sûr de la vitalité de la France, il ne partage pas le découragement des maréchaux, il croit à la résistance de Paris, et ranime tous les courages.

Il accompagne, a l'île d'Elbe, Napoléon qui lui offre, avant de partir, 200,000 francs.

« Vous n'y pensez pas, Sire, dit-il, on dirait que vous n'avez pu vous faire suivre que de ceux que vous avez payé. »

Peu après se place le trait caractéristique de sa vie.

Un soir, Napoléon est interrogé par son état-major :

« Sire, quel a été votre plus beau jour? Devant son hésitation à répondre, un de ses officiers dit :

C'est Wagram? un deuxième, Marengo, un troisième, Austerlitz?

Drouot seul, de son entourage, n'avait pas encore parlé. « Non, messieurs, dit l'Empereur, ce fut le jour de ma première communion, » et se tournant vers le gouverneur de l'île : « Vous me comprenez, Drouot, vous qui, plus heureux que moi, avez eu le bonheur de conserver ces sentiments.

C'était après les grandes adversités, à l'heure des grandes résolutions et à la veille d'aller tenter de nouveau la fortune en France.

A Waterloo, au moment où l'Empereur voit l'entrée en ligne de Blücher, Drouot lui entend dire : « Voilà Grouchy ». Lui, pense le contraire, tire sa montre pour regarder l'heure de sa mort et prie pour s'y préparer.

Il a fatigué sept chevaux sous lui ce jour-là. Un instant, l'Empereur a une hallucination et redemande, comme à Wagram : Où est Drouot? » en ajoutant : « Vomissez la mort partout, mon ami! » Drouot protège la retraite. Dieu l'épargne, pour le bonheur des pauvres dont il va devenir le père, mais il lui réserve une dernière épreuve.

Il doit passer devant un Conseil de guerre. Averti par ses camarades, il refuse de fuir à l'étranger et se rend à la prison de l'Abbaye où on ne l'accepte pas; son nom n'était pas encore sur la liste des accusés.

Deux fois, dit-il en plaisantant, on m'a refusé ce que je demandais : d'aller, à quatre ans, à l'école et aujourd'hui d'entrer à l'Abbaye.

Le jour où il paraît devant ses juges, il est sublime de simplicité dans l'exposé de sa défense, qu'il résume ainsi :

Je devais obéissance, à mes chefs ; du reste, si mon sang est utile, je serai heureux de le verser pour la France.

Le plus irréprochable des maréchaux, Macdonald, le défend et le proclame l'homme le plus admirable et le meilleur officier d'artillerie qu'il ait connu. Il raconte certaines grandes circonstances de sa vie et le fait acquitter. En sortant du Conseil, ses camarades le félicitent et s'inquiètent de ses ressources.

« Mes amis, je vivrai aussi heureux avec quarante sous par jour qu'avec la dotation d'un souverain. »

Son désintéressement était aussi grand que son courage.

Privé de son traitement pendant cinq ans, on lui offre, après 1819, 60,000 francs d'arrérages, il les refuse, connaissant le dénûment du trésor, et demande, pour toute compensation, la liquidation de sa retraite ; elle s'élève à 12,000 francs par an.

Il prend deux cents francs par mois et consacre le reste à la bienfaisance.

L'Empereur lui a légué 200,000 francs, il leur

donne la même destination. On lui a offert les plus beaux emplois militaires en France et à l'étranger, il les a refusés, se réservant de se dévouer à sa patrie à l'heure où son sang et ses talents lui seront nécessaires.

Comme il va chaque matin de bonne heure à l'église, on l'appelle le Saint ; pendant sa vie militaire, on l'appelait le Sage, et lorsqu'on lui demande, un jour, le secret de sa constante sérénité : « Une chose m'a soutenu dans la vie, dit-il, je n'ai jamais craint ni la pauvreté, ni la mort, et j'ai servi Dieu et la France. »

Il se reproche d'avoir aidé au retour de Napoléon de l'île d'Elbe, dont les conséquences ont été si funestes à la France et si utiles à l'ennemi.

Nancy, notre ville frontière, notre étoile de l'Est, lui a élevé une statue, et le plus grand de nos orateurs sacrés, le Père Lacordaire, a fait son oraison funèbre. Paris a donné son nom à une de ses rues les plus fréquentées, et les enseignements de sa vie, toute de désintéressement et d'honneur, doivent être dans la mémoire universelle, surtout des soldats, dont il était vénéré, malgré les exigences, si dures parfois, du service, mais il leur donne, en revanche, toute sa sollicitude et est pour eux d'une justice scrupuleuse. — (M.; L. *Édition populaire.*)

Pour reposer nos yeux de ces astres brillants au firmament de la France, entrevoyons quelques

étoiles secondaires et parmi elles : les Montbrun,
Curial, Duhesme, Belliard, Nansouty, Morand,
Gudin, Friand, de Brack, Lasalle, les trois Colbert
et tant d'autres. Citons d'eux quelques prouesses
et, par trois ou quatre récits donnons une idée de
ce dont nos héros étaient capables.

A la tête de deux régiments de hussards, Lasalle somme de se rendre le commandant de la
forteresse de Stettin, dont la garnison est de
6,000 hommes. On le croit en forces et on lui ouvre
les portes de la place.

Une autre fois, avec une brigade de dragons,
l culbute le prince de Hohenlohe, à la tête de
6,000 cavaliers.

Malheureusement, il meurt de la mort des braves,
frappé d'une balle au front, dans un des engagements préliminaires de la bataille de Wagram.

Non seulement il est audacieux, mais il l'est
avec esprit et à propos, même en dehors des
champs de bataille.

Envoyé, un jour, en mission au camp ennemi,
un général allemand lui demande l'âge de Napoléon Ier :

« Il a l'âge de Scipion, dit-il, lorsqu'il vainquit
Annibal. »

A l'ouverture de la campagne de 1792, l'ancêtre
de nos deux grands romanciers, le général Dumas,
entre dans un corps franc, et au camp de Maulde,
tombe dans une embuscade de chasseurs tyroliens

qu'il frappe de terreur par son audace et leur fait treize prisonniers qu'il amène à son chef.

Général de division ; au combat de Brixen, il défend seul, comme Bayard, un pont contre un gros de cavalerie, sabre tout ce qui veut le passer et donne ainsi, aux nôtres, le temps d'accourir pour reprendre ce passage d'une haute importance pour le succès de nos armes.

« Ce trait héroïque le fit surnommer, par Bonaparte, l'Horatius Coclès du Tyrol. » — (L.)

Le comte Pajol se montre, en Russie, général de cavalerie accompli. A Leipzig, une bombe lui emporte le bras gauche et il reste à demi mort sur le champ de bataille.

En 1814, après des prodiges de valeur, l'Empereur l'embrasse, lui remet la décoration de grand-officier de la Légion d'honneur et lui dit :

« Si tous les généraux m'avaient toujours servi comme vous, l'ennemi ne serait pas en France. »

En effet, quand il gardait les défilés de la Bohême, il fut appelé, par Napoléon, qui avait failli être pris par la négligence des piquets de sa garde et qui s'écrie, devant son état-major réuni :

« Je n'ai qu'un général de cavalerie, c'est Pajol ;
« celui-là sait, non seulement bien se battre, mais
« ne pas dormir et ne jamais se laisser sur-
« prendre. » — (L. ; M.)

Cambronne, à Waterloo, reste le dernier à la tête d'une brigade à demi décimée.

Sommé de se rendre, il répond au général anglais, envoyé en parlementaire : « Jamais! »

L'a-t-il dit en un mot trivial? nous ne le croyons pas, par la simple raison qu'à une sommation plus directe, adressée à la troupe en ces termes : « Grenadiers, rendez-vous, » toutes les bouches répondirent :

« La garde meurt et ne se rend pas, » et nos soldats furent inébranlables dans leur résolution.

La réponse des héros dignes d'un tel chef doit être, à l'avenir, devant l'ennemi, la pensée et le serment de l'armée française entière, si le vent du malheur nous empoisonnait de nouveau, sur un champ de bataille, de son souffle destructeur.

L'héroïque Daumesnil, appelé « la Jambe de bois » défend Vincennes, en 1814, avec une admirable énergie, et fait preuve d'un désintéressement incomparable. Sommé, par les Alliés, de se rendre, il répond simplement :

« Rendez-moi ma jambe et je rendrai Vincennes! »

Napoléon, que Daumesnil avait protégé en plusieurs circonstances, en lui faisant un rempart de son corps, lui avait dit : « J'ai besoin d'un brave, d'un homme d'honneur, pour lui confier, sans inquiétude, l'arsenal et les plus précieuses ressources de la France en cas de revers. « Je vous choisis, général. » « Comptez sur moi, Sire! » lui répondit-il.

Après Waterloo, il défend encore Vincennes,

Blücher lui offre, dit-on, par écrit, deux millions, pour la reddition du fort :

« Je ne vous le rendrai jamais, répond-il, pas plus que votre lettre; à défaut d'autres richesses, elle servira de dot à mes filles. »

Réponses simples et nobles, la France les a écrites sur son livre d'or, comme elle y conserve le souvenir de Mazagran en Algérie, où cent vingt-trois hommes, commandés par le capitaine Lelièvre, de la dixième compagnie du bataillon d'Afrique, tiennent tête, pendant quatre jours, à plus de 12,000 Arabes.

Vers le soir du quatrième jour, les assiégeants tentent un assaut, ils sont repoussés. Le lendemain, l'ennemi bat en retraite, laissant cinq à six cents hommes et cent chevaux sur le terrain. Nos pertes sont : trois hommes tués et seize blessés. Ce brillant fait d'armes a réhabilité les indisciplinés des bataillons d'Afrique.

Le trompette Escoffier, des chasseurs d'Afrique, le soir d'une retraite précipitée, oblige son capitaine, démonté, à prendre son propre cheval pour que son escadron ne soit pas privé de son commandant, malgré sa certitude d'être mutilé avant de recevoir la mort, s'il est pris par les Arabes.

Dans cette revue anecdotique de nos héros, nous devons un souvenir aux vaillants marins du *Vengeur*. Martyrs sublimes du devoir et du dévouement à l'honneur du pavillon national ils ont

sauvé un convoi indispensable à la vie de plusieurs
de nos départements et grandi le prestige national.
*Le Vengeur*, commandé par le capitaine Renaudin,
faisait partie de la flotte de l'amiral Villaret de
Joyeuse forte de vingt-six vaisseaux montés par
des conscrits et assez mal armés.

Sa mission était d'aller au devant d'un convoi
de cent seize navires chargés de grains pour ravitailler la France, où sévissait une effroyable fa-
mine. Nos marins devaient vaincre ou mourir.

L'escadre anglaise, composée de vingt-six vaisseaux de ligne et de douze frégates, en croisière
pour couler le convoi ou s'en emparer, rencontre
la flotte française à hauteur de Brest.

A la vue de l'ennemi, le représentant du peuple
Jean Bon Saint-André, à bord du vaisseau amiral
*La Montagne*, ordonne le branle-bas de combat,
et malgré son infériorité numérique prescrit une
attaque générale.

Terrible et indécise le premier jour, la bataille
reprend le lendemain et allait être couronnée de
succès, lorsqu'un brouillard intense nous oblige à
la retraite, en laissant plusieurs navires entre les
mains de l'ennemi.

Pendant cette deuxième journée, *Le Vengeur*
supporte le feu de dix navires ennemis, combat
deux vaisseaux de ligne à trois ponts, les force à
renoncer à la lutte et se jette sur *Le Brunswick*,
qu'il aborde côte à côte, en cherchant à l'accrocher.

Criblé de projectiles, il coule presqu'à pic, entraînant dans l'abîme officiers et soldats qui disparaissent au chant sublime de la *Marseillaise*, après avoir cloué, sur le pont, le pavillon français.

Avant de sombrer, Renaudin, frémissant, ordonne un dernier effort à ses canonniers. Tous ses canons lancent une suprême bordée qui est le chant de mort, la salve vengeresse de leurs glorieuses funérailles.

Grâce à ce sacrifice, le convoi de grains peut traverser la ligne anglaise et arriver à Brest, où il était attendu par des milliers de bouches affamées.

Équipé à la fin du règne de Louis XIV, par une riche jeune fille dont le fiancé avait été tué par les Anglais, *Le Vengeur* reçut d'elle ce nom, afin d'indiquer la mission qu'elle lui destinait.

Employé depuis dans toutes nos guerres contre eux, il avait plus d'un siècle d'existence et de prouesses le jour de son dernier combat. — (L.)

Bisson, lieutenant de vaisseau, né à Guéménée (Morbihan) est déjà célèbre par sa bravoure, lorsqu'il sert, en 1827, sous les ordres de l'amiral de Rigny, dans l'archipel de la Grèce.

Chargé de conduire, à Smyrne, un brick capturé, il est assailli par de nombreux pirates dans la baie de l'île de Stampalia. Dans l'impossibilité de leur résister, il met lui-même le feu à ses poudres et se fait sauter plutôt que de se rendre.

Tel était autrefois le diapason de l'héroïsme national. Tel il doit être toujours.

Malheureusement, à côté de tant de prouesses utiles, quelques actes de folie présomptueuse sont venus trop souvent amoindrir nos succès; nous n'en citerons qu'un pour le blâmer, avec l'espoir de n'en plus jamais voir de semblables. Malgré ce reproche, nous devons avouer notre admiration pour les traits de courage de son auteur, et pour l'ensemble des faits d'armes de sa nombreuse et vaillante lignée; mais la guerre est une science mathématique où le chef ne doit négliger aucun moyen de succès, aucun avantage pour son armée :

Au début du soulèvement des États-Unis d'Amérique, après la prise de l'île de Grenade par d'Estaing, l'amiral anglais Rodney s'y trouvait alors retenu pour des dettes qu'il ne pouvait solder.

— « Un jour qu'il dînait chez le maréchal de
« Biron, il traita avec dédain les succès des marins
« français, disant que, s'il était libre, il en aurait
« bientôt raison.

« Le maréchal paya aussitôt ses dettes :

« Partez, monsieur, lui dit-il, allez essayer de
« remplir vos promesses ; les Français ne veulent
« pas se prévaloir des obstacles qui vous empêchent
« de les accomplir.

« Cette générosité chevaleresque nous coûta
« cher ; Rodney faillit tenir parole, battit une flotte

« espagnole, ravitailla Gibraltar, qu'une armée
« franco-espagnole défendait. » — (DURUY.)

Accomplir individuellement à la guerre un acte analogue, est souvent digne d'éloge, tandis que l'imposer par son ascendant ou autrement à une nation est presque toujours une faute.

Tout en admirant le beau côté de cette générosité maladroite, nous la réprouvons absolument; mais ces Biron avaient tous, de pères en fils, un sang parfois trop chaud dans les veines, et ils poussaient le courage jusqu'à l'exaltation et au mépris de tous dangers.

Un de leurs ancêtres n'avait-il pas été présenté en ces termes, par Henri IV, à un prince en visite à la cour de France:

« Mon frère, voici celui que je présente le plus volontiers à mes ennemis et à mes amis; mais jamais... à mes amies » — ajouta-t-il à voix basse, en riant.

Pendant cette guerre de l'Indépendance, que les Rochambeau, Lafayette et tant d'autres Français rendirent heureuse grâce à leur vaillance, à leur désintéressement et à leurs prouesses utiles, nos marins — disaient du Comte de Grasse : Sa taille est de six pieds et il en a sept les jours de combat. Nos héros étaient tous de même et leurs imitateurs se grandiront tout autant en marchant sur leurs traces.

Avant de clore cette revue des grands hommes,

dont l'histoire est celle de l'âme de la France, nous devons étudier nos adversaires les plus illustres, surtout dans leur tactique vis-à-vis de nous.

Le premier de tous, l'empereur Guillaume Ier, est le fils de la belle reine Louise de Prusse, si souvent humiliée par Napoléon. Elle suit son mari, à cheval, dans ses campagnes contre la France et voyage, en amazone, à la tête d'un régiment de cavalerie, encourage le roi dans sa résistance et l'empêche de traiter avec Napoléon, sous prétexte qu'il est « le génie du mal ».

Peu d'années après sa mort, son fils, à la suite de la désastreuse campagne de Russie, entre en France avec les armées prussiennes d'invasion, et à dater de 1815, fait du métier des armes sa principale occupation.

En 1847, il manifeste ses tendances autoritaires, réprime les émeutes à coups de fusil, et devient tellement impopulaire que l'année suivante il est obligé de se réfugier en Angleterre. A son retour, en 1849, il pacifie le grand-duché de Bade, les armes à la main, mais s'y montre conciliant, à la fin, en prévision de l'hégémonie allemande future.

Nommé gouverneur des provinces rhénanes à Coblentz, commandant militaire de Mayence et colonel général de l'Infanterie prussienne, il devient populaire, mais sacrifie sa popularité en refusant la couronne impériale offerte par le parti révolutionnaire, s'il veut combattre l'Autriche, pour la chasser de la Confédération germanique.

C'était son désir, mais non pas avec une pareille assistance, dont il réprouve le mobile secret.

Cependant il est prêt à tirer son épée dès qu'il voit une perspective d'agrandissement pour la Prusse. Pendant la guerre de Crimée, il veut secourir les Russes; le roi de Prusse, Frédéric-Guillaume, son frère, s'y oppose.

Nommé Régent en 1857, la mort de ce même frère le fait roi de Prusse en 1861. A partir de cette époque, il se dit l'instrument de la Providence et met toujours le nom de Dieu en avant.

Sa politique est dirigée par le comte de Bismarck ; le comte de Roon organise son armée, de Moltke l'instruit, et trace ses plans de campagne, que sa royale présence sur tous les terrains de guerre facilitera par le sentiment de l'obéissance au chef de l'État. Malgré quelques divergences d'opinions. Guillaume Ier a toujours obtenu de ses trois satellites une unité complète d'efforts.

A partir de 1861, le comte de Roon et le général de Caprivi après lui, secondent ses projets de conquêtes futures, en lui créant une marine, dont la valeur progresse sensiblement, et tout marche au gré de ses désirs.

Il poursuit surtout, depuis son avènement au trône, l'accomplissement du rêve du grand Frédéric: la prépondérance de la maison de Hohenzollern

sur l'Europe. Son fils et le prince de Bismarck le
secondent. En 1864 arrive la question des duchés.
Allié à l'Autriche, il fait la guerre au Danemark,
prend possession du Schleswig-Holstein et ne
veut pas s'en dessaisir.

Le second grand résultat de sa tactique est
l'anéantissement de l'Autriche à Sadowa, où l'arrivée heureuse de son fils, le futur empereur Frédéric III, décide et complète la victoire.

Sa visite à l'Exposition de Paris, en 1867, lui
montre l'état de nos forces et lui prouve que si
notre armée est brave, elle n'a pas d'unité de direction. Il sait qu'en 1859 le désaccord entre les
commandants de corps d'armée a failli nous faire
battre à Solférino et se rappelle une plaisanterie
de cette époque : « La victoire a été gagnée à la
française, mais personne ne l'a commandée (malgré la présence de l'empereur) » et il dit à un de ses
aides de camp : « Napoléon, au lieu de parader,
ferait mieux d'employer son temps à son armée
et l'argent de la France à son organisation, que de
donner 30,000 francs à des sénateurs et une forte
somme à des députés qui ne font qu'approuver ses
fautes ou les aggraver; et il ajoute à voix plus
basse : Tant mieux pour nous. » Il se fait ensuite
conduire sur tous les points occupés par les alliés
en 1814 et 1815; enfin ses promenades à Vincennes
et les questions militaires qu'il pose à ceux qui
l'abordent, révèlent son arrière-pensée de mettre

tout en œuvre pour nous vaincre à la première occasion favorable.

A dater de cette époque, il n'a qu'un but, secret d'abord, déclaré ensuite: faire une guerre à outrance à la France, en profitant habilement des trop nombreuses faiblesses de son gouvernement.

Malgré notre intention de regarder bien en face la douloureuse situation née de nos grands revers de 1870 et de 1871, nous les savons trop douloureusement présents dans toutes les mémoires pour avoir le courage de les rappeler. Il nous suffira de dire que Guillaume Ier, dès le lendemain de ses victoires, fortifie encore l'armée allemande dont il est le chef incontesté. Ses successeurs marchent sur ses traces en se préoccupant comme lui d'assurer le nerf de la guerre par le commerce, l'industrie, l'agriculture, la colonisation et la prospérité financière. N'est-ce pas indispensable à la vie d'un État?

Son fils, l'empereur Frédéric, débute à neuf ans après avoir toujours joué au soldat. Ses succès à Sadowa, à Reichshoffen et à Sedan lui valent la dignité de général feld-maréchal, le même jour que son cousin, le prince Frédéric-Charles.

Son petit-fils, tout aussi habile, entre dans ses vues et les complète en cherchant une popularité bien méritée dans la solution des questions ouvrières. Peut-être y cache-t-il une arrière-pensée hostile à la France; néanmoins il a raison de prétexter une question sociale et de travailler à sa solution. Sera-t-il aussi heureux que ses deux devanciers ? nous en doutons fort, s'il ne change pas leur tactique et n'entre pas résolument dans la voie pacifique du désarmement, la seule féconde en grands résultats ; tandis qu'il les surpassera tous s'il se conforme au vrai principe humanitaires : *Salus populi suprema lex esto.*

• Après notre digression sur la politique allemande, montrons la tête et le bras qui l'ont fait triompher plus particulièrement, afin de tirer quelques fruits du passé en faisant naître le bien du mal.

Au commencement de ce siècle venait au monde le futur *grand silencieux,* le feld-maréchal, comte de Moltke. A dix-huit ans, il entre à l'école des Cadets de Copenhague, au service de son pays, passe ensuite à celui de la Prusse et, en 1832, est attaché à l'état-major général allemand, où il se montre un travailleur aussi infatigable qu'intelligent, aussi sévère pour lui que pour les autres.

En 1835, il va en Orient et se trouve, en 1840, à Nésibe en Syrie, en face de Méhémet-Ali, à l'état-major turc, dont il blâme d'avance la tactique, qui aboutit à la perte de la bataille. Contrarié de n'avoir pas vu son plan suivi, il retourne en Prusse, où il joue le rôle de stratégiste de premier ordre à partir de 1864, contre le Danemark. En 1865, il médite son projet de campagne contre l'Autriche et triomphe, l'année suivante à Sadowa, après un mois environ d'hostilités.

Son succès l'encourage à d'autres entreprises, et il prépare avec ardeur l'invasion de la France : Dès 1867, il parcourt, en personne, toutes les routes aboutissant à notre frontière, en même temps qu'il rectifie ou complète nos cartes d'état-major, fait étudier les logements, les ressources de toute nature de chaque localité. Ses émissaires sont des officiers qui font de l'espionnage une étude spéciale et lui fournissent tous les renseignements dont il aura besoin dans sa prochaine campagne.

En 1870, tout est prêt d'avance en Allemagne à l'heure de la déclaration de guerre, rien en France, malgré les rapports de nos ambassadeurs. Après Freschwiller, Reichshoffen, Metz et Sedan, il est sous les murs de Paris, qu'il bombarde pour dissimuler les vides causés dans ses rangs par l'envoi d'une partie de ses forces contre Chanzy, d'Aurelle de Paladine, Faidherbe et Bourbaki. S'il a obligé le chancelier à réclamer, à l'issue de la guerre, l'Alsace et la Lorraine, il est de l'école du grand Frédéric, qui ne demande que ce qu'il pense pouvoir garder et met tout en œuvre pour cela.

L'avenir nous dira s'il a eu tort ou raison. Notre opinion personnelle est qu'il s'est trompé, même au point de vue allemand. Sans être ni temporisateur habile comme Montécuculli, ni stratégiste distingué comme Moreau, il s'inspire de leur tactique et calcule méthodiquement, même ses surprises. Dans sa campagne de France, il a eu surtout le bonheur d'être en face d'adversaires de mérite, peut-être, mais qui, en obéissant à la pression impériale ou gouvernementale, ont en partie causé nos désastres. Les Mémoires de l'empereur Frédéric ont des chapitres édifiants à ce sujet.

Merveilleusement servi par de nombreux espions, de Moltke n'a eu besoin ni de déployer les ressources d'un brillant génie, ni d'étonner par des inspirations soudaines, il s'est contenté de suivre tous ses plans si bien tracés d'avance, et le Murat américain Shérican, qui était au titre de général étranger, en 1870, à son état-major, apprécie surtout l'admirable correction de ses ordres.

Pour le juger sainement, il faudrait l'avoir vu en présence d'un général de sa force et ayant les mêmes ressources. Quoi qu'il en soit le feld-maréchal de Moltke est un travailleur, levé à cinq heures chaque jour, et que ses subordonnés appelaient « le Muet » pendant qu'il les dirigeait et les inspirait tous de son poste de chef du grand état-major.

Il déteste les Français et l'a prouvé par l'aggravation des conditions de paix, imposées à sa demande. Profond calculateur, il s'inquiétait naguère du prix de notre future rançon et de la manière dont nous pourrions l'acquitter en cas de revers; car, sans le montrer, il prévoit la guerre et de nouveaux succès. Cependant, son trait caractéristique est d'être ponctuel, circonspect et surtout d'une piété austère, qu'il a, dit-on, transmise au général de Waldersee, son élève, son confident, et jusqu'à nouvel ordre son successeur, malgré son congé provisoire.

Que sera ce successeur, et que sera surtout le général de Caprivi, le nouveau chancelier de l'Empire ? nous l'ignorons! Ce dernier, en qualité de descendant d'un général souvent vainqueur des Turcs, comprendra-t-il, par atavisme, l'urgence du désir exprimé dans notre premier volume d'*Espérances*, et après avoir en partie créé habilement et rapidement la marine allemande, tendra-t-il à l'utiliser en cherchant à agrandir l'empire des Hohenzollern hors d'Europe, sur les côtes d'Afrique ? Nous le désirons! Elles seront un gage de paix.

Quoi qu'il en soit, nous voudrions voir ces côtes, désolées jusqu'à présent, occupées par toutes les puissances européennes qui s'étendraient, petit à petit, des rivages dans l'intérieur des terres fertiles pour y laver la tache hideuse de l'esclavage et en faire une annexe de leurs États européens.

Descendant de l'illustre adversaire du grand Turenne, de Montécuculli, l'incomparable tacticien qui, après s'être réjoui de la mort de son adversaire ne put s'empêcher de lui rendre hommage en disant : « Quelle perte pour l'humanité ! » Ne comprendra-t-il pas le sens de nos revendications pacifiques, si riches d'espérances?

En demandant l'expulsion des Turcs, nous n'en-

tendons déposséder aucun musulman de son pa-
trimoine, mais, seulement, le gouvernement oppres-
seur des chrétiens depuis quatre siècles et demi,
des femmes de leurs sérails, les propagateurs de
l'esclavage et les débiteurs insolvables des mil-
liards empruntés ou volés aux peuples chrétiens.

Après ce coup d'œil rétrospectif et d'actualité
sur l'Allemagne, jetons les yeux sur l'Italie, où
Victor-Emmanuel, né le 14 mars 1820, reçut aussi,
dès l'enfance, de son père Charles-Albert, une
éducation militaire hors ligne.

Général de brigade à Goïto, il est blessé à la
cuisse. Souvent battu, jamais il ne se décourage.

L'année suivante il se couvre de gloire à la défaite des Italiens à Novare, à la suite de laquelle
son père abdique en sa faveur. Dès ce jour, il con-
centre tous ses efforts vers un seul but, l'unité
italienne sous le sceptre de la maison de Savoie,
et s'y prépare en donnant toute sa confiance au
comte de Cavour, qui fut le plus habile politique
de son époque, tandis que lui prodigue tous ses
soins à l'armée, et prépare l'alliance française.

Pour faire apprécier armée et alliance, il envoie,
en 1854, 15,000 hommes en Crimée, contre les
Russes, à côté des armées franco-anglaises.

Après cette campagne, il accueille en Italie les
réfugiés de tous les pays et y devient très populaire. On l'appelle le roi « galant homme. »

Il avait épousé, quelques années auparavant, la

princesse Adélaïde, de la maison d'Autriche. Malgré cette union, il se prépare à faire la guerre à ce pays, et le premier mai 1859, se met à la tête de l'armée piémontaise, contre son allié actuel, François-Joseph d'Autriche.

Ses soldats combattent auprès des Français dont il a imploré le secours.

A Palestro, il accompagne un instant le 3ᵉ zouaves qu'il voit seul capable d'éviter une déroute à son armée, et traverse la Sessia à sa suite.

Nos zouaves se sont emparés de cinq pièces de canon dont ils lui font hommage après la victoire, en le nommant, par acclamation, « Caporal du Régiment ». C'est le témoignage de l'amitié française.

Ce jour-là, un tout jeune officier de l'armée italienne vint apporter au colonel de Chabron, du 3ᵉ zouaves, les félicitations et tous les remerciements du roi d'Italie, en lui déclarant que lui et son pays n'oublieraient jamais les services de la France et de ses zouaves.

Étonné de la pureté de son langage, le colonel lui demande :

« Qui êtes-vous donc, lieutenant, pour parler si bien le français ? »

« Je m'appelle d'Orléans ! lui répond le jeune officier, qui n'était autre que le « duc de Chartres » (frère et beau-père probable des souverains que nous demandons à Dieu pour notre bonheur. L'Italie doit se rappeler cet incident, et la France savoir qu'un noble exilé, le brave Robert Lefort de 1870, avait déjà combattu pour elle à ses côtés.

Quelques jours après, Napoléon III et Victor-Emmanuel faisaient, botte à botte, leur entrée à Milan, et le jeune duc de Chartres figurait à l'état-major, derrière le roi d'Italie, par une étrange variation de la fortune qui nous sourira de nouveau le jour où la France rappellera les d'Orléans, dans les conditions exprimées dans notre premier volume.

En 1862, Victor-Emmanuel désavoue Garibaldi dans ses tentatives sur les États du Sud italien, afin de rester fidèle au traité de Villafranca, mais l'amnistie peu après, pour s'en faire un ami.

En 1866, il se remet à la tête de son armée et se fait battre à Custozza. Il empêche cependant la retraite de devenir un désastre et arrête la poursuite de son vainqueur, l'archiduc Albert d'Autriche. Le mois suivant, en juillet, son amiral, Persanno, est battu à la bataille de Lissa par l'amiral autrichien Tegetoff. Ces deux succès compensent un peu les revers de l'Autriche, au Nord.

Malgré nos raisons de désapprouver l'indifférence du roi pour la France en 1870, nous devons avouer que ses talents et ses préoccupations militaires ont sensiblement amélioré son armée et lui ont valu la suprématie sur toute l'Italie.

Son fils Humbert, né le 14 mars 1844, a reçu, comme lui, une instruction militaire supérieure.

En 1858, il est fait capitaine du 3ᵉ régiment d'infanterie sarde et nommé général de brigade en 1862; il est général de division en 1866.

A Custozza, sa division attaque, la première, l'armée autrichienne, et il se montre d'une bravoure digne de ses glorieux ancêtres. Il est seul avec le général Bixio pour supporter l'effort de la bataille et, si l'archiduc Albert d'Autriche est vainqueur, il le doit aux renseignements de son service d'espionnage qui ne lui laisse rien ignorer des mouvements ennemis : Tels ont été nos premiers adversaires et tels seront les autres.

On dit le roi Humbert franc-maçon; l'est-il par conviction ou simplement pour échapper aux attaques des Sociétés secrètes qui ont aidé à l'unité italienne par haine de la Papauté? Nous le saurons le jour où il sera forcé de soustraire son pouvoir à leurs atteintes. En attendant, se considère-t-il, en qualité de fils de Victor-Emmanuel, comme l'obligé de la France? Nous l'ignorons, mais nous constatons, dans l'incertitude de sa politique, un courant capable de devenir le torrent révolutionnaire qui a entraîné aux abîmes Napoléon III, la France, et pourrait faire sombrer son trône, tandis que la Papauté restera.

En disant le passé de nos adversaires, nous pouvons prévoir leurs projets futurs; ils ont tout fait pour aguerrir leurs armées; à nous de les imiter en ne négligeant aucun détail de la nôtre.

Hasardons même une redite à ce sujet : A la tête de notre armée, il faudrait absolument un chef couronné dont le pouvoir incontesté, en s'entourant de nos plus éclatantes lumières militaires, ferait taire toutes rivalités entre les généraux en unifiant leurs efforts pour la préparation et l'action patriotiques les plus sacrées.

Notre but, en racontant longuement les prouesses des grands hommes, a été d'instruire l'officier et le soldat, en leur montrant des modèles à imiter pour grandir leur héroïsme et leur valeur dont les sentiments se résument dans l'enseignement divin du devoir. Sublime de grandeur et de simplicité, son accomplissement est indispensable à la France et plus agréable à Dieu que le sacrifice. Aussi l'Église, *par les bouches inaccessibles* à l'erreur de saint Thomas d'Aquin et d'autres docteurs, nous apprend-elle que Dieu ferait plutôt un miracle en faveur de l'homme du devoir, de bonne foi dans sa croyance et agissant selon sa conscience, lui enverrait un ange, au besoin, pour le sauver, en cas de mort, plutôt que de le laisser se perdre à jamais.

N'est-ce pas dire que le ciel est la récompense du « devoir accompli? » Bien entendu, dans le sens le plus relevé de ce mot.

Si cette vérité est comprise dans notre armée, nos soldats seront invincibles; c'est notre désir.

S'ils souffrent de la faim ou de la fatigue, du

froid ou de la chaleur, de blessures, d'humiliation ou de peur, qu'ils se rassurent, se résignent et continuent à faire leur devoir, en regardant le ciel, but d'une vie si misérable et si courte en face de l'éternité, qui ne finit jamais.

Notre religion ne dit-elle pas de toutes façons : « Bienheureux ceux qui souffrent parce qu'ils verront Dieu. »

Il y a loin de ces réalités aux appétits attribués à notre armée !

Évidemment, des taches y existent; il y en a dans le soleil, dans la vie des plus grands saints et des plus grands hommes; nous en avons montré à dessein.

Malgré cela, la gloire de ses nobles ancêtres provoquera l'admiration ou l'émulation dans ses rangs et appellera des imitateurs de leur conduite, tandis que ceux qui nous montrent ses rares erreurs et les défaillances d'une infime exception, comme sa règle, découragent ses défenseurs, les abaissent sous le faux prétexte de les corriger; tandis qu'en réalité, ils trafiquent odieusement de l'honneur national et se conduisent comme les vendeurs du Temple. Néanmoins, devant le peu de fruit à espérer de leurs attaques à des hommes, dont le désintéressement jure en face de leur cupidité et de leurs mauvaises passions, ils se sont dit : « Mentons! il nous en restera toujours un profit. »

Ils ont alors calomnié l'ensemble de ceux qui portent si haut le drapeau de la France.

Pour les châtier, Victor Hugo les eût traité de *nains difformes*, en les comparant aux nobles défenseurs dépeints par eux sous des couleurs si tristement obscurcies, pour ne rien dire de plus. Comme plusieurs d'entr'eux, poussés par un faux zèle, ont cru pouvoir se laver de leur manque de patriotisme en injuriant nos ennemis, ils nous ont abaissés sans le vouloir ou le savoir. Nos adversaires auraient pu, à l'exemple du grand Frédéric, dire d'eux ce qu'il disait des courtisans de Soubise qui avaient ri de lui, le roi, en l'invectivant avant Rosbach : « Ce sont des sots, mais je leur pardonne leurs sottises en faveur de celles qu'ils ont conseillées à leur général. »

Quant à nous, la moindre épithète à ajouter à leur nom est celle de mauvais serviteurs de la France. C'est d'autant plus vrai qu'un de ces pamplétaires, après avoir diffamé et menti effrontément en accusant d'indélicatesse des officiers connus pour leur haute probité, sans parler d'aucune de leurs qualités militaires évidentes, s'est tu sur les défauts de ceux qui en avaient.

Oubli ou hasard, il avait épargné un brave lieutenant de son régiment qui avait eu ce triste serviteur plus spécialement sous ses ordres. Indigné de constater cette exception peu enviable, l'officier dit publiquement à ses camarades : « Je suis désolé de n'avoir pas été calomnié par ce drôle, on pourrait croire que je ne vaux pas mieux que lui. »

L'ensemble des victimes de ces mensonges se tut par respect pour la discipline, tandis qu'un tout jeune sous-officier, croyons-nous, dont le parent, haut gradé, avait été outragé par l'écrivain en question, poussa l'indignation jusqu'à envoyer au larron d'honneur des officiers (sous pli recommandé) cette menace outrageante :

— « Si jamais je vous rencontre, je cracherai sur votre visage et dans votre verre. »

Et il avait accompagné sa lettre des qualificatifs les plus injurieux.

Qu'a répondu le trafiquant du mensonge? Nous l'ignorons; toutefois, s'il n'avait pas menti, pourquoi n'aurait-il pas déféré le provocateur qui le traitait aussi durement, devant un jury de gens honorables, au besoin, devant les tribunaux?

Pour compléter notre pensée sur les outrages à l'armée, nous dirons qu'un caricaturiste célèbre, dont le nom nous échappe, fit, un jour, demander à Lamartine la permission de faire son portrait sous une forme grotesque, en alléguant son admiration profonde pour ses plus belles pages et pour avoir, en 1848, sauvé la France de l'anarchie en refusant pour elle l'emblème révolutionnaire dans la péroraison d'un discours resté célèbre : « Le drapeau rouge, avait dit le poète, n'a jamais fait que le tour du Champ-de-Mars, traîné dans le sang du peuple, tandis que le drapeau tricolore a fait le tour du monde, à la suite de nos armées victorieuses, avec le nom, la gloire et la liberté de la patrie. »

Malgré ce témoignage d'admiration méritée et l'insistance du solliciteur, notre grand homme refuse en disant : « Dieu s'offenserait de voir ravaler son image dans celle de sa créature, si je vous permettais de la dénaturer, » et cependant, à cette époque, le poète et l'homme politique donnaient leur chant du cygne.

La France ne doit-elle pas, à cet exemple, empêcher de dénaturer ses défenseurs? Comme la discipline leur impose silence, nos représentants doivent défendre leur honneur et interdire toute offense à leur adresse :

Ne savent-ils pas la vérité de ces vers de Casimir Delavigne?

> . . . . . . . . . . . la noire calomnie
> Flétrit de ses poisons les lauriers du génie,
> . . . . . . . . . . . . . . . .

dont il dépeint les funestes effets en ajoutant :

> Plus une calomnie est difficile à croire,
> Plus pour la retenir les sots ont de mémoire!

Quoique l'armée s'élève au-dessus de ses atteintes, en considérant que ses calomniateurs n'ont en général qu'un but : abaisser à leur niveau les caractères qu'ils ne peuvent imiter, elle ne peut cependant pas, après avoir été souffletée sur la joue droite, leur tendre la gauche.

Au temps de sa grandeur, Rome imprimait au front des diffamateurs une lettre infamante, tracée au fer rouge et en gros caractères. Rien de pareil à souhaiter, mais nous voudrions, après la réforme des abus signalés, quelque grossis soient-ils, que la loi interdise toute atteinte à la morale ou à la conscience publique, au prestige des grandes institutions nationales, enfin, à la réputation de chacun, sans nécessité générale, preuve ou fait à l'appui.

Si le gouvernement ne réprimait pas les attaques des antimilitaires, il mériterait des serviteurs pareils au maladroit qui casse une belle porcelaine d'un service de Sèvres incomparable, auquel son maître, furieux, demande :

— « Comment, misérable, as-tu fait pour être aussi maladroit ? »

— « Oh ! notre monsieur, ce n'est pas plus difficile que cela, » répond-il hypocritement en prenant une autre pièce de ce beau service, qu'il laisse tomber, stupidement ou méchamment, comme la première.

Heureusement, les lecteurs de ces outrages à l'armée (du moins en majeure partie), n'y attachent aucune croyance ; malgré cela, la France a besoin

34

de connaître, à ce sujet, l'opinion du monde militaire.

Un de ses glorieux vétérans, le général de La
Hayrie vient de la lui exprimer, en faisant ses
adieux à sa belle division de Reims. Après avoir
rendu justice aux officiers et aux troupes, il ajoute,
en substance, ces belles pensées :

« Merci, braves et dignes sous-officiers, au mi-
« lieu desquels je vis depuis plus de quarante-cinq
« ans ; j'ai pu apprécier en vous : zèle, honnêteté et
« patriotisme.

« Je vous serre la main à tous, modestes servi-
« teurs, sans lesquels il n'y a pas d'armée !

« Marchez la tête haute et méprisez les attaques
« de ceux qui, très rares heureusement, après avoir
« passé, sous les drapeaux, leur temps à médire
« de leurs chefs et de l'armée, lancent leur venin
« dans des livres infects en représentant une
« odieuse exception comme constituant la généra-
« lité des sous-officiers. »

La poignée de main du vaillant général les
dédommage des écrits qui ont voulu les salir ; du
reste, leur honneur, comme l'aile du cygne, ne peut
être souillé par la boue.

Pour justifier l'importance de cette réhabilitation,
nous devons ajouter que la ville de Reims a fait
remettre, par son maire, au général de La Hayrie,
l'insigne en brillants de grand-officier de la Légion

d'honneur, en témoignage de sa très haute estime.
Mieux encore, le commandant de son corps d'armée, le général de Miribel, en prenant congé de ce
brave général encore plein de vigueur, malgré ses
soixante-cinq ans, a refusé de lui faire ses adieux
et lui a dit : « Au revoir, général, pour le jour prochain, peut-être, où la France aura besoin de tous
ses enfants! »

L'armée, — nous devrions ajouter la France
entière, — vient d'avoir une autre glorification,
dont la valeur est grande par le rang du personnage qui en a été l'auteur; nous voulons parler
de la conduite digne et patriotique du jeune duc
d'Orléans, dont la résolution virile a ému tous les
cœurs le jour où, en vrai descendant d'Henri IV,
il a enfreint une loi d'exception funeste au pays,
pour obéir à la loi du patriotisme le plus élevé :
Français, il a eu l'ambition de servir la patrie
comme simple soldat et, désintéressé comme
La Tour-d'Auvergne, a mérité le nom glorieux de
premier conscrit de France. Son acte a flétri aussi
un mauvais citoyen qui venait de prononcer, à
Denain, ces paroles antinationales : « J'aimerais
mieux manger du pain prussien avec du beurre,
que du pain sec français. »

Le jour où le descendant de notre plus grand roi
s'est présenté au recrutement de la Seine, il a
grandi l'armée en se grandissant lui-même, et a
montré aux auteurs des lois d'exil le tort causé à

la France, et, aux diffamateurs de notre armée, leur crime ou leur faute.

Aussi, lorsque l'officier, devant lequel ses démarches l'ont conduit ce jour-là, lui a dit, les larmes aux yeux : « Prince, ce que vous faites est bien », il a exprimé l'opinion nationale. Le jeune duc d'Orléans peut donc redire en toute vérité : « Non seulement je suis sûr de l'approbation des deux cent mille conscrits de ma classe, mais de l'ensemble de la nation. »

Nul homme de bon sens ne pensera autrement, et les vaillants parmi lesquels brillent, en dehors du monde militaire, les Cassagnac, Floquet, Rochefort, tous les imitateurs de nos braves petits zouaves pontificaux, de nos mobiles de Châteaudun et tant d'autres, se rangeront tôt ou tard, forcément, sous son étendard d'honneur, quelle que soit leur opinion politique, comme autrefois les soldats français se sont ralliés, à Ivry, sous le panache blanc d'Henri IV, son ancêtre, et, plus tard, Paris lui-même, lorsque les Ligueurs en ont été chassés, à peu près sans effusion de sang.

L'écrivain éminent qui a dit, de la fenêtre de la prison où était le duc d'Orléans : « Elle éclaire la fortune de la France », ne s'est pas plus trompé que César, s'embarquant seul sur la mer, lorsqu'il rassure en ces termes le pilote de sa frêle barque : « Que crains-tu? tu portes César et sa fortune. »

A notre humble avis, les d'Orléans referont tôt

ou tard la fortune de la France, et sans les connaître, à leur manière d'agir, — nous pouvons le prédire, — ils la feront loyalement, légalement, honnêtement, en mettant leur haute valeur, leur patriotisme, aussi modeste que sincère, et toutes leurs facultés au service de la patrie,

Hourrah donc pour les auteurs de la réhabilitation de l'armée insultée par ses détracteurs.

Pour augmenter et affirmer la virilité nationale par le sentiment de sa valeur collective et individuelle, nous devons un hommage à tous les auxiliaires de notre armée : Officiers de santé ou autres, sous-officiers ou soldats de toutes les armes, comptables, vétérinaires, pontonniers, aérostiers, télégraphistes, vélocipédistes, etc. S'ils sont hommes de devoir et pénétrés de l'importance de leur mission, modeste ou plus élevée, ils ont droit à la sollicitude et à la reconnaissance de la partie à laquelle ils se dévouent.

Nous devons une gratitude plus profonde encore aux admirables religieuses des ambulances ou des hôpitaux militaires, aux femmes dont un patriotisme idéal a fait des héroïnes en les poussant à abandonner les allures et le costume de leur sexe pour contribuer à la force nationale.

Nous nous inclinons aussi devant nos braves cantinières, dont quelques-unes se sont montrées d'admirables modèles de dévouement, de vertus guerrières, et ont mérité la Croix d'honneur pour les services rendus sur les champs de bataille et en tous lieux.

A plusieurs époques de notre histoire contemporaine, nous en avons vu se transformer tour à tour en combattant, en sœur de charité et devenir la providence des blessés, des malades, de tous ceux, enfin, qui avaient besoin de secours ou de soins affectueux. Nous en avons connu qui, dédaigneuses du danger ou des fatigues, se conduisaient comme des mères ou 'de vrais sœurs pour l'officier ou le soldat épuisés de faim ou de fatigue, dans un moment critique, et qui leur prodiguaient soins et assistance sans aucun espoir de rémunération, par le seul sentiment de la confraternité et du devoir. Celles-là nous les saluons respectueusement en leur demandant, avec confiance, d'avoir des filles ou des fils à leur image, pour la gloire et le bonheur de la France.

Un souvenir, malheureusement vague, nous revient à la mémoire à ce sujet : La nuit de notre retraite d'Orléans sur Salbris, étant à l'arrière-garde, nous avons vu une cantinière, attardée dans sa voiture et suivant le flot de nos troupes, apercevoir quatre éclopés de son bataillon, à demi couchés dans le fossé de la route et s'en approcher. Épuisés, ils refusent de marcher et vont inévitablement tomber aux mains de l'ennemi.

La cantinière n'a pour toute fortune que les provisions renfermées dans sa voiture : Elle n'hésite pas, les distribue aux soldats qui les veulent, jette paniers et tonneaux vides, met à leur place nos quatre malheureux et continue sa route à pied, en conduisant son cheval par la bride.

Nos soldats appelaient *Petite mère*, cette *grande Française*. Nous en voudrions beaucoup comme elle pour les viriliser ou les soigner!

Son nom devrait passer à la postérité. Nous l'ignorons, malheureusement, et on le comprendra, en songeant aux sinistres événements qui se succédaient si vite et avec une si douloureuse uniformité, pendant cette guerre épouvantable.

Pour l'intelligence de ce livre, nous devons avouer que si nous avons fait briller les modèles à imiter, en dépeignant et en ambitionnant le beau, c'est pour amener la France à la perfection par l'éducation morale et physique, afin de lui permettre d'opposer, en cas de guerre, des cœurs et des poitrines d'hommes forts (à la place de notre race, si peu féconde), aux innombrables et vigoureuses populations moins riches, mais plus pieuses e⸴ plus prolifiques, qui nous guettent au Nord et au Midi, comme une proie dont le temps facilitera l'absorption, si nous ne réagissons pas contre nos tendances actuelles.

Malgré ces visées, nous demandons la paix entre les nations, que toutes les guerres passées même ne doivent pas faire se haïr, mais pousser à détester tous les instigateurs de haine et de conflits, comme les plus redoutables fléaux de Dieu.

En résumé, dans les conditions du recrutement militaire actuel, si les généraux, les officiers et tous les gradés, pris dans leur admirable ensemble, sont héroïques dans l'accomplissement de leur devoir, l'armée sera bonne et certainement invincible. S'ils font simplement bien leur service, elle sera passable; s'ils le négligent parfois, elle sera médiocre; s'ils ne sont que des hommes de parade ou de plaisir, leurs troupes seront mauvaises, vaincues d'avance et, alors, malheur à la France!

Il faut, en définitive, que les chefs aient, dans l'accomplissement de leur devoir, au moins les qualités qu'ils exigent de leurs soldats et les surpassent moralement.

C'est notre raison de vouloir, dans les circonstances critiques que nous traversons : 1º l'élection de nos sommités militaires, pour une fois, seulement; 2º dans tous les rangs de l'armée, la pratique des vertus guerrières dont nous avons si longuement parlé. Seules, elles seront, par la contagion bienfaisante de l'exemple, capables de surpasser à la fin du siècle l'héroïsme de ses débuts pour conquérir et assurer la paix du monde.

Une dernière remarque pour terminer : Si nous avons eu le bonheur de convaincre quelques âmes ardentes, en nous faisant l'écho de l'enseignement des maîtres, en appelant la discussion de nos idées,

nous en remercions d'avance tous les écrivains
éminents dont les pensées et les écrits nous ont
aidé dans notre croisade pour le bien.

---

## ÉPILOGUE

Nous avons placé la Croix en tête de nos livres pour y fixer
le regard et la pensée, parce qu'à défaut d'en avoir fait l'enseignement et la pratique de la vie, elle facilite le passage de ce
monde dans l'Éternité, à ceux mêmes qui l'ont renié aux heures
de santé et de plaisir.

Notre reconnaissance l'y affirme par un souvenir de jeunesse
utile à savoir : A la fin du siècle dernier et jusqu'à la moitié de
celui-ci, l'irréligion était de bon ton dans certains milieux. On
se cachait pour accomplir le devoir religieux, au régiment surtout, malgré les messes militaires, parfois obligatoires; lorsque
l'ouverture des Collèges de prêtres, après avoir fait entrer en
grand nombre des officiers chrétiens dans l'armée, amena, petit
à petit, dans ses rangs, la plus saine des libertés, celle des pratiques de la religion; hasardons-nous même à penser que
l'émancipation véritable des juifs ne date que de cette époque.
Comme Dieu châtie les nations et les collectivités plutôt que
les individus, les chefs de notre armée, s'ils se soucient de sa
gloire, doivent viser à lui assurer toutes les supériorités. Ils l'ont
doté de la poudre sans fumée; ils essaient de tirer du Kola, de
la Coca, du Cacao un produit capable, sous le volume d'une noi-
sette, mise dans la bouche du soldat, de lui faire supporter des
marches extraordinaires de 80 à 100 kilomètres en 24 heures,
sans boire ni manger, sous n'importe quelle latitude, et de transformer en eau agréable au goût, l'eau saumâtre du désert. Ils
vont supprimer l'éclat des couleurs brillantes des boutons, des

uniformes, bronzer les métaux des armes à feu, afin de n'offrir aucun point de mire à l'ennemi. S'ils veulent améliorer encore l'armée, ils doivent chercher à faire briller sa force morale, en lui ménageant, en dehors des alliances et des moyens nouveaux, le plus puissant de tous les concours, celui de Dieu, dont la croix étend ses bras pour faire bénir ceux qui l'aiment, l'honorent et l'invoquent.

Avant la Rédemption dont elle est l'emblème, cette Croix a déjà eu son efficacité, même les jours de bataille. Bien avant le triomphe de Constantin, Moïse, au déclin de sa vie de cent vingt ans, assistait un jour à un combat des Hébreux, conduits par Josué, contre les Amalécites. Accompagné d'Aaron et de Hur, il monte sur une colline, sa baguette sainte à la main, et redoutant l'insuccès des siens, se met à prier. Afin de donner plus de force à sa supplication, il étend ses bras en croix vers le ciel. Le Seigneur l'exauce et fait plier les lignes ennemies. Malheureusement, Moïse, fatigué, laisse tomber ses bras. Aussitôt, les Amalécites reprennent l'avantage. Le grand législateur israélite, inspiré de Dieu, surmonte sa faiblesse, les élève de nouveau en ordonnant à ses deux compagnons de les soutenir. Ils les lui maintiennent tout le jour dans cette position suppliante, jusqu'à l'heure tardive où les Amalécites s'enfuient en désordre, laissant le terrain couvert des leurs, morts ou blessés.

N'est-ce pas une première révélation de l'efficacité de cet emblème de notre Religion. Le grand Frédéric, le sceptique par excellence, qui savait l'importance de toutes choses à la guerre, après avoir pris ou acheté partout des soldats et des régiments entiers à ses futurs adversaires, entr'autre un fameux corps de dragons au roi Auguste II de Pologne et de Saxe, fit venir un jour son ministre des cultes et lui dit : « Fabrique-moi de suite une religion capable de prédisposer la nation et surtout l'armée à l'accomplissement de ses devoirs, sinon va-t-en au diable! La crainte de Dieu doit me faire obéir et respecter du soldat. »

Le besoin de la Croix, emblème d'Espérance aussi, est du

reste tel, que Bayard, blessé mortellement, saisit son épée par la lame en laissant sa poignée en l'air, comme pour se rendre.

C'était à Dieu que le chevalier sans peur et sans reproche voulait rendre sa belle âme de Français en regardant la croix de son arme, selon l'usage des siècles de la chevalerie.

Que d'officiers ou de soldats, que d'hommes ou de femmes, à l'heure dernière, ont fait ou voulu faire de même, avant ou après lui, en demandant à embrasser le Crucifix.

A défaut d'un prêtre, Bayard mourant, poussé par une foi naïve, fit mieux : Il se confessa (dit-on) à un jeune et pieux compagnon d'armes, en le chargeant d'aller, après le combat, redire ses péchés à un confesseur et Dieu a, sûrement, récompensé sa foi, par le repentir parfait.

Le maréchal Augereau, duc de Castiglione, et la presque totalité de ceux qui avaient ri du Concordat, qu'ils traitaient de Capucinade depuis la réouverture des églises où ils n'entraient jamais qu'avec les cortèges officiels, furent heureux des secours religieux à leur lit de mort. La Croix a été leur consolation.

Du reste, en pensant à la vaillance chrétienne, dont un des plus glorieux appels était après l'*In hoc signo vinces*, de Constantin, le fameux cri de guerre français : « Notre-Dame du Guesclin », nous ne devons pas, grâce à ce symbole du Devoir, dire un éternel adieu à nos héros — mais au revoir. Comme A. de Musset, nous ne comprendrions pas, en en parlant...

> ... Que ce mot, la main puisse l'écrire
> Et le cœur le signer, et les lèvres le dire.

En attendant, si nous appelons un roi et plus spécialement le comte de Paris à l'honneur de la régénération nationale, même au point de vue militaire, c'est parce qu'officier distingué lui-même, petit-fils, fils, parent et père de princes utiles ou glorieux pour la France, il incarne la monarchie future avec ses besoins et ses hommes nouveaux et ne représente nullement les idées rétrogrades d'autrefois.

C'est si vrai, que l'habile Louis XVIII, après avoir signé le décret donnant le titre d'Altesse au futur Louis-Philippe, remet à Charles X la plume dont il s'est servi, en lui disant : « Mon frère, gardez-la, elle servira à signer votre abdication. »

Les Bourbons aînés étaient le passé, avec ses gloires mêlées de deuils, les d'Orléans sont l'avenir avec ses nécessités de paix, de travail, de probité et d'honneur. Ajoutons de religion, et nous serons dans les réalités!

Nous ne désirons ni les Bonapartes, dont le nom rappelle trois invasions, malgré le génie et la gloire du premier, ni la république intolérante, antireligieuse et sans souci de la fortune publique, tandis que nous voulons et nous aimerons un gouvernement composé d'hommes désintéressés en assez grand nombre pour la diriger dans la voie de la paix et de la prospérité.

En attendant, subissons la crainte parfois salutaire de la guerre, en nous rappelant la proclamation du maréchal de Villars à ses recrues avant sa victoire de Denain : « Enfants, la mort est devant vous, mais la honte est derrière », pour en faire le cri de la France menacée par l'étranger.

FIN

# TABLE DES CHAPITRES

35

# TABLE DES CHAPITRES

## CHAPITRE V *bis*

*Erratum* à intercaler avant le troisième alinéa commençant par :
Pour compléter, etc...

## CHAPITRE VI

## CHAPITRE VII

## CHAPITRE VIII

## CHAPITRE IX

------------

# DEUXIÈME PARTIE

## ARMÉE

## PROLOGUE

## CHAPITRE PREMIER

## CHAPITRE II

## CHAPITRE III

## CHAPITRE IV

## CHAPITRE V

## CHAPITRE VI

## CHAPITRE VII

## ARMÉE. — SES GRANDS HOMMES.

## CHAPITRE VIII

## CHAPITRE IX

### ERRATA

Voir table des chapitres, page 617, le chapitre V *bis* oublié, et qui
doit être rétabli ainsi : LA VÉRITÉ, LES JUIFS, CIEL, PURGATOIRE
ENFER, page 90.

Page 605, ligne 19, partie à laquelle, etc., *lire :* Patrie à laquelle.

Paris. — Typ. Ch. Unsinger, 83, rue du Bac.

www.ingramcontent.com/pod-product-compliance
Lightning Source LLC
Chambersburg PA
CBHW071139270326
41929CB00012B/1805